VOM POL ZUM ÄQUATOR

Die
abenteuerlichen
Reisen der
großen Entdecker
und
Eroberer

Reader's Digest

DEUTSCHLAND · SCHWEIZ · ÖSTERREICH

Samuel Eliot Morison

Admiral des Weltmeeres

Das Leben des

Christoph Kolumbus

Einleitung

Im Jahr 1492 machte sich Christoph Kolumbus von Spanien aus auf, einen Seeweg nach Indien zu finden. Er war überzeugt davon, dass es möglich sein müsse, auf direktem Weg nach Asien zu gelangen, indem man Richtung Westen segelte. Seiner geographischen Vorstellung lagen die Ideen der Antike und des Mittelalters zugrunde. Er glaubte, dass die Welt eine Kugel sei, doch niemand wusste, wie groß sie tatsächlich ist. Zudem kam Kolumbus, bestätigt durch die Aufzeichnungen anderer, zu dem Schluss, Asien dehne sich viel weiter nach Osten aus als in Wirklichkeit. Die Annahme eines kleineren Weltumfangs als des tatsächlichen sowie der falschen Ausdehnung Asiens führte zu dem Glauben, dass sich westlich hinter dem Horizont das legendäre Indien befinden musste.

Bevor Kolumbus seinen Plan in die Tat umsetzen konnte, war mühselige Überzeugungsarbeit vonnöten. Der portugiesische König lehnte Kolumbus' Ansinnen mit der berechtigten Begründung ab, er habe die Entfernungen falsch berechnet. Aus diesem Grund ging Kolumbus nach Spanien, doch auch hier musste er sich einige Jahre gedulden, bis die spanischen Herrscher Ferdinand II. und Isabella dem Unternehmen zustimmten und ihm das Geld für die Reise zur Verfügung stellten.

Was dann geschah, veränderte die Welt: Kolumbus entdeckte einen neuen Kontinent. Karten mussten umgeschrieben, Glaubenssätze geändert und neue Theorien über die Beschaffenheit der Erde aufgestellt werden. Mit der Entdeckung Amerikas endete das Mittelalter, und die Neuzeit begann. Das Ausmaß dieser Entdeckung offenbarte sich erst nach und nach und mit ihm die Schätze, die auf dem neuen Kontinent vorhanden waren. Doch im gleichen Maße wie der Reichtum der

Eroberer wuchs, begann für die Eingeborenen des amerikanischen Kontinents, die vermeintlichen „Indianer", der Niedergang und die Auslöschung ihrer Kultur.

Der Autor Samuel Morison, der selbst Admiral war, ging seine Biografie auf ganz besondere Weise an: Er widmete sich nicht nur dem Quellenstudium, sondern begab sich persönlich auf Kolumbus' Spuren. In einem Segelboot, das in seiner Bauweise Kolumbus' Schiffen ähnelte, folgte er dessen Kurs. Dadurch entstand ein lebendiges, farbenprächtiges und detailgenaues Bild der vier Reisen des Kolumbus in die Neue Welt, das anschaulich macht, was die Augen der ersten europäischen Entdecker auf dem amerikanischen Kontinent und seinen vorgelagerten Inseln erblickten.

Die ersten vierzig Jahre

1. Kapitel

Einleitung

Gegen Ende des Jahres 1492 sahen die meisten Menschen im westlichen Europa mit düsteren Blicken in die Zukunft. Die christliche Zivilisation schien an Ausdehnung zu verlieren und sich im Verlauf dieses Prozesses in verschiedene feindliche Lager aufzuspalten. In der Naturwissenschaft hatte es in mehr als hundert Jahren keinen Fortschritt mehr gegeben, und der Besuch der Universitäten ging in dem Maße zurück, wie der gebotene Lehrstoff immer trockener und lebloser wurde. Die kulturellen Einrichtungen verfielen, selbst wohlmeinende Geister wurden zynisch und verzweifelt, und viele intelligente Menschen wandten sich den Lehren einer heidnischen Vergangenheit zu, nur um der geistigen Öde der Gegenwart zu entrinnen.

Der Islam breitete sich auf Kosten des Christentums aus. Jeder Versuch, das Heilige Grab in Jerusalem zurückzugewinnen, das von jeher als höchstes Symbol christlichen Ansehens galt, war fehlgeschlagen. Der osmanische Türke hatte die Überbleibsel des byzantinischen Reichs hinweggefegt, hatte fast ganz Griechenland, Albanien und Serbien überrannt und stand jetzt drohend vor den Toren Wiens. Ein halbes Jahrhundert lang hatte jeder Papst zu einem neuen Kreuzzug aufgerufen, doch Europa sah in diesen Aufrufen nur einen Vorwand, die päpstlichen Kassen zu füllen, was bei einer so anrüchigen Diplomatie wie der päpstlichen kaum verwundern konnte. Seinen Tiefpunkt erreichte das Papsttum im Jahr 1492, als der korrupte geistliche Politiker Rodrigo Borgia unter dem Namen Alexander VI. auf den päpstlichen Stuhl gewählt wurde.

Allein auf der Iberischen Halbinsel, in Portugal und Kastilien, regte sich neues Leben, diese Länder lagen jedoch so weit am Rande des europäischen Zentrums, dass sie den allgemeinen Verfall nicht aufzuhalten vermochten.

Angesichts der zur Wirklichkeit gewordenen Auflösung des Heiligen Römischen Reichs und der verloren gegangenen moralischen Führung der Kirche hatte die Christenheit nichts, was ihr einen festen Halt bot. Das große Prinzip der durch Kaiser und Papst verkörperten Einheit war ein Traum der Vergangenheit geblieben, der sich nicht in die Tat umsetzen ließ.

Die vorherrschende Stimmung findet auf den letzten Seiten der Nürnberger Chronik ihren Ausdruck. In den Schlusssätzen dieser prächtigen alten Schrift wird am 12. Juli 1493 verkündet, dass die Chronik „alle wissenswerten Ereignisse vom Anbeginn der Welt bis zum Elend der Gegenwart" verzeichnet. Um dem Leser keine unbegründete Zuversicht zu lassen, reihen die Nürnberger Chronisten das Jahr 1493 in das sechste und vorletzte Weltenzeitalter ein und lassen für die Aufzeichnung der Ereignisse, die zwischen der Drucklegung und dem Jüngsten Gericht liegen, nur sechs unbeschriebene Seiten frei. Dann wird für das siebente und letzte Zeitalter eine Prophezeiung gemacht, die „unsere gegenwärtige Zeit, in der alle Schlechtigkeiten und Übel den höchsten Grad erreicht haben", als vergleichsweise glücklich und golden bezeichnet. Nur die Bösen werden Glück haben, die Guten aber der Verachtung und der Not anheim fallen.

Man darf behaupten, dass diese Erwartung der aller ernst zu nehmenden Denker im Jahr 1492 entsprach. Doch noch während die Nürnberger Chronisten die aus der Kobergerschen Druckerpresse kommenden Probeabzüge durchsahen, war in Lissabon, gepeitscht von einem Wintersturm, eine spanische Karavelle namens *Niña* mit der Nachricht von einer Entdeckung eingelaufen, die dem alten Europa eine neue Chance geben sollte. Schon nach wenigen Jahren änderte sich der geistige Zustand Europas vollständig. Starke Monarchen räumten mit Auflehnungen und Geheimverschwörungen auf; die durch die protestantische Reformation gezüchtigte und gereinigte Kirche brachte Ordnung in ihre Angelegenheiten; in Italien, Frankreich, Deutschland und den nördlich gelegenen Ländern kamen neue Ideen auf; der menschliche Geist feierte seine Wiedergeburt.

Christoph Kolumbus stammte zwar aus einer Zeit, die der Vergangenheit angehörte, doch er wurde zum Wahrzeichen und Symbol dieser neuen, mit Hoffen und glorreichen Taten begonnenen Ära. Sein mittelalterlicher Glaube trieb ihn zu einer zeitgemäßen Lösung: auf den Weg in die Weite. Und es geschah, wenn auch nicht so, wie er es vorausgesehen hatte. Die erste Reise nach Amerika, die er mit einem Höchstmaß von Glauben und einem Mindestmaß an technischer Erfahrung, mit kaum ausreichender Ausrüstung, doch mit einem Übermaß an Beherztheit unternahm, gab Europa neues Selbstvertauen, verdoppelte den beherrschenden Einfluss des Christentums und erweiterte das Blickfeld menschlichen Denkens und Erwartens ins Unendliche.

In seinem Glauben, der strengen Logik seiner Überlegungen und seiner unzweifelhaften Verwurzelung in der damals geltenden Ethik war Kolumbus eine Gestalt des Mittelalters in ihrem besten Sinn. Seine Bereitwilligkeit, Gedanken in Taten umzusetzen, seine lebhafte Wissbegierde, sein waches Interesse an den Vorgängen in der Natur, sein erfreulicher Sinn für das Abenteuer und sein Streben nach Ruhm und Reichtum machen ihn aber zu einem durchaus modernen Menschen.

2. Kapitel

Genua
1451–73

Die Geburt, Familie und Herkunft des Christoph Kolumbus stellt kein Geheimnis dar. Er wurde ungefähr zwischen dem 25. August und Ende Oktober 1451 in der alten Stadt Genua als Sohn und Enkel von Wollwebern geboren, die schon seit wenigstens drei Generationen in verschiedenen Städten der genuesischen Republik gelebt hatten. Da sich im Mittelalter entlang den Küsten des Mittelmeeres ein ziemlich lebhafter Völkerverkehr abspielte, waren einige seiner entfernten Vorfahren vermutlich keine Italiener. Sein längliches Gesicht, die große Gestalt, sein rotes Haar und die frische Gesichtsfarbe deuten eher auf einen beträchtlichen Schuss „barbarischen" als „lateinischen" Blutes hin, indessen beweist dies nichts; er selbst war sich nur seiner genuesischen Abstammung bewusst.

Doch dürfen wir in Kolumbus keinen italienischen Patrioten im modernen Sinn sehen. Die Bewohner des mächtigen Genua, der *Genova la*

Superba, hielten sich stets für etwas Besseres als die übrigen Italiener. Kolumbus hielt an seiner Treue zu Genua so fest, dass er sich nie als Spanier einbürgern ließ; im Übrigen war für ihn „Italien" nur ein geographischer Begriff. Vor seinem Aufbruch zur dritten Entdeckungsreise nach Amerika verwaltete er ein Majorat und Erblehen, und in der Urkunde dazu verlangte er von seinen Erben, „immerdar für die Ehre, den Wohlstand und die Größe der Stadt Genua einzutreten".

Alle Zeitgenossen von Kolumbus in Spanien und Portugal, die über ihn und seine Entdeckungen schrieben, bezeichneten ihn als Genuesen. Drei damalige Genueser Chronisten betrachteten ihn als ihren Landsmann. Auf jeder Karte der Frühzeit, auf der seine Nationalität vermerkt ist, wird er als Genueser bezeichnet. Zu Lebzeiten des Admirals und drei Jahrhunderte danach gab es keinen Menschen, der seinen Geburtsort anzweifelte.

Die Geschichte der Familie Christophs und seiner eigenen frühen Jugend muss man Stück für Stück aus 15 oder zwanzig notariellen und standesamtlichen Urkunden zusammensetzen. Wenn Analphabeten – und das waren durchweg alle älteren Mitglieder der Kolumbusfamilie – einen Vertrag oder irgendein anderes wichtiges Geschäft abschlossen oder einen Streit beilegten, so gingen sie zum Notar, der ein gebildeter und gelehrter Mann war und den Sachverhalt nebst allen wichtigen Einzelheiten in lateinischer Sprache niederschrieb. Es gab weder Unterschriften noch Kennzeichnungen, nur die Zeugen wurden genannt und aufgeschrieben, was sie aussagten, und ein solches notarielles Protokoll hatte vor jedem Gericht unbestrittene Rechtskraft. Viele dieser Protokolle wurden in der Familie des jeweiligen Notars jahrhundertelang aufbewahrt und befinden sich noch heute in Privatbesitz; starb die Notarsfamilie aus, so kamen die Urkunden in das Stadtarchiv, wo sich auch die meisten Dokumente, welche die Kolumbusfamilie betrafen, vorfanden.

Danach steht fest, dass Giovanni Colombo, der Großvater des Entdeckers väterlicherseits, ein Weber wollener Tücher aus dem Dorf Moconèsi im Tal von Fontanabuona oberhalb Chiavari, einem Seehafen ungefähr dreißig Kilometer östlich von Genua, war. Von ihm hören wir zum ersten Mal im Jahr 1429. Er hatte zu jener Zeit seinen Sohn Domenico (Kolumbus' Vater), „ungefähr elf Jahre alt", zu einem Brabanter Tuchmacher nach Genua in die Lehre gegeben.

Um das Jahr 1440, mehrere Jahre nach Beendigung seiner Lehrzeit, war Domenico Colombo Webermeister geworden und hatte sich ein Haus gemietet, das innerhalb der Stadtmauern dicht bei der Porta dell'Olivella, dem östlichen Tor von Genua, lag. Etwa 1445 heiratete er Susanna Fontanarossa, die Tochter eines Webers aus dem Tal des Bisagnoflusses, das man vom Olivellator überschaut. Sie brachte ihrem Domenico eine kleine Mitgift in die Ehe, und er selbst wurde zum Hüter der Porta dell'Olivella bestellt, bei einem Gehalt von 84 Genueser Pfund im Jahr (was zirka 1000 Euro entspricht), wovon er seine Gehilfen zu entlohnen hatte. In jenem Haus am Tor, in einem Stadtviertel, das im Lauf der Zeit so viele bauliche Veränderungen durchmachte, dass man seine genaue Lage nicht mehr feststellen kann, ist Christoph im September oder Oktober 1451 geboren worden.

Wir wissen, dass Kolumbus' 41. Geburtstag in die Zeit fiel, als er sich auf seiner großen Entdeckungsreise befand. Es ist sehr wahrscheinlich, dass er sich an den genauen Tag nicht erinnerte, denn in katholischen Ländern feierten Jungen und Mädchen den Namenstag ihres Schutzheiligen anstelle des eigenen Geburtstages. So wird der junge Christoforo wahrscheinlich am 25. Juni, dem Namenstag des heiligen Christophorus, mit seiner Mutter der Messe beigewohnt und vom Vater ein wenig Taschengeld und ein Gläschen Wein bekommen haben.

Im Spätsommer des Jahres 1451 ließen ihn die Eltern in irgendeiner kleinen Kirche von Genua taufen.

Da Domenico und Susanna damals schon sechs Jahre verheiratet waren, ist Christoph wahrscheinlich nicht das älteste Kind gewesen; doch wenn er ältere Brüder und Schwestern gehabt hat, so sind sie jung gestorben, denn Bartolomeo, der künftige Adelantado von Indien, war wenigstens ein oder zwei Jahre jünger als Christoph. Die anderen Geschwister waren Giovanni Pellegrino, ein als Jüngling verstorbener Bruder, und seine Schwester Bianchinetta. Der jüngste Bruder Giacomo mag 17 Jahre jünger als Christoph gewesen sein, denn sein Alter wird im Lehrbrief eines Tuchmachers vom Jahr 1484 mit 16 Jahren angegeben. Für Giacomo, der in der spanischen Sprachform als Diego bekannt ist, empfand Christoph eine Zuneigung, wie sie ältere Brüder dem Nesthäkchen der Familie häufig entgegenbringen. Er nahm ihn auf seiner zweiten Reise mit, verhalf ihm zu geistlichen Würden, nachdem er ihn als Seemann und

Kolonisten für untauglich befunden hatte, und versuchte schließlich, wenn auch ohne Erfolg, bei der Königin für ihn ein spanisches Bistum zu erlangen. Kolumbus' Sohn Diego wurde vermutlich nach seinem Onkel benannt.

1455, als Christoph vier Jahre alt war, siedelten seine Eltern in ein Haus bei der Porta Sant'Andrea über, das einen Hof und einen Garten besaß. Ein neues Haus, das auf denselben Grundmauern errichtet wurde, führt heute die Bezeichnung CASA DI COLOMBO.

Domenico Colombo arbeitete nicht als Weber im Tagelohn, sondern war ein selbstständiger Tuchmachermeister, der einen oder mehrere Webstühle besaß, seine eigene Wolle kaufte und das fertige Tuch verkaufte und der seinen Lehrlingen die Kunstgriffe seines Gewerbes beibrachte. Als Bürger der Stadt Genua und Mitglied der Tuchmacherzunft nahm er eine geachtete Stellung im niederen Mittelstand ein. Wenn er bei feierlichen Anlässen mit den Zunftbrüdern zur gemeinsamen Messe schritt, die in ihrer eigenen Kapelle innerhalb der Kathedrale abgehalten wurde, war er vielleicht gar der Bannerträger und zeigte jenes Wappen (blauer Balken im goldenen Feld mit rotem Schildhaupt), das der spätere Admiral mit den Wappenbildern von Kastilien vereinigte. Solche einfachen Wappenschilder waren übrigens bei den Zünften der italienischen Städte häufig in Gebrauch.

Die Person von Christophs Mutter liegt im Dunkeln, umso deutlicher scheint der Charakter des Vaters durch die trockenen Urkunden. Domenico hatte die Zuversicht seines Sohnes, nicht aber seinen Willen. Stets machte er Versprechungen, die er nicht zu halten vermochte, kaufte Waren ein, ohne sie bezahlen zu können, nahm Nebengeschäfte auf wie den Handel mit Käse und Wein. Er war vom Schlag der Väter, die ihren Laden zumachen und mit den Jungen fischen gehen, wenn im Geschäft nichts los ist; ein Weinhändler, der selbst sein bester Kunde war. Obwohl Domenico nur kärglich für seine Familie sorgte, muss er doch ein beliebter und umgänglicher Mensch gewesen sein, dem man beträchtlichen Kredit einräumte und der in den Rat der Zunft gewählt wurde.

Zu Anfang des Jahres 1470 wurde Domenico Colombo einem Zunftrat beigeordnet, der die Gewohnheiten und Gebräuche der Tuchmachermeister von Savona untersuchen sollte, die man auch in Genua einführen wollte. Bei dieser Gelegenheit gewann er wohl den Eindruck, dass das Gewerbe in Savona besser gedieh als in seiner Heimat, denn gegen den Ersten des Monats März finden wir ihn mit Webstuhl, Familie und einem Lehrling dorthin übergesiedelt. Wir erfahren auch, dass er den Weinausschank dort als Nebengeschäft betrieb, denn in einer Urkunde wird er als *tabernarius* bezeichnet.

Die nächsten Spuren des inzwischen volljährig gewordenen Christoph finden wir in notariellen Urkunden vom 20. März 1472 in Savona, wo er ein Testament als Zeuge beglaubigte, und vom 26. August 1472, als er zusammen mit seinem Vater eine beträchtliche Menge Wolle von einem Händler einkaufte, dem dafür ein Tuch gezahlt werden sollte. Möglicherweise war Christoph 1471 zur See gefahren; in diesem Fall war er nun wieder am väterlichen Webstuhl tätig. Mit Bestimmtheit können wir annehmen, dass er lange genug in Savona lebte, um Freundschaft mit einem Mann der besseren Stände, Michele de Cuneo, zu schließen, der ihn auf seiner zweiten Reise begleitete. Ein sichtbares Zeichen ihrer Freundschaft ist die Saona benannte Insel bei Hispaniola.

Am 7. August 1473 unterschrieb Christoph als Vertragspartner seiner Eltern und seines Bruders Giovanni Pellegrino eine Verkaufsurkunde für das Haus beim Olivellator in Genua. Während der folgenden neun Jahre verlieren sich die weiteren Spuren der Familie. In dieser Zeit starben Susanna und Giovanni Pellegrino, worauf Domenico mit den jüngsten Kindern Giacomo und Bianchinetta wieder nach Genua übersiedelte und sich dort bei der Porta Sant'Andrea wohnlich einrichtete. Der alte Mann, der die Weberei aufgegeben hatte, lebte von den Zuwendungen seiner Söhne aus Portugal. Inzwischen war Giacomo seinen Brüdern auf der Suche nach dem Glück in die Ferne gefolgt, Bianchinetta hatte geheiratet, und der alte Mann wird einige Jahre darauf gestorben sein, denn er wird in Christophs Majorat vom Jahr 1498 nicht erwähnt. Domenico wurde aber nicht vergessen, nach seinem Schutzheiligen benannten Christoph und Bartolomeo die neue Hauptstadt Santo Domingo.

DAS SIND die einfachen Tatsachen über Christophs Leben bis zum Alter von 22 Jahren und über seine Familie. Aus ihnen können wir nur dürftige Schlüsse über seine frühen Lebensumstände und seinen Charakter ziehen. Angenommen, der unbekannte Junge war der „Vater" der historischen Person, so mag er ein stolzer, feinfühliger junger Mann gewesen sein, der seine religiösen Pflichten getreulich erfüllte und ein bescheidenes Gewerbe ausübte, um so zum Unterhalt seiner Eltern beizutragen.

Eines aber ist sicher: Wenn überhaupt, so besaß er nur eine geringe Schulbildung. Die Behauptung seines Sohnes Ferdinand, sein Vater habe an der Universität von Pavia studiert, wird nicht nur durch die gut erhaltenen Immatrikulationslisten jener altehrwürdigen Anstalt widerlegt, sondern auch indirekt durch Christophs Lateinisch, das deutliche Anzeichen für die Tatsache aufweist, dass er es erlernte, nachdem Spanisch seine zweite Muttersprache geworden war. Das Italienische fehlt in den hinterlassenen Schriften des Kolumbus, mit Ausnahme einiger vereinzelter Wörter oder Sätze. Die früheste, möglicherweise aus seiner Feder stammende Niederschrift ist eine Randbemerkung in einem seiner Bücher aus dem Jahr 1481, die in schlechtem, mit Portugiesisch vermischten Spanisch geschrieben ist; dagegen sind alle Briefe, selbst die an seine Freunde in Genua und an die Bank von St. Georg, in Spanisch geschrieben. Und als er eine italienische Übersetzung von Plinius' „Historia Naturalis" in seinem späteren Leben mit Randbemerkungen versah, waren sie alle, mit einer einzigen Ausnahme, spanische Übersetzungen des italienischen Textes.

Als Christoph seine Heimat verließ, war er zweifellos Analphabet, und als er endlich lesen und schreiben lernte, hat er das natürlich in Kastilisch getan, der Sprache seines neuen Umfeldes.

Welchen Einfluss – wenn ein solcher überhaupt ausgeübt wurde – auf Christophs künftige Laufbahn hatte nun sein 22-jähriger Aufenthalt in und in der Nähe von Genua? Sicherlich war Genua der richtige Platz, in einem tatenhungrigen jungen Menschen die Lust auf Seeabenteuer zu wecken. Die Ligurische Republik ragt mit ihrer Brust weit in die See und breitet ihre Arme nach Savoyen und der Toscana aus, das Meer weit umfassend. Genova la Superba richtet ihren Blick südwärts auf den klaren Horizont. Der *libeccio* oder Südwestwind aber, aufgefrischt durch den langen Weg über das Mittelmeer, führt dem Ackerland, den Weinbergen und Weiden auf den von der Küste terrassenartig aufsteigenden Höhen genügend Feuchtigkeit für ein reiches Gedeihen zu. Der Schiffbau blühte in allen kleinen Buchten und Häfen längs des Strandes; große Galeeren und Karaken liefen fortwährend aus und kehrten heim aus der Ägäis, der Levante und Nordafrika.

Ansicht der Stadt Genua von 1493

In Genua befand sich eine bedeutende Schule von Kartenzeichnern, die das halbe Mittelmeer mit Segelkarten versorgte und an die sich die Portugiesen wandten, wenn sie ihre neuen afrikanischen Besitzungen kartiert haben wollten. Man kann sich gut vorstellen, dass der junge Christoph in diesen Werkstätten die Anfänge des Kartenzeichnens erlernte, denn später übten er und sein Bruder diese Kunst in Lissabon aus. Man kann sich auch ausmalen, wie er von seiner Webstube im Haus an der Porta Sant'Andrea sehnsüchtig auf den Hafen hinausschaute oder wie er die Blicke aus seinem Heim in Savona, wo er einem ungeliebten Gewerbe nachgehen musste, hinausschweifen ließ auf die rauschende Brandung des Mittelmeeres.

3. Kapitel

FROHEN MUTES AUF SEE
1473–77

Welcher an der Küste aufgewachsene Junge, der schließlich Seemann wurde, könnte wohl genau von sich sagen, wann er zum ersten Mal aufs Meer hinausfuhr? Als er damit begann, an den Booten zu hantieren, als er seine erste Nachtfahrt machte, als er seinen ersten

Lohn für eine Handreichung empfing oder als er sich wirklich auf die erste längere Reise begab?

Christoph lebte in einem Seemannsort, in dem jeder gesunde Junge jede Gelegenheit zum Segeln benutzte. Man unternahm Fischzüge und segelte abends mit der Landbrise hinaus, fing die ganze Nacht hindurch beim Schein der Fackeln mit dem Netz Sardinen unter dem funkelnden Sternenhimmel, und in der ersten Morgendämmerung gab es dann eine Wettfahrt der Boote heimwärts, denn jeder wollte, den frischen *libeccio* im Rücken, seinen Fang als Erster zum Markt bringen. Kurze Reisen in einem Postboot, *fusta* genannt, ostwärts nach Nervi, Portofino, Rapallo und westwärts nach Cogoleto und Savona mochten da unternommen worden sein. Und möglicherweise sogar ein Abstecher nach Korsika und zurück – ein großes Abenteuer, das ihm den ersten bezaubernden Eindruck vermittelte zu sehen, wie ein hohes, zerklüftetes Eiland allmählich über der Kimm aufsteigt, wie die einzelnen Bergspitzen zuerst als eine Kette kleiner Inselchen erscheinen, dann zusammenlaufen in eine einzige Insel, wie die Farben wechseln von Blau zu Grün und die weißen Flecken an der Küste zu Häusern werden; ein Abenteuer, das bisher unbekannte, eigenartige Gefühle auslöst –, wenn der Anker fällt in einem unbekannten Hafen, wo die Menschen in einem unverständlichen Kauderwelsch durcheinander reden.

Längs der ligurischen Küste dominierte der Seehandel. Wenn also Christoph die Seefahrt liebte, war es für seinen Vater nur natürlich, ihn zum Einkauf von Wolle, Wein und Käse auf Küstenfahrt hinauszusenden und dabei auch sein Tuch mit zu verkaufen. Vielleicht blieb Domenico in Savona, und Christoph steuerte ein kleines, mit Lateinsegeln ausgerüstetes Boot, das jede Woche oder alle zwei Wochen nach Genua fuhr und die Frachtgüter der Nachbarn mitnahm. Diese Erfahrung in der Küstenschifffahrt darf nicht unterschätzt werden, denn wer ein kleines Segelschiff zu führen versteht, der wird eines Tages auch ein großes Schiff befehligen können, und wer einer plötzlich einsetzenden Gebirgsbö zu begegnen weiß, der vermag auch schon halbwegs einem Sturm auf hoher See standzuhalten.

Der Sohn des Admirals, Ferdinand, gab nicht vor zu wissen, weshalb und unter welchen Umständen sein Vater zum ersten Mal zur See fuhr. Doch es gibt einen Auszug aus einem inzwischen verloren gegangenen

Brief Kolumbus' an das Herrscherpaar, geschrieben im Januar 1495 von Hispaniola, dem wir Folgendes entnehmen. Um die Zufälligkeiten und Irrtümer seiner Schiffsführung zu erklären, schrieb Kolumbus:

> *Es begab sich, dass König René (den Gott zu sich genommen hat) mich nach Tunis entsandte, um die Galeasse* Fernandina *zu kapern. Als ich mich auf der Höhe von San Pietro in der Nähe von Sardinien befand, wurde mir berichtet, dass die Galeasse von zwei Schiffen und einer Karake begleitet sei. Das beunruhigte meine Leute sehr, und sie beschlossen, nicht weiterzufahren, sondern gleich nach Marseille zurückzukehren, wo sie ein anderes Schiff mit stärkerer Bemannung auftreiben wollten. Als ich sah, dass gegen die Kraft ihres Willens ohne Zuhilfenahme einer List nichts auszurichten war, gab ich scheinbar ihren Wünschen nach, setzte beim Anbruch der Nacht, nachdem ich den Ausschlag der Kompassnadel geändert hatte, alle Segel, sodass wir uns bei Sonnenaufgang auf der Höhe von Kap Karthago befanden, während alle an Bord meinten, wir wären unterwegs nach Marseille.*

Für einen Seemann ist dies der verblüffendste Abschnitt in Kolumbus' Berichten. Der Admiral gibt zu, dass er als junger Kapitän so lange den Kompass manipulierte, bis sein Schiff, als die Kompassrose NW zu N (den Kurs auf Marseille) zeigte, in Wirklichkeit den Kurs SO zu S (Kurs auf Tunis) hielt. Ist so etwas überhaupt möglich? Ich möchte sagen Ja, obgleich nach meiner Kenntnis in der gesamten Schifffahrtsliteratur kein Vorfall verzeichnet ist, bei dem Seeleuten ein solcher Streich gespielt wird. Selbst Kolumbus' gefälschte Berechnungen auf der ersten Reise sind nichts im Vergleich hierzu. Es ist möglich, dass sich Christoph in einer Zeitspanne von 15 Monaten, zwischen Oktober 1470 und März 1472, als René, König von Anjou, noch im Krieg mit dem König von Aragonien war, auf einer dieser Kriegsfahrten an Bord eines genuesischen Kriegsschiffes in den Diensten von Anjou befand. Nur eines ist unmöglich, dass Kolumbus, wie er behauptet, Kapitän gewesen ist. Kein junger Bursche von zwanzig Jahren, der die meiste Zeit seines Lebens Wolle gekrempelt und gewoben hatte, konnte so schnell zum Befehlshaber eines Schiffes aufgestiegen sein. Vielmehr vermute ich, dass Christoph in Wirklichkeit ein Ausguckmann im Fockmast von König Renés Schiff war und einer von den Leuten, die den Trick entdeckten, auf den sie hereingefallen waren, als Kap Karthago in Sicht kam. Als er diesen Vorfall ein Vierteljahrhundert später seinem Herrscherpaar berichtete, hatte er sich selbst zum Kapitän befördert, was wohl seiner jetzigen Admiralswürde besser entsprach.

Wenn Kolumbus sein erstes Abenteuer auf See König René verdankte, so führte ihn sein zweites auf eine Expedition seiner Vaterstadt zur Befreiung der Insel Chios. Zweimal auf seiner ersten Entdeckungsreise, in Kuba und in Hispaniola, erwähnt er den dort wachsenden Gumbo-Limbo-Baum, und zwar fälschlich als Mastixbaum, *den ich auf der Insel Chios im Archipel gesehen habe* und von dem der begehrte Mastix gewonnen wurde und noch heute gewonnen wird.

Chios war 1346 von einer genuesischen Kaperflotte erobert worden, und die Schiffseigentümer wurden von der Republik durch ein Monopol auf Land, Handel und Einkünfte der Insel entschädigt. Die Monopolbesitzer bildeten nun eine Gesellschaft, die sie Maona nannten und die Chios in genau der gleichen Weise regierte und ausbeutete, wie es die Handelsgesellschaften Frankreichs, Englands und der Niederlande im 17. Jahrhundert in ihren verschiedenen Besitzungen in Nordamerika taten. Die Herrschaft über Chios bedeutete für die Maona ein regelrechtes Mastixmonopol.

Luis Centurione, „Kaufmann von Genua", dessen Schwiegervater Battista Spinola und die Erben von Centuriones Teilhaber Paolo di Negro waren drei der fünf Genueser Einzelpersonen oder Familien, die Kolumbus in seinem Testament mit Legaten bedachte. Das Haus der Centurione war eines jener Handels- und Geldunternehmen, die in der frühen Entwicklung des Finanzwesens eine bedeutende Rolle spielten. Es besaß Niederlassungen in allen Teilen des Mittelmeeres. Es ist bekannt, dass Kolumbus in den Jahren 1478 und 1479 bei Centurione angestellt war, und es scheint, dass er in seinem Auftrag nach Chios ging. Denn schon 1474 rüstete Gioffredo Spinola in Savona ein Schiff mit dem Namen *Roxana* aus, das für den Handel mit Chios und seine Verteidigung gegen die Türken bestimmt war. Aus den noch heute vorhandenen Schiffsberichten geht hervor, dass sich außer der Schiffsmannschaft und den Soldaten auch eine Anzahl „Arbeiter aus Savona" einschließlich einiger *tessitori* oder Weber an Bord befand. Kolumbus war bestimmt einer von ihnen. Wie hätte er auch die Gelegenheit ungenutzt verstreichen lassen können? Und im Jahr 1475 machte sich eine andere, weit imposantere Flotte, unter der sich auch Schiffe des Nicolò Spinola und des Paolo di

Negro befanden, von Genua nach Chios auf die Reise. An der einen oder anderen dieser Reisen wird Kolumbus teilgenommen haben.

Auf einer solchen Reise, vielleicht sogar unter René selbst, lernte er „zupacken, Segel reffen und steuern", die Entfernung mit dem Auge abzuschätzen, den Anker sachgemäß zu lichten und zu Wasser zu lassen, kurz, alles, was ein ordentlicher Seemann können muss. Christoph erlernte die Seefahrt auf herkömmliche Weise, in der harten, aber einzig wahren Schule der Erfahrung. Die Bücherweisheit der Arithmetik und einige spärliche „astrologische" Studien mochten später zu ihrem Recht kommen und an Land nachgeholt werden.

Bald nach seiner Heimkehr von Chios wollte es das Schicksal, dass er sich einer Flotte anschloss, durch die er an Portugals Küsten geworfen wurde. Im Mai 1476, zu einer Zeit, da sich fast alle Mittelmeerstaaten im Kriegszustand befanden, stellte Genua einen umfangreichen Geleitzug zusammen, um chianischen Mastix in Lissabon, England und Flandern an den Markt zu bringen. Diese Flotte bestand aus drei Galeassen und einem großen bewaffneten Schiff, die den Spinolas, Di Negro und drei Mitbesitzern gehörten. Auf dem fünften Geleitschiff, der *Bechalla*, die mit Seeleuten aus Savona bemannt war, befand sich wahrscheinlich Kolumbus. Da sein Name in der Liste der Offiziere und Fahrgäste fehlt, können wir annehmen, dass er als einfacher Seemann mitfuhr. Die Flotte segelte am 31. Mai von Noli ab. Am 13. August 1476 wurde sie, als sie sich auf der Höhe von Portugals Südküste befand, plötzlich von einer aus 13 oder mehr Schiffen bestehenden französisch-portugiesischen Flotte angegriffen.

Bei Anbruch der Nacht waren drei Genueser und vier feindliche Schiffe gesunken, hunderte von tapferen Männern wurden mit in die Tiefe gerissen, und so waren die Überlebenden froh, als sie ausscheren und den nächstgelegenen freundschaftlich gesinnten Hafen zur Ausbesserung ihrer Schäden aufsuchen konnten. Kolumbus hatte an Bord eines der gesunkenen Schiffe, wahrscheinlich der *Bechalla*, mitgekämpft; er sprang ins Meer, klammerte sich an ein Treibstück, das er vor sich herschob und auf dem er ausruhte, wenn er erschöpft war (denn er war in der Schlacht verwundet worden), und es gelang ihm, die über sechs Meilen* entfernte

* Eine Seemeile entspricht 1,852 Kilometern.

Küste zu erreichen. Die Bevölkerung nahm sich der Überlebenden freundlich an, und nach einiger Zeit machte sich Kolumbus auf den Weg nach Lissabon, wo er von einem Angehörigen der Genueser Kolonie aufgenommen wurde und seine Wunden heilen konnten.

Christoph unternahm noch eine weitere abenteuerliche Reise, bevor er seine Laufbahn in dem Land, an dessen gastliche Gestade er so zufällig geworfen wurde, begann. In einer Aufzeichnung des Admirals, berichtet Ferdinand, in der er beweisen wollte, dass die tropischen und arktischen Zonen bewohnbar seien, hieß es:

> *Im Jahr 1477 – es war im Monat Februar – segelte ich hundert Meilen jenseits der Insel Tile, deren nördlicher Teil sich auf dem 73. Grad nördlicher Breite befindet und nicht auf dem 63., wie manche behaupten; auch liegt es nicht auf dem Meridian, der den Anfang des Westens bildet, sondern viel weiter westlich. Und zu dieser Insel, die so groß ist wie England, fuhren die Engländer mit ihren Waren, vornehmlich jene aus Bristol. Und in der Jahreszeit, zu der ich dort war, war das Meer nicht zugefroren, doch die Gezeiten waren gewaltig.*

Mag sein – wie aber können wir das erklären? Mit Tile (Thule) ist zweifellos Island gemeint. Christoph, der ohne einen Pfennig in Lissabon anlangte, wird die erste Heuer angenommen haben, die sich ihm bot. Zu jener Zeit bestand bekanntlich ein lebhafter Handelsverkehr zwischen Lissabon, den Azoren, Bristol und Island. Für die Südküste Islands ist die Breite 63° 30' richtig – nicht 73° –, doch Kolumbus' Stärke ist niemals die richtige Feststellung der Breitengrade gewesen, und vermutlich kannte sich sein Kapitän auf dieser Reise auch nicht besser aus. Sicher besuchte Kolumbus Galway in Irland, einen natürlichen Anlaufhafen auf dem Weg nach Island, denn als Randbemerkung in einem seiner Bücher, die er mitführte, der „Historia Rerum" von Aeneas Sylvius, finden wir die Worte verzeichnet: *Leute aus Cathay, das dem Orient zugelegen ist, sind bis hierher gekommen. Wir haben viele außerordentliche Dinge gesehen, besonders in Galway auf Irland, so einen Mann und eine Frau von ungewöhnlicher Erscheinung, in zwei Booten treibend* – wahrscheinlich flachgesichtige Finnen oder Lappen. – *Der Verfasser meint, dass das Nordmeer weder zufriert noch unschiffbar ist.*

Gewiss ist Christoph seit Verlassen des väterlichen Webstuhls nicht müßig gewesen. Eine Reise von Genua nach Marseille und Tunis, eine oder zwei Fahrten nach Chios, eine andere Fahrt jenseits der Meerenge, die in einer Seeschlacht und der Rettung an Land endete, und schließlich eine Reise nach Irland, Island und in den Norden. Nun war er für größere Aufgaben gerüstet, und vielleicht brodelte das große Unternehmen schon in seinem ruhelosen Gehirn.

4. Kapitel

PORTUGAL
1477–85

Im Frühjahr des Jahres 1477 kehrte Kolumbus nach Lissabon zurück, wo er im vorhergehenden Herbst zum ersten Mal angelangt war, nachdem er seine Kleider getrocknet und sich von den Strapazen der Seeschlacht bei Kap St. Vincent erholt hatte.

Diese glückliche Landung in Portugal war der Wendepunkt in Christophs Leben, denn das Schicksal hatte ihn an die Küsten des Landes gespült, das der Mittelpunkt der Welt für Schifffahrt und Entdeckungsreisen auf hoher See war. Er befand sich plötzlich unter Menschen, die ihn alles lehren konnten, was er so gerne wissen wollte: die portugiesische und die kastilische Sprache, die für den weit reisenden Seefahrer unentbehrlich waren; das Lateinische, das zum Lesen der alten geographischen Werke benötigt wurde; Mathematik und Astronomie für die Orientierung auf See nach dem Himmel; Schiffbau und Segelkunde; vor allem aber die hohe Kunst der Entdeckungen selbst.

Portugal, das alte Lusitania, war damals das lebhafteste und fortschrittlichste Land Europas. Es war das einzige Land, das in diesem letzten Abschnitt des Mittelalters die Grenzen der bekannten Welt in weite Fernen vorgerückt hatte. Portugal entdeckte und besiedelte nicht nur die Azoren, die ehedem von keiner Menschenseele bewohnt waren, es stieß mit seinen Schiffen entlang der westafrikanischen Küste auch immer weiter südwärts vor. Die portugiesischen Seeleute bewiesen, dass die tropischen Meere schiffbar, die Länder unter dem Äquator bewohnbar waren. Sie hatten gelernt, ihren Weg nach den Sternen zu bestimmen, und mit der Zeit eigneten sie sich eine so große Sicherheit bei der

Befahrung der Meere an, dass sie mit jedem Jahr neue Versuche unternahmen, um die jenseits der Azoren liegenden Länder zu entdecken.

Die treibende Kraft hinter dieser Expansionsbewegung war der Infant Dom Henrique, bekannt als Prinz Heinrich der Seefahrer, ein Titel, der ihm im 19. Jahrhundert verliehen wurde. Vor ihm hatte es wohl Männer gegeben, die den Entdeckergeist besaßen, er aber organisierte die Entdeckungen. Sein Hauptquartier befand sich beim Kap St. Vincent, dem südwestlichsten Kap Portugals und Europas, nur wenige Kilometer von der Stelle entfernt, an der Kolumbus an Land geschwommen war. Hier auf den einsamen, von Stürmen heimgesuchten Klippen hatte Prinz Heinrich für seine Zwecke eine Stadt errichtet, die alles besaß, was Seefahrer brauchten, und deshalb eine besondere Anziehungskraft auf sie ausübte. Dom Henrique sammelte hier alle Karten und *roteiros* oder Segelvorschriften der gesamten Welt, soweit sie bisher bekannt war; er stellte Mathematiker ein, die die Seefahrer bestärkten, von der Küste aus in tiefere Gewässer vorzustoßen. Er ermutigte junge, wagemutige und unternehmende Kapitäne, in seine Dienste einzutreten, und vom Hafen von Lagos aus, einige Kilometer südlich an der Küste entlang, schickte er sie auf seinen Schiffen hinaus in die noch unentdeckte Welt.

Auf katalanischen und mallorquinischen Karten, die er sich verschafft hatte, fand Prinz Heinrich eine Inselkette verzeichnet, die sich in beträchtlicher Entfernung jenseits von Portugal befinden sollte. Für ihr Vorhandensein fehlte jeder feste Anhaltspunkt, sie kamen lediglich in der Legende von Sankt Brendan vor, jenes irischen Heiligen aus dem sechsten Jahrhundert, dessen abenteuerliche Seefahrten zu den beliebtesten Geschichten des Mittelalters gehörten. So wie Kolumbus zufällig über die Neue Welt stolperte, als er Indien suchte, so fanden die Kapitäne des Infanten die Azoren, als sie auf der Suche nach den mythischen St.-Brendan-Inseln waren.

Madeira und das nahe gelegene Porto Santo, die beide im vorausgegangenen Jahrhundert entdeckt worden waren, wurden auf Befehl des Infanten im Jahr 1418 kolonisiert. Die Kapverdischen Inseln wurden zwischen 1456 und 1459 von einem Venezianer und einem Genuesen, die beide in den Diensten des Prinzen standen, entdeckt.

In noch engerem Zusammenhang mit der Entdeckung Amerikas standen die unter Prinz Heinrichs Anweisung unternommenen afrikanischen Reisen. „Denn von allen Dingen der Welt“, so schreibt sein begeisterter Chronist Azurara, „reizte den Prinzen die Entdeckung all dessen, was vor anderen Menschen verborgen und geheim war.“ Als erstes Ziel suchte er ausfindig zu machen, was hinter Kap Não an der westlichen Ausbuchtung von Afrika lag; dies war indessen kein leichtes Unterfangen.

Jahraus, jahrein entsandte der Prinz Schiffe mit dem Auftrag zu erkunden, was hinter Kap Não lag, und Jahr um Jahr kehrten sie mit dieser oder jener Ausrede, warum sie das Kap nicht umschifft hatten, nach Lagos heim. Doch „der Infant hieß die Kapitäne, die er auf die Erkundung dieser Länder ausgesandt hatte, jederzeit mit großer Geduld willkommen, zeigte niemals irgendeine Verstimmung, sondern lauschte aufmerksam den Berichten über ihre Abenteuer und belohnte sie wie Männer, die ihm gute Dienste geleistet hatten. Und gleich darauf schickte er sie wieder hinaus auf dieselbe Reise.“ Solch wahrhaft königliche Langmut wurde schließlich belohnt, als Gil Eannes das Kap im Jahr 1434 umsegelte und keine Spur von den Schrecken des Meeres südlich des 28. Grades nördlicher Breite vorfand. Innerhalb weniger Jahre waren dann die Schiffe weit genug vorgedrungen, um die ersten schwarzen Sklaven gefangen zu nehmen und den Handel mit Goldstaub aufzunehmen. Die Portugiesen errichteten einige Jahre später eine Festung und eine Handelsstation auf der Arguininsel, und um das Jahr 1460, in dem der Infant starb, hatten seine Karavellen die Gegend von Dakar passiert und befanden sich in nächster Nähe von Sierra Leone, nur noch 10 Grad vom Äquator entfernt.

Nach Prinz Heinrichs Tod machten die Portugiesen zehn Jahre lang keine weiteren Fortschritte in südlicher Richtung, mit Ausnahme der Besiedlung der Kapverdischen Inseln. Dann gab König Alfons V. im Jahr 1469 einem Lissaboner Kaufmann namens Fernão Gomes das Handelsmonopol für die Guineaküste, das an die Bedingung geknüpft war, dass er sie jedes Jahr um weitere hundert Meilen südwärts zu erkunden habe. Es besteht kein Zweifel, dass die Krone zu jener Zeit einen südlichen Seeweg nach Indien zu finden hoffte. Die Schiffe des Gomes umsegelten sofort den großen afrikanischen Landvorsprung und erschlossen die reichsten Teile Westafrikas: die Gold- und Elfenbeinküsten sowie Malagueta, wo man eine Pfefferart fand, die von ebensolcher Schärfe war wie die ostindischer Herkunft.

Von jetzt an wurde der Handel mit Afrika unter dem Infanten D. João, der im Jahr 1481 als Dom João II. den Thron bestieg, zu einem Monopol der Krone. Kolumbus ließ sich also gerade in dem Augenblick in Lissabon nieder, als die Portugiesen die reichsten Früchte aus ihren überseeischen Unternehmungen ernteten. Jedes Frühjahr liefen mehrere Flotten in die Tejomündung ein, beladen mit Säcken voll von Malaguetapfeffer, ganzen Reihen von Elefantenzähnen, mit Sklaven und Kisten, gefüllt mit Goldstaub. Im Herbst stachen diese Flotten erneut in See, bis über die Ladeluke hinaus bepackt mit Falkenglöckchen, roten Kappen, venezianischen Glasperlen und jeder anderen Art von billigem Handelstand, der von den Schwarzen mit gutem Gold bezahlt wurde. An Deck führten sie auch Pferde mit sich, für die von den eingeborenen Häuptlingen Fantasiepreise verlangt wurden. Auf den Kais und in den engen Straßen der Stadt vernahm man alle Sprachen der Welt, die zwischen Island und Kamerun gesprochen wurden; Matrosen aus Skandinavien, England und Flandern mischten sich unter Spanier, Genuesen, Mauren, Berber und getaufte afrikanische Fürsten. Von den Fenstern seines Palastes an der Praça do Comércio aus konnte Dom João die Schiffe von zwölf Nationen erblicken, wie sie auf den raschen Fluten des Tejo an ihren Landetrossen zerrten. Neue Kirchen und Paläste wurden gebaut, italienische Bankiers und jüdische Geldwechsler errichteten Büros und Stände an diesem öffentlichen Platz. Lissabon pulsierte von unternehmerischem Leben, es schwelgte in Reichtum und Zuversicht. Und darin stand es in offensichtlichem Gegensatz zu dem trägen Genua, dessen überseeische Besitzungen die Türken straflos ausplünderten.

Lissabon, immer noch der schönste unter den großen Seehäfen der Welt, war zu jener Zeit für einen ehrgeizigen jungen Seefahrer wie Kolumbus der anregendste Platz in ganz Europa. Lissabons Blick war auf die Außenwelt gerichtet und nicht auf das Inland, es strebte vorwärts nach der Beherrschung der Welt und verweilte nicht bei der Betrachtung des Glanzes vergangener Jahrhunderte. Von seinen Landungskais brauchte man bei Ebbe nur den Tejo hinunterzufahren, und schon lag der gesamte westliche Viertelkreis von 180° offen vor einem. Kolumbus und mancher andere war zu jener Zeit nordwärts nach Island und darüber hinaus gefahren. Die Portugiesen waren südwärts, Afrika entlang gesegelt. Warum sollte man es nicht westwärts versuchen, nach Japan, China und Indien?

Ansicht der Stadt Lissabon aus dem 16. Jahrhundert

Und was hätte sich einem solchen Vorhaben in den Weg stellen können? Keinesfalls die Theorie von der flachen Erde, denn von allem, was Kolumbus geschmackloserweise unterstellt wurde, ist die hartnäckigste und zugleich dümmste Behauptung, dass er seine Mitmenschen erst von „der Kugelform der Erde“ überzeugen musste. Zu seiner Zeit glaubte bereits jeder gebildete Mensch, dass die Erde die Gestalt einer Kugel habe, an jeder Universität war diese geographische Lehre fest verwurzelt, und die Seefahrer hatten seit langem die Beobachtung gemacht, dass die Schiffe am Horizont „mit unsichtbarem Schiffsrumpf“ erschienen und dass man beim Näherkommen erst die „aufsteigenden“ Berge überwinden musste, woraus sie ganz richtig schlossen, dass die Erdoberfläche rund sei. Von Aristoteles sagte man, er habe geschrieben, dass man den Ozean von Spanien nach Indien *paucis diebus*, also in verhältnismäßig wenigen Tagen überqueren könne; und Strabo, ein griechischer Geograph, der um das Jahr 25 v. Chr. starb, deutete an, dass man diesen Versuch tatsächlich unternommen habe. „Diejenigen, die von dem vergeblichen Versuch einer Weltumsegelung heimkehrten, sagten, dass sie nicht durch einen den Weg versperrenden Kontinent daran gehindert wurden, denn das Meer blieb allezeit völlig offen, sondern einzig durch mangelnde Ausdauer und die Verknappung des mitgeführten Proviants.“

Kurz bevor Kolumbus in Portugal erschien, war König Alfons V. auf den Gedanken gekommen, dass seine Beauftragten möglicherweise den schwierigsten Seeweg nach Indien gewählt hatten. Er dachte, dass der Weg übers Meer in westlicher Richtung kürzer und ungefährlicher sein könnte. In dieser Meinung wurde er von einem Florentiner Gelehrten bestärkt.

Ein Domherr der Kathedrale von Lissabon hatte in Italien einen Florentiner Arzt und Humanisten namens Toscanelli kennen gelernt. Im 15. Jahrhundert waren die Ärzte gewöhnlich auch gute Mathematiker und Astronomen, da der Stand der Sterne die Wirkung ihrer Medikamente beeinflusste. Und da es von der Astronomie nur ein kleiner Schritt zur Erdkunde und der Lehre von der Gestalt der Erde war, hatte Toscanelli diese Wissenschaften zu seinem Steckenpferd gemacht.

Anfang des 14. Jahrhunderts hatten Marco Polo und seine Vorgänger die wunderbare Kunde vom Glanz des Großkhans von China mitgebracht und auch vom Inselreich Cipangu (Japan) berichtet, das nach Aussage Marcos 1500 Meilen von der chinesischen Küste entfernt liegen sollte. „Das Buch des Ser Marco Polo", das in zahllosen Abschriften vom Manuskript verbreitet wurde, bevor die Druckerpresse erfunden war, regte neben vielen anderen auch die Fantasie des Kolumbus an. Doch die in ihren Stuben hockenden Erdkundigen des 15. Jahrhunderts bezeichneten Marco Polo allgemein als einen Schwindler, weil er nach den geheiligten Lehrsätzen des Ptolemäus Asien eine viel zu große Ausdehnung nach Osten gab. Die Verehrung der historischen Figuren war damals so groß, dass jeder Entdecker, der Ptolemäus widersprach, von vornherein schlechte Karten hatte. Noch fünfzig Jahre nach Kolumbus mühten sich die Amerika bearbeitenden Kartographen ab, die neuen Entdeckungen mit dem Asien des Ptolemäus in Einklang zu bringen. Hingegen war Toscanelli einer der wenigen Wissenschaftler, die Marco Polo Recht gaben. Folglich glaubte er auch, dass der östliche Rand Asiens Portugal viel näher läge, als die anderen vermuteten. Sein Freund, der Domherr, trug diese Gedanken dem König von Portugal vor, der ihn daraufhin bat, Toscanelli zu einer schriftlichen Erklärung seiner Ansichten zu veranlassen und sie ihm zu unterbreiten.

Toscanelli schrieb dem Domherrn am 25. Juni 1474 von Florenz einen Brief, von dem Kolumbus später eine Abschrift erlangte und die er als „Beweisstück A" in seinem „Fall" verwendete. Toscanelli äußert darin seine Freude, dass sich die Aufmerksamkeit des Königs einem *kürzeren Weg über See zum Land der Gewürze zuwende, als es der von den Portugiesen für gewöhnlich über Guinea genommene ist.* Zur Erklärung eines neuen Kurses hatte er eine Karte mit parallel verlaufenden Breitengraden und meridionalen Längengraden angefertigt.

Ein Kurs westwärts von Lissabon, so schreibt Toscanelli, *wird Euch über eine Strecke von etwa 5000 Seemeilen nach Quinsay bringen, der Hauptstadt der chinesischen Provinz Mangi.* In der benachbarten Provinz Cathay residiert der Kaiser von China, der Großkhan, *dessen Name auf Lateinisch so viel wie „König der Könige" bedeutet.* Eine andere Route nach China führt *an der Insel Antillia vorbei, welche Euch wohl bekannt ist, und nach 2000 Meilen stoßt Ihr auf die vortreffliche Insel Cipangu* (Japan), *über die Maßen reich an Gold, Perlen und edlen Steinen, ein Land, in dem die Dächer der Tempel und königlichen Paläste aus purem Gold sind. Und es ist so, dass Ihr auf diesen unbekannten Seewegen keine weiten Strecken übers Meer zurückzulegen braucht.*

Doch weder Alfons V. noch sein Sohn haben je etwas auf diesen bemerkenswerten Brief hin unternommen, der in Kolumbus' Tagebüchern von jeder größeren Reise seinen Widerhall findet. Portugal begnügte sich mit seinen vielversprechenden Fortschritten entlang der westafrikanischen Küste, dem ungeheuren Nutzen, den die Krone aus der Ausbeutung dieser Gebiete zog, und der Hoffnung, dass eine nach Süden vorstoßende Karavelle eines Tages doch noch endgültig den Seeweg nach Indien erschließen würde.

WIE KOLUMBUS die acht oder neun Jahre seines Aufenthaltes unter der portugiesischen Flagge verbracht hat, kann niemals aufgeklärt werden, denn durch das große Erdbeben von Lissabon wurden die notariellen und gerichtlichen Urkunden vernichtet, aus denen wir Hinweise auf seine Aktivitäten erhalten hätten. Seinem zeitgenössischen Genueser Chronisten Antonio Gallo zufolge ließ sich Bartolomeo Kolumbus vor Christoph in Lissabon nieder, eröffnete dort eine Kartenzeichnerei, in die sein älterer Bruder als Teilhaber eintrat, und vermittelte diesem die Gedanken, die zu den großen Entdeckungen führten. Andrés Bernáldez aus Sevilla kannte Kolumbus sehr gut und beschrieb ihn in seiner Zeitgeschichte als „einen Hausierer gedruckter Bücher, der seinen Handel in diesem Land Andalusien betrieb … einen Mann von großer Intelligenz, aber ohne viel Bücherweisheit, sehr geschickt in der kosmographischen Kunst und der Anfertigung von Weltkarten". Dass Kolumbus ein sehr geschickter Kartenzeichner war, geht aus seiner Freihandskizze des nördlichen Haiti hervor. Diese Karte ist übrigens die einzig erhaltene, von der ohne jeden Zweifel erwiesen ist, dass sie von ihm stammt.

Dass viele Genuesen in Lissabon tätig waren, war nichts Neues. Einige Genueser Kapitäne waren in den Dienst des Infanten oder des Königs getreten und hatten bedeutsame Entdeckungen gemacht. Die stetige Minderung des genuesischen Einflusses in der Levante zwang viele der besten Seefahrer und Handelsherren dieser Metropole zur Auswanderung. Bei Kolumbus' Ankunft in Lissabon fand sich dort eine wichtige Genueser Kolonie, die sich des jungen Kolumbus annahm, als er sein Schiff verloren hatte, und die wahrscheinlich auch sein Gewerbe als Kartenzeichner förderte und ihm die Vervollständigung seiner lückenhaften Bildung ermöglichte. Wir dürfen annehmen, dass Christoph im ersten und zweiten Jahr seines Aufenthalts in Portugal Kastilisch lesen und schreiben lernte und dass er anfing, hinter die Geheimnisse des Lateinischen zu kommen. Denn Lateinisch musste er können, wollte er mit der vornehmen und gelehrten Welt auf vertrautem Fuß stehen. Außerdem konnte ihm nur die Kenntnis der lateinischen Sprache die Wissenschaften vergangener Zeiten vermitteln.

Wie lange sich Kolumbus an Land aufhielt, wissen wir nicht; sicher ist, dass er sich im Sommer 1478 wieder auf See befand. Der Genueser Kapitän Paolo di Negro, der Teilhaber Centuriones, der Christoph auf den Fahrten nach Chios beschäftigt hatte, nahm ihn in Lissabon in Dienst, um Madeira zu besuchen und dort 2400 oder mehr *arrobas* (etwa 60 000 Pfund) Zucker für Centuriones Rechnung zu kaufen. Offensichtlich hatte dieser junge Mann das Vertrauen seiner Genueser Auftraggeber gewonnen, die ihn mit einer geschäftlichen Transaktion im Wert von mehreren tausend Euro beauftragten. Und das nächste wichtige Ereignis in seinem Leben, seine Heirat mit Dona Felipa Perestrello e Moniz, deutet darauf hin, dass ihm seitens einer der ersten portugiesischen Familien gute Zukunftsaussichten eingeräumt wurden.

Wie Kolumbus' Sohn Ferdinand berichtete, lernte Christoph seine spätere Frau beim Besuch der Messe in der Kapelle des Convento dos Santos in Lissabon kennen. Dieses Kloster gehörte den Rittern des militärischen Ordens von St. Jago. Ursprünglich diente es den Frauen der auf Kriegsfahrt ausgezogenen Kavaliere als Zufluchtsstätte, doch später hatte es sich zu einer vornehmen Erziehungsanstalt für die Töchter der portugiesischen Aristokratie entwickelt. Im Kloster, von dessen Höhe man den Tejo in der Gegend erblickte, wo Christoph und Bartolomeo in ihrer Zeichenwerkstatt arbeiteten, befand sich eine Kapelle, die auch dem Volk offen stand. Sie wurde besonders gern von jungen Leuten aufgesucht, die eine geeignete Ehepartnerin suchten und denen die Verrichtung ihrer frommen Pflichten ein nützliches Mittel zum Zweck war. Wie sich Christophs Werben vollzog, wird in den Chroniken leider nicht berichtet. Der Biograf erzählt nur, dass „angesichts von Kolumbus' höchst ehrsamem Auftreten und da er so tadellos und zugleich achtbar erschien", Dona Felipa „Konversation und Freundschaft mit ihm pflegte und schließlich seine Gattin wurde".

Über das Aussehen und den Charakter von Kolumbus' einziger Gattin ist nichts überliefert. Dona Felipas Person bleibt genauso im Dunkeln wie die der Mutter des großen Entdeckers. Wir wissen nicht einmal, wann sie starb, nur dass es vor Kolumbus' Abreise von Portugal im Jahr 1485 war und dass sie in der Karmeliterkirche begraben liegt, deren von dem Erdbeben herrührende Ruinen noch heute auf die alte Stadt Lissabon herabblicken. Auch über Kolumbus' Leben in den nächsten Jahren ist nur wenig Genaues ermittelt worden. Nach einem kurzen Aufenthalt in Lissabon fuhren Kolumbus und seine Frau vermutlich nach Porto Santo, der kleinen Nachbarinsel von Madeira, wo Dona Felipas Bruder Bartolomeo Perestrello II. als Capitano und Gouverneur regierte. Dort ist auch ihr Kind Diego Colón um das Jahr 1480 geboren.

Es ist wahrscheinlich, dass das Ehepaar Kolumbus den größten Teil der nächsten Jahre auf Madeira zubrachte. Als er im Jahr 1498 auf seiner dritten Reise Funchal anlief, schrieb Kolumbus (nach der Wiedergabe von Las Casas) in sein Tagebuch: „In der Stadt wurde ihm ein schöner Empfang zuteil und viel Unterhaltung geboten, denn er war hier gut bekannt, wo er ehedem für einige Zeit gewohnt hatte." Da Funchal damals schon seit über fünfzig Jahren eine blühende Hafenstadt war, die, in die Berge eingebettet, sanft aufstieg zu ihren berühmten Weinbergen, musste Kolumbus dort wohl als ein Kaufmann gelebt haben. Mit seinen Verbindungen zu den Centuriones und den durch seine Heirat neu hinzugekommenen Beziehungen wird er erfolgreich gewesen sein. Die örtliche Überlieferung bezeichnet verschiedene Häuser, in denen das Ehepaar gewohnt haben soll.

Im Jahr 1481 starb der alte König, dem sein Sohn, D. João II., der „vollkommene Fürst", auf den Thron folgte. Jung und tatkräftig, weise und gelehrt, politisch und ehrgeizig, war D. João jedem anderen Fürsten seines Alters ebenbürtig. Kurz vor seiner Thronbesteigung hatte ein langer, fruchtloser Krieg mit Kastilien durch den Frieden von Alcáçovas sein Ende gefunden, in dem Portugals ausschließliche Rechte auf die afrikanische Küste und die Inseln südlich der kanarischen Inselgruppe von Spanien anerkannt wurden, während die Kanarischen Inseln selbst bei Spanien verblieben. D. João, der als Infant das Staatsmonopol des afrikanischen Handels geleitet hatte, beschloss eine Festung oder eine Art befestigter Handelsfaktorei an der Goldküste zu errichten, die stark genug sein sollte, um etwaige europäische Rivalen abzuwehren und im Übrigen die Eingeborenen in Schach zu halten. Eine Flotte von neun Karavellen und zwei *urcas* (Frachtschiffe) wurde sogleich in Lissabon ausgerüstet, mit mehreren hundert Soldaten, Steinmetzen und anderen Handwerkern bemannt; und der Papst gewährte im Voraus allen Christen Erlass ihrer Sünden, die bei diesem Unternehmen den Tod finden würden. So setzte diese Flotte im Spätherbst 1481 unter dem Kommando des D. Diogo d'Azambuja in Lissabon die Segel. An der Goldküste angelangt, arbeiteten die Männer den ganzen Winter über hart und gut und errichteten in mittelalterlichem Stil ein großes steinernes Kastell namens São Jorge da Mina mit Türmen, Burggraben, Kapelle, Provianthaus und Markthalle, das von einer Garnison Soldaten bezogen wurde.

Kolumbus nahm entweder an der Expedition D'Azambujas teil, oder er unternahm bald nach der Erbauung des Kastells eine Reise nach La Mina. Dies geht aus seinen flüchtigen Randbemerkungen in einigen der von ihm meistgelesenen Büchern hervor. In sein Exemplar der „Historia Rerum" von Aeneas Sylvius, gegenüber der Stelle, wo Eratosthenes das Klima unter dem Äquator als gemäßigt bezeichnete, schrieb Kolumbus: *Senkrecht unter dem Äquator befindet sich das Kastell von Mina unseres erhabensten Königs von Portugal, welches wir gesehen haben.*

Kolumbus war von Westafrika tief beeindruckt. Im Tagebuch von seiner ersten Reise nach Amerika vergleicht er die Einwohner und Erzeugnisse „Indiens“ häufig mit jenen von Guinea; immer wieder spricht er von der Möglichkeit, eine „Mine“ in Hispaniola aufzufinden; und auf seiner dritten Reise nimmt er besonders Bezug auf den angeblichen Breitengrad von Sierra Leone. Die Erfahrungen, die er auf einer gemeinsam mit portugiesischen Seefahrern unternommenen Reise gemacht hatte, mussten seine Seemannskunst sehr verbessert haben, obwohl es zweifelhaft sein mag, ob er hierbei die Fertigkeit erwarb, nach den Sternenbildern zu navigieren.

Kolumbus lernte viel Nützliches von seinen portugiesischen Schiffsgefährten, die zu seiner Zeit als die besten und geschicktesten Seefahrer der Welt galten, er lernte, wie eine Karavelle bei Wind und See von vorne zu steuern war, wie das Schiff von einer Leeküste abgehalten werden musste, welcher Proviant für eine lange Seereise nötig und wie dieser zu verstauen war, endlich auch, welche Waren sich am besten für den Handel mit primitiven Völkern eigneten. Jede Reise, die er unter portugiesischer Flagge mitmachte, trug zu dem Erfolg bei, den er bei seinem großen Unternehmen erzielen würde, das unablässig in seinem Kopf heranreifte.

Zu der Zeit, als er von seiner Guineafahrt heimkehrte, war Kolumbus zu dem Entschluss gelangt, dem König von Portugal einen erstaunlichen Vorschlag zu machen.

5. Kapitel

Der Mann Kolumbus

Christoph Kolumbus, dreißig Jahre alt, ein erfahrener Seemann und vertrauenswürdiger Handelsverwalter, der mit einem der führenden Handels- und Bankhäuser Italiens in Verbindung stand, durch seine Heirat verwandt mit zwei der einflussreichsten Familien Portugals, hatte es „geschafft“, wie man heute sagen würde. Um weitere Erfolge zu erzielen, brauchte er nur im Kielwasser des Aufschwungs zu schwimmen, den die Handelsschifffahrt genommen hatte, falls er sich auf diesem Gebiet zu betätigen wünschte.

Es gibt keine Beschreibung von Kolumbus aus diesem bestimmten Zeitabschnitt, sodass wir uns von dem leiten lassen müssen, was die Menschen nach seiner großen historischen Tat über ihn sagten. Oviedo, der im Jahr 1493 den triumphalen Einzug des Admirals in Barcelona miterlebte, beschreibt ihn in einem seiner Werke, das vierzig Jahre später gedruckt wurde, mit folgenden Worten: „Ein Mann achtbarer Eltern und ehrbarer Lebensführung, von gefälliger Gestalt und Erscheinung, größer als der Durchschnittsmensch und von kräftigen Gliedmaßen, mit lebhaften Augen und einem Gesicht, das in allen Teilen ebenmäßig war, das Haupthaar flammend rot, die Gesichtsfarbe frisch und gesund, aber sommersprossig, von angenehmer Redeweise, taktvoll und schöpferisch hochbegabt, ein feiner Latinist und hochgelehrter Kosmograph; liebenswürdig, wenn es ihm so gefiel, aber reizbar und jähzornig, wenn er sich ärgern musste.“

Ferdinand Kolumbus, der von seinem 12. bis 18. Lebensjahr ständig bei seinem Vater weilte, entwirft in seiner Biografie folgendes Bild von ihm: „Der Admiral war ein wohlgebauter Mann, übermittelgroß, von länglichem Gesicht mit etwas hoch liegenden Wangen, die weder dick noch dünn waren. Er hatte eine Adlernase, und seine Augen waren von heller Farbe, seine Gesichtsfarbe war gleichfalls hell, doch leicht in ein lebhaftes Rot übergehend. In der Jugend war sein Haar blond, mit dreißig Jahren jedoch wurde es ganz weiß. Im Essen und Trinken sowie in seiner Kleidung war er mäßig und bescheiden. Mit Fremden unterhielt er sich freundlich, und den Leuten seines Haushalts gegenüber war er sehr leutselig, doch mit bescheidener und angenehmer Würde. In religiösen Dingen war er so streng, dass er beim Fasten und dem Aufsagen der Gebete und Litaneien eher einem Ordensbruder glich. Auch war er ein so großer Feind des Fluchens, dass ich schwöre, ihn niemals einen anderen Eid aussprechen gehört zu haben als ‚bei San Fernando!‘, und wenn er jemandem zürnte, kleidete er seinen Verweis für irgendeine Tat oder ein Wort in den Ausruf: ‚Gott soll euch holen!‘, und wenn er etwas zu schreiben hatte, probierte er seine Feder mit den einleitenden Worten *Jesus cum Maria sit nobis in via*, und er verfasste so schöne Briefe, dass er allein damit sein Brot hätte verdienen können.“

In seinem Äußeren wird Kolumbus also als ein Mann von norditalienischem Typus beschrieben, wie man ihn noch heute häufig in Genua antreffen kann: groß und gut gebaut, rothaarig mit rötlicher, sommersprossiger Gesichtsfarbe, mit einer Adlernase und länglichem Gesicht, blauen Augen und vorstehenden Wangenknochen. Bedauerlicherweise ist zu seinen Lebzeiten kein Bild von ihm gemalt worden, denn die große Zeit der spanischen Porträtmalerei war damals noch nicht angebrochen. Immerhin wurden auf der Jubiläums-Ausstellung in Chicago im Jahr 1893 nicht weniger als 71 angebliche Originalbildnisse von Kolumbus oder Kopien von solchen gezeigt. Sie wiesen alle Arten von Kolumbusgesichtern auf: magere und langwangige, fette und plumpe, olivfarbene, bartlose und solche mit Schnurrbart, Kinn- und Backenbart; Kolumbusgestalten, angetan mit allen möglichen Kostümen, als Weltmann und Geistlicher, als Edelmann und Mann des Volks, bekleidet mit der Kutte eines Franziskaners oder mit reicher Höflingstracht und all dies in den verschiedensten Stilen aus drei Jahrhunderten.

Der Leser wird genügend Gelegenheit haben, sich ein eigenes Urteil über den Charakter des Entdeckers zu bilden. Er wird bei ihm physischen Mut in reichem Maße finden, den die früheren Historiker als selbstverständlich voraussetzten, desgleichen unermüdliche Ausdauer und unbeugsamen Willen. Gewisse Schwächen werden sich herausstellen, vor allem seine Unfähigkeit, die Leistungen seiner Untergebenen gebührend anzuerkennen, seine Unzulänglichkeit als Kolonisator zuzugeben, ferner die Neigung, sich über seine Herrscher zu beklagen, wenn sie ihm wegen dieser Unzulänglichkeiten das Vertrauen ein Stück weit entzogen, wobei er sich dann selbst bemitleidete.

Doch Kolumbus war ein Mann mit einer Mission, und solche Männer sind leicht ungerecht und ungeduldig denen gegenüber, die diese Mission nicht zu erkennen vermögen. Kolumbus hatte keine Befreiungsarmee mit Pauken und Trompeten hinter sich. Er stand allein mit seinem Gott gegen die menschliche Dummheit und Verdorbenheit, gegen habgierige Konquistadoren, feige Seeleute, allein sogar gegen die Kräfte der Natur und die Gewalten des Meeres.

Doch immer hielt er es mit Gott, darin sind sich alle Biografen einig. Wie vollständig Kolumbus selbst inmitten des größten Getriebes auf See im Gebet versunken sein konnte, beweist ein Vorfall auf seiner zweiten Entdeckungsreise. Als die *Niña* eines Morgens in der Nähe der Portlandbucht auf Jamaika mit Landbrise die Küste entlanggeisterte

Christoph Kolumbus (1451–1506).
Zu seinen Lebzeiten wurde kein Bild von ihm gemalt; die hier gezeigten Porträts stammen aus dem 16. und 17. Jahrhundert.

und der Admiral in seiner Kammer betete, kam ein eingeborener Kazike mit großem Gefolge an Bord der Karavelle. Die Aufregung an Deck war erheblich, aber weder das Geschrei noch der lauteste Tumult der Menge vermochten den Admiral in seinem Gebet zu stören, und er beendete seine Andacht, ohne zu bemerken, dass etwas Außergewöhnliches um ihn herum vorging.

Im vorliegenden Werk werden häufig vier Autoritäten der alten Zeit zitiert: Ferdinand Kolumbus, Las Casas, Peter Martyr und Oviedo. Auf die Zeugnisse dieser vier habe ich mich mehr verlassen als auf andere, denn meine Erfahrungen beim Geschichtsstudium und eigene Geschichtsschreibung haben mich dazu veranlasst, gerade den Zeitgenossen volles Vertrauen zu schenken, außer sie können offensichtlicher Fälschungen überführt werden.

Ferdinand Kolumbus (Don Hernando Colón), der Sohn des Entdeckers und der Beatriz Enríquez de Harana, wurde im August oder September des Jahres 1488 in Córdoba geboren. Im Alter von zehn Jahren machte ihn die Königin zu ihrem Pagen, und als er zwischen 12 und 16 Jahre alt war, begleitete er seinen Vater auf dessen vierter Reise. Zur Vervollständigung seiner Erziehung brachte Kolumbus ihn nach Spanien zurück. Im Jahr 1509 ging er mit seinem Halbbruder D. Diego, dem zweiten Admiral, nach Santo Domingo, kehrte sechs Monate später wieder heim und führte seitdem das Leben eines Gelehrten, Sammlers, Reisenden und Literaten. Von seinem Vater hatte er die hohe Gestalt und frische Gesichtsfarbe, doch wurde er mit den Jahren außerordentlich dick. Seine liebenswürdige Wesensart verschaffte ihm unzählige Freunde.

Ferdinand war ein reicher Mann. Er erfreute sich verschiedener ergiebiger Pfründe aus königlicher Hand, daneben floss ihm der Ertrag von vierhundert Sklaven aus Hispaniola zu sowie ein Anteil aus den väterlichen Ländereien. Es war ihm dadurch möglich, wertvolle Bücher zu sammeln und ausgedehnte Reisen nach Italien, Frankreich und den Niederlanden zu unternehmen, wo er Erasmus von Rotterdam aufsuchte. Viele Gelehrte standen mit ihm in Briefwechsel und betrachteten ihn als ihresgleichen; auch war er der erste europäische Intellektuelle, der aus der Neuen Welt einen frischen Wind in die europäische Literatur brachte. Im Jahr 1525 ließ sich „Don Hernando“ in Sevilla nieder und bezog ein Haus am Fluss, in dessen Garten er Bäume und Sträucher aus Amerika anpflanzte. Er legte eine umfangreiche, prächtige Bibliothek an, die zur Zeit seines Todes im Jahr 1539 15000 Bände umfasste und die schließlich an das Kapitel der Kathedrale von Sevilla fiel. Hier wurde sie schmählich vernachlässigt und schlecht behandelt, sodass nur 2000 Bände aus Ferdinands Besitz übrig blieben. Diese *Biblioteca Colombina* stellt heutzutage für jeden Forscher eine wahre Fundgrube dar.

Wann Ferdinand mit der Biografie seines Vaters begann, ist uns unbekannt, wir wissen nur, dass er sie kurz vor seinem Tod fertig stellte. Das inzwischen verloren gegangene Manuskript wurde vom Enkel des Admirals, D. Luis Colón, im Jahr 1568 nach Italien gebracht, noch ehe ein spanischer Abdruck erfolgte; und der einzige erhalten gebliebene Text ist eine italienische Übersetzung, die im Jahr 1571 in Venedig gedruckt wurde. Der Titel ist so lang, dass man sie gewöhnlich mit ihrem ersten Wort „Historie" bezeichnet. Ferdinands Historie muss nicht mit mehr Vorsicht hingenommen werden als jede andere von dem ehrerbietigen Sohn eines berühmten Vaters verfasste Biografie. Sie ist besonders nützlich für die erste Reise sowie für die vierte Reise, an der Ferdinand teilnahm.

Bartolomé de las Casas schrieb die bekannte „Historia de las Indias". Dieses umfangreiche Werk wurde um 1527 in Hispaniola begonnen, aber zum größten Teil wurde es nach der Rückkehr des Verfassers nach Spanien zwischen 1550 und 1563 verfasst. Gedruckt wurde es erst 1875. Las Casas hatte sämtliche Papiere von Kolumbus zur Hand, einschließlich seines Tagebuchs und Ferdinands Biografie im spanischen Original. Sein Arbeitsraum in der Akademie von San Gregorio in Valladolid soll so mit Manuskripten angefüllt gewesen sein, dass man kaum hinein- oder hinauskommen konnte.

Las Casas' Vater und Onkel kamen auf Kolumbus' zweiter Reise als Kolonisten nach Hispaniola. Er selbst traf im Jahr 1500 dort ein, ein aufgeweckter junger Universitätsstudent von 26 Jahren, und wie die anderen entschlossen, sein Glück zu machen. Las Casas war der erste Priester, der in der Neuen Welt ordiniert wurde. Aus den Erfahrungen seiner Missionstätigkeit auf Kuba gewann er die leidenschaftliche Überzeugung, dass die Indianer Menschen und Brüder seien, die bekehrt und als christ-

Bartolomé de las Casas (1474–1566) schrieb die Geschichte der Entdeckung und ersten Eroberung Amerikas.

liche Mitmenschen behandelt werden sollten, und dieser Aufgabe widmete er den Rest seines Lebens. Zu allen Zeiten blieb er der Apostel, Beschützer und Freund der Indianer.

Las Casas bewunderte Kolumbus mit Vorbehalten und scheute sich nicht, dessen Einstellung den Eingeborenen gegenüber abzulehnen. Doch alles in allem hat er uns eine große und edle Geschichte der Entdeckung und ersten Eroberung Amerikas hinterlassen.

Peter Martyr hat den Vorzug, der erste Historiker der Neuen Welt gewesen zu sein. Er war Italiener, geboren 1457 am Ufer des Lago Maggiore, er war humanistisch gebildet und ging im Alter von dreißig Jahren nach Spanien, wo ihn sein Wissen und seine Fähigkeiten zu einem willkommenen Mitglied des Hofes machten. Vor begeisterten Studenten hielt er Vorlesungen in Salamanca, zog mit in den Krieg gegen die Mauren und hieß Kolumbus nach dessen Rückkehr aus der Neuen Welt am Hof in Barcelona willkommen. Peter Martyr wurde von großer Neugierde für „Indien" erfasst, er fragte Kolumbus und seine Schiffsgefährten nach Neuigkeiten aus, half bei der Verbreitung der guten Nachrichten durch Briefe an seine italienischen Freunde, und schon im Jahr 1494 entschloss er sich, eine Geschichte der Entdeckung und Eroberung der Neuen Welt, welchen Ausdruck er prägte, zu schreiben. Diesen Vorsatz führte er aus, obgleich er durch diplomatische Missionen und die Erziehung junger Edelleute am Hof dauernd in der Arbeit gestört wurde. Er trat in den geistlichen Stand, um in den Genuss kirchlicher Pfründen, so auch eines Klosters auf Jamaika, zu kommen, und lebte fürstlich in Valladolid.

Die erste Dekade „De Orbe Novo“ erschien bereits 1511. Der Wert der Briefe Peter Martyrs und seiner Dekaden ist sehr groß, denn ihr Verfasser hatte einen scharfen, abwägenden Verstand, der einige der kosmographischen Fantastereien des Kolumbus durchdrang, die der weniger belesene Las Casas kritiklos hinnahm, und er liefert uns über die zweite Reise mehr Informationen als irgendein anderer zeitgenössischer Geschichtsschreiber. Die Neue Welt besuchte er niemals, und dem Anschein nach bewunderte er Kolumbus nicht vorbehaltlos, dennoch entwirft er uns ein klares und getreues Bild seines Lebenswerkes.

Der Capitán Gonzalo Fernández de Oviedo y Valdés, kurz Oviedo genannt, war ein Adliger aus Barcelona und 15 Jahre alt, als Kolumbus 1493 dort ankam. Er segelte im Jahr 1513 nach Amerika. Oviedo verbrachte 34 Jahre in den verschiedensten Teilen des Karibischen Meeres. Eine kurze Beschreibung Amerikas, die er auf einer Besuchsreise in die Heimat im Jahr 1526 schrieb, fiel so glänzend aus, dass er zum amtlichen Chronisten von „Indien“ ernannt wurde. Im Jahr 1535 erschien der erste Band der „Historia General y Natural de las Indias“. Oviedo besaß eine ungewöhnliche Beobachtungsgabe und versah seine Beschreibungen der westindischen Tier- und Pflanzenwelt mit eigenen Handzeichnungen. Seine Kapitel über die Seefahrtkunde und dergleichen sind ausgezeichnet. In der geschichtlichen Erzählung reicht er nicht an Las Casas heran, doch seine Berichte über Kolumbus' Reisen sind, wenn auch etwas mager, früher als die von Ferdinand und Las Casas geschrieben und stützen sich auf mündliche Überlieferungen, auf die diese beiden keinen Zugriff hatten.

6. Kapitel

Das Unternehmen der Fahrt nach Indien 1474–92

Die *Empresa de las Indias* oder das Unternehmen der Fahrt nach Indien, wie Kolumbus selbst sein Wagnis nach Jahren nannte, bestand einfach darin, „das Land Indien“, das heißt „Asien“, dadurch zu erreichen, dass er westwärts segelte. Dies war der Grundgedanke, dem alles andere untergeordnet war. Gold, Perlen und Gewürze hoffte er durch Handel oder Eroberung zu bekommen, wenn er in „Indien“ angelangt war. Er rechnete damit, auf dem Weg dorthin eine oder mehrere Inseln zu finden, die sich als Anlaufhäfen eignen oder gar für sich selbst lohnend sein würden. Aber nie kam ihm der Gedanke oder hatte er die Absicht, einen Kontinent vom Umfang Amerikas zu entdecken, dessen Vorhandensein er nicht einmal vermutete. Amerika wurde ganz zufällig entdeckt, und erst auf seiner dritten Reise reifte in Kolumbus die Erkenntnis, dass er einen neuen Erdteil aufgefunden hatte.

Bis zur Vierhundertjahrfeier der Entdeckung Amerikas 1892 wurde von niemandem in Zweifel gezogen, dass Kolumbus irgendeinen Teil des Landes „Indien“, etwa Japan oder China, aufzufinden hoffte und dass er durch reinen Zufall auf Amerika stieß.

Um das Jahr 1900 begannen Leute über Kolumbus zu schreiben, er habe nicht „Indien“ auffinden, auch nicht nach China fahren wollen, sondern er habe einfach nach neuen atlantischen Inseln gesucht, über die er auf geheimen Wegen Kenntnis erlangt hatte und wo er wertvollen Landbesitz für sich und seine Familie erwerben wollte. Doch nirgends ist ein überzeugender Beweggrund für diese Entstellung der Wahrheit nachgewiesen worden. Trotzdem hat diese Hypothese bei vielen „Wahrheitssuchern“ Schule gemacht und ist von anderen an dem Punkt weitergesponnen worden.

Aber wenn auch kein gewichtiger Grund besteht, an der Tatsache zu zweifeln, dass Kolumbus Asien auf dem Weg nach Westen zu erreichen suchte, so bleibt doch die Frage, woher und wann er die Anregung hierfür bekam.

Vierzig Jahre lang vor 1492 pflegten die Könige von Portugal neu entdeckte Inseln an bestimmte Entdecker zu vergeben, wenn sie solche finden konnten; Kolumbus hätte ähnliche Vorteile auf die gleiche einfache Weise haben können. Folglich hätte es für Kolumbus keinen rechten Sinn gehabt, drei Schiffe, erbliche Würden, Handelsvorteile und all das Übrige zu fordern, wenn er nicht etwas ganz Neues und Bedeutendes plante, was auch einen weit größeren Nutzen bringen würde.

Wenn das Ziel seines Unternehmens nicht gewesen wäre, Asien auf dem Weg westwärts zu erreichen, hätte Kolumbus nicht langer Beratungen mit Sachverständigen und Fürsten bedurft; ebenso wären die sorgfältige Ausrüstung, die Forderungen nach Ehren und Privilegien, die vielen zu überwindenden Schwierigkeiten und die erhobenen Einwände überflüssig gewesen.

Jeder Philosoph oder Wissenschaftler, der sein ganzes Leben einer einzigen Idee gewidmet hat, würde in Verlegenheit geraten, wenn er sagen sollte, wann diese Idee zuerst von ihm Besitz ergriffen hatte. Der Gedanke, den Orient auf dem Seeweg nach Westen zu erreichen, mag Kolumbus in der Kindheit gekommen sein, als ihn die Legende von seinem Namensvetter Christophorus bewegte, oder aber in seiner Jugend während der Fastenzeit, wenn die Seele für Inspirationen besonders empfänglich war, oder auch im Mannesalter, wenn er an Deck seines Schiffes einen herrlichen Sonnenuntergang erlebte. Er mag ganz still und sachte über ihn gekommen sein wie eine Gnade Gottes oder plötzlich im Tumult leidenschaftlicher und gefühlsmäßiger Überzeugung.

Tatsache ist, dass die Theorie nicht von ihm stammt. Wir haben schon gehört, was Aristoteles gesagt haben soll und was Strabo über die Möglichkeit, den Osten durch die Fahrt in westlicher Richtung zu erreichen, sagte. Da niemand mehr die Kugelform der Erde anzweifelte, wurde allgemein anerkannt, dass die Theorie des Kolumbus richtig sei; neu daran war aber, dass sie jemand in die Tat umsetzen wollte. Der Plan von 1480, China in westlicher Richtung zu erreichen, glich den Flugversuchen im Jahr 1900 oder der Absicht, zum Mond zu gelangen.

Die Suche nach immer neuen Inseln hatten die Portugiesen seit Prinz Heinrichs Zeiten fast ununterbrochen fortgesetzt. Sie brauchten mehr als zwanzig Jahre, um die neun Azoren zu erfassen, und sie glaubten nicht, dass das im Jahr 1452 entdeckte Corvo das letzte Glied in der Kette sei, denn auf Corvo fand man einen Felsen, der die Gestalt eines nach Westen weisenden Reiters hatte. Kolumbus soll dieses natürliche Standbild auf einer seiner frühen Reisen bemerkt und geglaubt haben, dass dies ein für ihn bestimmtes göttliches Zeichen sei.

Diogo de Teive und sein Lotse Pedro Vasques fuhren im Jahr 1452 von Corvo aus nach Nordosten bis zur Breite von Cape Clear in Irland. Sie hatten das sichere Gefühl, dass ganz in der Nähe von ihnen im Westen Land liegen müsse, doch kehrten sie vorzeitig um. Zehn Jahre später verlieh Alfonso V. zwei der mythischen Brendan-Inseln, Lovo und Capraria, einem gewissen Vogado, falls er sie auffinden sollte. Im nächsten Jahr sagte der König einem gewissen Teles „jedwede von diesen aufgefundenen Inseln“ zu, einschließlich Antillia oder die Insel der sieben Städte.

Antillia, in der man die größte dieser geheimnisvollen Inseln vermutete, an deren Vorhandensein Toscanelli mit Bestimmtheit glaubte, sollte angeblich von sieben portugiesischen Bischöfen besiedelt worden sein, die im achten Jahrhundert vor dem Ansturm der Barbaren geflohen waren. Kolumbus erfuhr, dass ein vom Sturm abgetriebenes Schiff zur Zeit des Infanten D. Henrique dort vor Anker gegangen war. Die Mannschaft wurde an Land in gutem Portugiesisch willkommen geheißen und zu einem längeren Aufenthalt eingeladen, fürchtete jedoch einen Hinterhalt und setzte Segel, sobald der Wind nach Westen drehte. Während der Heimreise nach Portugal entdeckte sie, dass der für den Feuerkasten mitgenommene Sand Gold enthielt.

Eine andere Insel wurde zwischen Madeira und Terceira gesichtet, doch blieben alle Versuche, sie aufzufinden, erfolglos. In England machten sich Männer aus Bristol im Jahr 1480 auf die Suche nach der mythischen Insel O'Brasil auf der Höhe von Irland, die nach beeideten Aussagen von Augenzeugen schon im vorhergegangenen Jahrhundert gesehen worden war.

Warum erreichten nicht einige dieser Seefahrer Amerika? Sie fuhren alle auf den Atlantik hinaus zu Jahreszeiten und in Breiten, in denen starke westliche Winde die Segelschifffahrt auch heute noch höchst gefahrvoll und unsicher machen. Die portugiesischen Karavellen waren wetterfeste Fahrzeuge, doch waren sie starkem Gegenwind und rauer Gegensee nicht gewachsen. John Cabot überquerte den Atlantik als Erster auf der kürzeren Nordroute; dennoch benötigte er, obwohl er von Bristol auslief, wo bessere Aussichten auf östliche Winde bestehen als bei den Azoren, in der günstigsten Jahreszeit fast acht Wochen für die Überfahrt bis zur Kap-Breton-Insel; dabei segelte Cabot, nachdem Kolumbus schon zwei erfolgreiche Reisen hinter sich hatte. Also ist es für die portugiesischen Seefahrer gewiss keine Schande, wenn sie, des groben Seegangs müde, umkehrten, ehe sie Amerika erreicht hatten. Aber schon die Inseln, die einige von ihnen in ihrer Einbildung gesehen haben wollten, ermutigten Kolumbus. Wenn er dort Erfolg hatte, wo sie versagten, so geschah es deshalb, weil er das Geschick oder das Glück hatte, einer Breite zu folgen, auf der nordöstliche Passatwinde vorherrschend waren.

Kolumbus sammelte neue Hinweise über westwärts gelegene exotische Länder, als er in Portugal und auf den Inseln lebte. Ein portugiesischer Lotse namens Vicente fischte jenseits der Azoren „ein kunstvoll, aber nicht mit einem eisernen Gegenstand bearbeitetes Stück Holz“ auf. Kolumbus' Schwager Pedro Correa da Cunha fand ein ähnliches Stück geschnitztes Treibholz, das auf Porto Santo angeschwemmt wurde, desgleichen Rohrstücke von solcher Dicke, dass jedes Glied mehrere Liter Wein zu halten vermochte. Da solches Rohr in Afrika nicht vorkam, dachte Kolumbus, es müsse sich um das von Ptolemäus (zwar nicht unter diesem Namen) beschriebene Bambusrohr handeln. Zwei Leichen waren auf Flores an den Strand gespült worden, die den christlichen Menschen unähnlich waren und breite „Chinesengesichter“ hatten.

Kolumbus besaß also sichere greifbare Anhaltspunkte für das Vorhandensein jenseits des Ozeans gelegener Länder mit exotischer Pflanzenwelt, daneben vernahm er die unbestimmten Gerüchte über Inseln. Hatte er nun irgendeine endgültige Kenntnis davon? Nicht lange nach seiner großen Entdeckung kam eine Geschichte in Umlauf, nach der Kolumbus nur die Segelweisungen eines anderen befolgte. Oviedo, der diese Geschichte vom unbekannten Lotsen (1535) zuerst veröffentlichte, bemerkte hierzu: „Einige erzählen, dass eine Karavelle, die Waren und Proviant wie Wein und andere Dinge, die gewöhnlich zu der Insel gehen, von Spanien nach England geladen hatte … in so schreckliche und heftige Stürme und widrige Winde geriet, dass sie gezwungen war, so lange westwärts zu laufen, bis sie auf eine oder mehrere Inseln in diesen Regionen und in Indien stieß; und (der Lotse) ging an Land, wo er nackte Menschen erblickte … und als der Wind nachließ, der ihn gegen seinen Willen dorthin geführt hatte, nahm er Wasser und Holz an Bord und steuerte wieder seinen ersten Kurs. Sie berichten auch, dass der größte Teil der Schiffsladung aus Proviant, essbaren Waren und Wein bestand, wodurch sie imstande waren, sich auf einer so langen Reise am Leben zu erhalten …“

Die Rückreise nahm jedoch vier oder fünf Monate in Anspruch. Außer drei oder vier Seeleuten kamen alle unterwegs um, und außer dem Kapitän waren die Überlebenden in so schlechter Verfassung, dass sie bald nach der Landung starben.

„Nun aber wird erzählt: dass der Kapitän ein vertrauter Freund des Christoph Kolumbus war und dass er etwas von den Breiten verstand und das Land eingezeichnet hatte, das er gefunden hatte, und dieses große Geheimnis Kolumbus anvertraute, den er bat, eine Karte anzufertigen und darauf das Land zu verzeichnen, das er gesehen hatte. Es wird weiter erzählt, dass Kolumbus ihn in seinem Haus wie einen Freund aufnahm, sich bemühte, ihn wiederherzustellen, denn auch er war sehr schwach, als er an Land kam, dass er aber starb gleich dem Rest der Mannschaft. Und so erhielt Kolumbus Kenntnis von dem Land und den Segelbedingungen in diesen Regionen, und er allein war im Besitz dieses Geheimnisses." Manche geben den Namen des unbekannten Lotsen mit Alonso Sánchez an. Die flüchtige Karavelle stand in Handelsbeziehungen zu der Halbinsel und Madeira oder den Kanarischen Inseln oder der Goldküste; sie wurde im Jahr 1484 in 28 oder 29 Tagen von einem „rasenden, nicht nachlassenden Oststurm hinübergeblasen" und kehrte darauf nach Graciosa, Terceira, Madeira, Porto Santo oder zu den Kanarischen Inseln zurück, je nachdem wo Kolumbus seine gut belohnte Tat der Nächstenliebe vollbrachte.

Warum erschien diese Geschichte so vielen Menschen des 16. Jahrhunderts glaubhaft? Weil damals die Winde nicht kartiert waren (was bis ins 19. Jahrhundert hinein nicht geschah), und es wäre also, soweit man es damals begriff, ausreichend Zeit vorhanden gewesen, um das Schiff nach Hispaniola oder gar zur Hölle zu blasen. Vermuten kann man auch, dass irgendein alter, geheimnisvoller Seefahrer in Kolumbus' Haus starb, was die Menschen, nachdem die Entdeckung vollbracht war, veranlasste zu munkeln: „Sieh da, der alte Knabe wird ihm wohl den Weg verraten haben!" Noch wahrscheinlicher ist es aber, dass die Geschichte vom unbekannten Lotsen von irgendeinem Unzufriedenen auf Hispaniola erdacht wurde, wo sie zuerst Las Casas im Jahr 1500 hörte und die hierauf, dank der unseligen, menschlichen Neigung, die Lorbeeren der Großen zu zerpflücken, allgemeine Verbreitung fand.

Der gegen die Geschichte tatsächlich zu erhebende Einwand ist meteorologischer Natur. Es ist für ein Schiff einfach unmöglich, über den Nordatlantik von Osten nach Westen „hinübergeblasen" zu werden.

Nach einem Sturm, der alle Segel in Fetzen riss, mag ein Schiff mit dem Passat hinübertreiben; aber wenn ihm auch nur ein paar Segel geblieben wären, hätte es nicht westwärts treiben müssen, sondern die Heimfahrt antreten können, nachdem der Sturm etwas abgeflaut war. Nehmen wir einmal an, dass das Schiff des unbekannten Lotsen durch einen östlichen Sturm alle Segel einbüßte und darauf bis zu den Antillen getrieben wurde. Es hätte unweigerlich dort bleiben müssen, da ihm die Mittel fehlten, die Segel zu erneuern. Keinesfalls hätte es sich nordwärts in die Zone westlicher Winde und von da heimwärts durcharbeiten können.

Wann Kolumbus' Pläne so weit herangereift waren, dass er daran denken konnte, sie in die Tat umzusetzen, vermögen wir nicht zu sagen. Das Sammeln von Unterlagen und stichhaltigen „Beweisen“ wird Jahre in Anspruch genommen haben, und der Briefwechsel mit Toscanelli kann nicht länger als bis zum Jahr 1481 angehalten haben, da der Florentiner im Mai 1482 starb. Auf die eine oder andere Weise muss Kolumbus erfahren haben, dass Toscanelli, ebenso wie er selbst, überzeugt war, dass eine in in westlicher Richtung unternommene Reise von Spanien nach Asien möglich war. Neben der Tatsache, dass ein so berühmter Gelehrter sein Unternehmen guthieß, was Kolumbus' Ansehen steigerte, war der Umstand am wichtigsten, dass Toscanelli sich klar auf die Seite Marco Polos stellte. Denn der venezianische Forschungsreisende hatte dem östlichsten von Ptolemäus angegebenen Punkt von China einige 30 Längengrade hinzugefügt. Und hinter Mangi, Cathay, Qinsay und Zaitun, 1500 Meilen über dem Meer, hatte Marco Polo die Lage der ungeheuer reichen Insel Cipangu (Japan) mit seinen goldüberdachten und goldgepflasterten Palästen festgesetzt. Diesen Umstand mit eingerechnet, sagte Toscanelli für die Reise von Spanien nach China eine Segelstrecke von 5000 Seemeilen voraus, obwohl die Fahrt auf der sagenhaften Insel Antillia und in Japan unterbrochen werden könne. Kolumbus meinte hingegen, dass er es besser wisse und dass der Ozean noch schmaler sei, als Toscanelli annahm.

Der Erdumfang kann leicht berechnet werden, indem man die Länge eines Grades mit 360 multipliziert. Von einem fehlerhaften Ausgangspunkt ausgehend, zog Kolumbus den Schluss, dass die Erde 25 Prozent kleiner sei, als von Eratosthenes, und 10 Prozent kleiner, als von Ptolemäus gelehrt. Nicht zufrieden mit der 25-prozentigen Gradkürzung ließ

Ptolemäische Weltkarte. Sie war maßgeblich für die im 15. Jahrhundert vorherrschende Weltsicht.

Kolumbus sich Asien noch weiter ostwärts erstrecken, bis Japan fast bis an die Azoren heranreichte. Die Art, wie er hierbei vorging, ist ungefähr die folgende, die man auf jedem Globus, sei er auch noch so klein, wiederholen kann: Ptolemäus lehrte, dass die bekannte Welt die Hälfte des Erdumfanges bedeckte, also 180° vom Meridian bei Kap St. Vincent aus (9° Länge westlich Greenwich) bis „Catigara“ in Asien. Schon das war um 50 Prozent überschätzt, allein Kolumbus versteifte sich darauf, dass es nicht genügte. Er zog die Schätzung des Marinus von Tyrus vor, der die Ausdehnung der bekannten Welt bis zum 225. Grad angab. Kolumbus fügte noch 28° für die Entdeckungen des Marco Polo und 30° für die angenommene Entfernung des östlichen China bis zur Ostküste Japans hinzu. Damit kam er auf eine Gesamtausdehnung von 283° für Europa und „Indien“, und da sich Kolumbus vorgenommen hatte, seine Reise westlich von Ferro auf den Kanarischen Inseln zu beginnen, was 9° westlich von Kap St. Vincent, dem „Anfang von Europa“, liegt, so hatte er nur 68° zu bewältigen, um nach Japan zu gelangen.

Darüber hinaus führte Kolumbus zwei weitere Korrekturen aus, die er zu seinem Vorteil nutzte. So glaubte er, dass Marinus' Grad zu groß war. Folglich waren anstelle der 68° offenen Wassers zwischen den Kanarischen Inseln und Japan nur 60 Längengrade zu überqueren. Und da Kolumbus eine Länge am Äquator auf 45 Seemeilen schätzte, müsste diese auf dem 28. Breitengrad, dem er auf seiner Ozeanüberquerung folgen wollte, nur 40 Meilen der Breite nach messen. Daher würde er nicht mehr als 60 mal 40 oder 2400 Seemeilen zu segeln brauchen. Wie wir sehen werden, rechnete er damit, auf seiner ersten Reise in genau dieser Entfernung von den Kanarischen Inseln aus auf Land zu stoßen. Mit anderen Worten, seine Berechnungen führten ihn dahin, Japan auf den Meridian zu verlegen, der die Anegada-Passage in den Virgin-Islands durchschneidet.

Natürlich ist diese Berechnung alles andere als logisch, aber Kolumbus dachte nicht logisch. Er wusste, dass er es schaffen würde, und dem wurden die Zahlen angepasst.

ES SEI dahingestellt, ob Kolumbus zuerst seine Heimatstadt für das Wagnis einer Fahrt nach Indien zu interessieren versuchte oder nicht, fest steht immerhin, dass er das erste konkrete Angebot, soweit uns bekannt ist, König von Portugal, D. João II., unterbreitete.

Der energische junge König und seine Seefahrer erlebten damals geschäftige Zeiten.

Zu Hause war D. João II. von heimlicher Verschwörung und Auflehnung umgeben. Der Herzog von Braganza wurde im Mai 1483 wegen Verrats hingerichtet, und der Herzog von Viseu, der Bruder der Königin, wurde im August 1484 von D. João II. mit eigener Hand umgebracht. Nun, als die spanischen Herrscher von der Eroberung Granadas in Anspruch genommen waren, war der König bereit, Kolumbus' Angebot näher zu prüfen. Wir dürfen vermuten, dass ihm der Plan des Unternehmens der Fahrt nach Indien in den späten Monaten des Jahres 1484 unterbreitet wurde.

João de Barros ist unser Hauptgewährsmann für die zwischen dem König und Kolumbus geführten Verhandlungen, denn er verfügte über ungewöhnliche Mittel, sich hiervon Kenntnis zu verschaffen. In seinen Dekaden von Asien, die er im Jahr 1539 zu schreiben anfing und 1552 zum ersten Male veröffentlichte, sagt Barros: „Wie jedermann weiß, war

Christovão Colom Genuese, ein kundiger Mann, ein redegewandter und guter Latinist und kühn in seinen Geschäften. Und da zu jener Zeit die genuesische Nation zu den italienischen Mächten gehörte, die der Schifffahrt mehr um ihres Warenverkehrs und Handels willen oblagen, folgte er dem Brauch seines Landes und seiner eigenen Berufung und fuhr während langer Zeit im Osten zur See, bis er spanisches Gebiet betrat, wo er sich der Seefahrt auf dem Meer widmete und dies als seinen Beruf betrieb. Und da er bemerkte, dass König João häufig die Küsten Afrikas erforschen ließ in der Absicht, auf diesem Weg nach Indien zu gelangen, und da er Latinist war und geographisches Wissen besaß, da er auch viel von Marco Polo gelesen hatte, der sich über die orientalischen Verhältnisse des Königreichs Cathay und der mächtigen Insel Cypango wohlgemessen (!) geäußert hat, fasste er den Vorsatz, das westliche Weltmeer zu überqueren und so zu jener Insel Cypango zu segeln. Denn da zur Zeit des Infanten D. Henrique die Azoren entdeckt wurden, sollte es weitere Inseln und Länder westlich davon geben, weil nicht angenommen werden konnte, dass die Natur die Zusammensetzung des Erdballs schlecht geordnet und dem Element des Wassers das Übergewicht über das Land gegeben hatte, denn Letzteres ist für alles Lebende und die Erweckung der Seelen bestimmt.* Mit diesen Vorstellungen, die sich auf seinen ständigen Reisen und durch die Unterhaltung mit darin bewanderten Männern gebildet hatten, Männern, welche in diesem Königreich ein großes Wissen über frühere Entdeckungen besitzen, kam er zum König D. João und bat ihn, ihm einige Schiffe zu geben, damit er über den westlichen Ozean fahren und die Insel Cypango entdecken könne, wobei er nicht so sehr auf das vertraute, was er wusste (oder vielmehr erträumte), sondern seine Hoffnung auf die Erfahrung setzte, dass man in solchen Dingen Fremden größeres Vertrauen schenkte."

Barros erwähnt einige Fremde wie den Genueser Kapitän Antonio de Noli, der Entdeckungen für Portugal gemacht hatte, verweilt einige Zeit bei der Zurückweisung der Behauptung Cardans über den Zusammenhang von Kolumbus' Reisen mit denen der Karthager und fährt dann fort:

* Dass sechs Siebentel der Erdoberfläche aus Land bestünden, war die geographische Lieblingsvorstellung im Mittelalter, welche Kolumbus teilte und die sich auf die Autorität des 2. apokryphischen Buches Esra 6, 42 berief, in dem es heißt: „Sechs Teile hast du trocken gelegt."

„Als der König bemerkte, dass Christovão Colom ein Großsprecher war und sich seiner Taten rühmte, auch mit mehr Fantasie und Einbildungskraft als Wissen von seiner Insel Cypango sprach, schenkte er ihm nur geringes Vertrauen. Doch da Kolumbus seine Sache hartnäckig verfocht, verwies ihn der König an D. Diogo Ortiz, Bischof von Ceuta, und die Meister Rodrigo und José, welche er beauftragt hatte, sich mit kosmographischen Angelegenheiten und dem Forschungswesen zu beschäftigen; diese aber bezeichneten die Worte des Christovão Colom als leeres Gerede, das der Einbildung entsprang oder, wie jene Insel Cypango, den Berichten des Marco Polo ..."

Man beachte die Betonung, die auf Japan und Marco Polos Berichte gelegt wurde, die, neben Toscanellis Brief, die Grundlage für Kolumbus' Plan von der Erreichbarkeit Asiens bildeten. Kolumbus' stärkster Trumpf war die faktische Möglichkeit, zum goldüberdachten Japan zu gelangen. Und es muss schon ein wenig mathematischer Ernst in Kolumbus' Vorschlag gelegen haben, da ihn der König sonst nicht an seinen Schifffahrtsausschuss verwiesen hätte.

Ferdinand Kolumbus deutet an, dass die Forderung seines Vaters an den König von Portugal zu hoch gewesen sei. „Denn der Admiral", meinte er, „der von hochherzigen und stolzen Gedanken beseelt war, wollte seine Ehre und seinen Nutzen vermehrt sehen, um seinen eigenen Ruf und den Ruhm seines Hauses in Einklang mit der Erhabenheit seines Werkes und seiner Verdienste zu bringen."

Las Casas, der die „Historia de las Indias" nach dem Erscheinen von Barros' Bericht verfasste, wiederholte im Wesentlichen das von diesem Geschichtsschreiber Gesagte, doch fügte er bemerkenswerte Einzelheiten hinzu. Er sagte, dass Kolumbus plante, „zu dem Land Indien und der großen Insel Cipango sowie den vom Großkhan – was in unserer heimischen Sprache Großkönig der Könige bedeutet – beherrschten Gebieten zu segeln". Das verlangte Material und die gestellten Bedingungen waren Folgende: 1. Der König sollte drei bemannte Karavellen mit Proviant für ein Jahr ausrüsten nebst einer aus Handelswaren wie Falkenglöckchen, Messingbecken, Glasperlen, roten Mützen und farbigen Tüchern bestehenden Ladung. 2. Der König sollte Kolumbus zum *caballero* erheben, sodass er und seine Nachkommen sich mit Don betiteln könnten; er sollte ihn zum „Großadmiral des Weltmeeres" ernennen mit allen einem Admiral von Kastilien zustehenden Rechten und Privilegien; und er sollte ihn als lebenslänglichen Vizekönig und Gouverneur über alle Inseln und alle Festländer einsetzen, die er entdecken würde. 3. Kolumbus sollte den zehnten Teil aller Einkünfte und edlen Metalle, die in diesen Ländern anfallen würden, für sich behalten dürfen, und er sollte das Privileg haben, auf allen mit den von ihm entdeckten Ländern Handel treibenden Schiffen den achten Teil allen Schiffsraumes mit seiner Fracht zu belegen.

Dies sind genau die gleichen Bedingungen, die Kolumbus später von den kastilischen Herrschern verlangte und zugestanden erhielt. Die fast wörtlich gleiche Fassung legt den Verdacht nahe, dass Las Casas die bekannten Bedingungen der spanischen „Kapitulationen" von 1492 einfach in die portugiesischen Verhandlungen übernahm. Besonders verdächtig ist die Tatsache, dass Kolumbus die Rechte eines Admirals von Kastilien vom König von Portugal verlangte. Trotzdem ist es sehr zweifelhaft, ob er jemals dazu kam, dem König diese Bedingungen zu unterbreiten, denn mit Belohnungen und Ehren befasste sich der Schifffahrtsausschuss nicht.

Mit Gewissheit scheint sich nur ein Punkt aus den portugiesischen Verhandlungen von 1484 bis 1485 herauszuschälen: Kolumbus bat den König, ihm mehr als ein Schiff zu überlassen, und Japan war sein angepeiltes Ziel. Der Vorschlag wurde vom Ausschuss der Sachverständigen aus technischen Gründen abgelehnt. Wir dürfen billigerweise folgern, dass die Sachverständigen zur Ablehnung des Unternehmens kommen mussten, weil sie wussten, dass Kolumbus' Schätzung der Entfernung unmöglich niedrig war.

Trotzdem machte Kolumbus Eindruck auf den König. Sie schieden als Freunde, und wahrscheinlich ermutigte ihn D. João wiederzukommen, falls ein Versuch Diogo Cãos, Afrika zu umschiffen, fehlschlagen sollte.

Somit war immerhin die Möglichkeit für spätere Verhandlungen offen geblieben. Im Jahr 1485 ging Kolumbus nach Spanien, wo er aber nur langsam vorankam. Anfang 1488 schrieb er von Sevilla aus an D. João II. und äußerte den Wunsch, sein Angebot wieder vorzubringen; er wolle nach Lissabon kommen, wenn ihm als Schutz vor einer Festnahme sicheres Geleit gewährt würde – offenbar hatte er einige Schulden hinterlassen. Der König antwortete in herzlichster Weise, redete Kolumbus als

„unseren besonderen Freund“ an, dessen „Fleiß und gute Fähigkeiten“ er lobte, den er dringend ersuchte und sogar bat, sofort zu kommen, dem er persönliche Freiheit und Schutz vor Festnahme und Inhaftierung, welche Gründe auch immer vorliegen mochten, zusicherte. Kein anderer Grund konnte den König zu dieser außergewöhnlich entgegenkommenden Haltung bestimmt haben als das Ausbleiben jeglicher Nachricht von Bartolomeo Dias, der zu dieser Zeit den Seeweg nach Indien um Afrika suchte.

Kolumbus zeigte indessen weniger Eifer als der König, denn er begab sich nicht sofort nach Portugal. Vermutlich erwartete er das Gutachten des spanischen Rates, der seinen Plan schon seit über zwei Jahren zur Beurteilung vorliegen hatte. Doch im Dezember langte er gerade rechtzeitig in Lissabon an, um Zeuge des dramatischen Abschlusses einer bedeutsamen Entdeckungsfahrt zu werden.

Bartolomeo Dias war im Sommer 1487 mit zwei Karavellen und einem Proviantschiff von Portugal abgesegelt und hatte sich Indien als Ziel gesetzt. Er passierte den südlichsten bisher von den Portugiesen erreichten Punkt (22° südlicher Breite) und tastete sich entlang der afrikanischen Küste weiter vor. Als der Wind vom Meer her auffrischte, hielten die beiden Karavellen von der Küste ab und gerieten plötzlich in einen schweren NW-Sturm (eine Seltenheit in diesen Breiten), der sie weiter nach Süden trieb, bis Dias am 6. Januar 1488 das Land außer Sicht verlor. Als der Wind abflaute, steuerte Dias östlichen Kurs, den er einige Tage hielt, ohne Land auszumachen, worauf er Kurs nach Norden nahm. Am 3. Februar 1488 meldeten die Ausguckposten Land backbord vom Bug. Sie befanden sich jetzt ungefähr 200 Meilen östlich des Kaps, bei Mossel Bay. Dias folgte der Küste nordwärts, doch nun weigerte sich die Mannschaft weiterzufahren, sodass er zur Umkehr gezwungen war. Auf der Heimfahrt lief Dias das Kap an, das er oder D. João II. Cabo de Boa Esperança, Kap der guten Hoffnung, taufte.

Kolumbus befand sich im Dezember 1488 in Lissabon, als Dias' Flotte stolz in die Mündung des Tejo einlief.

Da Afrika nun umsegelt und der östliche Seeweg nach Indien erschlossen war, brauchte der König Kolumbus nicht mehr, der hierauf nach Spanien zurückkehrte.

Hier sei ein weiterer portugiesischer Nachtrag erwähnt, bevor wir ihm dorthin folgen. Im Jahr 1484 traf in Lissabon ein junger Nürnberger namens Martin Behaim ein, der sich als Schüler des Mathematikers Regiomontanus ausgab und so Eingang in die gelehrtesten und höchsten Kreise fand. D. João ernannte ihn zum Mitglied des königlichen Schifffahrtsausschusses (anscheinend war er abwesend, als über Kolumbus' Vorhaben entschieden wurde). Später besuchte Behaim die Azoren, heiratete eine Tochter des Gouverneurs von Fayal und wurde im Jahr 1485 vom König zum Ritter geschlagen. 1490 kehrte er nach Nürnberg zurück und konstruierte dort 1492 seinen berühmten Globus, wofür er in der Nürnberger Chronik ehrenvoll erwähnt wird. Der Maßstab, die östliche Ausdehnung Asiens und der schmale Ozean auf diesem Globus ähneln den falschen geographischen Vorstellungen, auf die Kolumbus die Pläne für sein Reiseunternehmen gründete, so sehr, dass man versucht ist, eine Zusammenarbeit von Kolumbus und Behaim zu vermuten. Hingegen liegen keine schlüssigen Beweise dafür vor, dass sich die beiden Männer jemals begegneten.

Dennoch besteht eine starke Verbindung zwischen Behaim und Kolumbus, wie wir aus einem außergewöhnlichen Brief ersehen, den ein deutscher Astronom namens Hieronymus Münzer am 14. Juli 1493 an D. João II. schrieb. Ohne im Geringsten zu ahnen, dass Kolumbus vier Monate zuvor von „Indien" zurückgekehrt war, hielt Münzer in seinem Brief die These aufrecht, dass über das Meer der Osten dicht beim Westen liege. Anhand zahlreicher Beweise suchte er darzulegen, dass durch Überquerung des Ozeans das östliche Cathay in wenigen Tagen erreicht werden könne. Die Richtigkeit dieser Lehre beweise die Anwesenheit von Elefanten sowohl in Asien wie in Afrika, auch das auf den Azoren angeschwemmte Bambusrohr bestätige sie. Die Seefahrer seiner Hoheit hätten nachgewiesen, dass die tropische Zone in Afrika bewohnbar ist; daraus sei zu schließen, dass ähnliches Land auf demselben Breitengrad in Asien gefunden werden könne:

> *Ihr verfügt über die Mittel und genügend Geld, desgleichen habt Ihr tüchtige Seeleute, die darauf brennen, unsterblichen Ruhm zu erringen. Und welche Ehre wird es Euch machen, wenn Ihr den bewohnbaren Orient dem Westen nahe bringt, und welcher Nutzen wird sich daraus für Euch ergeben, denn Ihr würdet die Inseln des Orients Euch tributpflichtig machen, deren Könige sich in Bewunderung Eurer Oberhoheit willfährig unterwerfen würden!*

Und weiterhin (jetzt kommt der Kernpunkt des Briefes) *ist unser junger Mann Martin Behaim bereit, eine solche Reise von den Azoren aus zu unternehmen, wenn Ihr ihm den Auftrag dazu erteilt.*

Hier haben wir Kolumbus' geplantes Indienunternehmen vor uns, lückenlos mit Treibholzbeweis und der naiven Ansicht, dass sich die Könige des Orients ohne Widerstand dem ersten besten Europäer unterwerfen würden, der an ihrer Küste landete. Unwesentlich ist, ob Behaim seine Gedanken von Kolumbus hatte oder ob er sie selbst fasste und aus gleichen Quellen schöpfte. Müntzers Brief ist das letzte Wegstück in einem Kreislauf, der mit Toscanellis Brief vom Jahr 1474 begann. Kolumbus' Plan, nach Osten zu gelangen, indem man westwärts segelte, lag 18 Jahre lang in der Luft, bevor er verwirklicht wurde; hätte Kolumbus geschwankt oder versagt, so wäre ein anderer für das kühne Abenteuer zur Stelle gewesen.

7. Kapitel

In Kastilien
1485–90

Um die Mitte des Jahres 1485 reiste Kolumbus mit seinem fünfjährigen Sohn Diego von Lissabon zu dem andalusischen Hafen Palos in der Absicht, die Herrscher von Kastilien für seinen Plan der Fahrt nach Indien zu gewinnen. Heimlich und in Eile verließ er Lissabon, denn er musste wegen Schulden, die er hinterlassen hatte, seine Festnahme befürchten. Sein Lebensunterhalt während der langen Monate, die er zur Förderung seiner großen Projekte in Lissabon zubrachte, und der Aufwand für ein standesgemäßes Begräbnis für Dona Felipa dürften nahezu die gesamten Ersparnisse seiner Guineareise und seines Funchalgeschäftes verschlungen haben. Bartolomeo blieb noch wenigstens drei Jahre in Lissabon, wo er vom Kartenzeichnen lebte.

Als Kolumbus' Schiff um den hügeligen Vorsprung an der Einfahrt des Rio Tinto zum Hafen von Palos fuhr, erblickte er auf einem steilen Felsen die Gebäude des Franziskanerklosters von La Rábida. Sie brachten ihn der Lösung seines ersten Problems näher, der Frage, wo der kleine Diego bleiben sollte, während er nach Freunden, Mitteln und Wegen suchte. Die Minoriten waren für ihre Gastfreundschaft bekannt und unterhielten oft Schulen für Knaben; vielleicht, so dachte Kolumbus, würde sein Sohn Aufnahme bei ihnen finden. Und bald nach der Landung machten sich Vater und Sohn auf den Weg.

Sicher ist, dass Kolumbus seinen Sohn in La Rábida sehr bald nach seiner Landung in Spanien unterbrachte. Fray Juan Pérez, der Vorsteher des Klosters La Rábida, half Kolumbus im Jahr 1491 und schickte ihn wahrscheinlich nach dem ersten Besuch mit einem Einführungsschreiben zu Fray Antonio nach Sevilla. Fray Antonio war der Verwalter des franziskanischen Unterbezirks von Sevilla, ein Mann von Geist und Verstand, der hohes Ansehen als *astrólogo* (Sternkundiger) genoss. Seine geographischen Vorstellungen waren nicht so starr, dass er einen Disput über die Größe der Erdkugel ablehnte, und Kolumbus erkannte später an, dass er einer der wenigen Spanier war, die an ihn glaubten und seine Pläne förderten. Als ein Mann von menschlicher Einfühlung und Fantasie entschied Antonio, dass etwas in Kolumbus steckte, und so wurde er zum Verfechter seiner Pläne. Auf Fray Antonios Rat hin wurde zuerst eine Denkschrift an Seine Herrlichkeit Don Enrique de Guzmán, Herzog von Medina Sidonia, den Granden von Spanien und reichsten

Kolumbus kam mit seinem Sohn Diego von Portugal nach Spanien und fand im Kloster La Rábida bei Palos eine Bleibe.

Untertan der Herrscher, gerichtet. Der Herzog bekundete ernstes Interesse und war schon bereit, Kolumbus eine voll ausgerüstete Flotte zur Verfügung zu stellen, als die Herrscher ihn infolge eines plötzlich ausgebrochenen Streits von Sevilla abberiefen, wodurch die Verhandlungen abgebrochen wurden. Kolumbus wandte sich hierauf an Don Luis de la Cerda, den Grafen von Medina Celi, der eine große Niederlassung in Puerto Santa María und eine Handelsflotte besaß.

Medina Celi erklärte später in einem Schreiben, er habe Kolumbus nach seiner ersten Ankunft von Portugal empfangen und damals beschlossen, sich an dem Unternehmen zu beteiligen und den Genuesen *mit drei oder vier wohl ausgerüsteten Karavellen zu versehen, denn er verlangte nicht mehr*. Da er glaubte, dass es erwünscht sei, für ein Unternehmen von solcher Bedeutung die königliche Erlaubnis zu erlangen, habe er sich an die Königin gewandt, die Kolumbus an den Hof berief. Nachdem sie Kolumbus angehört hatte, entschied Isabella, die Angelegenheit einem Beirat zu unterbreiten, erklärte sich aber damit einverstanden, dass Medina Celi eine Flotte ausrüstete und sich an dem Unternehmen beteiligte, falls ihre Entscheidung günstig ausfiele. Später fasste sie den Entschluss, sämtliche Kosten selbst zu übernehmen. In der Zwischenzeit hatte Medina Celi zwei Jahre lang für Kolumbus' Unterhalt gesorgt.

Die Feststellung, dass Kolumbus damals nicht mehr als drei oder vier gut ausgerüstete Karavellen anforderte, ist höchst bemerkenswert. Offensichtlich konnte ein einfacher Adliger keine erblichen Titel verleihen oder Ämter vergeben oder den Zehnten der Einkünfte versprechen und überhaupt nicht mit „Indien" Handel treiben. Wenn also Las Casas' Bericht über die portugiesischen Verhandlungen von 1484 bis 1485 richtig ist, so hatte Kolumbus seine Ansprüche erheblich herabgesetzt. Es erscheint aber glaubhafter, dass sich Las Casas irrte und dass Kolumbus bis 1491 niemals Titel, Ehren und Einkünfte verlangte.

Kolumbus war so sehr ein Mann der Tat, der immer vorwärts schaute und nie zurück, dass erinnernde Passagen in seinen Schriften selten zu finden sind. Eine davon bezeichnet den 20. Januar 1486 als den Tag seiner Ankunft in Córdoba, der Stadt des Königs. Er traf dort zu spät ein, um den König und die Königin anzutreffen, die sich schon gegen Ende des Jahres 1485 nach Madrid begeben hatten; doch stets betrachtete er sich vom Tag seiner Ankunft an als in ihrem Dienst stehend.

In der nun folgenden Wartezeit begann Kolumbus eine Beziehung mit einer jungen Frau aus Córdoba mit Namen Beatriz Enríquez de Harana, die die Mutter seines im Spätsommer 1488 geborenen Sohnes Ferdinand wurde.

Die Haranas gehörten einer seit langem in Córdoba und seiner Umgebung ansässigen Familie von Bauern, Weinkeltern und Gärtnern an. Beatriz war um 1465 als Tochter eines Bauern in dem in den Bergen nordwestlich von Córdoba gelegenen Flecken Santa María de Trasierra geboren. Ihre Eltern starben, als sie noch ein Kind war. Zusammen mit ihrem älteren Bruder ging sie nach Córdoba und lebte dort bei Rodrigo Enríquez de Harana, dem Vetter ersten Grades ihrer Mutter.

Rodrigo, obwohl Weinkelterer von Beruf, war ein Mann von Bildung und Geist, der über seinen Stand geheiratet hatte und über seine Mittel lebte. Sein einziger Sohn war Diego de Harana. Die Haranas waren Freunde und Nachbarn des Maestre Juan Sánchez, der später Wundarzt an Bord der *Santa María* war, und eines Genueser Apothekers. Zu jener Zeit waren die Apothekerläden Treffpunkte für Ärzte, Chirurgen und wissenschaftlich gebildete Leute. Wahrscheinlich geriet Kolumbus in diese *botica*, weil sie einem Landsmann gehörte, und besuchte sie dann regelmäßig als den Ort, wo sich die ortsansässigen Gelehrten trafen. Er freundete sich mit Diego de Harana an, der ebenfalls hier verkehrte und der ihn in das Haus seines Vaters einlud, wo er die junge Waise kennen lernte, die seine Geliebte wurde.

Obgleich sentimentale kirchliche Biografen es gerne so darstellen, dass eine verschwiegene Heirat zwischen Kolumbus und Beatriz stattfand, ist in seinem ganzen Leben nichts sicherer, als dass er nicht heiratete, weder heimlich noch auf andere Weise. Las Casas und Oviedo erklären beide, dass Ferdinand außerehelich geboren wurde. Kolumbus erwähnt Beatriz zweimal in seinen noch vorhandenen Schriften, und zwar in den Jahren 1502 und 1506 unter ihrem Mädchennamen und nicht als seine Frau. In einem Zusatztestament vom Jahr 1506 beauftragte er Diego, dafür zu sorgen, *dass Beatriz Enríquez, die Mutter Don Fernandos, meines Sohnes, in den Stand gesetzt wird, ehrenvoll zu leben, denn ihr bin ich in großem Maße verpflichtet.*

Warum er sie nicht heiratete, obwohl seine Frau gestorben war, ist unschwer zu erraten. Eine solche Heirat gereichte ihm nicht zum

Vorteil. Dona Felipa war eine Dame von Rang gewesen, die ihm in der großen Welt emporgeholfen hatte; wenn er also noch einmal heiraten sollte, so musste es wieder eine Dame von Stand sein wie etwa Doña Beatriz de Peraza, die er in Gomera umworben haben soll. Eine Bauerntochter, die er nicht am Hof vorstellen konnte, würde ihm, solange er noch als Bittsteller auftrat, den Aufstieg versperrt haben und wäre nicht die geeignete Gemahlin für einen Admiral und Vizekönig gewesen. Die moralische Seite der Verbindung braucht uns nicht zu belasten, solange sich seine Zeitgenossen hierüber nicht den Kopf zerbrachen. In einer Zeit, wo Granden, Bischöfe und Kirchenfürsten öffentlich ihre Geliebten vorführten und für ihre Bastarde Ehren und Titel besorgten, fiel es niemandem ein, bei Kolumbus daran Anstoß zu nehmen, dass er die Mutter seines zweiten Sohnes nicht heiratete. Ihre Familie war offenbar stolz auf diese Verbindung, da der Vetter und der Bruder von Beatriz später verantwortungsvolle Posten in der Flotte des Admirals übernahmen. Die Beziehungen zwischen ihnen und den legitimen Colóns waren herzlich und dauerhaft über wenigstens drei Generationen hinweg. D. Diego, der zweite Admiral von Indien, bezahlte an Beatriz nicht nur die Jahresrente, wie ihm sein Vater befohlen hatte, sondern er bedachte sie auch in seinem letzten Willen.

IM SPÄTAPRIL, wenn es in Andalusien schon beinahe Sommer ist, bezogen die Herrscher ihre Residenz im Alcazar von Córdoba, der auf der anderen Seite des Guadalquivir bei der maurischen Steinbrücke und in nächster Nähe der prachtvollen Moschee liegt, die neu zur Kathedrale geweiht worden war. Hier wurde Kolumbus zum ersten Mal Ferdinand und Isabella vorgestellt, deren Herrschaft durch seine Taten in höchstem Glanz erstrahlen sollte.

Durch die Vermählung Isabellas von Kastilien mit Ferdinand von Aragonien im Jahr 1469 vollzog sich die Vereinigung Spaniens zu seiner heutigen Form, einem Königreich, das sich im folgenden Jahrhundert durch seine eigene Kraft zum Herrn über Europa emporschwang, das mit all dem Reichtum versehen war, den Kolumbus jetzt zu erwerben im Begriff stand und wofür er die Erlaubnis erbat. Als er das erste Mal vor *los Reyes Católicos*, „den katholischen Majestäten“, wie Ferdinand und Isabella allgemein genannt wurden, erschien, regierten sie seit

Ansicht von Córdoba mit der maurischen Brücke über den Guadalquivir

zwölf Jahren gemeinsam in Kastilien, León und Aragonien. In dieser Zeit hatten sie die Macht des Adels gebrochen, die der Krone gestärkt und die innere Ordnung wiederhergestellt. Sie hatten durch ihren Verzicht auf Westafrika den hundertjährigen Kampf mit Portugal beendet und damit ihren Besitz der Kanarischen Inseln gesichert, deren Eroberung damals im Gang war und als Generalprobe für die Eroberung Amerikas gelten konnte. Da die Kanarischen Inseln den Ausgangspunkt für Kolumbus' Unternehmen bilden sollten, war alles wohl vorbereitet; doch vorher drängte eine noch wichtigere Eroberung auf Erfüllung: die des maurischen Königreichs von Granada, die so viel Kraft und Geld beanspruchte, dass dadurch das Interesse der Herrscher an einem überseeischen Unternehmen eingeschränkt wurde.

Ferdinands katalanische und valencianische Reiche, die an das Mittelmeer grenzten, hatten wohl Seeinteressen und eine traditionelle Schifffahrt, doch waren diese nicht nach Westen, sondern einseitig nach Osten ausgerichtet. Von ihm konnte Kolumbus nicht viel erwarten.

Isabella von Kastilien war eine auffallend schöne Frau mit regelmäßigen Gesichtszügen, frischen, gesunden Farben, blauen Augen und nussbraunem Haar, von körperlichen Vorzügen also, die wegen ihrer Seltenheit in Spanien besonders bewundert wurden. Sie hatte angenehme Umgangsformen, war würdevoll und freundlich zugleich, und im Verkehr mit dem Volk bewies sie großen Takt und nahm einen so starken

Ferdinand II. von Aragonien. Die Vermählung mit Isabella von Kastilien führte zur Vereinigung der beiden Reiche. Isabella von Kastilien wurde von Zeitgenossen als Schönheit bezeichnet.

Einfluss auf ihre unruhigen Untertanen wie kein anderer Herrscher von Kastilien zuvor. Schlicht in ihrem Geschmack, mäßig in ihrer Lebensweise, duldete sie die leichtfertigen Unterhaltungen an ihrem Hof nur, weil sie hoffte, dadurch die jungen Rohlinge des Adels von ihren gröberen Vergnügungen abhalten zu können. Sie verfolgte ihre eingeschlagene Politik mit Ausdauer und Geschick, und wenn sie einmal Vertrauen zu einem Menschen gefasst hatte, so konnte dieser auf ihren gleich bleibenden Beistand rechnen.

Christoph Kolumbus und Isabella die Katholische waren Menschen gleichen Schlags und in ihrem Charakter sehr ähnlich. Sie war nur vier oder fünf Monate älter als er. Sicher sprang ein Funke gegenseitigen Verstehens und Verstandenwerdens von einem zum andern über, als ihr Kolumbus an jenem denkwürdigen 1. Mai 1486 das erste Mal im Audienzsaal des Alkazar zu Córdoba vorgestellt wurde. Sie lauschte freundlich seinen mit glühenden Worten vorgetragenen Wünschen. Bevor sie ihn weiter ermutigte, mussten einige Fragen geklärt werden. Hielten ihre in solchen Dingen erfahrenen Räte eine westwärts nach Indien unternommene Reise für durchführbar? Konnte die Krone die hierfür benötigten Mittel im jetzigen Augenblick zur Verfügung stellen? Oder sollte man Medina Celi die Erlaubnis zu diesem Unternehmen geben?

Nach diesem ersten Durchbruch eines königlichen Sonnenstrahls begann sich der Himmel für Kolumbus von neuem mit dunklen Wolken zu bedecken, und die nächsten fünf bis sechs Jahre wurden für ihn die schwersten seines Lebens. Es wäre einfacher für ihn gewesen, wenn man ihm gestattet hätte, das Angebot Medina Celis anzunehmen. Las Casas sagt: „Er begann einen schrecklichen, fortwährenden, schmerzensreichen und endlosen Kampf zu führen; ein mit scharfer Klinge geführter Kampf hätte nicht so unerbittlich und grausam sein können wie jenes unablässige Ringen mit den vielen Menschen, die er überzeugen sollte, ohne dass sie ihn verstanden, die sich aber anmaßten, alles besser zu wissen; jener stille Kampf mit den zahlreichen Gegnern, denen er geduldig antworten musste, ohne dass sie begriffen, wer er war, und die ihm ohne Achtung und mit beleidigender Rede begegneten, sodass er in der Seele betrübt war." Denn Kolumbus war kein alltäglicher Seemann. Er war stolz und feinfühlig, er wusste, dass er Recht hatte; und die plumpen Witzeleien und beißenden Scherze dummer, unwissender Menschen waren oft mehr, als er ertragen konnte. In seinem späteren Leben erinnerte er sich immer wieder voller Bitterkeit an diese trüben Jahre, in denen beinahe jedermann *fazen burla*, das heißt sich über ihn und sein Vorhaben lustig machen durfte. Oft und unklugerweise wich er vom Weg ab und setzte dem Herrscherpaar und anderen Leuten auseinander, wie jedermann im Unrecht und er allein im Recht war.

Fray Hernando de Talavera, Prior del Prado (eines Hieronymitenklosters in der Nähe von Valladolid), der Beichtvater der Königin und spätere Erzbischof von Granada, wurde auserwählt, einen Ausschuss zu bilden, der Kolumbus' Vorhaben prüfen sollte. Dieser Rat trat zum ersten Mal im Frühsommer des Jahres 1486 in Córdoba zusammen, vertagte sich aber bald darauf nach Salamanca, wo der Hof Weihnachten verbrachte.

Salamanca war zu jener Zeit eine Universität mit Wohnmöglichkeit, eine spätmittelalterliche Einrichtung, wie sie sich in Oxford und Cambridge erhalten hat. Eine dieser Schulen, die von St. Stephan, hatte den Dominikanervater Diego de Deza, späteren Bischof von Palencia und Erzbischof von Sevilla, zum Vorsteher. In ihm fand Kolumbus einen seiner wärmsten und wertvollsten Fürsprecher in ganz Spanien. Der Talaveraausschuss hielt seine Sitzungen in dieser Schule ab. Im Jahr 1515 bezeugte ein Ratsmitglied der Stadt namens Dr. Rodrigo Maldonado, dass er einer Sitzung des Talaveraausschusses beigewohnt habe, in welcher Talavera „und andere weise und gelehrte Herren und Seefahrer mit besagtem Admiral über dessen Vorhaben berieten, die fraglichen Inseln aufzusuchen, worauf sie alle der Meinung waren, dass das, was der Admiral sagte, unmöglich wahr sein könne und dass gegenüber allem, was sie meinten, der Admiral dabei blieb …"

Offensichtlich war mit dem, „was unmöglich wahr sein konnte", die Theorie des Admirals von einem schmalen Ozean zwischen Spanien und Indien gemeint. Und das war ja auch wirklich nicht wahr. Aber, wie Diego de Deza und vielleicht auch Talavera selbst herausfühlten, mochte etwas an Kolumbus' Plan dran sein, was den Rat veranlasste, das Abfassen eines Berichtes zu vertagen.

Um was handelt es sich also bei den berühmten Sitzungen in der Universität von Salamanca, vor deren Gelehrten der Mathematik, Geographie und Astronomie Kolumbus seine Sache verfechten musste, die ihn aber zurückwiesen, weil er sie nicht davon überzeugen konnte, dass die Erde rund war? Dieses angebliche Ringen zwischen „einem Mann, der sich allein auf die zwingende Macht seines Genies verlässt", und der „pedantischen Blindgläubigkeit" jener Kirchenmänner ist Teil eines weit verbreiteten Kolumbus-Mythos geworden.

Kolumbus und Talavera hielten in der Schule von St. Stephan nur einfache Beratungen ab, in deren Verlauf sie sich gegenseitig nicht überzeugen konnten. Die Kugelgestalt der Erde stand nicht zur Diskussion. Es handelte sich vielmehr um die Ausdehnung des Ozeans, und in diesem Punkt hatten Kolumbus' Gegner Recht.

Diese zwanglosen Besprechungen und Zusammenkünfte wurden vermutlich um die Weihnachtszeit des Jahres 1486 abgehalten, als sich der Hof in Salamanca aufhielt. Kurz darauf wurde Kolumbus auf die königliche Gehaltsliste gesetzt. Die Akten des Schatzmeisters von Kastilien weisen aus, dass *Cristóbal Colón, extrangero* (Ausländer) in den Jahren 1487 und 1488 rund 12000 Maravedis Vorschuss erhielt oder ungefähr 530 Euro, was dem Lohn eines Vollmatrosen entsprach. Das war gewiss nicht fürstlich, doch genug, um bei bescheidenen Ansprüchen Leib und Seele zusammenzuhalten.

Über Kolumbus' Aktivitäten in diesem Jahr besitzen wir keinen Hinweis, mit Ausnahme einer Zahlung, die ihm den Besuch im königlichen Lager vor Málaga ermöglichte, dem letzten wichtigen spanischen Seehafen, der von den Mauren gehalten wurde. Málaga hatte sich am 18. August 1487 ergeben, und Kolumbus durfte zweifellos erwarten, dass sich nun eine gute Gelegenheit bot, die Souveräne für seinen Plan zu gewinnen. Die vollständige Inanspruchnahme des Herrscherpaares durch diesen Krieg war ein beinahe größeres Hindernis für Kolumbus als die Bedenken der Gelehrten. Anscheinend verlor der Hof im nächsten Jahr jedes Interesse an ihm, denn die Vorschusszahlungen wurden nach Juni 1488 ganz eingestellt. Im August oder September dieses Jahres gebar Beatriz in Córdoba ihren Sohn Ferdinand. Der Talaveraausschuss hatte weder seinen Bericht fertig gestellt, noch war Kolumbus förmlich entlassen worden; nachdem aber das kleine Einkommen weggefallen war, glaubte Kolumbus klug zu handeln, wenn er D. Joãos Einladung annahm und seine Verhandlungen mit Portugal wieder aufnahm.

Wie wir gesehen haben, scheiterten diese, nachdem Bartolomeo Dias vom neu entdeckten Kap der guten Hoffnung zurückgekehrt war und D. João einen Seeweg nach Indien gefunden hatte und keinen zweiten brauchte. Kolumbus kehrte nach Spanien zurück und schickte seinen Bruder Bartolomeo nach London.

Die Tätigkeit von Bartolomeo liegt noch mehr im Dunkeln als die seines Bruders Christoph. Wahrscheinlich blieb er nach der Abreise seines älteren Bruders 1485 in Lissabon und verließ die Stadt erst, als durch die Rückkehr von Bartolomeo Dias alle Aussichten einer Übereinkunft mit Portugal hinfällig geworden waren. Auch die gründlichsten Untersuchungen englischer Quellen und Archive führten nicht auf eine Spur Bartolomeos in England, was aber nicht zu überraschen braucht, denn auch über John Cabot wurde kaum ein Anhaltspunkt gefunden. Ferdinand Kolumbus zufolge gewährte Heinrich VII. seinem Onkel Bartolomeo eine Unterredung, und dieser breitete vor dem König eine Weltkarte mit einer interessanten, aber absichtlich undeutlich gehaltenen lateinischen Inschrift aus. Ferdinand fügt hinzu, dass Heinrich VII. für den Plan endgültig eingenommen war und noch in seiner knauserigen Tudorart mit Bartolomeo schacherte, als die Nachricht von der großen Entdeckung eintraf; Oviedo hingegen, der früher als Ferdinand schrieb, berichtet, dass die Vorschläge von den Ratgebern des Königs abgelehnt wurden, die „sich über Kolumbus lustig machten und seine Worte für leeres Gerede hielten“.

Nicht später als 1490 begab sich Bartolomeo an den französischen Hof. Karl VIII. hielt von dem Unternehmen nicht mehr als Heinrich VII. Bartolomeo fand indessen eine Beschützerin und Fürsprecherin in Anne de Beaujeu, der älteren Schwester des Königs und Regentin während seiner Minderjährigkeit. Von ihr erhoffte er französische Unterstützung, da Christoph im Jahr 1491 im Begriff stand, selbst nach Frankreich zu kommen. Bartolomeo lebte noch im Gefolge von Anne de Beaujeu, unglücklich mit Kartenzeichnen beschäftigt, als die Nachricht von der großen Entdeckung seines Bruders eintraf.

Vermutlich war Christoph Kolumbus Anfang des Jahres 1489 zurück in Spanien, wo er wartete, betete und auf einen günstigen Bescheid des Talaveraausschusses hoffte, im Übrigen aber einem raschen Abschluss des Feldzugs gegen Granada entgegensah. Zwei Jahre sollte er noch warten.

AUF JEDEN Fall blieb ihm viel Zeit zum Lesen. Zwischen 1485 und 1490 studierte Kolumbus genau erdkundliche Schriften alter und mittelalterlicher Gelehrter, um sich dadurch für die nächste Auseinandersetzung mit den Sachverständigen zu wappnen. Wenn sie ihm mit Ptolemäus kämen, würde er es ihnen mit gleicher Münze heimzahlen. Vier dieser Bücher, die Kolumbus besaß (und von denen er drei reichlich mit Anmerkungen versah), sind erhalten geblieben: eine lateinische Übersetzung (1485) des Buches von Ser Marco Polo; eine im Jahr 1489 gedruckte italienische Übersetzung von Plinius' „Naturgeschichte"; Pierre d'Aillys „Imago Mundi" nebst kleineren Abhandlungen, alle in lateinischer Sprache und zwischen 1480 und 1483 in Löwen gedruckt; schließlich eine Ausgabe der „Historia Rerum Ubique Gestarum" von Aeneas Sylvius (Papst Pius II.) von 1477.

Besonders zwei, die „Imago Mundi" und die „Historia Rerum", deuten durch die große Anzahl der darin enthaltenen Ergänzungen und Randbemerkungen, die mit den verschiedensten Federn und Tinten und in zuweilen etwas abweichender Handschrift vorgenommen sind, darauf hin, dass sie von Kolumbus und wahrscheinlich auch von seinem Bruder Bartolomeo immer wieder studiert worden sind. Die „Imago Mundi" scheint jahrelang ein ständiger Begleiter Christophs gewesen zu sein, und die weißen Seiten im hinteren Teil der „Historia Rerum"

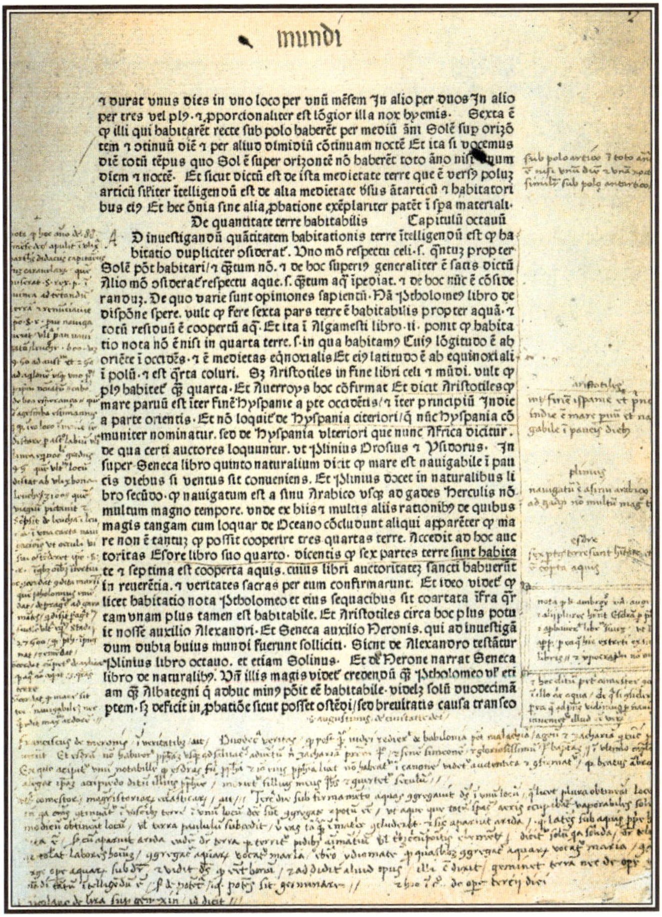

Eine Seite aus dem Buch „Imago Mundi“, versehen mit Kolumbus’ eigenhändigen Randbemerkungen

dienten ihm als Sammelstelle für alle möglichen Beobachtungen. Diese Anmerkungen wurden von Kolumbus’ Biografen, in erster Linie von Ferdinand und Las Casas, untersucht. Es hat auch selbst ernannte Handschriftenexperten gegeben, die viel darüber stritten, ob diese oder jene Notiz von Christoph oder Bartolomeo herrührt. In Wirklichkeit ist dies völlig unwichtig, denn bekanntlich arbeiteten die Brüder im gleichen Sinn an ein und demselben Plan.

Die „Imago Mundi“ von Pierre d’Ailly, Kardinal von Cambrai, war eine umfassende Weltgeographie, die um das Jahr 1410 entstanden war, bevor man Ptolemäus’ Geographie für das westliche Europa wieder entdeckt hatte. Darin liegt zugleich der Grund, warum Kolumbus D'Ailly dem Ptolemäus vorzog. Der französische Kosmograph machte sich das Weltbild des Marinus von Tyrus zu Eigen, der Eurasia weit und den Atlantik schmal darstellte. Dem Kolumbus'schen Exemplar von „Imago Mundi" einverleibt waren zwei spätere kosmographische Traktate des Kardinals, die er schrieb, nachdem er Ptolemäus gelesen hatte; sie leisteten Kolumbus sogar noch bessere Dienste, zumal D'Ailly es wagte, mit dem alexandrinischen Weisen nicht übereinzustimmen. Zum Beispiel meinte er: „Die Ausdehnung des Landes nach Osten hin ist viel größer, als Ptolemäus zugibt … Denn nach den Philosophen und nach Plinius hat der Ozean, der sich zwischen der äußersten Spitze des verlängerten Spanien (das ist Marokko) und dem Ostrand von Indien erstreckt, keine große Breite. *Denn es ist erwiesen, dass dieses Meer in wenigen Tagen befahrbar ist, wenn der Wind günstig ist*, woraus sich ergibt, dass das Meer nicht so breit ist, dass es drei Viertel der Erde bedecken kann, wie manche Menschen ausgerechnet haben." Dicke Unterstreichungen und lange Anmerkungen von Kolumbus' Hand finden sich hier, eine Vormerkung, um diesen Punkt anzubringen, sobald irgendjemand Ptolemäus' 180°-Landlehre erwähnen sollte. Jede Feststellung in der „Imago Mundi" über die Schmalheit des Ozeans wird von Kolumbus mit Eifer aufgegriffen, abgeschrieben oder erläutert. Zum Beispiel:

> *Das Ende der bewohnbaren Erde nach Osten hin und das Ende der bewohnbaren Erde nach Westen hin liegen nahe beieinander, und dazwischen befindet sich ein schmales Meer.*
>
> *Ein Arm des Meeres dehnt sich zwischen Indien und Spanien aus.*
>
> *Wasser fließt von Pol zu Pol zwischen dem Ende von Spanien und dem Anfang von Indien.*

D'Aillys Kapitel über Indien (Asien) ist von Kolumbus reichlich mit Anmerkungen versehen. Die mächtigen Ströme, das Gold und Silber, die Perlen und edlen Steine, die Elefanten, Papageien, Fabeltiere und Ungeheuer weckten seine Neugierde. Eine Anmerkung, die mit einem Zeigefinger versehen ist, weist auf die unzähligen Inseln in der Umgebung Indiens hin mit ihrer Überfülle an Perlen und Edelsteinen.

Die „Historia Rerum Ubique Gestarum" (1477) von Aeneas Sylvius war, obwohl sie einige Jahre früher gedruckt wurde als die „Imago

Mundi“, etwa dreißig Jahre später geschrieben worden. Unter starker Anlehnung an Ptolemäus war sie genauer und aufschlussreicher als die „Imago Mundi“, aber gleichzeitig auch weniger annehmbar für Kolumbus. Immerhin fand sich viel bei Ptolemäus und anderen von Aeneas Sylvius zitierten Autoren, was Kolumbus gut gebrauchen konnte.

8. Kapitel

DIE KÖNIGIN WILLIGT EIN
1490–92

In jener Zeit litt Kolumbus wirkliche Not und suchte, dem Bischof Geraldini zufolge, Zuflucht in einem Franziskanerkloster bei Marchena in Andalusien. Wovon und wo lebte er? Verkaufte er Bücher und Karten, wie Andrés Bernáldez aus Sevilla berichtet, als er ihm das erste Mal begegnete? Hatte er die Gastfreundschaft Medina Celis überbeansprucht? Wohnte er bei den Haranas in Córdoba? Da hierüber nichts bekannt ist, ist jede Mutmaßung möglich. In späteren Jahren schwieg sich Kolumbus über diese Zeit stets aus.

Der Hof verbrachte einen Teil des Jahres 1490 in Sevilla, und gegen Ende dieses Jahres legte Talavera vermutlich endlich seinen Bericht vor. Der Ausschuss „kam zu dem Urteil, dass Kolumbus’ Verheißungen und Vorschläge unmöglich und fruchtlos seien und Ablehnung verdienten“, wie Las Casas berichtet. Dem Herrscherpaar wird erklärt, „dass es seiner königlichen Würde nicht anstünde, eine Sache zu fördern, die auf so schwachen Füßen ruhe und die jedem Menschen von einiger Bildung, wie gering auch immer sein Wissen sein möge, unsicher und unausführbar erschien“.

Die gegen Kolumbus’ Vorhaben vorgebrachten Einwände sind von der Art, wie sie im Jahr 1490 bei dem damaligen Stand der geographischen Wissenschaft in Kastilien, das in dieser Beziehung nicht so weit fortgeschritten war wie Portugal, jedermann gemacht haben würde. Schließlich hatten sich die Portugiesen ja nur längs der Küste eines den Alten bekannten Erdteils vorgetastet. Den westlichen Kurs Richtung Orient einzuschlagen war etwas ganz anderes, es war nicht nur neu, sondern auch gefahrvoll und ungewiss. Die Anmerkungen in Kolumbus' Schriften lassen erkennen, dass er Erwiderungen gesammelt hatte, aber sicherlich erforderte es kein großes Wissen festzustellen, dass Kolumbus' 60°-Ozeantheorie völlig verkehrt war. Warum also benötigte der Ausschuss viereinhalb Jahre, um seinen Bericht abzufassen? Einfach, weil es im Land so Brauch war.

Ferdinand und Isabella stimmten dem Talaverabericht weder zu, noch lehnten sie ihn ab. Sie ließen Kolumbus mitteilen, so berichtet Las Casas, dass das Projekt später und zu einer geeigneteren Zeit wieder zur Sprache gebracht werden könne, wenn der Krieg mit Granada vorbei sei.

Kolumbus wartete abermals sechs bis neun Monate und wohnte wahrscheinlich im Haus von Medina Celi. Als diese Zeit zu Ende ging, schwor er „beim heiligen Ferdinand", dass er nun nicht länger darauf warten wolle, bis die Königin ihm die Ehre gab. Er hatte genug von kastilischer Saumseligkeit. Ob Bartolomeo ihn von Fontainebleau aus ermutigte, nach Frankreich zu kommen, wissen wir nicht, sicher ist aber, dass Kolumbus entschlossen war, sein Unternehmen Karl VIII. anzubieten.

Im Sommer des Jahres 1491 begab sich Kolumbus nach La Rábida, wo er seinen Sohn Diego, jetzt zehn oder elf Jahre alt, aufsuchte. Vielleicht fühlte sich der Knabe bei den Brüdern nicht ganz glücklich, vielleicht wollte Kolumbus ihnen auch nicht länger verpflichtet sein, kurz, er beschloss, den Sohn nach Huelva zur Schwester von Diegos Mutter zu bringen, bevor er die Reise nach Frankreich antrat.

Und jetzt ereignete sich der zweite Teil der bekannten Geschichte von La Rábida. Fray Juan Pérez, Vorsteher des Mönchsklosters, beklagte aufrichtig Kolumbus' Absicht, Spanien für immer den Rücken zu kehren. Er zog Dr. Fernández, einen ortsansässigen Arzt und Sachverständigen auf dem Gebiet der Astronomie und Kosmographie zurate, desgleichen (aller Wahrscheinlichkeit nach) Martín Alonso Pinzón, einen führenden Schiffseigner aus Palos. Fray Juan, der vor vielen Jahren Beichtvater oder geistlicher Berater (vielleicht auch beides) der Königin gewesen war, versprach Kolumbus, beim Königspaar nochmals eine Audienz für ihn zu erwirken, falls er bliebe. Die Königin befand sich zu dieser Zeit im befestigten Lager von Santa Fé, einer im Juli 1491 während der Belagerung von Granada eigens zur Unterbringung des kastilischen Hauptquartiers errichteten Stadt. Fray Juan schickte der

Königin einen Brief, und schon nach zwei Wochen traf ein günstiger Bescheid ein. Isabella befahl Fray Juan, am Hof zu erscheinen, Kolumbus zu ermuntern und ihm zu sagen, er möge warten, bis man ihn selbst rufen würde. Der Bruder ritt sofort auf einem Maultier fort, das ihm durch Kolumbus besorgt und wahrscheinlich von Martín Alonso Pinzón bezahlt wurde. Kurz darauf schrieb die Königin an Kolumbus direkt und befahl ihm, sich an den Hof zu begeben. Sie mag sich wohl seiner schäbigen Kleidung bei einer früheren Gelegenheit erinnert haben, oder Fray Juan erregte durch die Beschreibung seines äußerst notdürftigen Zustandes das Mitleid der Königin, Tatsache ist jedenfalls, dass sie Kolumbus mit ihrem Brief 20 000 Maravedis übersandte, damit er sich anständige Kleider und ein Maultier kaufen könne.

Nicht vor August, vermutlich etwas später im Jahr 1491, erschien Kolumbus, neu eingekleidet, vor der Königin. Und abermals wurde das Unternehmen an einen Ausschuss übergeben, denn Las Casas berichtet, dass *astrólogos*, Seefahrer und Schiffsführer sowie *filósofos* zurate gezogen wurden. Von diesem Ad-hoc-Ausschuss (der dem des Ortiz in Portugal und des Talavera in Spanien glich) wurde der Plan auf seine technische Ausführbarkeit hin geprüft. Nachdem Bericht erstattet war, wurde das Projekt an den Königlichen Rat von Kastilien weitergegeben, der sich aus Granden und geistlichen Würdenträgern zusammensetzte. Hier wurden die technischen Einzelheiten vermutlich nochmals überprüft.

Natürlich erläuterte Kolumbus anhand einer Weltkarte seine Lehre von der Schmalheit des Ozeans.

Ferdinand und Las Casas folgern beide, dass das Unternehmen wegen Kolumbus' hohen Forderungen an Ehren, Titeln und Einkünften als Belohnung für einen Erfolg abgelehnt wurde. Das würde bedeuten, dass das Unternehmen vom Sonderausschuss angenommen, durch den Königlichen Rat aber abgewiesen wurde. Dieser höhere Rat hatte zu entscheiden, ob das Wagnis unternommen und der Preis dafür bezahlt werden könnte. So erscheint es wahrscheinlich, dass Kolumbus' Anerbieten nun zum dritten und letzten Mal abgelehnt wurde, einfach weil seine Forderungen als übertrieben hoch angesehen wurden.

Dies ist auch der früheste Zeitpunkt, an dem Kolumbus mit Gewissheit die von ihm erwartete Belohnung nannte. Möglicherweise war er sich schon seit Jahren darüber klar, was er zu fordern beabsichtigte, aber bis dahin hatte er noch keine Gelegenheit gehabt, sich offiziell zu äußern. Kolumbus hat sicherlich genug bäuerlichen Handelsinstinkt besessen, um seine Erwartungen hinsichtlich der Titel und Einkünfte so lange zurückzustellen, bis sein Unternehmen grundsätzlich gutgeheißen war. Seine Strategie verfolgte das Ziel, es als wissenschaftlich anerkannt, technisch durchführbar und materiell für die Krone einträglich bezeichnen zu lassen. Dann und nur dann würde er die Frage einer Belohnung vor König, Königin oder Königlichem Rat ansprechen.

Man kann endlose Vermutungen darüber anstellen, wann Kolumbus bei sich entschied, dass Adel und ein Wappen, ein klingender Titel, hohe Ämter und beträchtliche Einkünfte die gebührende Gegenleistung für einen Erfolg seines Unternehmens nach Indien wären. Ich bin der Meinung, dass die endgültige Liste von Ehren und materiellen Vorteilen nicht vor 1491 von ihm aufgestellt wurde. Er hatte sich damals entschieden, nach Frankreich zu gehen in der Erwartung, dass ihn Karl VIII. großzügig behandeln würde (worin er sicher enttäuscht worden wäre). Er litt unter dem Druck von sechs in Spanien vertanen Jahren, in denen er viel Unbill erfahren hatte. Hunderte von Malen war er durch die Kränkungen eines „Jemand ohne Verstand" gedemütigt worden, der einen „Niemand mit einer großen Idee" ungestraft beleidigen durfte. Sein Leben lang überwand Kolumbus seinen Groll über diese Behandlung nicht, und häufig sprach er voller Bitterkeit davon. Und wenn nach alledem, so mochte er denken, diese stolzen Kastilier meine Dienste doch noch wünschen, so sollen sie auch den vollen Preis dafür bezahlen. Ich werde Spanien nicht umsonst zu Glanz und Ruhm verhelfen. Wenn mir die Majestäten gebührende Titel und Ehren gewähren, um eine Familie von Adel zu begründen, wenn sie mir die Mittel für meine Nachkommen geben, um deren Rang aufrechtzuerhalten, dann mag alles gut und schön sein. Wenn nicht – gehe ich nach Frankreich.

Granada kapitulierte am 2. Januar 1492, und Kolumbus hatte die Freude, in dem feierlichen Zug mitzumarschieren, der sich in die letzte Festung der Moslems im katholischen Spanien hineinbewegte. Dann fiel die Entscheidung gegen ihn. Nach wenigen Tagen erhielt er die Mitteilung, dass sein Unternehmen strikt und endgültig abgelehnt sei. Das Herrscherpaar bestätigte den Entscheid in einer letzten Audienz und wünschte Kolumbus eine gute Reise.

Das also war das Ergebnis von sechseinhalb Jahren der Mühe und des Wartens in Spanien. Kolumbus sattelte sein Maultier, packte seine Habseligkeiten in die Satteltaschen, stopfte Weltkarte, die „Imago Mundi" und die „Historia Rerum" hinein und machte sich in Begleitung des treuen Fray Juan auf den Weg zurück nach Córdoba. Vom Geld der Königin war ihm wenigstens genug übrig geblieben, um die Reise nach Frankreich zu bestreiten. Auf jeden Fall konnte er sich bis dahin durchschlagen.

Plötzlich änderte sich das Bild vollständig. Kolumbus hatte sich bei Hof mit einem anderen Mann angefreundet, Luis de Santángel, dem *escribano de ración* (Verwalter der königlichen Privatschatulle) des Königs Ferdinand. Am gleichen Tag, an dem Kolumbus von Santa Fé abreiste, „suchte Luis de Santángel die Königin auf, und mit Worten, die ihm der Wille, sie zu überzeugen, eingab, drückte er ihr sein Erstaunen darüber aus, dass Ihre Hoheit, die in Dingen von großer Bedeutung und Wirkung doch immer entschlossen gedacht habe, nicht die Fähigkeit besitze, ein Unternehmen von so geringem Risiko zu wagen, das andererseits für Gott und der Ausbreitung Seiner Kirche von großem Nutzen sei, nicht zu sprechen von der dadurch herbeigeführten Zunahme der königlichen Macht und des Ruhmes der Krone; ein Unternehmen schließlich, das, wenn es von einem anderen Fürsten ausgeführt werden sollte, dem es Kolumbus so wie ihr anbieten würde, ihrer Krone sicher ernsten Schaden verursachen und ihr selbst schwere Vorwürfe einbringen werde". Sollte Geld ausschlaggebend sein, so erbiete sich Santángel, die Kosten für die Flotte selbst zu tragen. Isabella war tief beeindruckt von den mit Wärme und Aufrichtigkeit vorgetragenen Worten und versprach, sich die Sache zu überlegen, sobald sie ein wenig Muße habe; oder, falls Eile Not täte, wolle sie ihre Juwelen für die Kosten verpfänden, was Santángel als unnötig bezeichnete. Darauf sandte die Königin einen Boten hinter Kolumbus her, der ihn bei dem Dorf Pinos-Puente einholte, gut 16 Kilometer von Granada und 6 Kilometer von Santa Fé entfernt, wo der Hof zu dieser Zeit residierte.

Königlichen Befehlen muss man gehorchen. Das taten die Reisegefährten und fingen dadurch einen günstigen Wind ein, der sie bis nach Amerika führte.

Weshalb dieser plötzliche Gesinnungswandel? Man darf annehmen, dass die Persönlichkeit viel damit zu tun hatte. Nicht die von Kolumbus vorgebrachten Tatsachen und Gründe, nein, der Mann war es, der den nachhaltigsten Eindruck hinterlassen hatte. Seine Würde, seine Aufrichtigkeit und seine felsenfeste Überzeugung müssen einen unauslöschlichen Eindruck auf die Königin gemacht haben.

Sein Charakter war dem der Königin sehr ähnlich, und ihre Gedankengänge bewegten sich in der gleichen Richtung, von festen Begriffen und vorgefassten religiösen Meinungen ausgehend. Und wenn Isabella noch zögerte, als sie Kolumbus rief, so flößte er ihr Vertrauen ein, als er vor ihr stand. Dazu kam, dass die Vernunftgründe Santángels unwiderstehlich waren. So wenig Risiko gegen einen so riesigen Gewinn! Was machte es aus, dass sich diese oder jene Sachverständigen über das Vorhaben lustig machten und die geographischen Begriffe des Genuesen als verrückt, unmöglich und lächerlich bezeichneten? Was wussten sie denn, diese Studierzimmergeographen und Seefahrer des Mittelmeeres? Während ihrer 18-jährigen Regierungszeit hatte die Königin ihre eigenen Erfahrungen mit Sachverständigen gemacht und erkannt, dass sie die Hälfte der Zeit nicht wussten, was sie sagten. Dieser Mann Colombo oder Colón wandte sich nicht nur an ihre Vernunft, sondern auch an ihren Instinkt.

Wir wollen ihrem weiblichen Instinkt volle Anerkennung zollen, doch gebührt ihm nicht das Verdienst allein. War es doch der König, der zu allem, was die Königin tat, seine Zustimmung geben musste, und Santángel war sein Hofbeamter, nicht der ihrige; schließlich war es auch Santángel, der wenigstens die Hälfte der Geldmittel aufbrachte. Die genauen Kosten der ersten Reise sind unbekannt, doch aus mancherlei Andeutungen und Berichten geht hervor, dass sie sich für die Ausrüstung auf rund 2000000 Maravedis (das sind rund 130000 Euro) beliefen. Isabella hatte sich erboten, das Geld auf ihre Kronjuwelen aufzunehmen, was aber nicht notwendig war; die Fabel, dass sie sie für Kolumbus verpfändete, stammt aus dem 17. Jahrhundert.

DIE VERHANDLUNGEN mit dem Herrscherpaar nahmen weitere drei Monate in Anspruch, nachdem das große Unternehmen grundsätzlich von ihm angenommen worden war, jedoch fehlt uns von diesen Verhandlungen jede Information. Die Verzögerung wurde sicher durch die

Kanzleibürokratie, durch das Kopieren und Wiederkopieren von Dokumenten, durch das Bestechen der richtigen Leute und ähnliche Dinge verursacht. Die Beamten der Krone waren sicher sehr beschäftigt mit der Liquidation des maurischen Königreichs von Granada, der Demobilisierung des Heeres und den Vorbereitungen zur Ausweisung der Juden, einem anderen und weniger glücklichen Unternehmen, das zu dieser Zeit gerade im Gang war.

Die sieben wichtigsten Urkunden über Kolumbus' großes Unternehmen sind: die Kapitulationen oder Bedingungen des Vertrags vom 17. April; der Título oder Titel vom 30. April 1492 (manchmal die Kommission genannt); das Beglaubigungsschreiben an fremde Potentaten vom 30. April; der Pass, undatiert; und drei Anweisungen des Herrscherpaares vom 30. April über die Ausrüstung der Flotte.

Die Kapitulationen vom 17. April bestehen aus fünf Artikeln:

1. Ihre Hoheiten ernennen besagten Don Cristóbal Colón zu ihrem Admiral in und über alle Inseln und alles Festland, „welches entdeckt oder erworben wird durch seinen Fleiß und seine Tatkraft“, und verfügen, dass dieser Titel mit allen dazugehörigen Rechten und Vorrechten auf ewig auf seine Erben und Nachfolger übergehen soll.

2. Besagter Don Cristóbal wird zum Vizekönig und Generalgouverneur sämtlichen Festlandes und aller Inseln, die von ihm in den genannten Meeresgegenden entdeckt oder erworben werden, ernannt, und er soll ermächtigt sein, für jedes Amt drei Kandidaten vorzuschlagen, von denen das Herrscherpaar einen auswählen wird.

3. Er soll den Zehnten von dem Gold und Silber, den Perlen, Edelsteinen, Gewürzen und anderen in diesen Gebieten erzeugten oder handelsmäßig eingetauschten oder durch Bergbau gewonnenen Gütern frei von allen steuerlichen Lasten erhalten.

4. Jeder diese Güter oder Waren betreffende Streitfall soll durch ihn als Admiral oder durch seinen Stellvertreter entschieden werden.

5. Er erhält die Option, den achten Teil der gesamten Kosten jedes in diese neuen Gegenden segelnden Schiffes zu tragen und dafür den achten Teil des erzielten Nutzens zu empfangen.

Der Título oder Titel vom 30. April ist eine feierliche, wenn auch eingeschränkte Bestätigung der Ehren und Ämter: „In Anbetracht dessen, dass Ihr, Cristóbal Colón, Euch auf unseren Befehl aufmachen werdet …

Kolumbus unterzeichnete am 17. April 1492 am Hof von Ferdinand und Isabella den Vertrag über die erste Reise.

gewisse Inseln und Festländer im Weltmeer zu entdecken und zu erwerben ... ist es recht und billig, Euch dafür, dass Ihr Euch Gefahren in unseren Diensten aussetzt, zu belohnen ... und wir sind willens und geneigt, Euch, Cristóbal Colón, nachdem Ihr besagte Inseln und Festländer oder die einen oder die anderen davon entdeckt und erworben habt ... zu unserem Admiral dieser Inseln und Festländer, die Ihr entdecken und erwerben wollt, zu ernennen, und Ihr sollt deshalb unser Admiral und Vizekönig und Gouverneur in diesen Gebieten sein, Euch nennen und betiteln dürfen als Don Cristóbal Colón, und Eure Erben und Nachfolger sollen auf immer die gleiche Befugnis haben und die Ämter eines Admirals des Weltmeeres und eines Vizekönigs und Gouverneurs besagter Inseln und Festländer einnehmen."

Mit den Bezeichnungen „Inseln und Festländer im Weltmeer" sind Japan, China und die benachbarten Inseln gemeint. Das ist durch die Tatsache genügend erwiesen, dass, als Kolumbus nach seiner Rückkehr im Jahr 1493 fest behauptete, er habe Cipangu und einige vorgelagerte Gebiete des Großkhans aufgefunden, niemand ihm seinen Admiralsrang und seine Ämter als Gouverneur und Vizekönig dieser Gebiete streitig machte, während der Papst Spanien die uneingeschränkte Oberhoheit verlieh.

Freilich wird sich der Leser fragen, ob denn Ferdinand und Isabella so harmlos waren zu glauben, dass drei kleine Schiffe mit 19 (bzw. 18) Matrosen an Bord einfach in einen japanischen oder chinesischen Hafen einlaufen und von ihm Besitz ergreifen konnten. Die Antwort darauf kann nur sein, dass sie in der Tat so kindlich dachten. Man erinnere sich an jenen Brief des Dr. Münzer an D. João II., in dem von der Voraussetzung ausgegangen wird, dass jeder orientalische Machthaber mit großer Bereitwilligkeit Freundschaft mit jedem christlichen König schließen würde, dessen Schiff zuerst seine Gestade anliefe. Das hatten auch die Portugiesen in West- und Südafrika erfahren, und Europa kam der Gedanke gar nicht, dass die Könige des Orients besser auf die Verteidigung ihrer Besitzungen eingerichtet sein könnten als die Küsten- und Urwaldhäuptlinge des schwarzen Erdteils.

Der undatierte Pass lautete in lateinischer Sprache: „Hierdurch entsenden wir den Edelmann Christoforus Colon mit drei ausgerüsteten Karavellen über die hohe See in die Regionen Indiens [ad partes Indie] aus gewissen Gründen und für bestimmte Zwecke."

Die letzte Urkunde ist ein Beglaubigungsschreiben, dessen Niederschrift in den Archiven von Aragonien gefunden wurde und das auszugsweise wie folgt lautet:

An den durchlauchtigsten Fürsten …

unseren liebwerten Freund, senden wir, Ferdinand und Isabella, König und Königin von Kastilien, Aragonien, León etc. Grüße und Segenswünsche. Zu unserer Freude haben wir von Eurer Hochachtung und Ehrerbietung für uns und unser Volk vernommen, auch dass Ihr begierig seid, Neues über unsere Erfolge zu erfahren. Wir haben daher beschlossen, unseren edlen Kapitän Christopherus Colon zu Euch zu entsenden mit Briefen, um Euch kundzutun und wissen zu lassen, dass wir uns guter Gesundheit und besten Ergehens erfreuen …

ICH, DER KÖNIG — ICH, DIE KÖNIGIN

gegeben in drei Ausfertigungen.

Las Casas erklärt die leere Stelle und den Nachsatz „gegeben in drei Ausfertigungen“ folgendermaßen: Kolumbus führte für den Großkhan und für alle Könige und Herrscher von Indien und anderen möglicherweise von ihm entdeckten Ländern Empfehlungsschreiben mit sich. In die leere Stelle der einen Ausfertigung setzte der Schönschreiber wahrscheinlich die Worte *Magno Cano*, Großkhan, ein, die anderen Kopien blieben unausgefüllt, damit Rodrigo de Escobedo, der Schreiber der Flotte, die richtigen Namen und Titel des Kaisers von Japan, des Beherrschers von Mangi oder irgendeines anderen Potentaten einsetzen konnte, den die Flotte treffen würde. Der Großkhan wird ausdrücklich im Vorwort von Kolumbus’ während der ersten Reise geführten Tagebuchs erwähnt.

Praktische Fragen der Ausrüstung wurden in dem formalen Vertrag nicht erwähnt; sie wurden zwischen Kolumbus und einigen Beauftragten der Krone wahrscheinlich vor dem 30. April mündlich geregelt, an dem das Herrscherpaar die notwendigen Anweisungen für die Befrachtung, Ausrüstung, Verpflegung und Bemannung der Flotte in Palos gab.

Am 12. Mai 1492 verließ Kolumbus Granada und begab sich in die Stadt, die er nach seiner Ankunft in Spanien zuerst betreten hatte und von der aus er seine große Entdeckungsreise antreten sollte.

9. Kapitel

NIÑA, PINTA UND SANTA MARÍA
1492/93

Wohl versehen mit seinen Beglaubigungsschreiben und Verträgen, erfüllt von Tatendrang und dem Wunsch, hinauszufahren auf die hohe See, traf Kolumbus am 22. Mai 1492 in Palos de la Frontera ein. Cádiz fiel als Auslaufhafen für Kolumbus aus, weil hier die in die Verbannung gezwungenen Juden eingeschifft wurden; 8000 Familien sollen im Sommer 1492 abgesegelt sein.

Am Mittwoch, dem 23. Mai, geschah es, dass „Cristóbal Colón in der Sankt-Georg-Kirche dieser Stadt Palos in Gegenwart des Fray Juan Pérez“ und des Bürgermeisters nebst seinen Räten „jenen Brief Ihrer

Majestäten bekannt gab und vorwies, welcher durch mich, Francisco Fernández, öffentlichen Notar besagter Stadt, vorgelesen wurde".

Ferdinand und Isabella, von Gottes Gnaden König und Königin von Kastilien, León, Aragonien, Sizilien etc. etc. senden Euch, Diego Rodríguez Prieto und allen übrigen Einwohnern der Stadt Palos unsere gnädigen Grüße.

Und tun Euch zu wissen kund, dass Ihr verpflichtet seid, uns für zwölf Monate zwei ausgerüstete Karavellen auf Eure Kosten zur Verfügung zu stellen … Und da wir nun Cristóbal Colón als unserem Kapitän befohlen haben, sich mit drei carabelas de armada *aufzumachen in jene Regionen des Weltmeeres, wo er gewisse Aufträge in unseren Diensten ausführen soll, und da wir wünschen, dass er die beiden genannten Karavellen, die Ihr in unsere Dienste zu stellen habt, mit sich führt, gebieten wir Euch hiermit, innerhalb von zehn Tagen nach Empfang dieses unseres Schreibens … zwei ausgerüstete Karavellen fertig und bereit zu halten gemäß dem verkündeten Urteilsspruch, damit sie unter dem von uns beauftragten Cristóbal Colón dorthin absegeln können, wo wir ihn hinschicken … So gegeben in unserer Stadt Granada, den 30. April im Jahre des Herrn Jesus Christus 1492.*

ICH, DER KÖNIG — ICH, DIE KÖNIGIN

Welch ein Befehl! Die Stadtväter von Palos werden wohl schwer geatmet und bedeutsame Blicke untereinander gewechselt haben, als der Stadtschreiber im Hof der Sankt-Georg-Kirche das königliche Dekret entrollte. Wenn aber Kolumbus glaubte, dass die Ausrüstung und Bemannung von Karavellen für eine Seereise in zehn Tagen bewerkstelligt würde, so musste er erst alle Schwierigkeiten und Hindernisse kennen lernen, die mit der Bereitstellung durch eine wenig begeisterte Bevölkerung verbunden waren.

Die Vorbereitungen nahmen jedenfalls zehn Wochen anstelle von zehn Tagen in Anspruch, und selbst das war nicht übermäßig viel. Dieser Verzug war übrigens ein Glück, denn wenn Kolumbus bei seiner Abfahrt von den Kanarischen Inseln im September einem aus Richtung Indien blasenden Sturm entging, so hätte er bei einer Ausfahrt im Juni kaum einem der in dieser Jahreszeit häufig auftretenden Wirbelstürme ausweichen können.

Drei weitere königliche Begleitbriefe vom gleichen Tag, dem 30. April, führte Kolumbus mit sich nach Palos. Jedermann in Andalusien, vor allem die Holzhändler, Zimmerleute, Schiffslieferanten, Bäcker und Proviantverkäufer, wurden angewiesen, Kolumbus zu vernünftigen Preisen mit allem zu versorgen, was er brauchte. Keinerlei Zölle oder Abgaben durften auf den für ihn bestimmten Proviant, das Material und die Ausrüstungsgegenstände erhoben werden. Die Verfolgung sämtlicher zivilen Klagen und Straftaten gegen alle, die an Kolumbus' Fahrt teilnahmen, wurde ausgesetzt.

Meine Leser werden darüber enttäuscht sein, dass ich ihnen kein authentisches Bild der drei berühmten Schiffe vorzeigen kann, an die nun letzte Hand für die große Reise gelegt wurde. Doch gibt es weder Angaben noch Urkunden, aus denen wir uns ein genaues Bild machen könnten. Niemand weiß also, wie die *Niña*, die *Pinta* und die *Santa María* in Wirklichkeit aussahen. Alle Abbildungen – auch die unsrigen – sind ungefähr zur Hälfte Fantasieerzeugnisse und weisen fast sämtlich in wichtigen Einzelheiten Ungenauigkeiten auf. Wir besitzen kein zeitgenössisches Gemälde oder eine Zeichnung auch nur eines einzigen Schiffes, mit dem Kolumbus segelte.

Die *Niña* war das Lieblingsschiff des Admirals und so auch das meinige. Nach dem Sturm im Februar 1493 schrieb er: *Wäre sie nicht so fest und stark gebaut gewesen, so hätte ich fürchten müssen unterzugehen.* Für die *Santa María* hatte er nicht viel übrig; sie strandete bei Hispaniola und blieb dort liegen. Die *Pinta* kehrte nach Hause zurück, verschwand aber aus dem geschichtlichen Blickfeld. Doch die *Niña* war ein Schiff, das alle Lobgesänge verdient! Erbaut an der Ribera de Moguer, einem (jetzt versandeten) Flussarm des Rio Tinto, machte sie die ganze erste Reise mit und brachte den Admiral sicher nach Hause zurück. Sie begleitete die Großflotte auf der zweiten Reise nach Hispaniola, wurde von Kolumbus für eine Erkundungsfahrt nach Kuba aus 17 Schiffen zum Admiralsschiff erkoren und zum halben Part von ihm angekauft. Sie war das einzige Schiff, das in westindischen Gewässern dem Sturm von 1495 standhielt, sie brachte den Admiral im Jahr 1496 mit mehr als hundert Passagieren nach Spanien zurück und unternahm darauf eine unerlaubte Reise von Cádiz nach Rom, wurde bei Sardinien von Piraten gekapert, dann von ihrem Kapitän und seiner Mannschaft wiedergewonnen und kehrte darauf gerade zur rechten Zeit nach Cádiz

Mit diesen drei Karavellen, der *Santa María,* der *Niña* und der *Pinta* entdeckte Kolumbus Amerika.

zurück, um zu Beginn des Jahres 1498 als Vorhut auf Kolumbus' dritter Reise mit nach Hispaniola segeln zu können. Sie war in der Tat eines der tüchtigsten kleinen Schiffe der Weltgeschichte.

Die *Niña* ist das einzige Schiff der Flotte, über dessen Tonnengehalt wir Bescheid wissen. Michele de Cuneo, der im Jahr 1494 mit ihr nach Kuba und zurück segelte, gab ihre Tonnage mit „rund 60 Tonnen" an, und auf ihrer eigenmächtigen Fahrt nach Rom im Jahr 1497 hatte sie eine Ladung von 51 Tonnen an Bord, wobei man 1492 unter Tonnage nicht das Gewicht oder die Wasserverdrängung des Schiffes, auch nicht seine Ladungstragfähigkeit, sondern einfach den in Weintonnen ausgedrückten Rauminhalt verstand. Da Wein eine weit verbreitete Ladung war und die Weintonnen feststehende Abmessungen hatten, wurde die Tragfähigkeit eines Schiffes unter Deck zu einer grob gerechneten Angabe seiner Größe in *toneladas* erhoben, sodass man unter der Tonnage eines Schiffes die Anzahl der Weinfässer verstand, die es laden konnte. Wenn meine persönliche Schätzung der Abmessungen einer 55- bis 60-Tonnen-Karavelle aus dem Jahr 1492 irgendwelchen Wert hat, so sei sie hier genannt: Gesamtlänge (zwischen Loten) ungefähr 21 Meter, Kiellänge etwa 15 Meter, größte Breite etwa 7 Meter, Tiefe des Laderaums mittschiffs ungefähr 3 Meter. Nach meinen eigenen Erfahrungen in den Gewässern von Südkuba wird der Tiefgang der *Niña* nicht mehr als 2 Meter betragen haben.

Ebenso wie ihre beiden Begleitschiffe war die *Niña* ein Eindecker. Die widersinnige Vorstellung, dass die beiden Karavellen offene oder halb gedeckte Boote gewesen seien, ist auf eine schlechte Übersetzung der renaissance-lateinischen Sprache Peter Martyrs durch Eden im Jahr 1555 zurückzuführen. Die *Niña* dürfte ein erhöhtes Achterdeck gehabt haben, auf dem eine *toldilla* oder ein Haus mit der Kapitänskajüte aufgebaut war. Ihre Back war verhältnismäßig klein und niedrig und genügte nur für die Unterbringung der Ankertaue und der Segellasten, im Notfall noch der Brotlast und des *fogón* oder Kombüsenherdes.

Im Allgemeinen wird die *Niña* als ein dreimastiger Lateinsegler vom portugiesischen Typ dargestellt, dessen Großmast sich mit der längsten Rah beinahe mittschiffs, die anderen beiden aber achtern befanden. Vielleicht war sie auf diese Weise bemastet, als sie von Palos absegelte, doch soweit uns bekannt ist, ging sie als Zweimaster auf die Reise. Ihre Takelung wurde aber auf den Kanarischen Inseln in *vela redonda* (Rahtakelung) umgewandelt, damit – wie Ferdinand sagt – „sie den anderen Schiffen sicherer und mit weniger Gefahr folgen konnte“. Und das war ein glücklicher Entschluss. Platt vor dem Wind zu den Kanarischen Inseln segelnd, mag die *Niña* böse gegiert und ihre Rudergänger erschöpft haben, während die *Santa María* und die *Pinta* unter ihren Rahgroßsegeln ruhig ihres Wegs zogen. Zweifellos konnte sich Kolumbus die Mithilfe einiger Werftarbeiter aus Las Palmas sichern, und in einer Woche war das Werk getan. Nach der Änderung war die *Niña* der flinkeste Segler der ganzen Flotte auf Aus- und Heimfahrt. Ihre Takelung wurde dann auch zum Vorbild für die spanischen Karavellen auf transatlantischer Fahrt.

Die *Pinta* ist das Schiff, über das wir am wenigsten wissen. Sie war eine *caravela redonda*, das heißt eine Karavelle mit Rahtakelung, also mit der gleichen Takelung, die die *Niña* in Las Palmas bekam. Offenbar war sie wie die *Niña* in Palos gebaut. Nach Kolumbus war ihr Eigentümer Cristóbal Quintero aus Palos, der als einfacher Seemann mitfuhr.

Die *Pinta* erwies sich als schneller Segler, der sich zu Kolumbus' Ärger unter Kapitän Pinzón jedes Mal an die Spitze drängte, wenn eine Landsichtung bevorstand, um so die ausgesetzte Belohnung zu gewinnen. So war es ein Matrose aus ihrer Mannschaft, der als Erster die neue Welt sichtete; auch war die *Pinta* das erste Schiff, das vor Hispaniola Anker warf, und sie war wiederum die Erste, die in den spanischen Heimathafen einlief. Wenn beide Karavellen während der Heimfahrt dicht am Wind segelten, so war die *Niña* der *Pinta* stets überlegen.

Das Flaggschiff *Santa María* ist in noch höherem Maß Gegenstand eingehender Nachforschungen und ergebnisloser Mutmaßungen gewesen als die Karavellen. Im Gegensatz zur *Niña* und *Pinta*, die auf heimatlichen Werften erbaut waren, wurde die *Santa María* in Galicien vom Stapel gelassen und daher mit dem Spitznamen *La Gallega* belegt. Zu jener Zeit nahm die spanische Provinz Galicien im Bau größerer Schiffe den ersten Rang ein, dennoch war die *Santa María* nur ein kleines Schiff in dieser Epoche. Sie befand sich gerade auf einer Handelsfahrt auf dem Rio Tinto, als Kolumbus nach Schiffen Ausschau hielt, und da die Bürger von Palos nicht mehr als die vom Königspaar befohlenen zwei Karavellen stellen wollten, charterte er die *Santa María* von ihrem Eigner und Schiffsführer Juan de la Cosa aus Santoña. Er bestimmte sie zur *capitana* oder zum Flaggschiff, weil sie das größte Schiff der Flotte war, doch stand sie wegen ihrer schwerfälligen Segeleigenschaften und weil sie für seine Zwecke einen zu großen Tiefgang hatte beim Admiral nicht hoch im Ansehen.

Über die Tonnage und andere Abmessungen der *Santa María* ist unseres Wissens nichts bekannt.

Las Casas berichtet, die *Santa María* sei „etwas“, nicht „sehr viel“ größer gewesen als die übrigen Schiffe, und es findet sich auch eine

Andeutung in Kolumbus' Tagebuch der dritten Reise – in der Darstellung des Las Casas –, dass sie über 100 Tonnen groß war. Mir scheint, als ob die *Santa María* ein Schiff von weniger als 100 Tonnen gewesen ist und in beladenem Zustand achtern einen Tiefgang von nicht mehr als 2 Metern hatte.

Kolumbus' *Santa María* war eine *nao* oder ein Vollschiff, also keine Karavelle, was aus seinem Tagebuch klar hervorgeht. Wiederholt spricht er von *la nao*, wenn er das Flaggschiff meint, und von *la carabela* oder *las carabelas*, wenn er sich auf die *Niña* oder die *Pinta* oder auf alle beide bezieht. Folglich können wir mit Bestimmtheit annehmen, dass ihr Modell rund, kurz und plump war, ähnlich den venezianischen Karaken und anderen *naos* der damaligen Zeit. Vielleicht war sie deshalb nicht so schnell und wetterfest wie die *Niña* und die *Pinta*, weil ihre nördlichen Erbauer die afrikanischen Reiseerfahrungen nicht verwertet hatten.

Die hervorstechendsten Merkmale im Spierenplan der *Santa María* sind für den Seemann von heute die ungewöhnliche Höhe des Großmastes und die Länge der Großrah im Vergleich zu den übrigen. Der aus einem Stück bestehende und in die Mitte des Kiels senkrecht eingelassene Großmast war höher, als das Schiff lang war, und die Großrah war von gleicher Länge wie der Kiel. Fockmast und Besanmast hatten nur ein Drittel der Höhe des Großmastes und waren so leicht, dass sie ins Hauptdeck eingelassen werden konnten.

Wir wollen jetzt diejenigen Merkmale näher betrachten, die allen drei Schiffen und auch den sonst von Kolumbus bei der Überquerung des Ozeans benutzten Fahrzeugen gemeinsam waren.

Eiserne Bolzen wurden wahrscheinlich an Stellen verwendet, die hoher Beanspruchung ausgesetzt waren, sonst wurden die drei- bis vierzölligen Planken am Rahmen durch lange Holznägel zusammengehalten, was auch erklärt, warum die *Santa María* so schnell aufbrach, als sie bei Hispaniola auf Grund lief. Der Boden sämtlicher Schiffe wurde gewöhnlich mit einer Mischung aus Talg und Pech bestrichen, weil man hierdurch Muscheltiere und Bohrwurm fern zu halten hoffte, und so musste ein solches Schiff alle paar Monate an irgendeinem geeigneten Strand hochgezogen werden. Hierbei wurde das Schiff im Wechsel von einer Seite auf die andere gelegt, wobei der Bewuchs abgekratzt, der Boden neu verpecht und geteert und alle Fugen und Ritzen abgedichtet wurden.

Es vergingen Jahrhunderte, bis es die Schiffbauer verstanden, Außenballast am Kiel anzubringen, wobei nicht übersehen werden darf, dass Handelsschiffe zu Kolumbus' Zeiten keinen Innenballast brauchten, wenn sie schwergewichtige Güter wie beispielsweise Wein voll geladen hatten. War das nicht der Fall, so wurden ausreichende Mengen Sand, grober Strandkies oder Kopfsteine übergenommen, um dem Schiff die notwendige Stabilität zu geben. Auf der Heimfahrt wurde die *Niña*, nachdem ihre Vorräte nahezu aufgebraucht waren, so rank, dass die Mannschaft leere Weinfässer mit Seewasser auffüllen und sie als Ballast verwenden musste.

Unter den jeweils herrschenden Umständen leckt jedes Holzschiff mehr oder weniger, und es war nicht zu leugnen, dass Kolumbus' Schiffe durchweg mehr leckten als weniger. Eine fest stehende hölzerne Pumpe, die von der Morgenwache betätigt wurde, sollte das sich täglich in der Bilge ansammelnde Leckwasser auspumpen; jedoch vermochte keine Pumpe dieser Art ein Schiff gänzlich trocken zu halten, und beim Rollen und Stampfen des Schiffes strömte das Bilgewasser durch die Luke zwischen Ballen, Fässer und Ballast. Und da die Matrosen ihre verschmutzte Kleidung meist in die Bilge warfen, wurde diese zum Brutherd jener unvermeidlichen Begleiterin aller Seeleute, der *cucaracha* oder Kakerlake.

Jede Landratte, die sich damals auf Entdeckungsfahrt anheuern ließ, klagte über dieses Ungeziefer, über den grässlichen Gestank, der aus der Bilge emporstieg, besonders wenn die Pumpe in Betrieb war. Wenn diese *funkes*, wie sie von den Matrosen des Elisabethanischen Zeitalters genannt wurden, in unerträglicher Weise überhand nahmen, wurde das Schiff „ausgeräuchert“. Das geschah, indem man es in seichtes Wasser steuerte, Ladung und Proviant an Deck aufstapelte, den Ballast – sofern vorhanden – über Bord warf, hierauf alle Tonnen und die Bilge sauber abkratzte und mit Essig besprengte und zuletzt neuen Ballast an Bord nahm.

Die weißen Segel der Schiffe des Kolumbus waren mit Kreuzen und vermutlich auch anderen heraldischen oder religiösen Sinnbildern bemalt. Sowohl das laufende wie das stehende Gut bestand aus Hanfseilen, denn Drahtseile würde man erst in 350 Jahren kennen lernen.

Zu Kolumbus' Zeiten waren die Ankerplätze auf den atlantischen

Inseln und an der afrikanischen Küste in der Mehrzahl offene Reeden, die einer starken Dünung ausgesetzt waren und nur ungenügenden Schutz vor Wind und Wetter boten. Gewöhnlich wurden die Schiffe mit zwei Bugankern und einem Heckanker vermurt, man rechnete aber im Verlauf einer langen Reise schon im Voraus mit dem Verlust eines oder mehrerer Anker. Meist befanden sich sieben Anker an Bord: vier Buganker, von denen zwei am Bug in steter Bereitschaft waren, ein Stromanker, der das Schiff in der Dünung gut ausgerichtet hielt, ein Warpanker zum Verholen des Schiffes in flachem Wasser und ein großer Notanker, den die Spanier *la esperanza* oder *ancla de salvación* nannten und der zusammen mit dem Ankertau im Laderaum verstaut war und nur als letztes Hilfsmittel zu Wasser gelassen wurde.

In der damaligen Zeit wurden alle Schiffe durch ein Außenbordruder mit großer hölzerner Ruderpinne gesteuert, an deren Vorderende Entlastungstaljen angebracht waren. Das Hinterende war mit dem Rudersteven unmittelbar verzapft. Diese Koppelung machte achtern eine große Öffnung notwendig, die nicht geschlossen werden konnte, da die Ruderspinne Spielraum brauchte. Wenn infolgedessen das Schiff vor einer schweren See herlief, musste sich jede nachrollende Welle über die Ruderanlage ergießen. Auf den Karavellen mit ihren verhältnismäßig kurzen Poopdecks mag es dem Rudersmann möglich gewesen sein, das Luvliek des Großsegels zu beobachten, aber auf der *Santa María* verdeckte das Quarter- oder Poopdeck völlig seine Sicht auf Meer und Segel. Bis zur Erfindung des Steuerrades im 18. Jahrhundert hielt man irgendwelche Sicht für die Rudersleute für überflüssig. Sie steuerten nach dem Kompass und nach dem Gefühl, das ihnen das Schiff gab, sowie nach den Befehlen, die ihnen vom wachhabenden Offizier heruntergerufen wurden.

Je mehr man sich in die Schiffskunde von Kolumbus' Zeitalter vertieft, desto bewunderungswürdiger erscheint die Seetüchtigkeit der damaligen Schiffe sowie das, was wir heute unter „Segeleigenschaften" verstehen. Dagegen waren die Wohn- und Lebensbedingungen an Bord so primitiv, dass man meinen könnte, die Schiffbauer hätten damit gerechnet, dass die Schiffsmannschaften allabendlich an Land gehen konnten wie im alten Griechenland. Die einzige Kochgelegenheit bestand in einem offenen Feuerkasten, den eine Rückwand gegen den

Wind abschirmte. Auf dem Boden des Kastens war Sand ausgestreut, und hierauf wurden die Holzscheite für das Feuer geschichtet. Der Erbauer der *Santa María* konnte über Deck keinerlei Schlafgelegenheit für irgendjemand außer dem Admiral selbst schaffen. Die *toldilla* (die wir „Hundehütte“ nennen würden) auf dem Poopdeck enthielt eine geräumige Kabine für ihn. Es wird irgendwo Schlafkojen für Lotse, Kapitän, Profos, Rechnungsführer, Dolmetscher und andere hohe Herren gegeben haben, denn selbst die *Niña* konnte ihren portugiesischen Besuchern auf den Azoren Kojen bieten. Vermutlich war die *toldilla* auf den Originalschiffen geräumiger als auf den Nachbildungen und sah sogar eine schmucke Kapitänskabine und eine gemeinschaftliche Kammer für die übrigen Offiziere vor. Oder das Ruderdeck war höher und hatte seitlich eingebaute Kabinen. Für Vollmatrosen, Leichtmatrosen und Soldaten gab es damals an Bord keine Schlafplätze. Sie legten sich einfach irgendwohin – im Vorderschiff oder im Hinterschiff oder bei gutem Wetter an Deck. Schließlich wurde das Schlafproblem an Bord für alle Seeleute der Welt durch die Einführung der indianischen Hängematte gelöst, die 1492 zum ersten Mal in Erscheinung trat.

In jener Zeit war jedes Schiff mit einer Anzahl langer Eschenriemen ausgerüstet, für deren Betätigung Öffnungen in der Reling angebracht waren. Sie vermochten dem Schiff in ruhigem Wasser etwas Fahrt zu geben oder es vom Strand abzuhalten, wenn es mit leichter Strömung hingetrieben wurde. Auf einem Nachbau der *Santa María III* machten wir einen Versuch mit einem derartigen Riemen, fanden das Gleichgewicht ganz ausgezeichnet und waren überrascht von der Leichtigkeit, mit der ein so breites, schwerfälliges Fahrzeug vom Fleck fortbewegt werden konnte. Wenn außerdem noch das Beiboot zum Schleppen verwendet wurde, so konnte Kolumbus mit seiner *Santa María* in stillem Wasser und mithilfe einer „Eschenbrise“ wahrscheinlich zwei Knoten machen.

Die Artillerie bestand bei allen Schiffen aus eisernen, etwa 9-cm-kalibrigen „Bombarden“, die auf Lafettenwagen an Deck standen und steinerne Kanonenkugeln verschossen; ferner aus kleinen Hinterladerdrehbassen, so genannten „Falkonetts“ von 4,5 cm Kaliber, die mit gehacktem Blei geladen wurden. Sie hatten ihren Platz auf der Reling und dienten zur Abwehr von Enterern. An kleineren Waffen erwähnt Kolumbus auf der ersten Reise nur Armbrüste und *espingardas*, primitive

Musketen, bestehend aus einem Rohr aus Bronze oder Eisen und einem hölzernen Schaft.

Es mag sein, dass heutzutage bessere Hochseesegler mit besserer Takelung gebaut werden, doch dürfte der Vorteil mehr in bequemeren Wohneinrichtungen, Arbeitserleichterung und einer größeren Sicherheit bestehen, keinesfalls aber hinsichtlich der Geschwindigkeit. Die *Niña*, die *Pinta* und die *Santa María* waren nicht nur gut gebaute Schiffe, sondern auch ausgezeichnet getakelt, ausgerüstet und bemannt; die drei waren *muy aptos para semejante fecho*, wohl geeignet für ein solches Unternehmen, wie der Admiral selbst in seinem Vorwort zum Schiffstagebuch schrieb. Sie waren hervorragende Schiffe und ihren Aufgaben voll gewachsen, und das Gerede, dass Kolumbus in „Bottichen, Körben oder Nussschalen" über den Atlantik fuhr, sollte endlich verstummen.

10. Kapitel

Offiziere und Mannschaften 1492/93

Die Anwerbung von Offizieren und Mannschaften für das große Unternehmen war ebenso wichtig wie die Schiffe selbst. Der Umstand, dass sämtliche Schiffsleute ihren Lohn von der Krone bezahlt erhielten, versetzte uns in die glückliche Lage, eine fast vollständige Mannschafts- und Lohnliste für die erste Reise vorzufinden. Bedauerlicherweise gab diese Reise Anlass zu einem Streit zwischen den Familien Kolumbus und Pinzón, der, was die Anzahl der Kanzleiakten betraf, einen Rekord erreichte, denn er zog sich über fünfzig Jahre hin.

Gegenstand der *pleitos* (Prozesse) *de Colón* war die Verteidigung oder Aberkennung der erblichen Privilegien der Nachkommen des Kolumbus. Seine Familie rief Zeugen für die allgemein verbreitete Ansicht auf, dass die erste Reise von Kolumbus geplant und unter seiner Leitung gegen den Rat und Willen der Allgemeinheit ausgeführt wurde, wogegen die Krone durch andere Zeugen nachzuweisen suchte, dass Kolumbus nur dem Namen nach an der Spitze eines Unternehmens stand, das in Wirklichkeit von dem energischen, mutigen und tüchtigen

Seefahrer Martín Alonso Pinzón eingeleitet und erfolgreich zu Ende geführt wurde.

Martín Alonso Pinzón, das Oberhaupt einer dem Mittelstand angehörenden Seefahrerfamilie, war 1492 zwischen 46 und 50 Jahre alt. García Fernández, Steward auf der *Pinta*, erklärte: „Martín Alonso war ein überaus tapferer Mann, von hohem Mut beseelt, der wusste, dass der Admiral ohne die beiden ihm überlassenen Schiffe weder etwas zustande gebracht noch Mannschaften gefunden hätte, weil niemand [in Palos] besagten Admiral kannte, und nur durch besagten Martín Alonso und nur durch dessen Bereitwilligkeit, die verlangten Schiffe zu stellen, hat der besagte Admiral die besagte Reise durchführen können."

Das ist in der Tat eine sehr einleuchtende Darstellung. Kolumbus, ein verhältnismäßig unbekannter Mann und ein Ausländer obendrein, hätte schwerlich Seeleute (die jede neue Unternehmung mit sprichwörtlichem Argwohn betrachteten) überreden können, sich mit ihm auf eine Fahrt von zweifelhafter Sicherheit und ungewissem Ausgang einzulassen, wenn nicht eine ortsbekannte Persönlichkeit daran geglaubt hätte.

Martín Alonso übernahm die Führung der *Pinta* mit seinem jüngeren Bruder Francisco Martín als Kapitän, während Vicente Yañez Pinzón, jünger als Martín Alonso, aber älter als Francisco, den Befehl über die *Niña* bekam und Diego Pinzón, ein Vetter von ihnen, genannt *el viejo* („der alte Knabe") als Matrose auf der *Pinta* mitfuhr. Den Pinzóns gehörten weder *Pinta* noch *Niña*, immerhin mag es die Eigentümer dieser enteigneten Karavellen etwas versöhnlicher gestimmt haben, dass führende Persönlichkeiten mit ihrem Kommando betraut wurden.

Bei der 1515 in Sevilla abgehaltenen gerichtlichen Untersuchung stellte der Fiskal, ein mit dem Staatsanwalt vergleichbarer Beamter, folgende Fragen: „(1) Wisst ihr, dass, als sich der Admiral zur Entdeckung neuer Länder aufmachte, Martín Alonso Pinzón aus Palos im Begriff stand, sie auf eigene Faust mit zwei eigenen Schiffen im gleichen Jahr aufzusuchen, da er zu Rom in der Bibliothek des Papstes Innozenz VIII. gewisse Schriften über diese Länder vorgefunden hatte und er in dem Jahr, als er von Rom zurückkehrte, davon zu sprechen anfing, dass er sie entdecken würde, womit er Kolumbus ermutigte usw.? (2) Wisst ihr, dass besagter Martín Alonso Pinzón dem besagten Admiral D. Cristóbal

Die drei Schiffsführer auf der ersten Reise: Juan de la Cosa *(Santa María)* (links), Martín Alonso Pinzón *(Pinta)* (rechts) und Vicente Yáñez Pinzón *(Niña)* (unten)

Colón Auskunft gab über diese Länder und ferner die fraglichen Schriften mit ihm besprach, in welchen gesagt war, dass es zur Zeit Salomos hieß, die Königin von Saba sei durch das Mittelmeer bis zum Ende Spaniens gefahren; und dass er daselbst 95° weiter westwärts, nach Durchfahren einer bequemen Passage, zwischen Nord und Süd ein Land namens *sypanso* (Japan) finden werde, das überaus fruchtbar und reich ist und größer als Afrika und Europa zusammen?“

Indes, unter den zahlreichen falschen Fährten, die Kolumbus stets ermutigten, finden wir weder bei Ferdinand noch bei Las Casas eine so herzerwärmende Geschichte wie die Legende der von der Königin von Saba westwärts nach Japan unternommenen Reise.

Die der Pinzóngeschichte zugrunde liegende Wahrheit scheint zu sein, dass Martín Alonso eine Wundermär von einer geheimnisvollen transatlantischen Reise zu Ohren kam, die ihn vermuten ließ, dass Marco Polos Cipangu auf dem westlichen Weg erreichbar war. Infolgedessen unterstützte er Kolumbus. Zweifellos erwies sich sein Beispiel und Einfluss nützlich für die Anwerbung von Schiffsmannschaften, aber sein Verhalten auf der Reise war derart, dass Kolumbus ihm die von der Pinzónfamilie erwartete Anerkennung nicht zuteil werden lassen konnte.

Über Martín Alonso mag man denken, wie man will, sein jüngerer Bruder Vicente Yáñez, Kapitän der *Niña* und 1492 etwa dreißig Jahre alt, erwies sich jedenfalls als erstklassiger Seemann, der im Gegensatz zu seinem Bruder auch Befehlen gehorchte. Vicentes Entdeckung des Amazonas 1499/1500 auf einer selbstständig durchgeführten Reise sichert ihm einen ersten Platz unter den Entdeckern spanischer Herkunft. Von dem jüngeren Bruder Francisco Martín hat man nach der ersten Reise nichts mehr gehört, ihr Vetter Diego hingegen, der „alte Knabe", begleitete Kolumbus im Jahr 1498 nach Paria und nahm im darauf folgenden Jahr an der Amazonasreise von Vicente Yáñez teil.

Nach den zeitgenössischen Aufzeichnungen haben die Pinzóns von Palos keine besondere Rolle in dem großen Unternehmen gespielt, sie hatten nicht mehr Einfluss darauf und gaben ihm nicht mehr Unterstützung als eine andere Seefahrerfamilie aus der Gegend von Niebla, die Niños, deren gesellschaftliche und wirtschaftliche Stellung in der benachbarten Stadt Moguer derjenigen gleichkam, die die Pinzónfamilie in Palos einnahm. Mindestens drei Niños segelten auf der ersten Reise mit. Juan, der älteste von vier Brüdern, war Eigentümer der *Niña* und ihr Schiffsführer. Peralonso, der zweite Bruder, der 1492 etwa 24 Jahre alt war, fuhr als Lotse auf der *Santa María* und überführte dann einige Proviantschiffe nach Hispaniola. Er fuhr anschließend, in den Jahren 1499/1500, selbstständig zur Perlenküste und starb kurz darauf. Francisco, der nächste Bruder von ungefähr 19 Jahren, war Leichtmatrose während der ersten Reise, wurde auf der zweiten Reise zum Lotsen der *Niña* befördert und begleitete den Admiral auch auf der vierten Reise. Verschiedene andere Mitglieder dieser Familie fuhren mit

Kolumbus auf seinen letzten drei Reisen, und ihr in den *pleitos* abgelegtes Zeugnis beweist durchweg ihre Treue und Anhänglichkeit zum Admiral. In den Vertretern der Niñofamilie haben wir die echten Typen sachverständiger und loyaler Seefahrer und Offiziere vor uns, deren Mitwirkung für den Erfolg jeder Reise eine unentbehrliche Voraussetzung ist. Es waren Männer, die niemals mehr beanspruchten, als ihnen zustand, und die niemals hinter dem Rücken ihres Kapitäns schlecht von ihm sprachen. Juan Niño war Kolumbus' bester Schiffskamerad, der mit ihm an seinem triumphalen Einzug in Barcelona teilnahm. Da die Niños weder Kolumbus' Ruhm zu verringern trachteten, noch zu den Günstlingen einer lokalpatriotischen Clique gehörten, waren sie weniger bekannt als die Pinzóns; trotzdem werden sie vermutlich ebenso viel geleistet haben, um die erforderlichen Seeleute für die Reise zu gewinnen und diese selbst zu verwirklichen.

Mit den Niños verwandt waren die Quinteros aus Moguer, von denen zwei mit Kolumbus fuhren. Cristóbal Quintero, der Eigentümer der *Pinta*, gab deren Kommando an Pinzón ab, doch wurde er der Führer von Kolumbus' Flaggschiff auf der dritten Reise. Juan Quintero, Bootsmann der *Pinta*, ist neben dem Admiral der Einzige, von dem bekannt ist, dass er auf allen vier Reisen mitsegelte.

Genaue Nachforschungen haben es möglich gemacht, von 90 Männern und Jugendlichen, die auf dieser Reise zur Entdeckung der Neuen Welt hinaussegelten, 87 namentlich festzustellen, wozu bei den meisten ihre Heuer, ihr Rang und einige biografische Einzelheiten hinzukommen. Verschiedene Namen finden sich in Kolumbus' eigenem Tagebuch, andere ergaben sich aus den späteren Prozessen, aber die meisten ermittelte man aus den Lohnlisten, die in spanischen Archiven und andernorts aufbewahrt werden.

Unter den 87 Leuten, deren Namen uns bekannt sind, waren außer Kolumbus nur vier Nichtspanier: Juan Arias aus Tavira in Portugal, Jácome el Rico aus Genua, Antón Calabrés (offenbar ein Kalabrier) und Juan Veçano (wahrscheinlich ein Venezianer).

Der königliche Erlass, durch den alle zivilen und kriminellen Verfahren gegen Personen, die sich von Kolumbus anheuern ließen, aufgehoben wurden, gab zu der bis zum Überdruss wiederholten Vermutung Anlass, dass die Besatzungen des Kolumbus aus lauter fragwürdigen Elementen, aus Verbrechern und Galgenvögeln, bestanden haben. Der Kern der Wahrheit ist folgender: Nicht lange bevor Kolumbus nach Palos kam, wurde ein gewisser Bartolomé de Torres des Mordes an einem Mann überführt, den er im Streit erschlagen hatte. Er wurde zum Tod verurteilt. Während er auf seine Hinrichtung wartete, befreiten ihn drei seiner Gefährten aus dem Gefängnis. Sie hießen Alonso Clavijo, Juan de Moguer und Pedro Yzquierdo. Nach einem eigentümlichen kastilischen Gesetz wurden diese drei nun ebenfalls zum Tod verurteilt. Während sie noch in Freiheit waren, nützten sie das königliche Amnestieangebot zu ihrem Vorteil aus und ließen sich von Kolumbus anheuern, worauf jeder von ihnen bei seiner Rückkehr begnadigt wurde, „weil ihr, um uns zu dienen, euer Leben einsetztet und euch in große Gefahr begabt mit D. Cristóbal Colón, unserem Admiral des Weltmeeres, auf seiner Fahrt zur Entdeckung der Inseln Indiens“. Selbst diese vier waren keine Verbrecher nach gewöhnlichen Begriffen, und wenigstens drei von ihnen bewährten sich gut. Bartolomé de Torres verdingte sich als Armbrustschütze auf der zweiten Reise, Juan de Moguer nahm Kolumbus ebenfalls auf der zweiten Reise als Vollmatrose an Bord seines Flaggschiffes mit, während Juan unter Aguado später Lotse wurde.

Abgesehen von einigen auswärtigen Leuten, von denen einer aus Murcia und zehn aus dem Norden (wahrscheinlich zur Mannschaft der *Santa María* gehörig) gekommen waren, stammten alle übrigen Männer des Kolumbus entweder aus einer Stadt oder einem Dorf der Niebla-Gegend (Palos, Moguer, Huelva, Lepe) oder aus anderen andalusischen Städten wie Cádiz, Sevilla, Córdoba, Jerez und Puerto Santa María. Unter ihnen befanden sich außer den Niños, Quinteros und Pinzóns wenigstens drei Gruppen von Familien: Gil Pérez und sein Neffe Alvaro auf der *Pinta*, Pedro Arráez und sein Sohn Juan auf der *Niña* und die Brüder Medel an Bord der *Pinta*. Weit davon entfernt, mit Verbrechern, Halsabschneidern und Banditen bemannt zu sein, waren Kolumbus' Schiffe das, was man in Neuengland unter „home-town ships“ versteht, also Schiffen, deren Besatzung aus jungen Leuten des Heimatstädtchens und deren Freunden aus benachbarten Häfen bestand. Sie gehörten zweifellos zur Auslese der seefahrenden Küstenbevölkerung, denn es waren unternehmungslustige Seeleute, deren Sportsgeist durch die Neuartigkeit des Unternehmens geweckt wurde, daneben natürlich auch durch die Hoffnung auf Gewinn.

Der monatlich an die Expeditionsmitglieder gezahlte Lohn betrug 250180 Maravedis, doch außer dem im Voraus gezahlten Handgeld wurde der Lohn einbehalten und nach der Heimkehr an die Mannschaften ausbezahlt. Schiffsführer und Lotsen erhielten 2000 Maravedis monatlich, *marineros* (Vollmatrosen) 1000, *grumetes* (Leichtmatrosen und Schiffsjungen) 666 Maravedis im Monat oder 22 täglich. Das war der übliche Lohn für lange Reisen, wie im königlichen Befehl vom 30. April schon gesagt, und Kolumbus zahlte noch genau die gleichen Lohnsätze auf seiner vierten Reise in den Jahren 1502/04.

Welchen Gegenwartswert diese Beträge darstellen, ist schwer zu sagen. Das tägliche Kostgeld war von der Krone für jeden Seemann der Flotte auf zwölf Maravedis festgesetzt. Zum Vergleich sei angeführt, dass 1493 ein Scheffel Weizen 73 Maravedis kostete.

Die Leute wurden nicht mit Kleidung versehen, und nach Beendigung der Reise wurden keinerlei Abzüge für ihre „Pluderhosen" gemacht, denn meistens trugen die Seeleute in jenen Zeiten das, was sie besaßen. Das einzig Charakteristische an der Kleidung des Seemanns war der mit einer Kapuze versehene Kittel, auch Parka genannt. Jedermann ging barfuß und ließ sich den Bart wachsen, denn an Bord der Schiffe gab es keine Gelegenheit zum Rasieren.

Wenden wir uns nun vom Vorschiff zum Achterschiff, wo sich die Offiziere befanden, zu denen auf den Schiffen von Kolumbus (wie übrigens auf allen spanischen Fahrzeugen im Zeitalter der Entdeckungen) nur der Kapitän, der Schiffsführer und der Lotse zählten. Der Kapitän war der Kommandierende, der die Verantwortung für alle Mann und alle Dinge an Bord trug; Kolumbus war nicht nur Kapitän der *Santa María*, sondern Generalkapitän der ganzen Flotte.

Der Eigner eines an die Krone oder an andere vercharterten Schiffes war normalerweise auch dessen Führer. So war Juan Niño, Eigentümer der *Niña*, gleichzeitig auch ihr Schiffsführer, und Kolumbus' zweiter Befehlshaber an Bord der *Santa María* war ihr Eigner, Juan de la Cosa. Martín Alonso Pinzón indessen nahm seinen jüngeren Bruder Francisco als Schiffsführer der *Pinta* mit, deren Eigner, Cristóbal Quintero, als Vollmatrose mitfuhr.

Auf den spanischen Schiffen der damaligen Zeit entsprach der Lotse dem Ersten Steuermann oder Ersten Offizier auf englischen und amerikanischen Schiffen. Er rangierte hinter dem Schiffsführer als zweiter Befehlshaber über die Schiffsmannschaft, auch oblag ihm die Navigation, die Berechnung und das Abstecken der täglich abgeschätzten Positionen auf der Karte. García Palacio erklärt, dass dieser Offizier ein Mann reifen Alters und beträchtlicher Erfahrung sein müsse, umsichtig und wetterkundig, der genau wüsste, wann die Segel zu reffen seien, und der sich auch in der Astronomie gut auskenne. Kolumbus' Lotsen waren gut und zuverlässig, auf der Hinreise war Peralonso Niño, der Lotse der *Santa María*, sogar exakter als der Admiral selbst; doch verstand sich keiner von ihnen auf die astronomische Navigation, auf der Heimfahrt waren Kolumbus' eigene Berechnungen die genauesten.

Neben den Schiffsoffizieren gab es in der Flotte eine Reihe von Nichtseeleuten, die besondere Posten innehatten. Luis de Torres, ein *converso* oder konvertierter Jude, fuhr als Dolmetscher mit, weil er Hebräisch und ein wenig Arabisch verstand. Man nahm damals allgemein an, dass das Arabische die Mutter aller Sprachen sei, und so erwartete man von Torres, dass er sich mit dem Großkhan und anderen orientalischen Potentaten verständigen könne. Diego de Harana, ein Vetter der Geliebten von Kolumbus aus Córdoba, fuhr als *alguacil de la armada* oder Profos der Flotte mit. Diesen Posten kannte man auf englischen Schiffen bis ins 17. Jahrhundert hinein. Captain John Smith sagt von ihm: „Der Profos hat die Missetäter zu bestrafen und dafür zu sorgen, dass die Gerechtigkeit in jeder Richtung ihren Lauf nimmt. Er hat Strafen zu vollziehen, wie das Untertauchen am Rahnock, das Ziehen unter den Kiel, das Anbinden am Bugspill oder am Großmast mit einem an den Hals gehängten Eimer voll Eisenkugeln sowie das Anlegen von Fußeisen."

Rodrigo de Escobedo war *escribano de toda la armada* oder Flottenschreiber. Er hatte nichts mit der Führung des Schiffstagebuches zu tun, sondern musste die Vorgänge bei der Besitzergreifung von Ländern und Inseln im Namen der Krone zu Protokoll nehmen.

An Bord der *Santa María* befanden sich zwei königliche Beamte. Der eine von ihnen, Rodrigo Sánchez de Segovia, war *veedor real*, königlicher Aufseher, der die Ausgaben überwachte und darauf achtete, dass die Krone ihren richtigen Anteil an allem Gold und allen Edelsteinen erhielt. Der andere, Pedro Gutiérrez, wird als *repostero de estrados del rey*, Haushofmeister des Königs, bezeichnet. Er scheint übrigens ein Freiwilliger von besserem Stand gewesen zu sein, denn Kolumbus hatte bereits einen persönlichen Diener (Pedro de Terreros, der auf einer späteren Reise zum Kommandanten einer Karavelle aufstieg) sowie einen Pagen. Auf jedem Schiff befand sich ein Arzt.

Damals wie heute besorgte der Bootsmann das Schiffsgerät. Zu seinen Pflichten gehörte es, die Matrosen bei der Ausführung der Befehle des Schiffsführers oder des Lotsen zu leiten, die Verstauung der Ladung zu dirigieren, aufzupassen, ob die Spieren eine schwache Stelle zeigten und dass sich die Takelung nicht abscheuerte; er musste darauf achten, dass das Tauwerk auf See trocken blieb, dass die Rollen des laufenden Guts sachgemäß aufgeschossen waren, dass die Pumpe klar, das Kombüsenfeuer jeden Abend gelöscht, das Schiffsboot allezeit sauber und in bestem Zustand war und dass die Ratten nicht die Segel auffraßen, wenn das Schiff im Hafen lag. Von allen Männern an Bord war er sicherlich der meistbeschäftigte. Ihm wurden 1500 Maravedis monatlich gezahlt. Noch heutzutage ist es leichter, einen guten Kapitän in Dienst zu nehmen, als einen guten Bootsmann zu finden.

Der *despensero* oder Steward war ein anderer wichtiger Mann. Er verwaltete die Vorräte an Wasser, Wein und Proviant, er hatte das Feuerholz und einen Teil des Schiffsgeräts unter sich, er putzte die Lampen und unterhielt das Kombüsenfeuer, auch leitete er die Matrosen in der Kunst an, die Kompasspunkte der Reihe nach zu nennen und die richtigen Sprüche aufzusagen, wenn das Stundenglas umgedreht und die Wache gewechselt wurde.

Nach den Bootsleuten und Stewards kam noch eine Gruppe von Subalternen, die als *oficiales* bezeichnet wurden und den Lohn der Vollmatrosen erhielten, die aber als Zimmerleute, Küfer und Kalfaterer besondere Verrichtungen ausführten. Der „Schrubber“ machte dieselbe Arbeit wie heutzutage, und nur der *calafate* oder Kalfaterer hatte die Pumpe klar zu halten und dafür zu sorgen, dass die Decks, die oberen Teile der Schiffsseiten sowie der Schiffsboden (wenn das Schiff hochgezogen war) sorgfältig kalfatert, verpicht und abgedichtet waren. Er wachte auch darüber, dass die Schiffsjungen in ihrer Freizeit die Kalfatermasse aufbereiteten, anstatt müßig herumzustehen.

Die Gesamtstärke der Mannschaft an Bord der *Niña* betrug etwa 24, auf der *Pinta* 26 und auf der *Santa María* 40 Mann.

Für damalige Begriffe war die Flotte für Entdeckungen und Erkundungen ungewöhnlich gut organisiert. Außer dem königlichen Haushofmeister, dem Schreiber und dem Dolmetscher gab es keine so genannten „Faulposten“, und auch diese drei wären nützlich gewesen, wenn Kolumbus Gelegenheit gehabt hätte, etwa das Oberhaupt einer chinesischen Provinz in aller Form empfangen zu müssen.

Mit keinem Wort erwähnt Kolumbus in seinen Schriften jene tragische Begebenheit, die sich zur Zeit seiner Vorbereitungen in Spanien abspielte und die in gewissem Maß seine Anstrengungen gehemmt und seine Ausfahrt verzögert haben wird. Es handelt sich um die Vertreibung der Juden aus Spanien. Am 30. März 1492, einen Monat vor Abschluss ihres Vertrags mit Kolumbus, unterzeichneten Ferdinand und Isabella das schicksalsschwere Dekret, wonach den Juden eine viermonatige Frist für die Entscheidung gesetzt wurde, entweder die Taufe zu empfangen, oder das Land zu verlassen, das jahrhundertelang ihre Heimat gewesen war und zu dessen geistigem Aufschwung sie mehr beigetragen hatten, als dies ihrer Zahl entsprach. Als Kolumbus von Granada nach Palos reiste, wird er Zeuge eines herzzerreißenden Schauspiels gewesen sein. Die langen Flüchtlingszüge, die den in vielen Jahren sauer erworbenen Besitz für ein Geringes hatten hergeben müssen, bevölkerten die meerwärts führenden Straßen; sie wanderten zu Fuß und führten ihre Esel am Zaum, die

Aufbruch zur ersten Entdeckungsfahrt am 3. August 1492

armselige Karren zogen, hoch bepackt mit allerlei Hausrat und solchen Habseligkeiten, die transportiert werden konnten. Die Nachricht vom Herrscherpaar lautete, dass jedes Schiff mit Juden an Bord am 2. August 1492 auslaufen müsse, also einen Tag vor Kolumbus' Abfahrt von Palos. Vielleicht wartete er aus diesem Grund bis zum folgenden Tag.

Von den zahlreichen Schwierigkeiten, die Kolumbus und die Pinzóns überwinden mussten, bis sie ihre Mannschaften vollzählig an Bord und ihre Schiffe klar zur Ausfahrt hatten, sind keine Einzelheiten überliefert. Von einem Brunnen in der Nähe der St.-Georg-Kirche in Palos, der durch einen römischen Aquädukt mit einer Süßwasserquelle in den Bergen verbunden ist, erzählt die Legende, dass hier die Wasserfässer der Flotte gefüllt wurden. Und als Letztes beichtete jedermann, ob jung oder alt, seine Sünden, empfing die Absolution und feierte das heilige Abendmahl. Nachdem Kolumbus gebeichtet hatte (so berichtet der erste Historiker Indiens), „empfing er das allerheiligste Sakrament im Abendmahl des Herrn, an demselben Tage, da er hinausfuhr auf die hohe See; und im Namen Jesu Christi befahl er, die Segel zu setzen, worauf er den Hafen von Palos verließ, den Saltés-Fluss hinabglitt und auf das Weltmeer hinaussegelte mit drei ausgesuchten, stattlichen Karavellen, und damit nahm seine erste Reise und die Entdeckung Indiens ihren Anfang."

Die erste Reise nach Amerika

11. Kapitel

Unterwegs
3. August bis 9. September 1492

Kolumbus' Buch von der ersten Navigation und Entdeckung Indiens, gemeinhin bekannt als das Tagebuch seiner ersten Reise, ist das ausführlichste, bemerkenswerteste und überwältigendste Schiffstagebuch, das in der Geschichte je von einer Seereise geschrieben wurde. Es ist für uns eine Quelle, aus der wir 98 Prozent unserer Information über die wahre Entdeckung Amerikas ziehen. Kolumbus' Tagebuch, wie ich es aus Achtung vor einem lange geübten Brauch nennen werde, umfasst nicht nur – denn es ist viel mehr als ein gewöhnliches Schiffsjournal – das „Tagespensum" des Seefahrers über die täglich gesteuerten Kurse, die zurückgelegten Strecken, die auf See gesichteten Dinge und die entdeckten Gebiete, sondern auch lange Beschreibungen von Menschen und Plätzen, von Fauna und Flora, es enthält die Gedanken des Admirals über Kosmografie, künftige Kolonialpolitik und viele andere Dinge, die seinen Geist beschäftigten.

Die Urschrift ist seit langem verschwunden. Sie war dem Herrscherpaar nach Barcelona geschickt oder von Kolumbus persönlich überreicht worden, worauf sie zweifellos in die in ewiger Bewegung befindlichen königlichen Archive gewandert und dort verloren gegangen war. Glücklicherweise wurden kurz nach Empfang des Tagebuches in Barcelona ein paar gute Abschriften angefertigt, von denen eine in den Besitz von Las Casas kam. Dieselbe oder eine andere Abschrift benutzte Ferdinand Kolumbus, als er die „Historie" schrieb. Las Casas' Auszug, von seiner Hand geschrieben, wird noch heute in der Nationalbibliothek von Madrid aufbewahrt. Es ist der Text, der uns heute zur Verfügung steht.

Kolumbus plante, zunächst die Kanarischen Inseln anzulaufen und von da westwärts nach Indien zu segeln. Es ist ziemlich klar, warum er diese Route wählte. Ein direkter Westkurs von Spanien aus kam nach den von

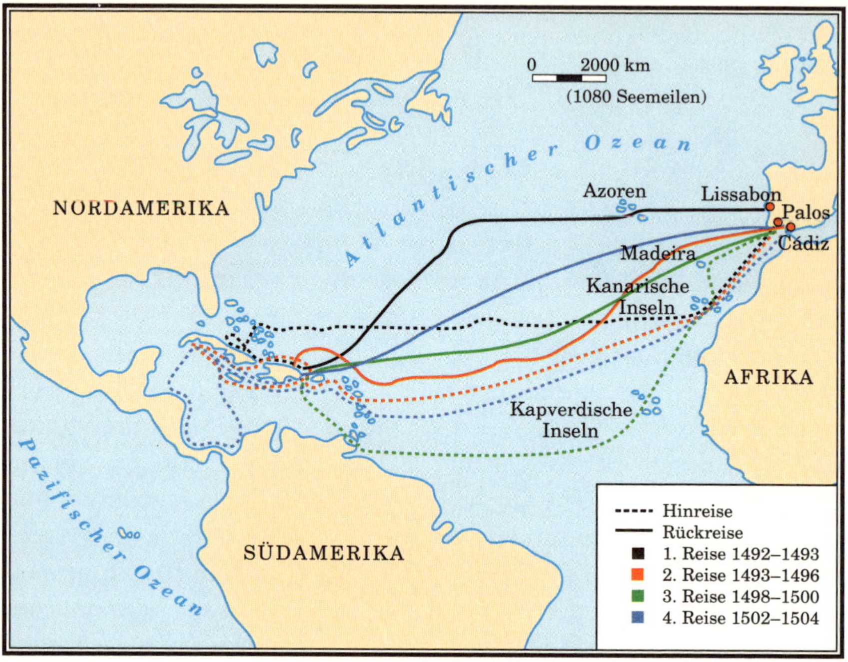

den Portugiesen gemachten Erfahrungen nicht infrage, denn sie hatten es mit den Westwinden im Nordatlantik oft genug vergeblich versucht. Dagegen lagen die Kanarischen Inseln in einer Zone mit vorherrschenden nordöstlichen Passatwinden, sodass nach Erreichen der Kanarischen Inseln in jener Jahreszeit mit günstigen Nordwinden zu rechnen war. Nichts deutet im Tagebuch und anderswo darauf hin, dass Kolumbus wusste, dass die Nordostpassatwinde ihn hinüberbringen würden; dennoch muss er auf seiner afrikanischen Reise beobachtet haben, dass ein westlicher Kurs von den Kanarischen Inseln aus den Vorteil eines günstigen Windes gleich nach Verlassen der windstillen kanarischen Zone haben würde. Doch es war nur sein Glück, dass dieser Wind seine Flotte den ganzen Weg bis hinüber nach Amerika begünstigte.

Nun gab es noch einen anderen zwingenden Grund für die Wahl der Kanarischen Inseln als Ausgangspunkt der Reise. Diese Inseln lagen auf demselben Breitengrad wie Cipangu oder Japan. Man braucht nur einen Blick auf unsere Skizze von Martin Behaims Globus zu werfen, der im gleichen Jahr angefertigt wurde, in dem Kolumbus seine Fahrt antrat, und man wird bemerken, dass die von ihm eingeschlagene Route die geradlinigste und kürzeste nach Indien war, soweit dies im Licht der damaligen fehlerhaften geographischen Erkenntnisse beurteilt werden konnte. Nach Kolumbus' Schätzung war der Orient dem Okzident auf dem Breitengrad der Kanarischen Inseln am nächsten.

Der Generalkapitän, wie wir Kolumbus bei seiner Abreise nennen möchten, ging in den frühen Morgenstunden des 3. August, an einem Freitag, zum heiligen Abendmahl in die St.-Georg-Kirche von Palos, begab sich noch vor Tagesanbruch an Bord seines Flaggschiffes und erteilte „im Namen Jesu Christi" den Befehl zur Abfahrt. Fröhliche Matrosenlieder begleiteten das Knarren der Winden, und eine halbe Stunde vor Sonnenaufgang (der an diesem Tag und in dieser Breite ungefähr um Viertel nach fünf war) wurden die Anker an Bord der *Santa María*, der *Pinta* und der *Niña* gelichtet. Es war ein friedlicher Tag, an dem sich kein Blatt rührte, an dem man meinen konnte, die Zeit stünde still, wäre nicht die stetige Bewegung der weichenden Flut gewesen. Die herrschende Windstille behinderte die Flotte nicht, denn ihre Abfahrt war auf die Stunde gelegt, in der die Ebbe einsetzte und genügend Kraft hatte, die Schiffe über die Barre hinwegzutragen, bevor das Wasser für den Tiefgang der *Santa María* zu sehr fiel. Die Ruder waren bemannt, um den Schiffen Fahrt zu geben, die Segel hingen schlaff herab, und das langsame Klatschen der eintauchenden langen Riemen, das Knarren und Ächzen in ihren Pforten waren die einzigen Geräusche, die die flutabwärts fahrenden Schiffe begleiteten.

Mit Ebbeströmung und linder Luftbewegung schwammen die Schiffe zwischen den föhrenbestandenen Sanddünen des Festlandes und der Saltésinseln dahin, wendeten dann um 50 Grad nach steuerbord und überfuhren um acht Uhr morgens die Barre.

Und nun blähte eine „starke Seebrise" die Segel, die sie zwang, nicht näher am Wind als in südlicher Richtung zu steuern und so nicht mehr als vier Knoten zu machen. Bis Sonnenuntergang blieb Land in Sicht. Der Wind kam jetzt von Norden, und sie steuerten Südwestkurs, um gut vom Land abzukommen.

Obgleich im Tagebuch nichts darüber erwähnt ist, wird Kolumbus ein Signalsystem gehabt oder von seinen portugiesischen Lehrern übernommen haben, mit dem er die Flotte zusammenhalten konnte. In dem eisernen oder kupfernen Kohlenbecken, das über dem Heck hing, konnte man nachts ein Feuer unterhalten oder tagsüber Rauch entwickeln. Für eine Flotte von Segelschiffen ist es ganz natürlich, weit auseinander gezogen zu segeln, doch Kolumbus war bestrebt, seine Flotte zusammenzuhalten. Das war keine leichte Sache, denn das Flaggschiff war langsamer als die *Pinta* und die *Niña*, sodass diese beiden Karavellen ihre Geschwindigkeit durch Kürzen der Segel dauernd herabsetzen mussten, um das Flaggschiff nicht hinter sich zu lassen.

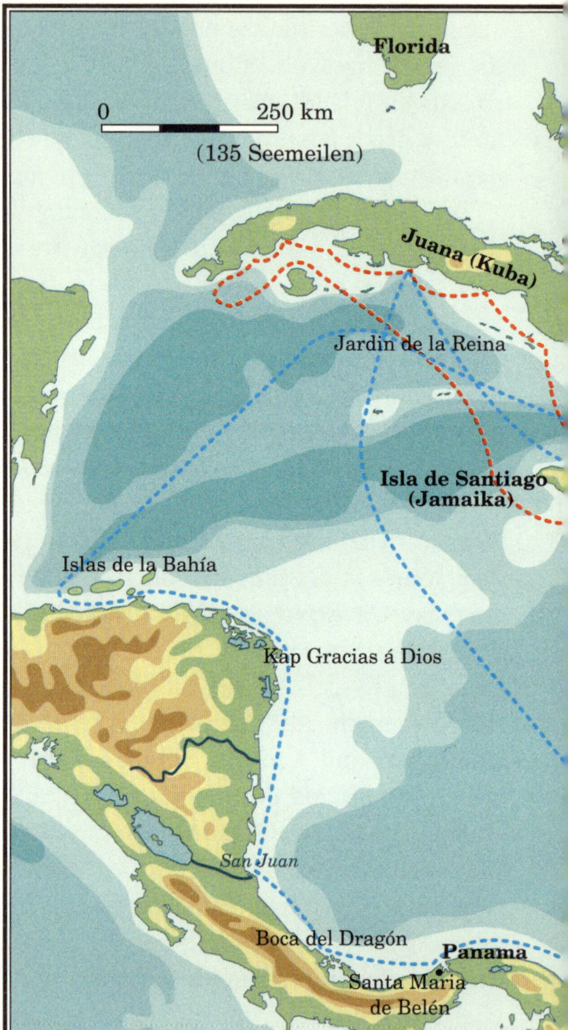

Zwischen Spanien und den Kanarischen Inseln war das Meer unruhig, und die Spanier brauchten zur Bewältigung dieser Strecke gewöhnlich acht bis zehn Tage. Kolumbus hatte Glück, wenn er auf der Reise zu den Kanarischen Inseln nur sechs Tage brauchte, aber die Fahrt ging nicht ohne Unfall ab. Am 6. August wurde das große Außenruder der *Pinta* aus den Scharnieren gehoben. Sie gab das vereinbarte Notsignal, worauf das Flaggschiff herankam und Kolumbus an Bord ging. Wegen zu hohen Seegangs konnte die *Santa María* nicht längsseits gehen und ihr Hebezeug herüberschicken, um das schwere Ruder wieder einzubringen.

Schon am nächsten Tag, dem 7. August, war das Ruder der *Pinta* wenigstens vorübergehend wieder sicher an seinem Platz, und die Flotte strebte mit vollen Segeln Lanzarote zu. Doch während des Treibens war die Orientierung verloren gegangen, sodass sich die Lotsen am 8. August über ihre Position uneinig waren; es war Kolumbus' Berechnung, wie er selbst berichtet, die der Wahrheit am nächsten kam (der Kommandierende hat immer Recht). Doch das Ruder der *Pinta* bereitete wieder

Probleme, auch fing sie an zu lecken. So änderte Kolumbus den Kurs auf Gran Canaria in der Absicht, die *Pinta* dort gegen ein anderes Schiff auszutauschen oder, falls dies unmöglich war, sie an einem Ort zu reparieren, an dem er Eisenteile schmieden konnte. In der Morgendämmerung kam Gran Canaria in Sicht, die Schiffe liefen aber in eine völlige Flaute hinein, sodass sie weder an diesem Tag noch an den beiden folgenden die Insel erreichen konnten. Infolgedessen, und auch um Zeit zu sparen und die doppelte Möglichkeit zu haben, sich ein geeignetes Fahrzeug durch Kauf oder Charter zu sichern, trennte sich Kolumbus, als in der dritten Nacht eine Brise aufkam, von Pinzón, der die *Pinta* nach Las Palmas bringen sollte, während er selbst mit der *Santa María* und der *Niña* nach Gomera weiterfuhr.

Bis dahin waren die Kanarischen Inseln nur zum Teil von Spanien erobert und die kriegerischen und tapferen Ureinwohner, die Guanches, unterworfen worden; die Geschichte ihrer Eroberung ist im Kleinen ein Abbild der Frühgeschichte Amerikas. Kolumbus hätte dort sein eigenes Schicksal und das der Indianer vorhersehen können, denn er wird von Vorfällen gehört haben, über die damals viel gesprochen wurde: Zwei spanische Konquistadoren waren zu Unrecht angeklagt worden; man hatte sie ergriffen und in Ketten nach Hause geschickt. Die Guanches waren teils durch Grausamkeit, teils durch Verrat überwältigt worden, sie wurden mit Gewalt zum katholischen Glauben bekehrt und zu Sklaven degradiert. Gerade in jenem Sommer war die Eroberung von Palma im Gang, doch Teneriffa befand sich noch völlig in der Hand der Eingeborenen.

Kolumbus fuhr an der Nordküste von Gran Canaria und der Südküste von Teneriffa vorbei. Am Abend des 12. August ankerte er auf der Reede von San Sebastián auf Gomera.

Diese Insel, die als erste der Kanarischen Inseln in Besitz genommen worden war, wurde der Familie Herrera y Peraza von der kastilischen Krone als Erblehen übergeben und von dieser verwaltet. Der wirkliche Landeshauptmann war im Jahr 1492 eine junge, tatkräftige und schöne Witwe, Doña Beatriz de Peraza y Bobadilla, die als Vormund ihres minderjährigen Sohnes Guillén, des späteren ersten Grafen von Gomera, das Regiment auf der Insel führte. Es war vielleicht ein Glück für das Gelingen des Unternehmens, dass sie damals nicht anwesend

Doña Beatriz de Peraza y Bobadilla. Kolumbus verliebte sich in die schöne Witwe, die auf den Kanarischen Inseln lebte.

war, obwohl sie in ihrem 40-Tonnen-Schiff täglich von Lanzarote zurückerwartet wurde, das Kolumbus wahrscheinlich als geeigneten Ersatz für die *Pinta* ausersehen hatte.

Kolumbus schickte seine Leute aus, um noch mehr Wasser, Holz und Lebensmittel heranzuschaffen. Die Karavellen hatten eine Reihe von schadhaften Wasserbottichen an Bord, die von den Matrosen ausgebessert und neu gefüllt wurden. Und wenn es auch kein Salz zum Haltbarmachen des Fleisches gab, so konnte man es doch in wenigen Tagen in der heißen kanarischen Sonne trocknen. Am 14. August schickte Kolumbus einen seiner besten Leute mit einem kleinen Inselkutter auf die Reise nach Las Palmas, um Martín Alonso Pinzón mitzuteilen, wo er war, und um ihm eine Hilfe für die Ruderreparatur der *Pinta* an die Hand zu geben.

Neun Tage verstrichen, aber kein Schiff mit Doña Beatriz erschien. Kolumbus hatte das Gefühl, nicht länger warten zu dürfen, und so entschloss er sich, Pinzón in Las Palmas aufzusuchen. Am 25. August traf Kolumbus in Las Palmas ein und erfuhr, dass die *Pinta* erst am Vortag nach zwei Wochen langem Treiben eingelaufen war. Ihr Rudergeschirr muss tatsächlich in recht schlechter Verfassung gewesen sein. Doña Beatriz aber war vor fünf Tagen nach Gomera abgesegelt, sodass Kolumbus beschloss, nicht länger mit ihr Verstecken zu spielen, sondern sich ganz der Ausbesserung der *Pinta* zu widmen.

Las Palmas war für die Ausbesserung des Ruders wie geschaffen, in der Nähe des Strandes befand sich die *herrería*, die Schmiedewerkstatt, wo unter dem wachsamen Auge von Pinzón ihre neuen Ruderhaken, Ruderösen, Bolzen und Bügel zurechtgeschmiedet wurden.

Unterdessen – „damit sie den anderen Fahrzeugen sicherer und mit weniger Gefahren folgen könne“ – wurde die Lateintakelung der *Niña* durch Anbringung von Rahen am Groß- und am Fockmast und durch Verkleinerung der großen Dreiecksegel in Rahtakelung umgeändert. Kolumbus stimmte offenbar mit den Pinzóns überein, dass das große, schwerfällige Lateingroßsegel auf einer Karavelle portugiesischer Bauart auf hoher See viele Gefahren mit sich brachte.

Am 1. September, am Freitagnachmittag, verließ die Flotte Las Palmas und erreichte am folgenden Tag San Sebastián. Dort endlich begegnete Kolumbus der schönen, wenn auch etwas üppigen Herrscherin von Gomera, Doña Beatriz de Peraza. Als bildschönes junges Mädchen wurde sie Ehrendame der Königin Isabella und zog die verliebte Aufmerksamkeit des Königs Ferdinand auf sich. Zur selben Zeit, als Isabella dies gewahrte und nachsann, was dagegen zu tun sei, erschien der Landeshauptmann von Gomera, Hernán Peraza, am Hof, wo er sich wegen des Mordes an einem rivalisierenden Konquistadoren auf den Kanarischen Inseln verantworten sollte. Er wurde begnadigt, musste aber als Gegenleistung Beatriz heiraten und mit sich nach Gomera nehmen. Dieses Übereinkommen stellte alle Beteiligten zufrieden, mit Ausnahme des Königs. Hernán war so zügellos, despotisch und grausam, dass als Folge der Verführung eines eingeborenen Mädchens ein Aufruhr losbrach, in dessen Verlauf er getötet wurde. Beatriz wurde mit ihren beiden Kindern in ihrer steinernen Burg von San Sebastián belagert, vermochte aber Pedro de Vera, den Gouverneur von Gran Canaria, zu benachrichtigen, der ihr zu Hilfe eilte.

Als Kolumbus Beatriz besuchte, war die tatkräftige Witwe noch unter dreißig und von großer Schönheit, und wir wissen mit ziemlicher Bestimmtheit, dass sich Kolumbus in sie verliebte. Warum auch nicht? Seine eigene Beatriz war weit weg, und Doña Beatriz, die einer der angesehensten Familien von Kastilien angehörte, wäre eine passende Partie für ihn gewesen. Offenbar erwiderte sie seine Neigung oder sogar seine Liebe, was wir aus dem glänzenden Empfang schließen dürfen, den sie ihm bei seinem zweiten Besuch im Jahr 1493 bereitete, doch diese aufkeimende Liebe verzögerte das große Unternehmen keineswegs, denn Kolumbus verschwendete nicht viel Zeit auf seine Liebelei mit Doña Beatriz.

Er wartete nicht einmal die Vollmondnacht des 6. September ab. Seine Leute, die er im vorigen Hafen zurückgelassen hatte, waren nicht müßig gewesen, denn in vier Tagen hatten sie die Karavellen bis zum Bordrand mit zusätzlichen Vorräten beladen, sie hatten Wasserfässer an Deck gebracht und gut gesichert und in jedem leeren Winkel ganze Stapel Feuerholz fest verlascht. In den frühen Morgenstunden des 6. September feierte Kolumbus die letzte Messe in der Himmelfahrtskirche. Dann nahm der künftige Admiral des Weltmeeres von Doña Beatriz Abschied (der vermutlich zärtlich ausfiel) und lichtete zum letzten Mal Anker in der Alten Welt.

An jenem Tag und in der Nacht blies ein schwacher, veränderlicher Wind, und am Morgen des 7. September befand sich die Flotte zwischen Gomera und Teneriffa. Am Samstag, dem 8. September, 3 Uhr morgens, „kam der Nordostwind auf, und Kolumbus nahm Weg und Kurs nach Westen“, indem er Gomera gut frei an Steuerbord liegen ließ. In den nächsten 24 Stunden machte die Flotte gute Fahrt und legte 130 Meilen zurück.

Während des Morgens und frühen Nachmittags des 9. September lag die Küste von Ferro querab, und der Pik von Teneriffa war achteraus noch sichtbar. Als die Nacht hereinbrach, war jede Spur von Land verschwunden, und die drei Schiffe schwammen allein auf einem unbekannten Ozean.

12. Kapitel

Ein Tag auf See

Von alters her bis auf den heutigen Tag verläuft der Tagesablauf auf allen Schiffen in gewisser fester und anständiger Form. Die Ablösung am Steuerrad vollzieht sich in bestimmter Weise, die der Wachen unter Beachtung gewisser Formalitäten; Sonnen- und Sternbeobachtungen macht man zu festgesetzten Zeiten, und jede Abweichung vom herkömmlichen Brauch ist allen Seeleuten ein Gräuel.

Zur Zeit des Kolumbus bis hinein ins 16. Jahrhundert hatte man als einzige Schiffsuhr die *ampolleta* oder *reloj de arena* (Sanduhr) zur Verfügung, ein Halbstundenglas, das genug Sand enthielt, um in genau dreißig Minuten vom oberen in den unteren Teil zu fließen. Diese in Venedig hergestellten Gläser waren so zerbrechlich, dass eine große Anzahl Ersatzgläser mitgenommen werden musste. Es gehörte zu den Pflichten eines Leichtmatrosen oder Schiffsjungen, auf jedem Wachgang die *ampolleta* im Auge zu behalten und sie sofort umzudrehen, wenn der Sand aus dem oberen Teil ausgelaufen war. Bei schwerem Seegang konnte beim Durchlaufen des Sands eine Verzögerung eintreten, oder der Schiffsjunge mochte einschlafen, denn bei einer Gelegenheit äußert Kolumbus in seinem Tagebuch mit Besorgnis, dass die Jungen hierin nachlässig waren. Da ein ostwärts fahrendes Schiff Zeit gewinnt, westwärts hingegen verliert, konnte Kolumbus eine Korrektur an seinem Stundenglas nur so vornehmen, dass er einen Zeiger in Form einer in der Mitte der Kompassrose aufrecht stehenden Nadel anbrachte und nun die genaue Mittagszeit abwartete, wo ihr Sonnenschatten die den Norden markierende Linie deckte; auf diese Weise ermittelte man aber die Mittagszeit nur sehr ungenau unter Abweichungen von 15 bis 20 Minuten.

Die *marineros*, *grumetes* und *oficiales* der Schiffsbesatzung, also die Vollmatrosen, Leichtmatrosen, Schiffsjungen und anderen Besatzungsmitglieder wie Kalfaterer und Küfer, waren in zwei Wachen (von Kolumbus *cuartos* oder *guardias* genannt) von je vier Stunden eingeteilt. Jede Wache wurde von einem Offizier geführt. An Bord der *Santa María* wird der Schiffer Juan de la Cosa wegen seines Ansehens die Steuerbordwache, der Lotse Peralonso die Backbordwache unter sich gehabt haben. Aus verschiedenen Eintragungen in Kolumbus' Tagebuch geht hervor, dass die Wachen auf drei, sieben und elf Uhr gelegt waren. Vermutlich war die Nachmittagswache halbiert, so wie es noch heute üblich ist, damit ein Wechsel der Leute bei der Nachtwache erfolgen konnte. Angenommen, die Backbordwache trat um drei Uhr nachmittags an, so wurde sie um fünf Uhr abgelöst und bezog von sieben bis elf Uhr wieder ihre Posten. Darauf konnten die Leute vier Stunden schlafen, und zwar bis drei Uhr morgens. Um sieben Uhr früh gingen sie wieder nach unten und bezogen die Mittagswache von elf bis drei Uhr.

Die Seemänner teilten die Zeit nicht nach Stunden ein, sondern nach *ampolletas* und *guardias*, also nach Gläsern und Wachen, und es kamen acht Gläser auf eine Wache. Der Brauch des halbstündlichen Anschlagens der Schiffsglocke, des „Glasens", das uns vertraut ist, rührt von der ehemaligen Handlung des Umkehrens der Sanduhr her.

Nachts bei klarem Wetter und auf nicht zu südlicher Breite konnte Kolumbus die annähernde Uhrzeit von der Stellung der Wächter des Nordsterns ablesen. Der Kleine Bär umkreist die Polaris einmal alle 24 Stunden nach Sternzeit. Die beiden hellsten Sterne dieser Konstellation, die den am weitesten vom Nordstern entfernten Rand des Kleinen Bären markieren, wurden die Wächter genannt, und wenn man wusste, wo Kochab, der Hauptwächter, alle zwei Wochen um Mitternacht stand, konnte man die Zeit ablesen wie von einem Zifferblatt.

Kolumbus bewies seine Vertrautheit mit dieser Methode durch eine Tagebucheintragung für den 30. September 1492. Wahrscheinlich benutzte er ein einfaches Instrument, das Nokturnal, mit dem man durch ein in der Mitte angebrachtes Loch die Polaris visierte und gleichzeitig einen beweglichen Zeiger so lange drehte, bis er sich mit Kochab deckte. Das ergab die genaue Position und damit auch die Zeit. Auf diese Weise konnte auf einer längeren Reise jeder Mitfahrende mit geringer Übung die Zeit auf eine Viertelstunde genau ansagen.

Kolumbus erwähnte in seinem Tagebuch die Uhrzeit gelegentlich mit Ausdrücken wie „die erste Nachtstunde" (ein Uhr nachts), aber noch öfter gab er den Zeitpunkt von Ereignissen nach Wachablösungen an oder nach den drei kanonischen Stunden Terz, Vesper und Komplet. Da Kolumbus ein frommer Christ war, der seine religiösen Pflichten sehr ernst nahm, führte er über die Gebetsstunden in seiner Kabine genau Buch. Diese kanonischen Stunden, in denen Kolumbus seine Andacht verrichtete, gehörten religiösen Übungen persönlichster Art in seiner eigenen Kabine. Anders stand es mit den öffentlichen Gebeten.

In der großen Zeit der Segelschifffahrt, ehe die Erfindungen des Menschen und seine technischen Errungenschaften ihm ein falsches Vertrauen in seine Fähigkeit, die Meere zu beherrschen, gaben, waren die Seeleute das frömmste Volk unter den Werktätigen zu Wasser und zu Lande. Seine Weisheitslehre schöpfte der Seemann aus dem 107. Psalm: „Die mit Schiffen auf den Meeren fuhren und trieben ihren Handel in großen Wassern, die des Herrn Werke erfahren haben und seine Wunder im Meer, wenn er sprach und einen Sturmwind erregte, der die Wellen erhob …" Seeleuten stand es wohl an, den Einschärfungen des Psalmisten zu gehorchen, der befahl: „Die sollen dem Herrn danken für seine Güte und für seine Wunder, die er an den Menschenkindern tut!" Und das taten sie auch auf ihre eigene Art. Selbst die protestantische Reformation änderte nichts an der herkömmlichen Frömmigkeit an Bord der Schiffe. So schrieb Captain John Smith im Jahr 1627: „Zuerst mögen sie beten gehen, dann essen, und um 6 Uhr einen Psalm singen und ein Gebet hersagen, und der Schiffer soll mit seinen Leuten die Wache antreten."

Die Einhaltung religiöser Gebote, die fast jeden halbstündigen Wechsel begleiteten, wurden durch die jüngsten Burschen an Bord angeführt, den *pajes de escober*, den „Pagen vom Besenstiel", wenn es solche gab. Dieser Brauch rührte wohl von der alten Familiensitte her, das Tischgebet vom jüngsten Kind aufsagen zu lassen; man glaubte, dass Gott größeres Wohlgefallen an der Stimme der Unschuld habe. Auf Kolumbus' erster Flotte kannte man keine Pagen, ihre Pflichten wurden von den jüngsten Schiffsjungen erfüllt.

Von den öffentlichen Gebeten und frommen Liedern erwähnt Kolumbus in seinem Tagebuch nur die allerwichtigsten, wenn zum Beispiel bei Sonnenuntergang die Heilige Jungfrau mit ihrem alten Lobgesang gegrüßt wurde, dem „Salve Regina".

Der Anbruch des Tages wurde von einem der jüngsten Schiffsjungen mit einer Weise begrüßt. Hierauf sagte der Schiffsjunge das Vaterunser und das Ave-Maria auf.

Vor ihrer Ablösung musste die Frühwache die Decks mit Salzwasser, das in Eimern hochgehievt wurde, und mit steifen Reisigbesen gut geschrubbt haben. Um 6.30 Uhr wurde die *ampolleta* zum siebenten und letzten Mal von dieser Wache umgedreht, und der damit betraute Schiffsjunge sang:

Gut ist, was vergeht,
besser noch, was kommt,

sieben vorbei und acht verweht,
mehr verweht, wenn's Gott so frommt,
bei Zählen und Schwinden
wird gute Fahrt sich finden.

Sobald der Sand des achten aufeinander folgenden Glases durchgelaufen war, also um sieben Uhr, rief der Junge, der es umdrehte, anstelle seines üblichen Spruches aus: Auf, an Deck, an Deck, ihr Herren Seeleute von der richtigen Partei; (gemeint ist die Wache, Backbord oder Steuerbord, je nachdem, wer an der Reihe war) auf, an Deck zur rechten Zeit, ihr und des Herrn Lotsen Wache, es ist schon Zeit, flink auf die Beine!

Die Wache brauchte keine Zeit zum Anziehen, denn niemand zog sich nachts aus; wenn die Leute bei Wachschluss um drei Uhr früh „nach unten gingen", suchte jeder seine weiche Lieblingsplanke da auf, wo er sich gegen das Rollen und Stampfen am besten wappnen konnte. So waren sie bald wach, rieben sich die Augen und brummten, dann nahm sich jeder ein Stück Schiffszwieback mit Knoblauch, einen Happen Käse, eine gesalzene Sardine oder was es sonst zum Frühstück gab, und ging achtern zum Hüttendeck. Der Rudergänger gab dem Schiffsführer, der der Wachoffizier war, den Kurs, und Juan de la Cosa gab ihn weiter an den neuen Wachhabenden, den Lotsen, der ihn nochmals wiederholte. So war jeder Irrtum ausgeschlossen!

Ein Ausguck wurde vorschiffs postiert, ein anderer im Mastkorb, dann übertrug der abtretende Schiffsführer seine Berechnungen von der Schiefertafel ins Logbuch, worauf die Tafel von einem Schiffsjungen (für den Lotsen) sauber abgewischt wurde; Chips, der Zimmermann (oder der Kalfaterer, wenn er Wache hatte), betätigte die Pumpe, und wenn das Schiff während der Wache Wasser gezogen hatte, so mussten es zwei oder drei Männer trocken pumpen. Die abtretenden Wachleute aßen, was es zum Frühstück gab; und darauf rollten sie sich irgendwo zusammen, um, vor der Sonne geschützt, den Schlaf nachzuholen.

Die Decks waren nun trocken, die Sonne stand eine Armlänge hoch, und die Karavelle tanzte auf den Wogen, getrieben vom frischen Passat. Kolumbus, dem der Steward einen Eimer Seewasser, einen Becher Trinkwasser und ein wenig Frühstück in die Kabine gebracht hatte, erschien an Deck, ließ seinen Blick über den Horizont schweifen und murmelte ein andächtiges *gracias a Dios*, Dank sei Gott, für das gute Wetter, worauf er mit dem Lotsen plauderte.

Jede Wache war für den gesamten Schiffsdienst während ihrer Wachstunden verantwortlich, ausgenommen bei Sturm oder bei Unglücksfällen, wo alle Mann antreten mussten. Der regelmäßige Borddienst bestand im Reinhalten und Klarmachen der Decks, dem Setzen und Instandhalten der Segel, dem Trimmen der Schoten und Brassen; und wenn es gar nichts weiter zu tun gab, so wurde die Reling geschrubbt, Segelgarn und Kalfaterwerg aus altem Tauwerk gemacht und das Geschirr überholt. Während der Morgenwache wurde das laufende Gut, sobald die Sonne den Nachttau getrocknet hatte, festgeholt, und alle paar Tage wurden die Taljen und Blöcke, mit denen die Wanten gehalten wurden, straff gespannt.

Auf größeren Schiffen wurden die Befehle des Schiffsführers oder des Lotsen durch den *contramestre* oder Bootsmann an die Mannschaft weitergegeben; er trug eine Pfeife oder Flöte an einer Schnur um den Hals gehängt, und mit dieser gab er eine Reihe verschiedener Signale.

Das Seemannskastilisch hatte wie das Matrosenenglisch des letzten Jahrhunderts ein Wort für jedes Ding der Schiffsausrüstung und ein Tätigkeitswort für jeden Handgriff; es waren treffende Bezeichnungen, die selbst im Heulen des Sturmes nicht missverstanden werden konnten.

Ein längerer Vorgang, wie beispielsweise das Hochwinden der Ankertrosse oder das Hissen eines Segels, wurde von den Matrosen mit einer bestimmten *saloma*, einem Matrosenlied, begleitet. Der Vorsänger sang die erste Hälfte jeder Zeile, beim „o" zogen die Männer kräftig an und sangen dann die zweite Hälfte der Zeile, während sie den Griff am Fall wechselten:

o dio – ayuta noy
o que somo – servi soy

Und so ging es improvisierend weiter, bis der Fall „bei zwei Blöcken" angelangt war.

Wenn der Wachhabende seinen Leuten nichts zu kommandieren hatte, hielt er sich achtern auf dem Hüttendeck auf, von wo er den Rudergänger durch eine Luke, die vorn im Deck vor dem Kompasshaus angebracht war, beobachtete. Der Steuermann steuerte nach dem Kompass, ohne die Segel zu sehen; das Gefühl für Schiff und Kurs musste ihm im Blut liegen.

Neben der Seemannssprache hatte sich ein Seemannsjargon entwickelt. Wenn jemand am Tisch zu essen und zu trinken wünschte, befahl er: *Pon la mesana* – Setzt das Besansegel. Wenn jemand den Trinkbecher umstieß, sagte er: *Oh! Cómo achicais* – Oh, wie es leckt.

Natürlich gaben die Sitzgestelle, die zur Verrichtung der Notdurft vorschiffs und achtern für Schiffsvolk und die höheren Matrosen des Hinterschiffs über die Reling gehängt wurden, Veranlassung zu vielen derben Späßen.

Auf den Schiffen des Kolumbus gab es für die Mannschaft anscheinend nur eine warme Mahlzeit am Tag. Sie wird gegen elf Uhr vormittags eingenommen worden sein, von der neuen Wache, kurz bevor sie an Deck ging, und von der alten Wache gleich nach ihrer Ablösung.

Und wer besorgte die Küche? Wir wissen es leider nicht, denn weder auf Kolumbus' noch auf Magellans Schiffen wurde der Koch als Dienstgrad geführt. Vermutlich hatten die viel beschäftigten Jungmatrosen das Kochen zu besorgen, der Kapitänssteward natürlich ausgenommen, der seinem Herrn und auch den Herren vom Achterschiff aufwartete. Auf der *Santa María*, der *Pinta* und der *Niña* wurden die Portionen an die Mannschaften des Vorderschiffes vermutlich in hölzernen Schüsseln ausgeteilt, aus denen sie mit den Fingern aßen, wo sie gerade standen oder saßen. Unfassbar erscheint es uns aber, wie auf einer so kleinen Karavelle wie der *Niña* auf der Heimreise im Jahr 1496 ein kleiner *fogón*, ein offener Feuerplatz also, zur Zubereitung einer warmen Mahlzeit für 125 Mann ausreichen konnte.

Laut Kolumbus' Tagebuch und Proviantanweisungen waren Wasser und Wein die einzigen Getränke, die es an Bord gab, beide wurden in großen Fässern mitgeführt, denn erst Vasco da Gama lernte von den Arabern, wie man hölzerne Wassertanks unter Deck einbaute. Der Küfer trug Sorge dafür, dass diese Fässer stets dicht und so fest angelaschtwaren, dass sie nicht ins Rollen kamen. Kaffee und Tee waren damals in Europa noch unbekannte Getränke, und aus Bier machten sich die Spanier nichts.

Die tägliche Ernährung der Spanier bestand hauptsächlich aus Wein, Olivenöl und Brot, Letzteres in Form von Schiffszwieback, der an Land aus Weizenmehl gebacken und im trockensten Teil des Schiffes verstaut war. Wie Kolumbus über die zweckmäßigste Verproviantierung der Schiffe auf den Reisen nach Amerika dachte, geht aus einem an das Herrscherpaar gerichteten Brief aus der Zeit von 1498–1500 hervor:

> *Die Verproviantierung der Schiffe sollte in folgender Weise geschehen: Der dritte Teil hat (soweit Getreideerzeugnisse infrage kommen) aus gutem Schiffszwieback zu bestehen, der aus reifem Korn hergestellt und nicht zu alt sein darf, damit nicht der größte Teil verdirbt; ein Drittel aus gesalzenem Mehl, wobei das Salz während des Ausmahlens zugesetzt werden muss; und ein weiteres Drittel aus Weizen. Weiter erforderlich sind Wein, Salzfleisch, Öl, Essig, Käse, Kichererbsen, Linsen, eingesalzener Fisch sowie Fischfanggeräte, Honig, Reis, Mandeln und Rosinen.*

Das in große irdene Krüge gefüllte Olivenöl brauchte man zum Kochen und Braten von Fisch, Fleisch und Gemüse. Aus gesalzenem Mehl wurde ungesäuertes Brot bereitet, das man in glühender Asche buk. Gesalzene Sardinen und Sardellen, in kleinen Fässchen verpackt, machten einen guten Teil des Schiffsproviants jener Zeiten aus, und natürlich vergaß man auch den unentbehrlichen Knoblauch nicht.

Das Tischgespräch, berichtete er, drehte sich sehnsüchtig um all die schönen Dinge, die man nicht haben konnte – oh, wenn ich doch eine Traube weißer Weinbeeren von Guadalajara hätte – könnte ich nur ein paar Rübchen von Somo Sierra essen – wenn wir bloß einen Teller voll Ilescasbeeren an Bord hätten!

Für drei Uhr nachmittags war die erste Hundewache (halbe Wache) angesetzt. Das Tagewerk mit Schrubben, Splissen, Zurren und Zeisen, mit Ausbesserungen unterschiedlichster Art, war nun getan, und wenn der Wind keine weiteren Handgriffe am Segelwerk notwendig machte, wie es auf dieser Reise zumeist der Fall war, so saßen die Leute plaudernd herum, spannen Garn, machten eine Fischleine zurecht oder wuschen ihre Sachen recht und schlecht im salzigen Meerwasser. Diese spanischen Seeleute waren eine reinliche Gesellschaft, wenigstens zweimal auf der ersten Reise erwähnt Kolumbus, dass sie schwimmen gingen und keine Gelegenheit ungenutzt vorübergehen ließen, um sich und ihre Kleider gleich nach der Landung in einem nahe gelegenen Fluss zu waschen.

Während der zweiten Hundewache, gleich nach Sonnenuntergang und vor der ersten Nachtwache, wurden alle Mann zur Abendandacht zusammengerufen. Die Zeremonie wurde durch einen Jungmatrosen eingeleitet, der die Kompasslampe zurechtmachte und der, indem er sie über das Deck nach achtern brachte, ausrief: „Amen, und Gott gebe uns eine gute Nacht und gute Fahrt; dem Schiff, dem Herrn Kapitän, dem Schiffsführer und allen guten Reisegefährten sei gute Fahrt beschieden!"

Die Jungmatrosen führten nun die Schiffsgemeinschaft bei der Abendandacht an. Gemeinsam wurden Paternoster, Ave-Maria und Kredo gebetet, und darauf stimmte man das Salve regina an. Diese schöne Hymne, eines der ältesten Kirchenlieder der Benediktiner, bildete einen passenden Tagesabschluss.

13. Kapitel

Wie Kolumbus navigierte
1492–1504

Gestehen wir Kolumbus zu, dass er meinte, er müsse auf Land stoßen, wenn er immer geradeaus segelte; wie aber stellte er sich die Rückkehr nach Spanien vor, und, was noch wichtiger war, wie wollte er „Indien" später wieder finden? Mit anderen Worten, wie wollte Kolumbus feststellen, an welcher Stelle der Erdoberfläche er sich befand?

Wir besitzen zwei Methoden, durch die wir „den Weg eines Schiffes auf dem Meer" bestimmen können: einmal mittels der astronomischen Navigation und einmal mithilfe der Besteckrechnung. Die astronomische Navigation besteht darin, dass man einen Ort auf der Erdoberfläche nach der Bahn der Himmelskörper bestimmt, die zum Glück aller Seeleute haargenau vorberechnet werden kann. Mithilfe von Präzisionsinstrumenten (die Kolumbus nicht besaß) ist die astronomische Navigation absolut genau, jeder heutige Schiffsoffizier muss sie deshalb erlernt haben. Aber zur Zeit des Kolumbus steckte diese Kunst noch in den Kinderschuhen, und weder er noch seine Schiffsgefährten hatten darin wesentliche Kenntnisse.

Der Admiral gab sich gern als Kenner der astronomischen Navigation aus, die (wie er sich ausdrückte) für den Uneingeweihten ein Buch mit sieben Siegeln war. In vierzig Jahren zur See hatte er sich zum

Zweck überseeischer Entdeckungen genügend Kenntnisse der „Astrologie" (womit er Astronomie meinte), Geometrie und Arithmetik sowie praktische Übung darin angeeignet. In einer Randbemerkung unbestimmten Datums spricht Kolumbus von einer „Sonnenpeilung" auf seiner Reise nach Guinea. Sein eigenes Tagebuch indessen bezeugt, dass Kolumbus die einfache Methode der Feststellung der Breite mittels meridionaler Beobachtung der Sonne, wie sie unter dem Namen „Kamelnavigation" seit langem bei den Arabern in der Wüste gebräuchlich war, nicht kannte. Zum Zweck der Breitenbestimmung stellte er auf seinen beiden letzten Reisen nur selten Beobachtungen der Polaris an, doch diese Beobachtungen, obwohl sie nicht allzu schlecht waren, nützten seiner Navigation gar nichts, weil er nicht imstande war, die notwendigen Berichtigungen vorzunehmen.

Man hat behauptet, dass die Erfindung des Astrolabiums für die Entdeckung Amerikas durch Kolumbus entscheidend war; sein Tagebuch hingegen beweist, dass er das Instrument auf der ersten Reise gar nicht zu handhaben wusste, auch finden wir nirgends einen Hinweis, dass er es auf seinen übrigen Reisen bei sich hatte. In vielen Bilderbüchern wird Kolumbus auch gezeigt, wie er die Sonnen- und Sternhöhen mit einem Jakobsstab misst. Dieses einfache Instrument wäre ihm zur Visierung der Polaris in den südlichen Breiten zweifellos nützlicher gewesen, doch auch dieses besaß er nie, noch hat er es wahrscheinlich jemals gesehen.

Der gewöhnliche Quadrant war das einzige Instrument, das Kolumbus für die astronomische Navigation benutzte. Es war ein einfacher Viertelkreis aus Hartholz, mit Sehschlitzen längs des einen Randes, durch die man die Himmelskörper anvisieren konnte. An der Spitze des Instruments war eine seidene Schnur befestigt, an der ein Bleigewicht hing, während der Viertelkreisbogen in eine Skala von 90° eingeteilt war. Von dieser Skala wurde die Höhe abgelesen, wenn das Pendel den betreffenden Skalengrad beim gleichzeitigen Ins-Visier-Nehmen der Sonne oder des betreffenden Sterns schnitt. Auf einem rollenden und stampfenden Schiff war es sehr schwierig, die Ebene des Quadranten senkrecht zu halten und zur selben Zeit den Stern durch die Sehschlitze zu fassen. Wenn das geschah, so rief man dem dabeistehenden Gehilfen zu, den Grad zu markieren, der durch das Pendel geschnitten wurde; gerade in diesem Augenblick mochte es aber im Schwingen sein.

Kolumbus gelang es erst, sich seines Quadranten mit Genauigkeit zu bedienen, als er in Jamaika ein ganzes Jahr an Land zugebracht hatte.

Die zu Kolumbus' Zeiten allein bekannte Methode der Bestimmung des Längengrades bestand in der zeitlichen Beobachtung der Eklipse. Die Ephemeriden von Regiomontanus und der „Almanach Perpetuum" von Zacuto gaben die vorausgesagten Stunden von Totalfinsternissen in Nürnberg und in Salamanca an, und wenn man sie nun mit der beobachteten Stunde der Finsternis bei örtlicher Sonnenzeit verglich, gleichgültig an welchem Ort man sich befand, und den Unterschied mit 15 multiplizierte, um Zeit in Bogen* umzuwandeln, so ergab sich die gesuchte Länge westlich vom Meridian des Almanachverfassers. Das klingt recht einfach, dennoch brachte Kolumbus bei zwei Gelegenheiten (1494 und 1503) alles durcheinander, was übrigens auch andere ein Jahrhundert lang taten.

Viele Studierzimmergeographen und Büroadmirale haben Kolumbus' mangelnde Kenntnisse in der astronomischen Navigation als Beweis dafür angeführt, dass er kein ordentlicher Seemann war. Das zwingt mich, zwei Punkte klar herauszustellen:

1. Die astronomische Navigation gehörte in Kolumbus' Tagen nicht zur Ausbildung der berufsmäßigen Lotsen und Schiffsführer, auch nicht in den Jahren lange nach seinem Tod. Sie wurde nur von studierten Mathematikern, Astrologen und Ärzten gepflegt oder von hochgebildeten Männern wie Antonio Pigafetta, der Magellan begleitete. Zu jener Zeit wurde auf den gewöhnlichen Schulen nur wenig Mathematik gelehrt, dabei waren die Ephemeriden (die hauptsächlich für Astrologen zusammengestellt waren) so kompliziert, dass selbst die besten Berufsseefahrer nichts damit anzufangen wussten.

2. Zur Zeit des Kolumbus machte man keinen Gebrauch von den Himmelsbeobachtungen zur Auffindung der Seewege, und selbst die Portugiesen taten dies nicht; man benutzte sie nur zur Bestimmung des Breitengrades neu entdeckter Küsten und Inseln für deren richtige Einzeichnung in die Karten. Vasco da Gama war auf seiner großen Reise für Himmelsbeobachtungen ungleich besser ausgerüstet als Kolumbus, dennoch stieg er, jedes Mal wenn er Messungen vornehmen wollte, an

* Eine Zeitstunde entspricht 15 Längengraden.

Land, hängte sein Astrolabium an einem Baum oder einem Dreifuß auf und maß die Sonnenhöhe.

Um daher seine tägliche Position auf dem Meer zu bestimmen und einen Kurs über die unbekannten Weiten des westlichen Ozeans festzulegen, bediente sich Kolumbus der Besteckrechnung, die einfach darin besteht, dass man den Kompasskurs auf der Karte festlegt und die geschätzte Distanz absteckt. Das ist aber nicht so leicht getan wie gesagt. Im vorigen Kapitel sahen wir, wie Kolumbus mithilfe der *ampolleta* oder des Halbstundenglases die Zeit einhielt. Aber auf welche Weise fand er den Kurs und schätzte er die Distanz?

Kolumbus nahm den Kurs von seinem Schiffskompass ab, der das zuverlässigste und zugleich unentbehrlichste Navigationsinstrument an Bord war. Wir wissen nicht, wann die Magnetnadel zum ersten Mal für den Zweck der Navigation benutzt wurde, aber sie war schon seit wenigstens drei Jahrhunderten vor Kolumbus benutzt worden, und die Portugiesen hatten für ihre afrikanischen Reisen zweckmäßige Verbesserungen in der Anbringung der Nadel erdacht und eingeführt. Die Kompassrose war ein kreisrundes Stück Papier, auf der die 32 Kompassstriche mit Rhomben, Rauten und Linien markiert waren, sie steckte auf einem in der Mitte einer Kugel angebrachten Zapfen, sodass sie sich nach der Schiffsbewegung in jeder Richtung frei bewegen konnte. Die Wirksamkeit des Kompasses beruhte auf einer an der Unterseite zwischen der Nord- und der Südlinie angebrachten Magnetnadel. Immer, wenn sich die Magnetnadel träge zeigte, „den Norden zu suchen", wurde sie mit einem Stückchen Magneteisenstein, das der Kapitän wie seinen Augapfel hütete, abermals magnetisiert, außerdem führte er eine reichliche Anzahl von Ersatznadeln mit sich – Magellan allein hatte 25 an Bord seines Flaggschiffes. In den vorderen Rand der Kugel war ein schwarzer senkrechter Strich (der „Steuerstrich") geritzt. Da die Nadel stets zum magnetischen Norden hinstrebt, zeigte also der Punkt auf der frei schwebenden Rose, der mit dem Steuerstrich zusammenfiel, die Richtung an, in der sich das Schiff fortbewegte, vorausgesetzt, dass die Durchmesserlinie der Kugel, die durch den Steuerstrich lief, parallel zum Schiffkiel gehalten wurde.

Die heutigen Kompassrosen haben neben den Punkten und Strichen noch aufgedruckte Abkürzungen; diese fehlten aber auf den von Kolumbus benutzten Rosen. Buchstaben würden auch nicht viel genützt

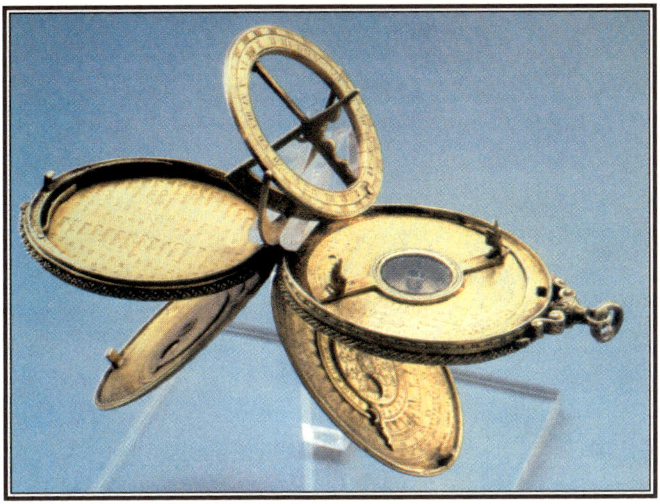

Nautische Geräte wie dieser Kompass wiesen den Weg.

haben, da nur wenige Seeleute lesen konnten. Sie unterschieden die Punkte nur mithilfe der Länge, Form oder Farbe der Rhomben und Rauten; eine Ausnahme machte der Norden, der damals wie heute durch eine Lilie markiert war.

Sowohl die Spanier als auch andere Seefahrer der damaligen Zeit waren sich der Fahrtrichtung nicht wie wir nach Graden bewusst oder, wie unsere nächsten Vorväter, nach Kompasspunkten, sondern allein nach *los vientos*, den Winden. Obgleich die Alten zwölf Winde kannten, die auch die Windrosen auf mittelalterlichen Karten aufweisen, hatte sich die Anzahl zur Zeit des Kolumbus auf acht beschränkt: N, NO, O, SO, S, SW, W, NW.

Es war für den wachhabenden Offizier ein Leichtes, seine Aufzeichnungen zu machen. Er schrieb den gesteuerten Kurs einfach auf eine Schiefertafel, die an einer Querwand auf dem Poopdeck hing, und machte nach jeder halben Stunde einen Strich, zum Zeichen, dass der Kurs eingehalten worden war. Doch hatte er bei der einfachen Standortberechnung einen dritten Umstand zu berücksichtigen, nämlich die Fahrgeschwindigkeit.

Im 16. Jahrhundert wurde das Logscheit erfunden, ein so beschwertes Holzbrett, dass es aufrecht und unbewegt im Wasser schwimmen konnte. An dem Brettchen war eine Leine befestigt, in die Knoten in solchen

Abständen geknüpft waren, dass die in einer halben Minute über die Reling laufende Knotenzahl – die Zeit wurde mit einem besonderen Logglas gemessen – genau der Zahl der Seemeilen entsprach, die das Schiff in einer Stunde machte. Hiervon rührt die Bezeichnung „Knoten" für Schiffsgeschwindigkeit her. Man „warf das Log" während jeder Wache aus oder wenn man bemerkte, dass das Schiff seine Geschwindigkeit steigerte oder verringerte, und stellte sie so immer von neuem fest. Die Knoten, mit der Zeit multipliziert, ergaben die Distanz. Diese einfache Art der Geschwindigkeitsermittlung war Kolumbus jedoch unbekannt. Er oder der Offizier der Wache schätzten die Geschwindigkeit der *Santa María* mit dem Auge ab, indem sie die Blasen beobachteten, die von dem vorbeitreibenden Seetang aufstiegen.

Jeder erfahrene, urteilsfähige Seemann ist auf diese primitive Weise imstande, die Fahrt eines Schiffes auf einen Knoten genau und sogar, wenn er größere Übung hat, auf einen halben Knoten zu schätzen. Doch so wie die heutige Standortberechnung an sichtbaren Objekten täglich überprüft werden kann, so vermag man auch die geschätzte Schiffsgeschwindigkeit mithilfe des Patentlogs oder einer abgemessenen Meile zu kontrollieren. Kolumbus besaß kein solches Mittel, Maß oder feste Handhabe. Er schätzte die Geschwindigkeit in römischen Meilen je Stunde und die Distanz in Leguas zu je 4 römischen Meilen*, da seine Legua etwa 3,18 Seemeilen entsprach. Aber ohne sichere Erfahrung und ohne Überprüfungsmöglichkeit konnte Kolumbus keine genauen Ergebnisse erzielen. Bei nachträglicher, sorgfältiger Absteckung seiner 1492 verfolgten Reiseroute ergibt sich, dass er die zur See zurückgelegte Distanz um durchschnittlich 9 Prozent höher einschätzte, als sie in Wirklichkeit war. Er wusste nie, wie schnell sein Schiff segelte.

Jeder weiß von Kolumbus' Navigation auf der ersten Reise, dass er eine „genaue" Rechnung für den eigenen Gebrauch aufstellte, während er kleinere Zahlen für die Mannschaften „frisierte", damit diese nicht darüber klagen konnten, so weit von der Heimat weggeführt zu werden. Durch seine Überschätzung der Distanzen blieb jedoch die „manipulierte" Rechnung näher bei der Wahrheit als seine „genaue" tägliche Meilenzahl!

Nach diesen Ausführungen über Zeit, Geschwindigkeit und Distanz

* Eine römische Meile entspricht zirka 1,5 Kilometern.

wenden wir uns dem für die Navigation nächstwichtigen Punkt zu, und zwar der Sammlung von Seekarten, die Kolumbus benutzte. Es waren große Schafhäute, auf denen die Küsten von Spanien, Portugal, Nordafrika, den Azoren, Madeira und den Kanarischen Inseln ziemlich genau aufgezeichnet waren, daneben wiesen sie die nur mutmaßlich vorhandenen Inseln wie Antillia, Cipangu und Cathay auf, die Kolumbus da eingezeichnet hatte, wo er sie nach Marinus von Tyrus und Marco Polo annehmen musste. Die Oberfläche einer solchen Karte war kreuzweise bedeckt mit rhombischen (d. h. geraden) Linien, die von einer Anzahl von in gewissen Abständen in den Ozean gesetzten Windrosen ausgingen. Jede Karte war mit einer Meilenskala versehen, hatte aber kein Netz von Längen- und Breitengraden. Kolumbus dachte nicht in Längen, sondern er richtete sich nach den „Klimaten" des Ptolemäus, das sind von diesem Geographen aus Alexandria willkürlich festgelegte Parallelgürtel, und von diesen hatte Kolumbus eine Tafel in sein Exemplar der „Imago Mundi" übernommen. Anstelle von Längen dachte Kolumbus in Stunden westlich von Cádiz, die Stunde gerechnet zu 15°.

Kolumbus begann mit der Fixierung von „Punkten" für den großen Sprung, indem er einfach von dem Ort ausging, wo sich sein Schiff in der Nacht vom 7. zum 8. September 1492 in geschützter Lage zwischen Gomera und Teneriffa befand. Es war nur zwei oder drei Tage nach Vollmond, sodass er beide Inseln erkennen und die Peilung vornehmen konnte, indem er auf die Kompassrose schielte und die Distanz abschätzte. Er steckte nun den entsprechenden Punkt, der seinen Ausgangspunkt bildete, auf seiner Seekarte ab. Hierauf setzte er den Kurs auf W, Richtung Indien. Am Sonntag, dem 9. September, bei Sonnenaufgang rechnete er sich aus, dass er 9 Meilen vom Ausgangspunkt an zurückgelegt hatte. So nahm er sein Lineal, legte es an diesen Punkt und parallel zur nächsten W-Rhombenlinie auf der Karte an, maß mithilfe seines Handzirkels 9 Meilen ab und steckte einen neuen Punkt ab. Dieses Verfahren nannte der Spanier *fazer* oder *echar punto* (Punkte machen oder setzen) oder einfach *cartear* (kartieren), was man „abstecken" zu nennen pflegt. Der Fortgang der Reise war markiert durch eine Kette von kleinen Löchern in der Karte, die mittels des Handzirkels hineingestochen waren.

Das „Punktemachen" auf der Karte war recht einfach, wenn man den Kurs nicht häufig änderte, was auf den meisten Reisen von Kolumbus auch nicht der Fall war. Aber wenn man gegen den Wind aufkreuzen musste, wie dies im ersten Monat während der Heimreise geschah, konnten die Irrtümer beim Setzen einer ganzen Reihe sehr kurzer Kurse auf der Karte ernste Auswirkungen haben.

Als früherer Kartenzeichner war Kolumbus für das Kartieren seiner Entdeckungen bestens gerüstet, und ohne Zweifel trug er jede neue Insel ein und zeichnete auch jede Küstenlinie auf einem besonderen Kartenblatt auf, während er vorwärts segelte.

Mit der immer genauer werdenden Erforschung neuer Länder entstanden neue Karten, und der Admiral zerstörte die vorherigen mit Ausnahme einer groben Skizze von Haiti. Diese hat einen so sicheren Strich, dass dadurch sein Ruf als Kartograph vollstens bestätigt wird. Sie macht uns aber auch den Verlust besonders deutlich, dass wir keine der größeren Karten mehr besitzen, die er dem Herrscherpaar übersandte.

Wie alle erfahrenen Seeleute machte Kolumbus stets eifrigen Gebrauch vom Lot, wenn er sich einer Küste näherte oder wenn er in der Nähe von Land zu sein glaubte. Die normale Länge der Lotleine auf den kleinen Schiffen jener Zeit und auch in den darauf folgenden Jahrhunderten betrug 40 Faden*. Doch jedes Schiff der Kolumbusflotte hatte eine Tiefseelotleine von 100 Faden an Bord. Wenn der Lotgast nach wiederholtem Auswerfen des Lots in den Golfkrautteppich meldete: „Kein Grund, Käpt'n", so war dies im tückischen Sargassomeer weit beruhigender als alle Mutmaßungen. Das Loten bei Brise ist mühsam, weil einige Segel backgesetzt werden müssen, um die Fahrt zu verlangsamen, damit das Lot den Meeresboden erreichen kann. Diese Vorsichtsmaßnahme wird bei der Annäherung an eine Küste häufig außer Acht gelassen, sodass durch die Vernachlässigung rechtzeitigen Lotens mehr Schiffe auf Strand laufen als infolge aller anderen Ursachen. Kolumbus war äußerst gewissenhaft im Loten, bis er die Erfahrung machte, dass die äußeren Bahamas steil aufstiegen und keine Bodenberührung für das Schiff zu befürchten war, solange man den Meeresgrund in dem klaren Wasser nicht sehen konnte. Aber dann wurde er ebenfalls unvorsichtig, was zur Folge hatte, dass er sein Flaggschiff an einem Weihnachtsabend verlor.

* Ein Faden entspricht 1,80 Metern.

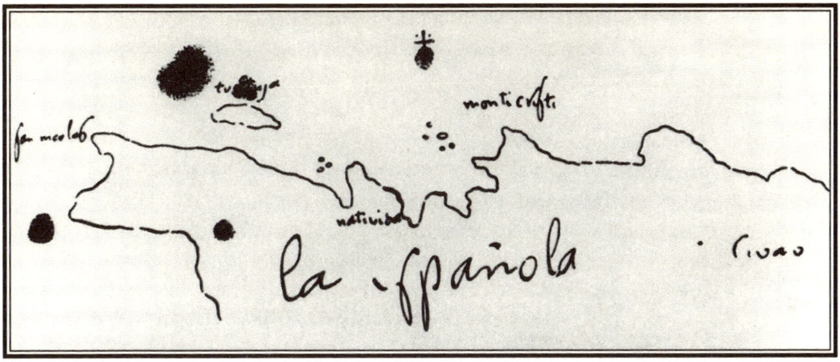

Diese Kartenskizze von einem Küstenabschnitt der Insel Hispaniola wurde von Kolumbus eigenhändig angefertigt.

Kolumbus' einzige navigatorische Hilfsmittel waren damals Seemannskompass und Zirkel, Quadrant und Lotleine, Seekarte und Lineal, Kursablesetafel und gewöhnliche Multiplikationstabelle sowie eine jener neueren Ephemeriden von Johannes Müller (Regiomontanus), die aber eher für Astrologen als für Seefahrer bestimmt waren. Es gibt keinen Beweis dafür, dass er diese Ausrüstung auf seinen späteren Reisen vervollständigte. Es steht sogar fest, dass er mit dem auf der ersten Reise mitgeführten Astrolabium nicht umzugehen verstand, weshalb er es später nicht mehr mitnahm. Zwei seiner Seeleute auf der dritten Reise bestätigten später, dass er „Karten, Quadranten, Tafeln, Kugel und andere Dinge" bei sich hatte.

Kurz und gut, er war ein Navigator, der einzig und allein mit dem Besteck arbeitete.

Das soll aber nicht besagen, dass Kolumbus ein mäßiger Navigator war, ganz im Gegenteil. Im Jahr 1492 bestand die Navigationskunst zu 99 Prozent aus der Arbeit mit dem Besteck, denn in den hohen Breiten gab es lang anhaltende Zeiten von Wolkenüberhängen und Stürmen, die jede Himmelsbeobachtung ausschlossen.

Neben seiner erstaunlichen Fähigkeit als Navigator mit dem Besteck hatte er aber vor allem das, was der große französische Seefahrer Jean Charcot als *le sens marin* erkannte und bezeichnete, jenes weder greif- noch erlernbare Gottesgeschenk des Wissens darum, wie man den Weg eines Schiffes in der Mitte des Ozeans finden und feststellen kann.

14. Kapitel

DIE ÜBERQUERUNG DES ATLANTIKS
9. BIS 30. SEPTEMBER 1492

Die bedeutsamste Reise der modernen Geschichte war in seemännischer Hinsicht eine der leichtesten. Kolumbus' größte Schwierigkeit, die Beschaffung von Schiffen und Mannschaften sowie die königliche Ermächtigung dazu war überwunden, als er von Palos absegelte. Die Fahrzeuge waren nach ihrer Probefahrt zu den Kanarischen Inseln und nach beendeter Ausbesserung und Umtakelung, die in Las Palmas vorgenommen worden war, im besten Zustand; sie hatten Wasser, Wein, Proviant und sonstige Vorräte für ein ganzes Jahr an Bord, und Offiziere und Mannschaften hatten sich in fünf Wochen aneinander gewöhnt und auf ihren Schiffen eingelebt. Und als die Kanarischen Inseln am östlichen Horizont verschwunden waren und sich keine portugiesischen Kriegsschiffe gezeigt hatten, vertraute Kolumbus heiteren Sinnes seinem glücklichen Stern. So wie er es in den bedeutendsten geographischen Werken gelesen hatte, vermeinte er, nur einen schmalen Ozean zwischen Spanien und Indien vor sich zu haben, der *paucis diebus*, in wenigen Tagen, überquert werden könnte.

33 Tage vom Ausgangspunkt bis zur Landsichtung waren in jenem Zeitalter in der Tat nur wenige Tage, es war weniger, als die Römer brauchten, um nach Britannien zu gelangen, oder als ein Pilger aus Nordfrankreich für die Seereise in das Heilige Land benötigte. Die einzige Frage war nur, ob diese „wenigen Tage" nicht zu viele für die Menschen an Bord waren, ob ihre Ängste Kolumbus nicht zur Umkehr zwingen würde, wenn das Ziel ganz nahe hinter dem Horizont winkte.

Wäre Kolumbus in Indien gestorben, ehe seine Flotte nach Spanien heimkehrte, so hätte man mit einigem Recht von ihm sagen können, dass er zwar ein fähiger Seefahrer mit einer großen Idee war, aber noch lange kein bedeutender Navigator. Die Gelegenheit, seine hohe Seemannskunst in vollem Maße zu zeigen, bot sich ihm erst auf seiner Rückreise im Jahr 1493 und auf den späteren drei Reisen.

Der englische Jachtsegler Lord Dunraven erklärte nach einem Studium der Navigation des Kolumbus auf der ersten Reise, dass auch ein heutiges Segelschiff, das eine Fahrt von Palos „zu den Bahamas machen will, keinen besseren Kurs für Reise und Heimfahrt wählen kann als den von Kolumbus eingeschlagenen". Und in seiner Studie über die erste Reise kam George Nunn zu dem Ergebnis, dass Kolumbus alle Einzelheiten über Meereswinde und Strömungen kannte „und so genaue Kenntnisse darüber besaß, dass er auf der ganzen Reise nicht ein einziges falsches Manöver machte". Diese beiden Urteile verdienen höchste Würdigung. Ein westlicher Kurs, von den Kanarischen Inseln aus genommen, führt aus dem Bereich des Gürtels der Passatwinde hinaus und in die „Rossbreiten" von Windstillen und Wechselwinden hinein. Außerdem verläuft im Oktober – um diese Zeit war er schon einige Tage unterwegs (der 22. September des Julianischen Kalenders ist der 1. Oktober unseres heutigen Kalenders) – die nördliche Grenze der Nordostpassate südlich von dem von Kolumbus verfolgten Kurs und hält sich ungefähr auf 26° N-Breite, sodass er nur in den letzten Tagen in den Bereich der Passatwinde kam. Die nördliche Grenze der Passate ist veränderlich, die Veränderungen selbst können aber nicht vorausgesagt werden. In manchen Jahren erwischt man sie weiter nördlich, wie es bei Kolumbus der Fall war, in anderen weiter südlich. Kolumbus hatte „mächtiges Glück", als er gerade in der Sturmzeit die Rossbreiten durchfuhr. An keinem einzigen Tag kam Sturm oder totale Windstille auf, nur ab und zu erhoben sich Wechselwinde. Wie stets gehört dem Mutigen die Welt.

Als Kolumbus am 9. September an Ferro vorbeifuhr, „beschloss er, weniger Meilen anzuschreiben, als er zurücklegt, damit sich seine Männer nicht ängstigten und den Mut verlören, wenn sich die Reise zu lange ausdehnte". Es war für ihn eine leichte Sache, diese Täuschung in die Wege zu leiten, denn wer hätte je daran gedacht, die Richtigkeit der Berechnungen eines obersten Flottenführers anzuzweifeln? Wenn man bedenkt, mit welcher Art Menschen er es auf der Reise zu tun hatte, erscheint diese Kriegslist durchaus richtig, sie war auch moralisch zu vertreten. Seeleute sind kuriose Menschen, die von den Landratten nur schwer verstanden werden. Derselbe Mann, der den Mut hat, in einem Sturm in die Rahen zu klettern oder in ein Boot zu steigen, um einen Kameraden zu retten, kann durch irgendetwas, was außerhalb seines

Erfahrungsbereiches liegt, wie ein nervöses Pferd in Angst und Schrecken versetzt werden.

Von jeher ist es schwierig gewesen, gewöhnliches Schiffsvolk für Entdeckungsfahrten anzuheuern. Kolumbus wusste recht gut, dass der Tag kommen würde, an dem seine Leute auf Umkehr bestehen würden; und für diesen Augenblick wollte er sich wappnen und ihnen erklären können, dass sie ja gar nicht so weit von der Heimat entfernt, nicht einmal so weit gesegelt seien wie auf den afrikanischen Reisen; war das nicht einleuchtend?

Während der ersten zehn Tage (vom 9. bis einschließlich 18. September) wehte ein Passat, wie er gleichmäßiger nicht sein konnte, der Westkurs konnte dauernd gehalten werden, und die Flotte legte 1163 Seemeilen zurück. Die schlechteste Tagesstrecke von 24 Stunden betrug 60 Meilen, die beste 174, was für Segelschiffe dieser Gattung in der Tat eine ausgezeichnete Segelleistung war. Dieser Teil der Fahrt verlief wie eine Hochzeitsreise. Wind und See von achtern hoben und schoben die Karavellen in regelmäßigen Abständen vorwärts, eine Bewegung, die ihnen erhöhten Vorwärtstrieb gab; kein Setzen von Segeln oder Einholen von Schoten und Brassen war nötig; die leuchtend blaue See breitete sich in unerhörter Schönheit aus, dicke, bauschige Passatwolken zogen ohne Unterlass von achtern auf, zogen unaufhaltsam über den Köpfen vorüber, bis sie in den Fluten des westlichen Horizonts versanken; die Luft war warm und mild, aber stets verbreitete der Passat eine angenehme Kühle. Der Dienst an Bord war leicht, denn außer der Sauberhaltung des Schiffs und einiger weniger Handgriffe gab es fast nichts zu tun, man konnte den Flug der Vögel verfolgen, die Sprünge der fliegenden Fische beobachten und in Gedanken schon das Gold mit vollen Händen ausgeben, das einem in Cipangu entgegenlachte. „Das Wetter war so wie in Andalusien im ‚April" meinte Kolumbus, „nur die Nachtigallen fehlten."

Es fehlte nicht an diesen oder anderen tropischen Vögeln, den *rabo de juncos* oder „Pfeiferschwänzen", wie sie Kolumbus nannte. Kolumbus und seine Leute, die vogelkundig waren, glaubten, dass das Erscheinen dieser und anderer Vögel die Nähe von Land anzeigte.

Am Sonntag, dem 16. September, kreuzten sie den 33. Grad westlicher Länge und erblickten das erste Sargassum oder Golfkraut – „viele Bündel sehr grünen Krauts, das sich vor kurzer Zeit vom Land losgerissen hatte (so schien es), wonach alle schlossen, dass sie in der Nähe einer Insel wären, doch nach Ansicht des Admirals wäre es kein Festland, denn er sagte: ‚Ich berechne, dass das Festland weit entfernt liegt!'"

Sie fuhren nun hinein in das Sargassomeer, dieses große, ovalförmige Gebiet im westlichen Ozean, das sich ungefähr von 32° W-Länge bis zu den Bahamas und vom Golfstrom bis zu 18° N-Breite hinstreckt. Wahrscheinlich hatte niemand vorher Golfkraut gesehen. Aber Kolumbus war durch Pedro de Velasco gewarnt worden, der geraten hatte, den Kurs geradeaus zu halten, wenn er auf das Golfkraut stieße. Das Golfkraut hindert die Schifffahrt keineswegs. Denn selbst wenn es eine fast undurchdringliche Matte auf der Oberfläche bildet, ist es doch niemals dicker als ein Zentimeter, und es teilt sich leicht vor dem Bug eines Schiffes. Nach wenigen Tagen war jeder an den Seetang gewöhnt und *vieron muchas yerbas*, „sie sahen viel Kraut", ist eine täglich wiederkehrende Bemerkung in Kolumbus' Tagebuch.

Kolumbus' selbstsicherer Vorstoß in das Sargassomeer, von dem man bisher nur ungenaue, widersprechende und Schrecken erregende Einzelheiten vernommen hatte, genügte, diese Reise zu einer der bedeutsamsten der Seegeschichte zu machen. Der Seetang ist eine mehrjährige Meerespflanze und der Abkömmling einer in vorgeschichtlichen Zeiten losgerissenen Algenart. Er pflanzt sich durch Teilung fort, indem die einzelnen Pflanzen an einem Ende ständig neue grüne Schösslinge ansetzen (die auch Kolumbus bemerkte), während sie am anderen Ende verwelken und dabei eine bräunliche Färbung annehmen. Die von Kolumbus beobachtete *como fruta* („wie eine Frucht") ist eine kleine beerenartige Fruchtknolle, die mit Luft gefüllt ist und dadurch das Schwimmen des Seetangs möglich macht.

Der 18. September, an dem die Flotte in 24 Stunden 159 Meilen zurücklegte, war der letzte gute Segeltag dieses Monats. Kolumbus' Kurs führte ihn aus dem Bereich der Passate hinaus, dabei musste er sehr froh sein, dass ihn dieser Wind auf seinem Weg den 28. Breitengrad entlang bis zum 40. Längengrad gebracht hatte. Am 19. trat Windstille ein, und sie machten nur 72 Meilen westwärts. Die See glättete sich nach und nach, Schwärme von Meeresvögeln, z. B. die kleinen arktischen Meerschwalben (die Kolumbus nicht als solche erkannte und für Landvögel hielt), umkreisten das Schiff, dann flog ein westwärts segelnder Zug von Sturmvögeln vorbei, ein Thunfisch wurde von der *Niña* aus gefangen. All dies waren so zahlreiche Anzeichen von nahem Land, dass sich diese Überzeugung bei den arglosen Seeleuten, die den Ozean zum ersten Mal überquerten, immer unumstößlicher festsetzte. Die von Kolumbus mitgeführte Karte, die „aufgrund zuverlässigster Quellen ausgearbeitet war", wies zu beiden Seiten der augenblicklichen Schiffsposition eine Anzahl Inseln auf.

Am 19. zählten die drei Lotsen ihre zurückgelegten Wegstrecken zusammen. Peralonso Niño von der *Santa María* rechnete sich 400 Leguas Entfernung westlich der Kanarischen Inseln aus, was mit der „frisierten" und von Kolumbus bekannt gegebenen Rechnung übereinstimmte und ziemlich nahe an die Wahrheit herankam! Cristóbal García Sarmiento von der *Pinta* kam auf 420 und Sancho Ruiz von der *Niña* auf 440 Leguas; letztere Ziffer lag dicht beim Ergebnis von Kolumbus' Geheimrechnung, die er am 8. September mit dem Aufkommen des Windes begonnen hatte. Die wirkliche Entfernung betrug ungefähr 396 Leguas oder 1261 Seemeilen. Kolumbus hatte das sichere Gefühl, „zwischen Inseln hindurchzufahren". In Wirklichkeit war Flores auf den Azoren zu dieser Zeit das nächstgelegene Land, einige 850 Meilen entfernt in Richtung Nordosten. Und sie hatten noch nicht die Hälfte des Wegs nach Amerika hinter sich gebracht.

Am nächsten Tag, dem 20. September, verließen sie den Bereich des Passats und mussten den Kurs ändern: *An diesem Tag segelten wir W zu N und WNW, weil der Wind sehr veränderlich war.* Verschiedene Vögel ließen sich auf den Schiffen nieder – man hielt einige von ihnen irrtümlich für Grasmücken – und überall war die Hoffnung auf eine baldige Landsichtung groß. Während einer völligen Windstille befahl Kolumbus eine Lotung mit dem Tiefenlot. Doch selbst bei 200 Faden trafen sie nicht auf Grund. (Nach unseren heutigen Seekarten wurde an einer Stelle in nächster Nähe eine Tiefe von 2292 Faden gelotet!)

Kolumbus tat es Leid, den Passat verloren zu haben, aber er fand in Widrigkeiten stets Trost. In seinem Tagebuch fand sich für den 22. September, als die Flotte keinen besseren Kurs als WNW zu steuern vermochte, folgender Eintrag: *Dieser widrige Wind war mir sehr nützlich, weil meine Leute schon ganz aufgebracht waren und glaubten, dass es in diesen Gegenden überhaupt keinen Wind gäbe, der sie nach Spanien zurücktreiben würde.* Sie hatten es zu gut gehabt. Doch Seeleute finden immer etwas, woran sie herummeckern können. Als am nächsten Tag der Wind nachließ, *murrten sie darüber, dass es keine schwere See gäbe, denn das bewiese, dass der Wind nicht stark genug sein würde, um sie zurück nach Spanien zu blasen. Darauf kam schwere See auf, aber ohne Wind, worüber sie sich sehr verwunderten.* Vermutlich hatte es weitab im Südwesten einen Orkan gegeben, denn es war gerade die Zeit der Äquatorialstürme. So stiegen Kolumbus' Aktien um mehrere Punkte: *Das hochgehende Meer kam mir aber gut zustatten, es war ein Zeichen, wie es so noch nie erschienen war, seitdem die Juden von Ägypten auszogen und gegen Moses murrten, der sie aus der Gefangenschaft befreit hatte.* Kolumbus wandte gern die Heilige Schrift auf sich und seine Abenteuer an.

Und doch schlich diese Woche herbstlicher Tagundnachtgleichen träge genug dahin, mit ganzen 234 Meilen in fünf Tagen. Die Männer gingen sogar schwimmen. Während dieser Zeit der Windstillen und Flauten konnten die Männer allerlei Scherze treiben, die Offiziere ihre Gedanken austauschen. Auf der glatten See konnten sich die Karavellen mithilfe ihrer langen Ruder nahe aneinander heranschieben, wenn der Generalkapitän das Signal dazu gab. Wenn kein Heulen des Windes, kein Rauschen der Wogen die Stille unterbrach, war es leicht, sich von Schiff zu Schiff zu unterhalten. Am 25. September kam die *Pinta* dicht an das Flaggschiff heran, um mit Kolumbus über eine Karte mit eingezeichneten sagenhaften Inseln zu beratschlagen.

Als sie noch bei dieser Arbeit waren, die Sonne ging gerade unter, sprang Martín Alonso plötzlich auf das Poopdeck der *Pinta* hinauf und schrie voller Freude: „*Tierra! Tierra! Señor, albricias!*" – „Land, Land, Käpt'n! Die Prämie gehört mir!" Nun folgte eine allgemeine Kletterei in die Takelage hinauf, jeder rief, er sähe Land in etwa 25 Meilen südwestlicher Richtung. Kolumbus fiel auf die Knie und dankte Gott, das *Gloria in excelsis Deo* wurde von allen angestimmt, der Kurs auf SW geändert, und *während der Nacht wiederholten sie alle immer von neuem, dass es Land gewesen war.* Sie glaubten, es sei ein hoher Berg wie der Pik von Teneriffa, den man bei klarem Wetter über 100 Meilen weit sehen konnte.

Als der Morgen dämmerte, war kein Land zu sehen. Kolumbus folgte bis zum Nachmittag dem gleichen Kurs, dann entschied er, *dass das, was man für Land gehalten hatte, keins gewesen war, sondern nur Himmel.*

Falsche Landsichtungen sind eine alltägliche Erscheinung auf See. Eine Wolkenbildung am Horizont bei Sonnenuntergang, wie dies wohl hier der Fall war, wird oft für Land gehalten, ganz besonders wenn die Menschen an Bord mit großem Eifer danach suchen.

Kolumbus bereitete dieser falsche Alarm keine große Enttäuschung, weil er sich ausgerechnet hatte, dass sie bis jetzt 533 Leguas gesegelt waren, was etwas mehr als zwei Drittel des Wegs nach „Indien“ war. Zweimal erwähnte er, dass das Hauptziel dieser Reise war, nach Indien zu gelangen, sodass ihm an einer Verzögerung durch die Suche nach irgendwelchen beliebigen Inseln nicht gelegen war. Sein Tagebuch spiegelt nur Vertrauen, gelassene Heiterkeit und die Freude an den Schönheiten des Meeres wider. *Das Meer glich einem Fluss*, so schrieb er am 26. September nieder, *die Luft ist köstlich und sehr milde*. Der Wind war so leicht, und sie befanden sich so dicht an den nördlichen Ausläufern des Passats, dass kein Seegang aufkam. Solche Sommertage kann man im Nordatlantik oft erleben. In sechs Tagen, vom 26. September bis zum 1. Oktober, machten sie nur 382 Meilen. Es gab für die Leute keine Beschäftigung an Bord, keine Arbeit außer der Reinhaltung des Schiffes, sie hatten nur das Geschirr in gutem Zustand zu erhalten und hatten genug Muße, auf Fischfang auszugehen, wobei sie manchmal den schmackhaften *dorado* oder die Goldbrasse fingen, deren Fleisch wie Lachs schmeckt, oder sie sahen dem Flug der Vögel zu.

Unter solchen Umständen begann das Murren der Mannschaften Formen anzunehmen, die einer entstehenden Meuterei bedenklich nahe kamen. Dieser Genuese, so flüsterten sie, versucht sich in seiner grenzenlosen Überspanntheit auf Kosten unseres eigenen Lebens zu einem großen Herrn aufzuschwingen. Wenn er noch lange weiter nach Westen segelt, wird er uns zugrunde richten. Nahrung und Wasser werden zur Neige gehen, denn es regnet ja nie in dieser öden Salzwasserwüste.

Kolumbus muss gewusst haben, was sich da zusammenbraute. Einem spanischen Seemann ist es ganz unmöglich, für längere Zeit ein Pokergesicht aufzusetzen; die verdrießlichen Mienen, die heftigen Gesten, begleitet von langen, auf ihn selbst gerichteten Seitenblicken, wenn sich Gruppen von Seeleuten bildeten, sagten ihm, dass etwas Schlimmes im Gang war. Er zeigte auch offen, dass er es wusste, denn als einige Offiziere vor ihn traten und die Umkehr forderten, antwortete er ihnen, dass sie ihn töten könnten, wenn sie wollten, denn er und seine Diener wären ihrer zu wenige, um Widerstand zu leisten, aber das würde ihnen nicht gut bekommen, weil das Herrscherpaar sie samt und sonders aufhängen lassen würde, wenn sie ohne ihn heimkehren würden. Seine übliche Taktik war indessen, *palabras dulces* oder „sanfte Worte“ zu gebrauchen, wie Oviedo sagte. Je größer die Angst war, die das gemeine Schiffsvolk befiel, desto selbstbewusster und gelassener trat ihr Generalkapitän auf, desto mehr umschmeichelte er sie mit ihren Aussichten auf märchenhaften Reichtum und die hohe Gunst, mit der sie das Herrscherpaar nach erfolgreich vollbrachter Reise überschütten würde. Unterdessen wurde es immer schwieriger, die Moral aufrechtzuerhalten. Die Flotte war jetzt drei Wochen unterwegs, ohne Land gesichtet zu haben, und wahrscheinlich hatte kein Mann an Bord je solch ein unerhörtes Abenteuer miterlebt. Nur jene, die es erfahren haben, wissen, welche Reibungen und Spannungen unter Schiffsgefährten auf einer langen Seereise entstehen können. An Land mag man seinen Chef noch so sehr hassen oder seine Arbeitskollegen unausstehlich finden, man muss mit ihnen immer nur acht Stunden zusammen sein. Sogar in einer Schule oder in einer Kaserne gibt es Mittel und Wege, sich für kurze Zeit ins Private zurückzuziehen. Nicht so auf Fahrzeugen, wie es diese Karavellen waren, wo die Männer sogar ihre Notdurft vor aller Augen verrichten mussten, wo es unmöglich war, den Schiffsgefährten zu entkommen, ausgenommen zur Schlafenszeit, und auch dann stolperte jemand über einen, weckte einen auf und stellte dumme Fragen. Kolumbus und die Pinzóns mussten all ihre Charakterstärke und das Gewicht ihres Ansehens in die Waagschale werfen, um dieser Bewegung Herr zu werden und eine Meuterei zu verhindern.

15. Kapitel

ADELANTE! VORWÄRTS!

1. BIS 11. OKTOBER 1492

Am 1. Oktober bei Tagesanbruch, dem letzten Tag in der Reihe veränderlicher Winde, berechnete der Lotse Peralonso Niño von der *Santa María* für die von Ferro zurückgelegte Strecke 578 Leguas. Da

Kolumbus 750 Leguas westlich der Kanarischen Inseln Land vorausgesagt hatte, muss ihn Sorge ergriffen haben, je mehr er sich diesem Punkt näherte; doch um Zeit zu gewinnen und Land auszumachen, ehe sich etwas unter den Leuten des Vorschiffs zusammenbraute, auch weil man sich dem Vollmond näherte, war er eifrigst darauf bedacht, bei Tag und Nacht möglichst schnell vorwärts zu kommen.

Und wie sie segelten in jener ersten Oktoberwoche! Fünf Tage hintereinander (vom 2. bis 6. Oktober) erzielten sie einen Durchschnitt von 142 Meilen alle 24 Stunden, einschließlich eines Rekords von 182 Meilen an einem Tag, der besten Zeit der Reise, mit einer Stundengeschwindigkeit von 8 Knoten. Der magnetische Kurs wies immer noch nach Westen, doch infolge einer geringen Kompassabweichung, die unbemerkt blieb (was sich später als ein glücklicher Umstand erwies), drehte die Flotte leicht nach Südwesten ab. Das Grollen nahender Auflehnung wurde vorschiffs erneut gehört, aber da kamen der wankenden Autorität am 3. und 4. Oktober Schwärme von Sturmvögeln und anderen Vögeln zu Hilfe, denn durch sie wurde die Hoffnung auf Land neu belebt. Das Wissen der Seeleute über die Sturmvögel war noch sehr lückenhaft, doch Kolumbus war sich zu dieser Zeit schon im Klaren, dass sie Meeresvögel waren.

Martín Alonso Pinzón machte am 6. Oktober, als die Flotte den 65. Längenmeridian passiert hatte und sich gerade nördlich von Puerto Rico befand, den Vorschlag, den Kurs auf SWW zu ändern. Kolumbus bemerkte, dass es ihm schien, *als ob Pinzón nicht sagte* (jedoch meinte), *er habe die Insel Japan im Auge, worauf der Admiral einwendete, dass, wenn sie sie verfehlten, sie keinesfalls so bald Land erreichen würden, dass es aber besser sei, geradewegs auf das Festland zuzusteuern und sich mit den Inseln später zu befassen.*

In Bezug auf Kolumbus' Route und Absichten ist dieser Eintrag einer der bedeutsamsten in seinem Tagebuch. Hier wird durch eine zufällige und etwas verwickelte Feststellung, die kein Fälscher hätte erfinden können, dargelegt, dass es Kolumbus' Plan war, westwärts nach Japan zu gelangen. Wenn man zwischen den Zeilen liest, so kann man erraten, was sich zutrug. Mit Tagesanbruch des 6. Oktober war die Flotte schon so weit über die erwarteten 750 Leguas hinaus gesegelt, dass sich jeder, der eine Berechnung anstellte, fragen musste, ob man nicht an Japan vorbeigefahren sei. Da schoss die *Pinta* unter dem Heck des Flaggschiffs heran, und Pinzón schrie etwas wie „*sudoeste cuarta del oeste, señor; sudoeste cuarta del oeste ... Cipango*“ – „SWW, Käpt'n, SWW ... Japan!“ Seine Erklärung, warum er diese Kursänderung haben wollte, ging wohl im Rauschen der Wogen unter, doch Kolumbus, der ja selbst von Sorge erfüllt war, nahm an, dass Pinzón sagen wollte, sie hätten Japan, vom Horizont verdeckt, passiert und müssten nun einen SWW-Kurs steuern, um China zu erreichen. Möglich war aber auch, dass der Kapitän der *Pinta* meinte, Japan läge in Richtung SWW. Auf alle Fälle entschloss sich Kolumbus, selbst wenn sie Japan verfehlt haben sollten, zu einem geraden Westkurs, auf dem er, wie er meinte, schneller Land antreffen würde, als wenn er einen südlicheren Kompassstrich steuerte, wodurch er möglicherweise das Südostkap von China verfehlen würde, wo nach Martin Behaims Angaben Zaitun liegen sollte. Das Beste wäre, erst Land auszumachen und Japan auf der Heimreise aufzusuchen.

Am Sonntag, dem 7. Oktober, bei Sonnenaufgang, als sich die Flotte etwa 370 Meilen vom nächsten Land (Turks Island) befand, ereignete sich die zweite falsche Landsichtung. Die *Niña*, die, entgegen Kolumbus' Weisung, ihren beiden Begleitschiffen vorausfuhr, um die Belohnung einzuheimsen, zeigte ein Flaggsignal und feuerte einen Schuss ab, was bedeutete, dass Land gerade voraus ausgemacht war. Die Leute an Bord des Flaggschiffs hatten dieses „Land“ schon früher gesehen, wagten aber nicht, es auszurufen, weil der Generalkapitän falscher Landmeldungen überdrüssig war und Befehl gegeben hatte, dass jeder, der den Ruf *tierra* fälschlich ausstoßen sollte, von der Belohnung ausgeschlossen würde, selbst wenn er später wirklich Land sichtete.

Bei Sonnenuntergang, als sie 67 Meilen zurückgelegt hatten und kein Land feste Gestalt angenommen hatte, ordnete Kolumbus eine Kursänderung auf WSW an (also einen Strich westlicher, als von Pinzón empfohlen), weil große Schwärme von Vögeln in südwestlicher Richtung über sie hinwegflogen. Er erinnerte sich daran, dass die Portugiesen die äußersten Azoren durch Beobachtung ziehender Vögel entdeckt hatten. Diese Überlegung war gut, denn die herbstlichen Vogelzüge aus Nordamerika über die Bermudas nach Westindien waren in vollem Gang. Kolumbus' Entschluss, diesen beschwingten Lotsen lieber zu folgen als seinen von Menschenhand angefertigten Karten, wurde entscheidend für die ganze Zukunft spanischer Kolonisation. Denn als sich Kolumbus dahin gehend entschied, den Vögeln zu folgen, befand sich seine Flotte auf einer Breite von 25° 40'.

Hätte er von diesem Punkt an den genauen Westkurs eingehalten, so hätte die Landsichtung auf Eleuthera Island oder Hole-in-the-Wall auf Great Abaco stattgefunden. Aber was dann? Wahrscheinlich wäre die Flotte durch den Providence Channel geradewegs in den Golfstrom hineingesegelt, und die Karavellen hätten sich, einmal in diese mächtige Strömung hineingezogen, nie mehr nach Süden zu wenden vermocht. Die Flotte hätte irgendwo zwischen Jupiter Inlet und Cape Canaveral die Küste von Florida berührt und sich wahrscheinlich auf Strand gesetzt. Oder, diesem Ozeangrab doch noch entronnen, wäre sie die Küsten von Georgia und Carolina entlanggefegt und (wenn ihr die Rückkehr überhaupt gelang) mit den Westwinden nördlich von Hatteras und Bermuda nach Spanien zurückgekehrt.

Es ist klar, dass ein solches Ergebnis der mit besonderen Absichten und Wünschen des Kolumbus und des Herrscherpaares unternommenen Reise für alle Welt höchst enttäuschend gewesen wäre, und es ist gleichermaßen fraglich, ob man ihm eine Wiederholung des Versuchs so bald wieder erlaubt hätte. Denn allein das Gold von Hispaniola und nichts anderes in der Neuen Welt übte große Anziehungskraft auf die Spanier aus. Der erwähnten Kursänderung hat man im Nachhinein große Bedeutung beigemessen, und zwar mit Recht, aber die meisten Zeugen schrieben sie dem Ratschlag Pinzóns zu. Das Tagebuch zeigt jedoch, dass die Vögel aus Nordamerika hierfür das Verdienst für sich in Anspruch nehmen dürfen.

Während des achten Oktobertags wurde der WSW-Kurs beibehalten. Am neunten zwang sie ein Wechsel des Windes, für 43 Meilen W zu N zu steuern, doch am zehnten machten sie 171 Meilen gute Fahrt auf Kurs WSW. Am fünften hatten sie Vollmond gehabt, sodass keine Gefahr bestand, am Land vorbeizufahren. Und in der Nacht vom 9. zum 10. Oktober hörten sie über sich ständig das Rauschen ziehender Vogelschwärme, die sie auch zuweilen im Mondlicht erblickten. Martín Alonso sprach bedeutsam zu seinen Leuten: „Diese Vögel wissen, was sie tun."

Trotz dieses ermutigenden Anzeichens war der 10. Oktober der kritischste Tag der ganzen Reise, denn durch die halsstarrige Beschränktheit seiner Leute war das Unternehmen nahe daran zu scheitern. Es wäre unfair, den Kampf zwischen Kolumbus und seinen Leuten als einen solchen zwischen einem tapferen Mann und einer Horde von Feiglingen zu bezeichnen. Es war auch keine Auseinandersetzung zwischen dem Wissenden und den Unwissenden. Man vergegenwärtige sich noch einmal die Ereignisse während der Fahrt, man denke an die beiden falschen Landsichtungen, die unzähligen „Anzeichen von Land", die sich aber nie bewahrheiteten; man betrachte die Position der Flotte am 10. Oktober auf einer heutigen Karte mit einem weggedachten Amerika und bedenke, dass die Schiffe nun schon dreißig Tage unterwegs waren, was alle vorherigen Segelleistungen auf dem Ozean um das Doppelte übertraf, dass sie seit langem die von Kolumbus für das Auffinden von Land vorausgesagte Stelle passiert hatten, was den Leuten bekannt war; man denke schließlich daran, dass keine noch so gut „frisierte" Berechnung die Lotsen über den wahren Sachverhalt täuschen konnte, dass die Schiffsführer deshalb ebenso sehr wie alle andern danach drängten umzukehren und ihre Besorgnis den Mannschaften mitteilten. Kann man bei alledem den einfachen Seeleuten einen berechtigten Vorwurf machen?

So kam es, dass sich am 10. Oktober, als die Flotte geradewegs auf die Bahamas zusteuerte und das nächste Land weniger als 200 Meilen voraus war, die schwelende Unzufriedenheit der Mannschaften in offener Meuterei Luft machte. Sie hatten genug und mehr als genug, die Schiffe sollten und mussten umkehren. Soweit wir aus Unterlagen sicher wissen, war diese Meuterei auf das Flaggschiff beschränkt, obgleich auch die Mannschaften der *Niña* und der *Pinta* zur Umkehr drängten. An Bord der *Santa María* befand sich eine Gruppe engstirniger, übergescheiter Basken und Galicier, für die, sowie für die übrige Mannschaft, der Generalkapitän nur ein Fremder war. Was Kolumbus niederschrieb (und was von Las Casas auszugsweise berichtet wurde), war kurz und traf den Nagel auf den Kopf; gleichzeitig verfuhr Kolumbus großmütig mit seinen Leuten: „Hier konnten die Leute es nicht länger aushalten, sie klagten über die lange Reise, aber der Admiral munterte sie auf, so gut er konnte, indem er ihnen Hoffnung auf die vielen Vorteile machte, die sie erwarten durften; und er fügte hinzu, dass es nutzlos sei zu klagen, denn er wäre ausgefahren, um nach Indien zu gelangen, und nun dürfe er nicht anhalten, bis er es gefunden habe mit der Hilfe unseres Herrn."

Vielleicht verlief nicht alles so dramatisch, wie es der Generalkapitän niederschrieb, denn später wurde in einem gewöhnlichen Bericht gesagt, dass er den Leuten versprochen habe umzukehren, wenn er nicht innerhalb von zwei oder drei Tagen Land sichten sollte. Natürlich wird er auch darauf hingewiesen haben, dass die Schiffe bei einem frischen Ostpassat und aufkommender See auf Heimatkurs sowieso nicht vorwärts kommen könnten, sodass es ebenso gut wäre, so lange weiterzufahren, bis sich das Wetter beruhigt hätte. Auf jeden Fall wurde die Meuterei unterdrückt.

Durch mehrere Prozesse und einen Teil der Kolumbus-Literatur zieht sich die Geschichte, dass der Admiral etwa in der zweiten Oktoberwoche die Hoffnung aufgegeben hatte oder durch die Haltung seiner Leute so eingeschüchtert war, dass er umzukehren beschloss; hiervon hätten ihn aber die Pinzóns abgebracht.

Die Erinnerung an dieses Zeugnis wurde wenigstens 22 Jahre später durch die vom *fiscal* oder Kronanwalt im Jahr 1515 und an ausgesuchte Zeugen in verschiedenen andalusischen Häfen gerichtete Suggestivfrage wachgerufen:

> *Wisst ihr, dass … nachdem sie 800 Leguas westwärts der Insel Ferro gefahren waren und der Admiral in dieser Zeit, 200 Leguas bevor er Land sichtete, weder wusste, wohin er sich wenden sollte, noch daran glaubte, Land entdecken zu können, er zu Martín Alonso Pinzón an Bord kam, um ihn zu fragen, was zu tun wäre, da sie schon 200 Leguas über die Stelle hinausgefahren wären, an der er Land vermutet hatte, welches sie also inzwischen erreicht haben müssten?*
>
> *Ferner: Wisst ihr, dass jener Martín Alonso Pinzón ausrief:* „Adelante, adelante! *Seht diese Flotte und den Auftrag, den uns die mächtigen Fürsten und Beherrscher Spaniens anvertrauten … doch wenn Ihr, mein Herr, umkehren wollt, so bin ich entschlossen weiterzufahren, bis ich Land finde, oder ich will nie mehr nach Spanien zurückkehren“, und ist euch bekannt, dass sie infolge seiner Anstrengungen und Ratschläge weiter vorwärts fuhren?*

Manche Zeugen sagten aus, was man von ihnen erwartete, und spielten diese Suggestivfrage noch mit passenden Ausschmückungen hoch.

Das Märchen vom zaghaften Landbewohner Colombo, das die draufgängerischen, seefahrenden Pinzóns verbreiten halfen, wurde im Lauf der Zeit und je länger sich dieser Fall hinschleppte, immer weiter aufgebauscht. Im Jahr 1536 sagte ein achtzigjähriger Vetter der Pinzóns, der behauptete, die Reise mitgemacht zu haben (was aber nicht stimmte), aus, dass, sieben Tage bevor sie Land ausmachten, Kolumbus eine Zusammenkunft berief, während der er die rebellische Haltung seiner Mannschaft genau schilderte und seine Kapitäne um Rat fragte, worauf Pinzón erwiderte: „‚Herr, lasst Eure Gnaden ein halbes Dutzend von ihnen aufknüpfen oder über Bord werfen, und wenn Ihr es Euch nicht getraut, so will ich mit meinen Brüdern an Bord kommen und es tun: Eine Flotte wie diese, die unter dem Befehl von so erhabenen Fürsten steht, kann nicht heimkehren, ohne gute Nachrichten zu bringen.‘ Und darauf waren alle guten Mutes. Don Cristóbal Colón sagte: ‚Martín Alonso, wir wollen diese Kerls zurechtweisen und sehen, wie es ein paar Tage weitergeht, und wenn wir kein Land auffinden, wollen wir uns wieder beratschlagen, was wir tun sollen.‘“

Alle diese Aussagen haben nur eine Tatsache gemeinsam, dass an einem Tag kurz vor der Landsichtung eine Besprechung der Kapitäne stattfand, dass die Pinzóns (oder Kolumbus) umkehren wollten und dass die Pinzóns (oder Kolumbus) beschlossen, noch für ein paar Tage weiterzufahren. Nun war es aber nicht so einfach, eine Zusammenkunft auf See abzuhalten, sie war bei hohem Seegang und starkem Wind unmöglich. Ein schweres Boot loszumachen und an primitiven Blöcken zu Wasser zu lassen, die Männer von zwei Schiffen herüberzurudern und an Bord eines dritten zu bringen war schwierig und gefährlich zugleich. Auch konnte man eine Unterhaltung von der beschriebenen Art nicht führen, indem man sich von Bord zu Bord etwas zurief, während man die Schiffe aus Furcht vor einem Zusammenstoß genügend weit voneinander abhielt. Wenn auf einem Schiff kurz vor der Landsichtung eine Zusammenkunft stattgefunden hat, so muss es am 9. Oktober gewesen sein, als der Wind veränderlich war und die Flotte nur 58 Meilen, oder am vorhergehenden Tag, als sie nur 33 Meilen zurücklegte.

Folgendes mag sich ereignet haben: Als am 9. Oktober der Kurs infolge einer leicht südlichen Veränderung des Windes auf W zu N geändert wurde, eines Windes, der so schwach war, dass sie nur ein wenig mehr als 2 Knoten machten, kamen Martín Alonso und Vicente Yáñez an Bord des Flaggschiffs, hielten mit Kolumbus eine mehr oder weniger stürmische Beratung in seiner Kabine ab, verlangten die Preisgabe der Suche nach Land und schlugen vor, Nutzen aus der südlichen Brise zu ziehen und sich auf den Heimweg zu machen. Doch Kolumbus, unterstützt durch das Erscheinen der Vogelschwärme, brachte es fertig, die Brüder für drei weitere Tage zum Aushalten zu überreden, worauf sie zu ihren verschiedenen Schiffen zurückruderten. Am 10. Oktober frischte dann der Wind bei Sonnenaufgang auf und gab der Flotte eine Geschwindigkeit von 7 Knoten, wodurch die Befürchtungen der Mannschaft der *Santa María*, sie könnten niemals mehr nach Spanien zurückgelangen, neue Nahrung fanden. So flackerte die Meuterei an jenem Tag auf. Kolumbus machte den Leuten die gleichen Versprechungen wie den Pinzóns, sodass am Abend die letzte Gefahr, das große Unternehmen im Augenblick seiner Verwirklichung aufgeben zu müssen, gebannt war.

Donnerstag, den 11. Oktober, blies der Passat den ganzen Tag über mit Sturmesstärke, die See ging höher als zu irgendeiner Zeit zuvor auf dieser Reise, und die Flotte brachte zwischen Sonnenaufgang und -untergang 78 Meilen hinter sich, was eine Durchschnittsgeschwindigkeit von 6,7 Knoten ergab. Da aber überall so viele Anzeichen von Land auftraten, „atmete jeder freier und wurde immer hoffnungsvoller". Die *Niña* fischte einen grünen Zweig mit einer kleinen Blume auf, die der an den Hecken von Kastilien wachsenden wilden Rose glich. Die *Pinta* sammelte gleich eine ganze Anzahl von Dingen auf: ein Rohr und einen Stock, ein Stück Brett, eine Küstenpflanze und „einen anderen kleinen Stock, der, wie es schien, mit Eisen bearbeitet", aber wahrscheinlich von einem Indianer mit einem Steinmesser geschnitzt worden war. Diese Gegenstände waren wohl von den Kleinen Antillen oder gar von Südamerika heraufgetrieben worden und erfüllten nun einen Zweck: Sie brachten alle Klagen zum Schweigen und bereiteten jedermann an Bord auf das baldige Ende dieser ersten Atlantiküberquerung vor.

16. Kapitel

LAND IN SICHT
11. BIS 14. OKTOBER 1492

Die Sonne ging gegen 5.30 Uhr nachmittags an einem klaren Horizont unter, jedermann auf den Schiffen suchte in der großen roten Scheibe eifrig nach den Umrissen von Land, doch vergeblich, kein

Land war zu sehen. Alle Mann gingen wie gewöhnlich ihren Verrichtungen nach und sangen, nachdem sie die Abendgebete gesprochen hatten, ihr vielstimmiges Salve regina, „das alle Seeleute nach altem Brauch auf ihre eigene Weise singen oder hersagen“, worauf Kolumbus vom Hinterschiff eine kleine Ansprache an seine Leute richtete, in der er sie an die Gnade Gottes erinnerte, mit deren Hilfe sie sicher und erfolgreich unter günstigen Winden und auf richtigem Kurs geführt worden seien, und sie mit Zeichen für eine baldige Besserung der Dinge tröstete; schließlich forderte er die Nachtwache nachdrücklich zu besonders scharfem Ausguck auf dem Vorschiff auf und erinnerte sie daran, dass er zwar Befehl gegeben habe, nicht während der Nacht zu segeln, nachdem sie 700 Meilen von den Kanarischen Inseln entfernt seien, dass er aber diese Nacht durchsegeln wolle, da er wisse, wie groß der allgemeine Wunsch sei, endlich Land zu erreichen. Daher müssten alle bestrebt sein, diese Verwegenheit durch besonders gute Wachsamkeit auszugleichen und scharf nach Land auszuschauen; und demjenigen, der es zuerst sichten würde, wolle er sein Seidenwams schenken, zusätzlich zur jährlichen Rente von 10000 Maravedis, die vom Herrscherpaar ausgesetzt sei. Der Jungmatrose sang beim Wachwechsel seinen kleinen Vers und kehrte die *ampolleta* um, der Bootsmann Chachu bellte sein kastilisches „Wache nach unten, legt nie-ie-der!“, und die neue Wache bezog mit weit offenen Augen ihre Posten.

Während der elfeinhalb Stunden seit Sonnenaufgang hatte die Flotte, getrieben von einem frischen Passatwind und der schwersten See auf der ganzen Reise, 78 Meilen gemacht, im Durchschnitt also beinahe 7 Knoten. Bei Sonnenuntergang schwoll der Wind zu Sturmesstärke an, bis die Schiffe mit 9 Knoten Fahrt dahinjagten. Zur selben Zeit befahl Kolumbus einen Kurswechsel, von WSW zurück auf den ursprünglichen Westkurs. Niemand hat erklärt, warum er dies tat. Er hatte die Reise mit einem direkt auf Japan gesteuerten Westkurs begonnen, und so wollte er wohl auch Land auf genauem Westkurs ausmachen. Es kann aber auch sein, dass eine Vorahnung Kolumbus zu dieser Kursänderung veranlasste. Trifft dies zu, so hatte sie ihr Gutes, denn auf einem WSW-Kurs hätte er Guanahani verfehlt und am nächsten Tag die Flotte leeseits an der langen, ungeschützten Küste von Long Island in eine gefährliche Lage gebracht.

Jeder, der sich bei Nacht auf einem Schiff unter Segel von einer unbestimmten Position aus dem Land nähert, weiß, welche gespannte Atmosphäre an Bord herrschen kann. Und diese Nacht vom 11. zum 12. Oktober war eine besondere für das Schicksal der Menschheit, die bedeutsamste, die es je auf einem Schiff in irgendeinem Meer gegeben hatte. Mit Ausnahme von einigen wenigen schlief niemand in dieser Nacht. Juan de la Cosa und die Pinzóns schritten auf dem hohen Achterdeck ihrer Schiffe unablässig auf und ab, ihre häufigen Befehle an die Rudersleute unten gaben sie in gereiztem Ton – Achtung, gradeaus, macht doch die Augen auf, soll ich runterkommen und die Stange selber anpacken? –, machten dann eine Pause, um unter dem Großsegel hinauszuspähen und einen raschen Blick über den westlichen Horizont schweifen zu lassen, worauf sie empor zu den Sternen schauten. Eine kurze Beratung folgte, ob die Segel zu verkleinern seien oder nicht; vielleicht vertraute Martín Alonso Pinzón seinem Lotsen Cristóbal García an: dass es ihm gar nicht passt, in diesem stürmischen Wetter mit vollen Segeln so dahinzujagen, wo es doch Sandbänke voraus geben kann, aber wenn dieser verrückte Genuese mit vollen Segeln fährt, können sie es auch; die *Pinta* hält es besser aus als dieser galicische Waschtrog und kann schneller beidrehen, wenn sich da vorn etwas zeigen sollte, und vor allem will ich, dass einer von euch Männern aus Palos diese *albricias* gewinnen soll, versteht ihr?

Die Ausguckleute auf dem Vorschiff und im Mastkorb führten leise Gespräche miteinander: – Hast du was gehört? Das hört sich ja wie Brecher an. – Blödsinn, ist nur die Bugwelle, die so rauscht … Unter solchen Umständen, wo jedermanns Nerven gespannt waren wie die Wetterbrassen, konnte fast sicher mit einem neuen falschen Landalarm gerechnet werden.

Eine Stunde vor Mondaufgang, um 10 Uhr abends, kam er. Kolumbus, auf dem erhöhten Achterdeck stehend, glaubte ein Licht zu sehen, „ein Etwas, so unsicher, dass er sich scheute, es für Land zu erklären“, doch er rief Pedro Gutiérrez zu hinzuschauen, und dieser meinte, er sähe es auch. Dann rief man noch Rodrigo Sánchez herbei, „doch dieser sah nichts, denn von seinem Platz aus konnte er überhaupt nichts sehen“. Man errät, dass Rodrigo von falschen Alarmen genug hatte und von der Kajütentreppe nur seinen Kopf etwas vorstreckte mit der Bemerkung, dass er nichts sähe. „Das Licht", sagte Kolumbus, „war wie die Flamme einer kleinen Wachskerze, auf- und niederflackernd", aber er sah es nur ein- oder zweimal, nachdem er mit Gutiérrez gesprochen hatte.

In diesem Augenblick glaubte ein Matrose namens Pedro Yzquierdo ein Licht zu sehen und schrie: *„Lumbre! Tierra!"* Pedro de Salcedo, Kolumbus' Page, rief mit seiner Jungenstimme: „Mein Herr hat es schon gesehen!", und Kolumbus, der den Ruf gehört hatte, fuhr dem Mann mit den Worten über den Mund: „Ich sah und sprach über das Licht, das da an Land brennt, schon eine Weile vorher."

Was hatte es für eine Bewandtnis mit diesem Licht, das einer Wachskerze glich, hin und her flackernd, das, wie Kolumbus selbst zugab, nur wenige außer ihm bemerkten? Es konnte kein Feuer oder ein ähnliches Licht auf San Salvador oder einer anderen Insel gewesen sein, denn die Flotte war, wie die Landsichtung vier Stunden später bewies, um 10 Uhr abends 35 Meilen von der Küste entfernt. Das heutige Feuer auf San Salvador mit einer Lichtstärke von 400 000 Kerzen, 50 Meter über dem Meeresspiegel, ist auf eine solche Entfernung nicht annähernd sichtbar. Ein Schriftsteller entwickelte die Theorie, dass das Licht von den Fackeln fischender Indianer herrührte – warum nicht auch von einer brennenden Zigarre? –, doch steht fest, dass Indianer nicht in 3000 Faden tiefen Gewässern und in 35 Meilen Entfernung von der Küste, noch dazu in einer Sturmnacht, auf Fischfang gehen. Das Licht entsprang vermutlich nur der Einbildung Kolumbus', der sich nach einem Tag voller Anzeichen von Land in einem Zustand höchster Anspannung befand. Kolumbus gab zu, dass nur wenige glaubten, es gesehen zu haben. Jeder, der einige Erfahrung mit Landsichtungsversuchen bei Nacht in einer sturmbewegten See hat, weiß, wie leicht man getäuscht werden kann, besonders wenn man ungeduldig nach einem solchen Licht sucht.

Am 12. Oktober, um 2 Uhr morgens zog der abnehmende Mond etwa 70° hoch über dem Orion an Backbord achtern seine Bahn, und in dieser Stellung beleuchtete er alles, was den Schiffen vorauslag. Jupiter ging im Osten auf, Saturn war eben untergegangen, und Deneb näherte sich dem westlichen Horizont, auf den aller Augen gerichtet waren. Da hing das Viereck des Pegasus, und etwas höher nach Norden zu stand Kassiopeias Thron. Die Wächter der Polaris, auf 15° hinter dem „Fuß", zeigten den Lotsen an, dass es die zweite Stunde nach Mitternacht war. Angeführt von der *Pinta* fegten die drei Schiffe mit ihren im Mondenschein wie Silber glänzenden Segeln dahin. Ein tüchtiger Passat blies und trieb die Karavellen rollend und auf- und niedertauchend im spritzenden Gischt über die letzte unsichtbare Schranke zwischen der Alten und der Neuen Welt hinweg. Nur wenige Augenblicke noch, und ein Zeitalter würde versinken, das seinen Anfang im grauesten Altertum genommen hatte.

Rodrigo de Triana, Ausguckmann auf dem Vorschiff der *Pinta*, sah auf einmal etwas wie eine weiße Klippe, die am westlichen Horizont im Mondschein schimmerte, dann noch eine und dazwischen eine schwarze Linie von Land. *„Tierra! Tierra!“* schrie er, und diesmal war es wirklich Land.

Martín Alonso Pinzón ließ, nachdem er sich mit einem raschen Blick vergewissert hatte, den vereinbarten Schuss aus der schon geladenen Bombarde abfeuern und die Segel verkleinern, um die Befehle vom Flaggschiff abzuwarten. Sobald die *Santa María* nahe genug herangekommen war (so erinnerte sich der Steward der *Pinta* viele Jahre später), rief Kolumbus hinüber: „Señor Martín Alonso, Ihr habt Land gefunden!“, und Pinzón antwortete: „Herr, die Belohnung ist nicht verloren“, worauf ihm Kolumbus die Worte zurückgab: „Ich mache Euch fünftausend Maravedis zum Geschenk!“

Nach Kolumbus’ Berechnung lag das Land in etwa 6 Meilen Entfernung. Die Flotte hatte in den achteinhalb Stunden seit Sonnenuntergang 65 Meilen gemacht, was etwas mehr als durchschnittlich $7^1/_2$ Knoten war; nach unserer Berechnung befand sie sich in der Nähe des 24. Breitengrads N und auf 74° 20’ W-Länge, als Rodrigo seinen Alarmruf ausstieß.

Da die Flotte geradeaus auf eine Leeküste zufuhr, ordnete Kolumbus in kluger Vorsicht an, alle Segel mit Ausnahme des *papahigo* zu bergen; und so, mit scharf gebrasstem Großsegel und Backbordhalsen, dümpelten die *Santa María*, die *Pinta* und die *Niña* während der restlichen zweieinhalb Stunden der mondhellen Nacht in sicherer Entfernung von den Brechern hin und her. Die Windseite der Insel ist heute übersät mit den Wracks von Schiffen, die diese Vorsicht außer Acht ließen.

Seit den Fahrten der Nordmänner war Kolumbus der erste Europäer, der wieder westliches Land sichtete. Es war die Ostküste einer der Bahamainseln. Es besteht kein Zweifel daran, dass es die Insel Guanahani war, die Kolumbus nach dem Heiland benannte, das heutige San Salvador.

San Salvador ist eine Koralleninsel von 20 Kilometer Länge und 10 Kilometer Breite, die 24. Breitenparallele und der Meridian 74° 30' westlich von Greenwich kreuzen sich in der Nähe ihres Zentrums. Die ganze Insel ist, mit Ausnahme von etwa 2 Kilometern an der West- oder Leeseite, von gefährlichen Riffen umgeben. Bei Tagesanbruch wird Kolumbus' Flotte einem Punkt nahe der Hinchinbrooke Rocks, querab vom südöstlichen Landende, zugetrieben worden sein. Mit vollen Segeln brach sie auf und suchte eine Öffnung im vorgelagerten Sperrriff, wo sie in Sicherheit Anker werfen und Boote an Land senden konnte. Die erste Lücke, die sie möglicherweise entdeckten, da sie auch in dem schweren Seegang leicht genug zu erkennen war, bot sich ungefähr 5 Meilen nördlich vom Südwestende der Insel an ihrer Westküste. Hier umfuhren die Karavellen einen einzeln herausragenden Brecherfelsen, genannt Gardiner Reef, brassten scharf die Segel und liefen in eine seichte Bucht ein – die Long oder Fernández Bay –, wo sie vor allen Winden zwischen N zu O und S zu W geschützt waren. Einem hell schimmernden Korallenstrand gegenüber fanden sie in fünf Faden Wassertiefe guten Ankergrund.

An einer Stelle dieses Strands der Long oder Fernández Bay vollzog sich die berühmte Landung des Kolumbus, die so oft von Künstlern auf Bildern dargestellt worden ist, ohne aber je den richtigen Eindruck der Örtlichkeit wiederzugeben. Der Tagebuchauszug von Las Casas und die Biografie des Kolumbus von seinem Sohn Ferdinand, der dazu das echte Tagebuch benutzte, sind die einzigen zuverlässigen Quellen, die wir über dieses Ereignis besitzen. Trägt man beide zusammen, ergibt sich folgende Beschreibung:

> *Nach kurzer Zeit bemerkten sie nackte Menschen, und der Admiral ließ sich in dem mit Waffen ausgerüsteten Schiffsboot, das die Königsstandarte gesetzt hatte, an Land rudern. In gleicher Weise verfuhren die Kapitäne der* Pinta *und der* Niña, *Martín Alonso und sein Bruder Vicente Yáñez, die in ihren Booten ankamen. Sie fuhren unter den Bannern der Expedition, die ein grünes Kreuz zeigten mit einem von einer Krone beschirmten F und Y über jedem Querbalken. Und wie alle auf der Erde niederknieten, sie mit ihren Händen fassten und mit Tränen der Freude in ihren Augen Gott, dem Herrn, für seine grenzenlose Gnade, sie hierher gebracht zu haben, dankten, erhob sich der Admiral und taufte die Insel auf den Namen San Salvador.*

Die erste Landung des Kolumbus in der Neuen Welt auf der Insel Guanahani (San Salvador) am 12. Oktober 1492

Darauf berief er die beiden Kapitäne zu sich, ferner Rodrigo de Escobedo, den Schreiber der Armada, sowie Rodrigo Sánchez aus Segovia und versammelte alle, die an Land gekommen waren, um sich; und in Anwesenheit vieler Eingeborenen dieses Landes, die herbeigelaufen waren, ergriff er Besitz von dieser Insel im Namen Ihrer katholischen Majestäten mit angemessenen Worten und feierlichen Handlungen. Sogleich riefen ihn die Christen als Admiral und Vizekönig aus und schworen ihm als dem Statthalter Ihrer Hoheiten Gehorsam. Sie bezeigten dabei große Freude und Begeisterung, als ob der Sieg nur ihnen zu danken wäre, und baten um Vergebung ihrer Vergehen, die sie an ihm durch ihre Furchtsamkeit und ihren Wankelmut begangen hatten. Da viele Indianer in Gruppen hinzukamen, um der Feierlichkeit beizuwohnen, und sich mitfreuten, gab ihnen der Admiral, als er sah, dass es freundliche und friedliche Menschen von großer Einfachheit waren, kleine rote Mützen zum Geschenk sowie Glasperlen, die sie sich um den Hals hängten, und andere Sachen von geringem Wert, die sie aber alle hoch einschätzten.

Bei diesem Punkt angelangt, beginnt Las Casas damit, die *palabras formales* (genauen Worte) des Admirals zu zitieren. So gut es Worte vermögen, können wir aus ihnen den Eindruck entnehmen, den dieser Zweig der amerikanischen Indianer auf die Vorhut jener Rasse machte, die ihn binnen kurzem zu Sklaven machen und ausrotten würde.

Um ihre Freundschaft zu gewinnen, weil ich sah, dass sie Menschen waren, die besser durch Liebe als durch Gewalt befreit und zu unserm Glauben bekehrt würden, schenkte ich einigen von ihnen rote Mützen, anderen aber Glasperlen, die sie sich um den Hals hängten, sowie viele Dinge von geringem Wert, worüber sie sich sehr freuten; sie befreundeten sich so sehr mit uns, dass wir uns verwunderten; und später schwammen sie zu unsern Schiffsbooten, als wir wieder eingestiegen waren, brachten uns Papageien und Baumwollschnüre in Bündeln und Wurfspeere und viele andere Dinge, und wir tauschten sie ein gegen Sachen, die wir ihnen gaben, wie kleine Glasperlen und Falkenglöckchen. Schließlich gaben sie im Tausch gutwillig alles her, was sie hatten, doch schien es uns, dass diese Menschen sehr arm waren in allen Dingen. Sie laufen nackt herum, so wie sie von ihren Müttern geboren werden, was auch für die Frauen gilt, obgleich ich nur ein wirklich junges Mädchen erblickte. Alle, die ich sah, waren junge Männer und nicht über dreißig Jahre alt, gut gebaut und von gefälliger Gestalt und mit hübschen Gesichtern, mit grobem Haar, wie die Schwanzhaare der Pferde, aber kurz; sie tragen es über die Stirn und Augenbrauen fallend, mit Ausnahme eines Schopfes am Hinterkopf, dessen Haar lang ist und nie geschnitten wird. Einige von ihnen malen sich schwarz an (ihre Hautfarbe ist wie die der kanarischen Insulaner, weder schwarz noch weiß), andere weiß oder rot oder mit einer Farbe, die sie gerade haben. Manche bemalen sich das Gesicht oder den Körper, andere wieder nur die Nase. Sie tragen keine Waffen, die sie nicht einmal kennen, denn als ich ihnen Schwerter zeigte, griffen sie aus Unwissenheit in die Schneide und schnitten sich daran; Eisen besitzen sie nicht. Sicher sind sie gute Diener und geschickt, denn ich bemerkte, dass sie alles schnell nachmachten, was ihnen gesagt wurde, und ich glaube, dass sie zu guten Christen gemacht werden können, weil es scheint, dass sie keine Religion besitzen. Mit Gottes Gnade werde ich sechs von ihnen bei meiner Abfahrt mitnehmen und sie Euren Hoheiten zuführen, damit sie die Sprache lernen mögen. Ich sah kein Tier auf dieser Insel außer Papageien.

In seinem Brief an das Herrscherpaar, der sofort in Barcelona gedruckt und in lateinischer Übersetzung in ganz Europa verbreitet wurde, hob Kolumbus die Freundlichkeit und Freigebigkeit der Eingeborenen mit den Worten hervor:

Sie sind so arglos und so freigebig mit allem, was sie haben, dass es niemand glauben wird, der es nicht gesehen hat; bei allem, was sie besitzen, sagen sie niemals Nein, wenn man es haben will, im Gegenteil, sie fordern einen auf, es mit ihnen zu teilen, und zeigen dabei so viel Liebe, als ob sie ihre Herzen verschenkten, und sie sind mit dem Geringsten zufrieden, was man ihnen dafür gibt, ganz gleich, ob es eine Sache von Wert oder wertlos ist. Ich verbot, ihnen so wertloses Zeug wie Scherben, Glasstücke oder Schnurspitzen zu geben, obgleich sie dachten, sie hätten die schönsten Juwelen der Welt, wenn sie sie bekommen konnten.

Diese Arglosigkeit und Freigebigkeit der unberührten Wilden weckte unglücklicherweise die schlimmsten Instinkte von Habgier und Rohheit im Durchschnittseuropäer. Selbst die Menschlichkeit des Admirals scheint nur zweckbedingt und ein Mittel zu möglicher Versklavung und Ausbeutung gewesen zu sein. Den geistigen Köpfen Europas aber schien es, dass Kolumbus einige tausend Jahre zurückgeschritten sei, dass er Menschen angetroffen habe, die im Goldenen Zeitalter lebten, in der Morgenröte der Menschheit, die nur in der Einbildung von Schöngeistern bestand. Durch Kolumbus' Entdeckung glaubten die Europäer plötzlich, ihre Urahnen im Naturzustand wieder gefunden zu haben, ehe die Büchse der Pandora sich öffnete. Das Märchen vom „edlen Wilden", das im 18. Jahrhundert zu höchster Blüte kam, begann am 12. Oktober 1492 in Guanahani.

Diese Indianer von den Bahamas und in der Tat alle, denen Kolumbus auf seiner ersten Reise begegnete, gehörten der so genannten Tainokultur und der Sprachengruppe der Arowaken an. Ihre Vorfahren waren vom südamerikanischen Festland eingewandert, und innerhalb eines Jahrhunderts vor der Reise des Kolumbus hatten sie sich, von Haiti abwandernd, ausgebreitet, waren auf Kuba, Jamaika und den Bahamas eingefallen und hatten einen früheren, noch primitiveren Stamm zurückgedrängt oder versklavt. Die Tainos waren schon ziemlich fortgeschritten in der Zivilisation, betrieben den Anbau von Mais, Jams und anderen Knollenpflanzen, sie verstanden Brot aus Yucca zu machen, Baumwolle zu spinnen und zu verweben, fertigten schöne braune Töpfereien mit allerlei Zierraten, grotesken Köpfen und Ornamenten an, benutzten Werkzeuge, aus Muscheln geschnitten, und lebten in Hütten, die sie auf hölzernen Pfählen erbauten und mit Palmwedeln bedeckten. Die von Kolumbus erwähnte breite, niedrige Stirn rührte daher, dass die Indianer den Kopf der kleinen Kinder zwischen Holzbrettern künstlich platt pressten.

Sehr bemerkenswert ist auch, dass Kolumbus stets Vergleiche mit afrikanischen oder klassischen Vorbildern zog. Er hatte erwartet, krausköpfige Schwarze wie an der Küste von Guinea vorzufinden, weil Aristoteles gelehrt hatte, dass dieselben Menschen und Erzeugnisse der Natur in denselben Breiten vorkämen, dann überlegte er sich aber, dass er sich auf derselben Breite wie Ferro befand – übrigens ein Irrtum von 3° 41' – und dass es deshalb nicht erstaunlich war, Menschen von derselben braunen Hautfarbe wie die der Guanches, der Ureinwohner der Kanarischen Inseln, anzutreffen.

Obgleich die Tainos das primitive Jägervolk mit ihrer einzigen Waffe, einem kurzen, mit einem Fischzahn oder einer feuergehärteten Spitze versehenen Speer, zurückgetrieben hatten, waren sie doch nicht imstande, den Kariben Widerstand zu leisten, die sie gelegentlich von den Karibischen Inseln aus überfielen. Viel weniger noch waren sie darauf vorbereitet, der Beherrschung durch die Spanier etwas entgegenzusetzen. Und aus den Schlusssätzen in Kolumbus' Tagebuch vom 12. Oktober geht klar hervor, dass er am gleichen Tag, an dem er diese erste Entdeckung machte, den finsteren Gedanken fasste, dass diese Menschen sehr leicht versklavt werden könnten. Am 14. Oktober schrieb er nieder: *Diese Menschen sind völlig unbewandert im Waffenhandwerk … mit fünfzig Mann könnten sie sämtlich leicht unterworfen und zu allem gebracht werden, was wir von ihnen wünschen.* Es ist eine traurige, aber bezeichnende Tatsache, dass von allen Indianern des Karibischen Meeres nur diejenigen übrig blieben, die sich zu wehren gewillt und dazu fähig waren. Die Tainos, die einen so freundlichen Eindruck auf Kolumbus machten, die ebenso angenehm wie willfährig waren, sind seit langem ausgestorben.

Der einheimische Name der Insel, Guanahani, bedeutet *iguana*, Leguan, ein dort inzwischen ausgestorbenes Reptil. Kolumbus beschrieb die Insel als *sehr groß und flach und mit grünen Bäumen bestanden, mit vielen Gewässern und einem sehr großen See in ihrem Innern, aber ohne Berge, alles ist so grün, dass es ein Vergnügen ist, sie anzuschauen.* Die Insel wird von Salzwasserlagunen durchzogen, von denen die größte nur hundert Meter vom Strand, an dem Kolumbus landete, entfernt ist; die höchste Erhebung misst 42 Meter über dem Meeresspiegel. Kolumbus sah Wälder mit Bäumen, den schönsten, die er je erblickt hatte, *und so grün und blätterreich wie jene in Kastilien in den Monaten April und Mai.* Reisende, die San Salvador und die anderen Bahamainseln aufsuchten, bezeichneten Kolumbus' Beschreibung der Natur als überschwänglich.

Nach ihrer Ansicht wollte er durch dickes Auftragen größeren Eindruck auf das Herrscherpaar machen.

Nach einer langen und gefahrvollen Seereise erscheint dem Seemann jedes Land schön und jede Frau reizvoll, aber Kolumbus' Beschreibung der Bahamas im Jahr 1492 war gewiss nicht übertrieben. Zu dieser Zeit waren sie außerordentlich fruchtbar und von dichtem, hohem tropischem Urwald bedeckt. Spät im 18. Jahrhundert rodeten englische Kolonisten einen großen Teil des Waldes, um Inselbaumwolle zu pflanzen. Hierdurch erschöpfte sich der Boden, außerdem wurde die Insel durch häufige Orkane heimgesucht. Als die Baumwollkultur nichts mehr einbrachte, wurden die Anpflanzungen aufgegeben. Heute ist die Insel überwiegend mit sekundärem Busch bedeckt. Riesenbäume, wie sie zur Herstellung der von Kolumbus erwähnten Kanus verwendet wurden, sind nicht mehr vorhanden. Nahe einer Binnenlagune auf San Salvador bekamen wir ein Stück Urwaldrest zu sehen, dessen Üppigkeit und Schönheit Kolumbus' Lob verdient.

Den ganzen Samstag, den 13. Oktober, über ankerten die Karavellen in der Long Bay und waren dauernd umschwärmt von einer Unmenge von hin- und herfahrenden Kanus, während die Spanier abwechselnd ihren Küstenurlaub mit Wanderungen durch die Eingeborenensiedlungen verbrachten, einen kleinen Privathandel um Kuriositäten betrieben, was Seeleute so gern tun, und dabei sicherlich auch die schönen Mädchen nicht übersahen, die auf Guanahani nicht anders waren als in anderen Ländern.

Der Admiral bemühte sich, von den Eingeborenen mit Zeichen und Gebärden so viel wie möglich zu erfahren; übrigens war sein arabischer Dolmetscher in dieser Gegend Indiens ohne jeden Wert. Samstagnacht entschloss er sich, die Suche nach Japan fortzusetzen, hier war keine Zeit zu verlieren. Zuerst musste aber San Salvador erforscht werden. Am Sonntagmorgen bestiegen seine Männer die drei Schiffsboote und ruderten mit dem Admiral nach Norden die Leeküste entlang, *um die andere Seite kennen zu lernen, welche die Ostseite war, und zu erforschen, was es dort gab und ob sich Dörfer vorfanden; bald aber erblickte ich zwei oder drei, und ihre Bewohner kamen alle an den Strand gelaufen, riefen laut und dankten Gott. Einige brachten uns Wasser, andere Nahrungsmittel. Wieder andere stürzten sich, als sie bemerkten, dass ich keine Miene machte zu landen, ins Meer und schwammen zu den Booten, und wir verstanden, dass sie fragten, ob wir vom Himmel kämen.*

Das war der Ort, der heute als Grahams Harbor bekannt ist, eine von Riffen in Form eines auf dem Kopf stehenden V umgebene Wasserfläche. An drei oder vier Stellen erheben sich die Riffe so hoch, dass sie sichtbare Bänke bilden; und bei einer dieser Bänke im Westen, dem Green Cay, befindet sich eine gute Bootseinfahrt von 2 Meter Wassertiefe. An dieser Stelle, eher als durch den High-Reef-Kanal, der für den Fremden schwer zu finden ist, fuhren die Boote vermutlich in den Hafen. *Drinnen waren einige seichte Stellen*, bemerkte Kolumbus richtig, *aber die See ist dort so ruhig wie in einem Brunnen.* Die stillen Gewässer innerhalb solcher Korallenriffhäfen sind immer wieder eine angenehme Überraschung für den Seemann.

Kolumbus' Boote ruderten quer durch den Hafen, ungefähr zwei Meilen ostwärts, wo sie zu einer felsigen Halbinsel kamen, die sich von der Nordseite von San Salvador ins Meer erstreckt und die zur Hälfte fast eine Insel ist, wenigstens *könnte sie in zwei Tagen zu einer Insel gemacht werden*, und die gut für eine Festungsanlage geeignet war. Nachdem sie den Hafen in Augenschein genommen hatten, kehrten sie in ihren Booten zu den in der Long Bay ankernden Schiffen zurück, was eine Ruderstrecke von einigen zwanzig Meilen hin und zurück ausmacht, und bald darauf setzte die Flotte Segel und nahm Kurs auf Cipangu.

So endeten 48 Stunden der wunderbarsten Erfahrungen, die vielleicht jemals ein Seemann machte. Andere Entdeckungen mögen eindrucksvoller gewesen sein als diese kleine, sandige Insel. Aber hier enthüllte der Ozean das Geheimnis, das die Europäer vor ein Rätsel gestellt hatte, seit sie danach zu forschen begonnen hatten, was hinter dem Rand des westlichen Horizonts lag. Fremdartigere Völker als die sanften Tainos, exotischere Pflanzen als die grüne Pracht von Guanahani sind, selbst von den Portugiesen, schon vor Kolumbus entdeckt worden, aber die Entdeckung Afrikas war doch letzten Endes nur ein weiteres Erschließen eines Erdteils, auf das man schon einen Blick geworfen hatte, während San Salvador, das nach einer 33-tägigen ununterbrochenen Fahrt Richtung Westen plötzlich aus dem Meer emporstieg, einen scharfen Bruch mit allen früheren Erfahrungen bedeutete. Jeder Baum, jede Pflanze, die die Spanier erblickten, war ihnen fremd, die Eingeborenen waren nicht nur fremdartig, sie tauchten auch gänzlich unerwartet auf, ihre Sprache war unbekannt, und sie glichen keiner Rasse, über die selbst die klügsten Forscher in den Reisebeschreibungen von Herodot bis Marco Polo gelesen hatten. Niemals wieder werden sterbliche Menschen hoffen dürfen, ein solches Erstaunen und Wundern, eine solche Verzückung zu erleben, wie die Männer in jenen Oktobertagen im Jahr 1492, als die Neue Welt den kastilischen Eroberern anstandslos ihre Jungfräulichkeit preisgab.

17. Kapitel

AUF DER SUCHE NACH JAPAN
14. BIS 28. OKTOBER 1492

Gehörte diese Insel wahrhaftig zu Indien? Das war wohl die erste Frage, die sich Kolumbus stellte, als er Guanahani erreichte, und es wird auch die letzte Frage gewesen sein, als er auf der Heimreise alle seine Entdeckungen überdachte. Oder war sie nur eine atlantische Insel wie Antillia? Man darf behaupten, dass das letzte Ziel aller Reisen des Admirals während der nächsten sechs Jahre eine einzige Suche nach einem Beweis war, um die zweite quälende Frage mit einem endgültigen „Nein“ beantworten zu können. San Salvador musste zu Indien gehören, denn es lag dort, wo Indien liegen sollte; und der sichere Hinweis auf „Indien“ war nach Auffassung eines jeden Mannes in der Flotte Gold. Man hatte bisher nicht viel davon gesehen, nur einige kleine Goldstückchen, die „von einer Art im Nasenflügel befestigten Nadeletui herabhingen“, aber es war definitiv Gold und folglich auch aus Indien. Trotzdem konnte dieses Guanahani nicht Japan sein, das große goldene Cipangu, das von weißen, zivilisierten Menschen bewohnt war. Marco Polo hatte über Cipangu berichtet: „Der König der Insel [Japan] hat einen stolzen Palast, dessen Dach aus feinstem Gold ist, gerade wie unsere Kirchen mit Dächern von Blei gedeckt sind. Alle Fenster dieses Palastes sind mit Gold verziert, der Boden der Hallen und vieler Zimmer ist mit goldenen Platten belegt, und jede Platte ist gut zwei Finger dick. Und es gibt Perlen in großer Menge …“ So stand es in Kolumbus' persönlichem Exemplar des Buches von Marco Polo.

Auf zwei Weltkarten des 15. Jahrhunderts, der Genueser von 1457 und dem Globus von Behaim von 1492, lag Cipangu (denn so hatte Marco Polo berichtet) einige 1500 Meilen östlich der Küste von China. Nördlich davon war ein Archipel von großen und kleinen Inseln. Kolumbus trieb der Wunsch zu glauben, und so glaubte er tatsächlich, dass er den äußeren Rand dieses Archipels erreicht habe, den seine Flotte nun in südwestlicher Richtung durchfahren müsse, um auf Cipangu zu stoßen; und falls man Japan verfehlte, musste man immer noch an die Küste Chinas gelangen. Es schien klar zu sein, dass die von den Eingeborenen Guanahanis zur Schau getragenen kleinen Schmuckstücke aus Gold aus anderen Gegenden kamen. Die Namen Cipangu, Cathay, Gran Can kam den einfachen Gemütern der Wilden nicht bekannt vor, sosehr sie sich auch bemühten, gefällig zu sein; doch durch Zeichen gaben sie dem Admiral zu verstehen, dass andere Inseln, vielleicht sogar ein Kontinent, über den ganzen Bogen des Horizonts zwischen Nordwesten und Süden verteilt waren. Irgendwo in dieser Richtung musste Cipangu liegen. Deshalb schloss Kolumbus sein Tagebuch vom 13. Oktober mit den Worten: *Ich beabsichtige, mich aufzumachen und zu versuchen, ob ich die Insel Japan finden kann.* In der Tat war der ganze übrige Teil der ersten Reise eine einzige Suche nach Gold und Cipangu, Cathay und dem Großkhan, aber in erster Linie nach Gold. Er mochte in allem anderen versagen, nur Gold musste er nach Hause bringen, schon um dadurch den Erfolg seiner Unternehmung zu beweisen.

Am Nachmittag des 14. Oktober segelte die Flotte also mit SW-Kurs von San Salvador ab. Die sechs Indianer, die Kolumbus als Führer und künftige Dolmetscher in Gewahrsam genommen hatte, deuteten mit den Armen einen großen Bogen über den westlichen und südlichen Horizont an „und nannten mehr als hundert Inseln bei ihren Namen". Offenbar entschied sich Kolumbus nach dieser Angabe für Südwesten. Mit leicht geblähten Segeln zog die Flotte vor einem mäßigen Passat ihres Weges. Am späten Nachmittag, als sie sich 15 Meilen von San Salvador entfernt befanden, sichteten sie, wie es ihnen schien, eine Kette von sechs Inseln, worauf der Admiral Befehl gab, die größte von ihnen anzusteuern. Als sie sich näherten, flossen die sechs Teile zu einem Ganzen zusammen, denn es waren alles Hügel einer einzigen Insel. Sie erreichten zur Mittagszeit des folgenden Tages das Land. Kolumbus nannte diese zweite Insel auf seiner Entdeckungsfahrt Santa María de la Concepción, in gläubiger Verehrung des Mysteriums von der unbefleckten Empfängnis der Heiligen Jungfrau. Ihr jetziger Name ist Rum Cay.

Montag, der 15. Oktober, muss ein ungewöhnlich klarer Tag gewesen sein, denn querab von der Südostspitze von Rum Cay sah Kolumbus „eine noch größere Insel im Westen". Das war Long Island, 22 Meilen entfernt. Kolumbus fuhr die Südküste von Rum Cay entlang, und bei Sonnenuntergang ankerte er unter Sandy Point am Südwestende. Es sah hier gewiss nicht nach Cipangu aus, doch wie Kolumbus den Aussagen seiner unfreiwilligen Führer entnommen hatte, sollten die Bewohner schwere Arm- und Fußringe aus Gold tragen, sodass die Insel näher untersucht werden musste. Doch goldene Armringe und Fußspangen gab es nicht; diese Geschichte war augenscheinlich „völliger Unsinn", weil die Boten von San Salvador nur deshalb vor Rum Cay ankern wollten, „um zu entfliehen". Einer war schon in der vergangenen Nacht an Land geschwommen, und während sich der Admiral an Land befand, sprang ein anderer Guanahanijunge in ein Kanu, das von Rum Cay längsseits gekommen war. Die Insassen paddelten so schnell weg, dass die Spanier ihnen in ihrem schweren Schiffsboot nicht folgen konnten.

Diese Ereignisse und Unternehmungen spielten sich bereits am frühen Morgen des 16. Oktober ab. Die indianischen Führer, die durch die Unrichtigkeit ihrer vorherigen Angaben keineswegs aus der Fassung gebracht wurden, machten Kolumbus jetzt mit unschuldigen Mienen neue Hoffnung auf die schon gesichtete Insel, „wo es eine Menge Gold geben sollte, denn dort trügen die Eingeborenen Schmuck in Form von Ringen an Armen, Beinen, in den Ohren, der Nase und um den Hals". Den ganzen Tag über fuhr die Flotte mit leichtem Südwind westwärts. Auf halbem Weg im Kanal lasen sie einen Eingeborenen in einem Kanu auf, der offenbar von San Salvador kam, denn er hatte eine Kette Glasperlen und zwei kleine Münzen in seinem Korb *sowie einige trockene Blätter, die beim Volk in hohem Wert stehen mussten, da sie mir in San Salvador als Gabe gebracht wurden.* Sicherlich waren es Tabakblätter, doch sahen die Spanier niemand rauchen, bis sie nach Kuba kamen.

Kolumbus taufte diese nächste Insel Fernandina nach dem König von Kastilien und Aragonien. Diese Namensgebung zu Ehren des Königs hat seit langem dem landläufigeren Long Island, Lange Insel, Platz gemacht, deren Name gut zu dieser 100 Kilometer langen und nirgends über 7 Kilometer breiten Insel passt. Von Fernandina berichtete Kolumbus, dass *die Insel sehr flach ist, ohne solche Berge wie auf San Salvador und Santa María.*

Querab von einem Dorf in der Nähe des heutigen Burnt Ground kam die Flotte dicht an die Küste heran, doch konnte sie, solange es noch Tag war, keinen guten Ankerplatz finden, sodass die Schiffe während der Nacht beilegen mussten. Kolumbus schickte einen Kundschafter an Land, der den Eingeborenen von Long Island so viel Schönes von den „vom Himmel gesandten Männern" erzählte, dass alsbald ein Schwarm von Kanus zu den Schiffen paddelte und „Wasser und was sie besaßen" brachte. Wasser ist auf den Bahamas ein kostbares Gut, weil es dort im gesamten Archipel nicht einen einzigen Fluss oder Strom gibt; Süßwasser kann man also nur durch Auffangen von Regenwasser oder aus eigens gegrabenen Brunnen gewinnen. Die freiwilligen Wasserträger wurden mit Glasperlen, Tamburinglöckchen aus Messing und Schnurspitzen belohnt (metallenen Enden von Schnüren, die anstelle von Knöpfen zum Schließen des Männerrockes verwendet wurden); und diejenigen, die an Bord kamen, wurden mit Zuckersirup bewirtet. Es fällt uns schwer, uns in eine Zeit hineinzuversetzen, da Sirup noch etwas Besonderes in Westindien war; aber tatsächlich verging eine lange Zeit, bis die Spanier das Zuckerrohr von Afrika einführten. Davor war hier der wilde Honig für die Tainos der einzige Süßstoff.

Am nächsten Morgen (17. Oktober) um neun Uhr wurde das Boot des Flaggschiffs zum Wasserholen an Land geschickt. Die Eingeborenen führten die Matrosen zu ihren Brunnen und brachten die gefüllten Fässer diensteifrig zurück in die Boote. Diese Hilfsbereitschaft der Indianer gegenüber den Spaniern, die überall herrschte, wo die Fremden landeten, brachte den Indianern Unglück. Kolumbus selbst bemerkte vor Beendigung der Reise: *Außer der Kenntnis ihrer Sprache zur Erteilung unsrer Befehle mangelte es uns an nichts, weil sie jeder gegebenen Weisung sofort und ohne Widerstand gehorchten.* Jeder einzelne Mann in der Flotte, vom Admiral herab bis zum Schiffsjungen, war überzeugt, dass kein christlicher Mensch in Indien je die Hand zur Arbeit zu rühren brauchte, sodass sich ihnen die berückende Aussicht eröffnete, durch die Ausbeutung der Arbeitskraft friedfertiger Eingeborener reich zu werden.

Kolumbus fiel auf Long Island die Abwesenheit von Schafen, Ziegen oder sonstigen Tieren, mit Ausnahme von Vögeln, auf; und in der Tat ist das Fehlen von Säugetieren ein besonderes Kennzeichen der Fauna von Westindien. Außerdem berichtet Kolumbus von einem außergewöhnlichen Baum, der *Zweige verschiedener Art hat, alle an einem Stamm, der eine von dieser und jener von anderer Art, und alle einander so unähnlich, dass es das größte Wunder der Welt ist. … Zum Beispiel hat ein Zweig die Blätter des Rohrs, der andere solche vom Mastixbaum.* Natürlich gibt es keine Pflanze, die dieser Vielgestaltigkeit nur einigermaßen nahe kommt, und es kann nur möglich sein, dass Kolumbus einen Baum mit jenen verschiedenen Schmarotzern zu Gesicht bekam, die in Westindien so häufig sind. Mit Ausnahme dieser etwas dick aufgetragenen Geschichte sind seine Berichte von Naturerscheinungen meist sachlich und genau. Und wir müssen ihm dafür dankbar sein, denn Marco Polo, Sir John Mandeville und ihre Nachahmer verführten Europa dazu, in jedem Reisenden aus unbekannten Erdteilen einen Überbringer fantastischer Geschichten zu vermuten, in denen es von Wundern und Ungeheuern wimmelte, von Fischen zum Beispiel, die auf Bäumen wuchsen, Menschen mit Schwanz und solchen ohne Kopf, die die Augen im Bauch hatten. Kolumbus wusste genau, dass man derlei gern hören wollte, und in der Tat hoffte er, solche Wunderdinge selbst zu sehen; aber er erfand nichts Derartiges, und nur selten erlag er der Versuchung, etwas zu verdrehen und zu übertreiben, weil ihn die Vorliebe seines Herrscherpaares für das Ungewöhnliche und Wunderbare dazu zwang.

Zur Mittagszeit des 17. Oktober machten sich die Schiffe unter einer leichten Landbrise auf den Weg und steuerten SO nach Crooked Island, das die Indianer Saomete nannten. Kolumbus entdeckte einen *wunderbaren*, aber seichten Hafen, *und ich ankerte deshalb außen und fuhr mit den Schiffsbooten hinein.*

Ohne jeden Grund vermutete er in diesem seichten Hafen die Mündung eines großen Flusses, er schickte deshalb die Boote zum Wasserholen hinein, was ihnen schließlich am Wasserloch eines Dorfes gelang.

Die Wasserträger besuchten mehrere Eingeborenenhütten und berichteten, dass sie „Betten fanden, die aussahen wie Netze aus Baumwolle“. Las Casas sagt dazu:

Diese werden in Hispaniola hamacas *genannt; sie haben die Form von Schlin-*

gen, sind also keine Netze aus gekreuzten Schnüren, sondern bestehen aus der Länge nach geknüpften Schnüren, die so locker sind, dass man die Finger und die ganze Hand dazwischen schieben kann, und nach jeder Handbreite sind Querschnüre über sie gelegt in der Art von festen Spitzenborten. An den Kopfenden laufen alle diese Schlingen zusammen wie bei einem Schwertgriff; die Enden werden an den Hauspfosten festgemacht, sodass die Hängematten über dem Boden frei in der Luft hängen. Man kann sie nach dem Aufhängen wie eine sehr große Schlinge öffnen, sich rechtwinklig hineinsetzen oder lang hineinlegen und sich mit dem Rest der Hängematte zudecken, was genügt, da es niemals kalt ist. So kann man herrlich darin schlafen.

Alle später nach Westindien kommenden Seefahrer bemerkten und bewunderten die Hängematte. Die Spanier überprüften sie zuerst in den heißen Zonen auf ihre Tauglichkeit und führten sie auch als Erste auf ihren Schiffen ein.

Während die Wasserträger unterwegs waren, sah sich Kolumbus am Strand dieses wunderbaren Hafens um (den nach unserer Kenntnis kein Spanier je wieder besucht hat) und machte selbst einige Beobachtungen. Er fand, dass die Eingeborenenhütten „einfach und sehr sauber" waren, und er sah einen Mann mit einem großen goldenen Nasenpflock, den Kolumbus gern besessen hätte, weil in ihm seltsame Schriftzeichen eingraviert waren, die er für chinesische oder japanische Münzinschriften hielt. Trotz aller Überredungsversuche weigerte sich dieser Mann jedoch standhaft, seinen Nasenschmuck herzugeben, und Kolumbus wagte nicht, Gewalt anzuwenden. Die Pflanzenwelt auf Fernandina begeisterte den Admiral; er versicherte dem Herrscherpaar, dass es *das beste und fruchtbarste Land von der Welt mit mildem Klima und gutem, ebenem Boden* sei. Armes Long Island! Seit 1492 hat dir niemand wieder solches Lob gespendet, deine Besucher von heute sind froh, wenn sie dir, deinem dürftigen Boden, deinen armseligen Weiden und deiner struppigen Vegetation den Rücken kehren können.

Nachdem wir Wasser aufgenommen hatten, erzählt Kolumbus, *kehrte ich zum Schiff zurück, setzte Segel und nahm Kurs auf NW, bis ich die ganze von Osten nach Westen verlaufende Küste erforscht hatte … Und seitdem ich nun in Indien bin, regnet es an allen Tagen mehr oder weniger.* Dieser kleine Satz ist in zweierlei Hinsicht bedeutsam. Zum ersten Mal seit der Landsichtung benutzte Kolumbus für die Bahamas die Bezeichnung

„Indien“, außerdem stellt er den ersten Wetterbericht der Neuen Welt dar. Die Regenzeit hatte eben eingesetzt.

Bei Tagesanbruch am 18. Oktober befand sich die Flotte *am SO-Kap der Insel, wo ich ankern möchte, bis sich das Wetter aufklärt, aber ich ging nicht an Land.*

Im Morgengrauen des 19. Oktober, gegen fünf Uhr, befahl Kolumbus, die Anker zu lichten, und schickte die Flotte, fächerartig angeordnet, auf die Suche nach Saomete. Die Karavellen hatten Weisung, bis Mittag auf ihrem jeweiligen Kurs zu segeln, hierauf sollten sie zum Flaggschiff stoßen, falls sie nicht vorher Land gesichtet hätten. Der Wind frischte von Norden auf. Um acht Uhr morgens sichtete die *Pinta*, nach einer Fahrt von 14 bis 15 Meilen vom Ankerplatz aus in Richtung O zu S in einer Entfernung von etwa 20 Meilen die Blue Hills von Crooked Island (60 Meter hoch). Die Position der *Santa María* war ungefähr 5 Meilen leewärts, und die *Niña* war ebenso weit entfernt, doch Kolumbus' Methode, mit Kanonenschüssen Signale zu geben, ermöglichte es den Schiffen, sich untereinander zu verständigen. Alle drei änderten nun den Kurs auf Saomete, das Kolumbus nach seiner königlichen Schutzherrin Isabella nannte. Vor Mittag versammelte sich die Flotte bei einem jetzt Bird Rock genannten Inselchen. Auf ihm steht heute ein hoher Leuchtturm mit starkem Scheinwerferlicht, das den Schiffen den Weg durch die Crooked Island Passage weist.

Die *Santa María* und die *Pinta* verweilten nur so lange, bis die *Niña* herangekommen war. Glücklicherweise hielt der Nordwind an, sodass sie den Anschluss schaffen konnte. Die Flotte brasste daraufhin die Rahen vierkant und fuhr dicht unter der Küste durch die Biegung der Crooked- und Fortune-Inseln eine Strecke von etwa 18 Meilen zum südlichsten Punkt der Fortune-Insel, der Kolumbus so außerordentlich schön erschien, dass er ihm den Namen Cabo Hermoso, Schönes Kap, gab. Der Admiral schrieb darüber: *Es ist wirklich schön, rund und niedrig und ohne Untiefen vor der Küste … dass ich hier die Nacht vom Freitag bis zum andern Morgen ankerte.* Das Südende von Fortune Island tritt frei heraus, und der Ankergrund dort wird heute noch wegen seines guten Halts gerühmt, es ist erstaunlich, dass Kolumbus so häufig die besten Ankergründe fand. Aber niemand würde heute diese Spitze von Fortune Island *hermoso* nennen. Sie besteht aus niedrigen Klippen von schwarzem, verwittertem äolischem Kalkstein, der nichts weniger als ein schöner Felsen ist, einige Stückchen von weißem Sandstrand sind eingestreut, und das Ganze bildet ein Plateau, das von struppigen Bäumen und unansehnlichem Buschwerk bedeckt ist. Der Hügel, den Kolumbus pries als *etwas, was alles Übrige verschönt, ohne ein richtiger Berg zu sein*, ist zwar grün und wohl gestaltet, aber Insel und Kap müssen im Jahr 1492 von besonders schönem Urwald bedeckt gewesen sein, um Kolumbus derartige Lobpreisungen zu entlocken.

Von seinem Ankerplatz am Südkap von Fortune Island schaute Kolumbus in den großen geschützten Sund hinein, doch vermochte er keinen Einfahrtskanal zu entdecken. Die Bucht ist sehr seicht. Und so lichtete die Flotte am Samstag, dem 20. Oktober, die Anker. Am Sonntagmorgen, dem 21., um zehn Uhr, traf die ganze Flotte beim Kap der kleinen Insel, wie Kolumbus es taufte, ein und ankerte in Portland Harbor, einem kleinen und gut geschützten Ankerplatz zwischen dem Kap und Bird Rock.

Hier unternahmen der Admiral und seine Kapitäne einen Ausflug an Land. Sie sahen herrliche grüne Wälder und Flächen mit frischem Gras wie zur Frühlingszeit in Andalusien, die Luft war erfüllt vom Gesang der Vögel, Schwärme von Papageien „verdunkelten die Sonne", und eine weite Salzwasserlagune dehnte sich vor ihren Blicken aus, an deren Ufer sie jagten und einen großen Leguan erlegten. Nachdem er an diesem Sonntag ein schönes Stück Arbeit geleistet hatte, setzte sich Kolumbus nieder und schrieb genau auf, was er nun zu tun beabsichtigte.

Ich gedenke, die Umsegelung dieser Insel nicht eher aufzugeben, als bis ich mit ihrem König gesprochen und herausgefunden habe, ob ich von ihm das Gold bekommen kann, das er besitzen soll; nachher will ich eine noch viel größere Insel aufsuchen, die nach den Beschreibungen meiner mitgeführten Indianer Japan oder, wie sie es nennen, Colba sein muss. Sie erzählen, dass es dort viele große Schiffe und eine Menge Seeleute gibt; weiter weg soll eine andere Insel liegen, die den Namen Bohío trägt und die sehr groß sein soll; an denen, die dazwischen liegen, werden wir vorbeifahren oder uns aufhalten, je nachdem wir Gold und Gewürze sammeln können, was ich später entscheiden werde. Auf alle Fälle bin ich jedoch entschlossen, zum Festland zu fahren, mich zur Stadt Quinsay zu begeben und dem Großkhan die Briefe Eurer Hoheiten mit der Bitte zu überreichen, mir seine Antwort für die Heimreise mitzugeben.

Es ist klar, dass die gefangenen Führer mit der Zeit das Ziel der vom Himmel gesandten Männer erkannt hatten: Es war Gold, was jene suchten. Möglich ist, dass ihre bisherigen falschen Ratschläge auf Missverständnissen beruhten. Da sie beobachtet hatten, dass die Christen einzelne Pflanzen als Muster einsammelten und jede Eingeborenenhütte nach Gold durchsuchten, glaubten die einfachen Wilden, dass sie es auf Pflanzenbutter, Töpferwaren und Hängematten abgesehen hatten, von denen mehr als genug vorhanden waren. Die Indianer beschlossen daher, ihre unbegreiflichen Menschenfänger auf dem nächsten Weg, den sie für gewöhnlich mit ihren Kanus benutzten, nach „Colba" (Kuba) zu bringen, darauf konnten sie Bohío (Haiti) besuchen, wo es wirklich und viel Gold gab. Kolumbus legte ihre Zeichen und Gebärden so aus, dass Colba Japan sei und Bohío eine andere große Insel, die Marco Polo unbekannt geblieben war. Er nahm sich vor, nach Besuch der beiden Inseln weiter nach Quinsay (Hangtschou) zu fahren, jener „Himmelsstadt", die Marco Polo in so glühenden Farben beschrieben hatte, dass sie in den Augen ganz Europas zum Symbol von Indiens märchenhaftem Reichtum wurde. Auf Martin Behaims Globus lag Quinsay sozusagen um die Ecke hinter Zaitun, es war also leicht aufzufinden, falls die Flotte Cipangu verfehlen sollte.

Die Flotte lag über Sonntag und Montag, den 21. und 22. Oktober, in Portland Harbor und „wartete auf das Eintreffen der Gaben des Königs und des übrigen Volks an Gold und sonstigen Schätzen". Einige Eingeborene paddelten zum Ankerplatz der Schiffe hinaus und tauschten ein paar Nasenstifte aus Gold gegen Schellenglöckchen und eine Hand voll Glasperlen, *doch gibt es so wenig, dass es so viel wie nichts ist*, schrieb Kolumbus nieder. Pinzón erlegte einen weiteren großen Leguan, und die Männer schnitten eine Menge wertloser Agaven ab in der Meinung, dass es sich um teures Aloeholz handelte.

Kolumbus war bereit, am Dienstag, dem 23., abzusegeln, er wurde aber durch eine völlige Windstille mit Regen daran gehindert. Um Mitternacht kam eine plötzliche Brise auf, und Kolumbus schrieb:

Ich ließ die Anker lichten und wollte nun zur Insel Colba segeln, die mir von den Eingeborenen als ein ausgedehntes Land beschrieben wurde, mit lebhaftem Handel, viel Gold, Gewürzen, stattlichen Schiffen und Handelsleuten, und sie wiesen mir die Richtung WSW als den Weg, der mich dorthin bringen sollte. Ich hielt mich an meinen Kurs, denn ich glaubte, dass ... es die Insel Japan sei, von der so wunderbare Dinge berichtet wurden; denn sie ist auf den Globen, die ich sah, und der großen Weltkarte in dieser Gegend eingezeichnet.

Eine interessante Behauptung; Kolumbus spricht damit aus, dass er einen Globus gesehen hat, der dem Martin Behaim'schen ähnlich gewesen sein muss. Man schrieb jetzt den 24. Oktober, und wiederum durchfuhr er die Crooked Island Passage.

Am 25. Oktober, um 9 Uhr früh, wahrscheinlich auf Anraten der eingeborenen Führer, die sich an die Kette der Cays, der kleinen Inseln, ihrer alten Kanuroute nach Kuba, halten wollten, änderte Kolumbus den Kurs nach Westen. An jenem Tag wehte ein frischer Passat, sodass sie am Nachmittag um 3 Uhr, als sie 32 Meilen geloggt hatten, „Land sichteten, nebst sieben oder acht von Norden nach Süden aneinander gereihten Inseln". Es war die Kette der Cays (Seal, Sister, South, Nurse), die den östlichen Rand der großen Bahama-Bank bildet. Als sich Kolumbus der nächstgelegenen Insel näherte, drehte er während der Nacht entweder bei, oder er zog ganz langsam dahin, und am 26. Oktober schoben sich die Schiffe an der Inselkette entlang langsam vorwärts, bis sie sich südlich der letzten Insel, Little Ragged Island, in seichtem Wasser befanden.

Die Indianer an Bord erklärten, dass die Fahrt von hier bis nach Kuba anderthalb Tage dauere, worauf sich Kolumbus ausrechnete, dass seine Flotte für die Strecke noch weniger Zeit brauchen würde.

Dieser Kurs auf Kuba mag befremdlich erscheinen. Kolumbus war auf seine indianischen Führer angewiesen, die den Weg von Cay zu Cay kannten und stets die kürzesten Sprünge über das blaue Wasser machten. Bei Sonnenaufgang am Samstag, dem 27. Oktober, setzte der Admiral den Kurs auf SSW, indem er den ausgestreckten Armen der Führer folgte. Im Tagebuch lesen wir: „Dann brach er nach Kuba auf, weil die Indianer durch Zeichen seine Größe und den Reichtum an Gold und Perlen beschrieben hatten, sodass er es für Japan hielt."

Am Sonntag, dem 28., „kam die Flotte ohne jede Gefahr von Sandbänken und anderen Hindernissen in eine sehr schöne Flussmündung hinein, und die ganze Küste, an die er nun in dieser Richtung herankam, war sehr steil abfallend und das Wasser bis dicht an den Strand frei von allen Hindernissen. Die Flussmündung hatte 12 Faden Tiefe und war weit genug, um hineinzusegeln. Er ankerte dort."

„Der Admiral sagt, dass er nie so etwas Schönes erblickt habe. Am Fluss entlang stehen herrliche grüne Bäume, die ganz verschieden von unseren sind, mit Blumen und Früchten je nach ihrer Art, und die Vögel singen lieblich." Nichts aber war zu sehen von den Städten aus Elfenbein und Alabaster, die mit goldenen Zinnen vom Strand emporwuchsen, keine hohen japanischen Herren in steifen Brokatkleidern erwarteten die christlichen Seefahrer auf ihren Landungsbrücken aus Marmor, keine vornehmen Herren und Damen schritten unter Baldachinen über geschwungene Steinbrücken, kein Geläut von Tempelglocken war zu hören, kein Geschmetter aus silbernen Fanfaren ertönte, keine drachengeschmückte erzene Kanone schoss ihnen Salut entgegen. Das war mit Sicherheit nicht Japan, außer Marco Polo war ein Lügner.

Konnte es Cathay sein, und lag die „Himmelsstadt" vielleicht hinter dem nächsten Kap?

18. Kapitel

Die Jagd nach dem Grosskhan
28. Oktober bis 20. November 1492

Da Kolumbus die beiden größeren Inseln der Bahamas nach Ferdinand und Isabella benannt hatte, taufte er das Land, das die Indianer Kuba nannten, auf den Namen Juana nach dem Thronfolger von Kastilien und Aragonien, dem Infanten Don Juan.

Fast jede Stadt und jedes Dorf der Insel Kuba in der schönen Provinz Oriente von Baracoa bis Puerto Padre, ferner Nuevitas in der Provinz Camagüey erhebt Anspruch darauf, am 28. Oktober 1492 das San Salvador des Kolumbus gewesen zu sein. Nachdem wir seinem SSW-Kurs von den Ragged Islands aus gefolgt sind, steht für uns außer Zweifel, dass Bahía Bariay sein Landungsplatz war. Hier wird die von Kolumbus ausgesprochene Meinung bestätigt, dass der Hafen „ohne Gefahr vor Untiefen oder anderen Hindernissen angelaufen werden kann". Er ist ausgedehnt genug – drei viertel Meilen –, um hineinzusegeln, und die

Meeresbodensenkung von 12 *brazas* (11 heutige Faden) erstreckt sich gleichmäßig längs der beiden Vorländer. Kolumbus erblickte einen von Mangrovenwäldern bedeckten Strand, dahinter erhoben sich die Berge.

Hatten die unfreiwilligen indianischen Führer, wenn auch unabsichtlich, dem Admiral große Hoffnungen auf eine Begegnung mit chinesischen Dschunken, die vor einer großen steinernen Stadt des Großkhans schaukeln sollten, gemacht, so war die Wirklichkeit von Bahía Bariay einigermaßen enttäuschend. Mit dem ersten Boot fuhr Kolumbus an Land, wo er aber keine Spur menschlicher Wesen fand.

So lichtete die Flotte am Montag, dem 29. Oktober, Anker und segelte westwärts auf der Suche nach der Stadt Quinsay. Es war beinahe Mittag, als sie aufbrach, und es blies ein leichter Wind. Sie fuhren an einem Fluss vorbei, „dessen Mündung nicht sehr breit war" und den der Admiral Rio de la Luna nannte, und trafen zur Vesperstunde auf „einen andern, viel größeren Fluss als die bisherigen", an dessen Ufer ein großes Dorf lag. Kolumbus gab dieser Bucht den Namen Rio de Mares. Es war der beste Hafen, den er bisher in Indien entdeckt hatte, und er sagte voraus, dass er sich zu einem wichtigen Handelsplatz entwickeln würde. Rio de Mares, Fluss der Meere, war zweifellos Puerto Gibara.

Am Westufer dieses Hafens lag ein großes indianisches Dorf, dessen Hütten die Spanier an die Zelte eines maurischen Feldlagers erinnerten; sie wurden vom ersten Landungstrupp eifrig nach Gold durchsucht. Aber vergeblich. Kolumbus konnte von keinem einzigen auf Kuba aufgefundenen goldenen Gegenstand berichten, auch Grabungen förderten nichts zutage, sodass es wundernahm, wenn er den Worten seiner Indianer immer noch Glauben schenkte. Dennoch waren sie ihm als Dolmetscher nützlich, denn auf Kuba und Haiti wurde dieselbe Sprache gesprochen wie auf den Bahamas. Besonders einer von ihnen, den er mit nach Spanien nahm (wo er auf den Namen Diego Colón getauft wurde) und der ihn auf der zweiten Reise begleitete, machte sich unentbehrlich. Diego hatte noch nicht genügend Kastilisch aufgeschnappt, um als zweisprachiger Dolmetscher zu dienen, aber er konnte den Eingeborenen verständlich machen, dass seine Herren und Meister gute Menschen seien, die eine hübsche Auswahl von Tauschwaren besäßen. Und das war die Hauptsache.

Kolumbus' vordringlichstes Ziel war, das Vertrauen der Eingeborenen zu gewinnen, dadurch hoffte er zu erfahren, wo Gold zu finden war und wo der Großkhan residierte. Nachdem der Dolmetscher Diego die ansässigen Tainos von den friedlichen Absichten der Weißen überzeugt hatte, begann ein reger Tauschhandel mit Lebensmitteln, Baumwolle und Hängematten. In ihrem Eifer, Kolumbus zu gefallen, weckten sie bei diesem unwillkürlich den Eindruck, dass er dem chinesischen Kaiser dicht auf der Spur sei, nicht weit also von der „hehren Stadt Zaitun" sowie Quinsay, der Himmelsstadt.

Ein Bezirk im Innern Kubas, wo sich Gold in mäßigen Mengen vorfand, wurde von den Eingeborenen Cubanacan (Mittelkuba) genannt. Stets wenn Kolumbus auf einen goldenen Gegenstand zeigte und fragte, woher dieser kam, sprachen die Eingeborenen den Namen so aus, dass Kolumbus es irrtümlich als El Gran Can verstand. Vielleicht bezogen sie die durch stumme Gebärden angedeutete Beschreibung eines kaiserlichen Potentaten irrtümlich auf ihren Kazikenhäuptling, den die Spanier zu sehen wünschten und der ungefähr 40 Kilometer entfernt im oberen Teil des hübschen Tals von Cacoyuguin seinen Wohnsitz hatte.

Das veranlasste den Admiral sodann, mit der ihm eigenen rührenden Sorgfalt eine Gesandtschaft zum Besuch des Kaisers von China in Holguín auszurüsten. Der amtliche Dolmetscher Luis de Torres, ein getaufter Jude, „der Hebräisch, Aramäisch und ein bisschen Arabisch verstand", sollte diese Mission anführen, er wurde mit allen diplomatischen Utensilien versehen: lateinischem Pass, lateinischem Beglaubigungsschreiben von Ferdinand und Isabella sowie einem königlichen Geschenk, dessen Art uns leider nicht bekannt ist. Er wurde begleitet von Rodrigo de Xeres, der schon einen schwarzen Stammeskönig in Guinea besucht hatte, von einem ortsansässigen Indianer und einem Indianer aus Guanahani. Sie nahmen Gewürzproben mit, die sie mit den einheimischen Erzeugnissen vergleichen wollten, sowie Schnüre mit Glasperlen, die zum Tausch gegen Lebensmittel dienen sollten. Diese „Gesandtschaft" erhielt Weisung, innerhalb von sechs Tagen zurückzukehren.

Während die beiden Spanier mit ihren diensteifrigen Führern das Cacoyuguintal aufwärts zogen, war der Admiral nicht müßig, das war er nie. In der Nacht des 2. November versuchte er, seine Position mithilfe seines hölzernen Quadranten festzustellen. Nachdem er seine übliche kleine Korrektur vorgenommen hatte, kam er zu dem Ergebnis, dass

Puerto Gibara auf dem 42. Breitengrad N – der Breite von Cape Cod – lag, während die Position in Wirklichkeit 21° 06' N ist! Und mittels seiner Besteckrechnung fand er heraus, dass er eine Strecke von 1142 Leguas, was etwa 3630 Seemeilen bedeutet, nach Westen zurückgelegt hatte, seitdem er von Ferro in den Kanarischen Inseln abgefahren war. Seine Flotte hatte, mit anderen Worten, 90 Grad nach Westen hinter sich gebracht, und diese Distanz genügte, in Berücksichtigung seiner Unterschätzung der Erdkugel und seiner Überschätzung der Ausdehnung Asiens, um seinen Standort nach China zu verlegen. So kam er zu dem Schluss, dass Kuba nicht Japan war, sondern ein Teil des asiatischen Festlandes.

Einen Tag lang war man im Boot zur Erforschung des Rio Gibara unterwegs. Martín Alonso Pinzón brachte Proben von einheimischem Kreolenpfeffer und eine Pflanze mit, die er für Zimt hielt, worauf sich seine Hoffnungen auf einen einträglichen Gewürzhandel gründeten. Kolumbus probierte zum ersten Mal Süßkartoffeln – oder waren es Jams? –, die „nach Kastanien schmeckten", ferner amerikanische Feldbohnen; er sah den wilden Baumwollstrauch mit seinen Blüten und offenen Fruchtkapseln an ein und demselben Busch. Der Bootsmann der *Niña* brachte ihm das Harz des Gumbo Limbo, in dem der Admiral den Mastix wieder zu erkennen glaubte, den er auf einer früheren Reise auf Chios gesehen hatte. Die Indianer nickten und wiesen nach Osten, wo Haiti lag, wenn die Fremden wissen wollten, wo das Gold herkam.

Bis zum letzten Tag bewahrte sich Kolumbus das Vertrauen der Eingeborenen, denn er hielt Disziplin unter seinen Männern, deren Gier gebändigt war, da die Wilden kein Gold besaßen. Es mag sich auch ein recht freundschaftlicher Umgang zwischen den Matrosen und den indianischen Mädchen entwickelt haben, da es bei den Tainos Brauch war, häufig die Partner zu wechseln. Natürlich berichtete Kolumbus hierüber nichts in seinem Tagebuch, das für eine züchtige Königin bestimmt war. Stattdessen verbreitete er sich ausführlich über die Friedfertigkeit und den Nachahmungstrieb der Indianer, die, wenn sie ihre Gäste bei Sonnenuntergang das Ave-Maria aufsagen und das Salve regina singen hörten, mitzusingen versuchten und sich bemühten, das Zeichen des Kreuzes nachzumachen.

AM ABEND des 5. November kehrte die Gesandtschaft von Holguín zurück und erstattete einen sehr entmutigenden Bericht. Sie war talaufwärts gezogen, an Süßkartoffel-, Bohnen- und Maisfeldern vorbei, hatte mancherlei Vogelarten beobachtet; indessen hatte sich das Märchen vom Großkhan in Luft aufgelöst. Anstatt dem kaiserlichen Hof von Cathay, an dem Luis de Torres mit seinem Arabisch glänzen wollte, einen Besuch abstatten zu können, fanden sie ein primitives Willkommen in einem Dorf von fünfzig palmbedeckten Hütten und einigen hundert Einwohnern. Sie wurden mit großer Ehrerbietung behandelt, aber Torres fühlte sich beschämt, dass er es dem Dolmetscher von Guanahani überlassen musste, die Ansprache an das versammelte Volk zu richten. Nachdem alles vorüber war, durften die Frauen die „Männer vom Himmel“ näher betrachten, sie fielen vor ihnen nieder und küssten ihre Hände und Füße. Die Spanier kehrten, da „sie nichts wahrnahmen, was einer Stadt ähnlich war“, am nächsten Tag in Begleitung des Kaziken und seines Sohnes zurück. Da die *Santa María* hoch und trocken auf dem Strand lag, wurden beide feierlich an Bord einer der Karavellen empfangen.

Wenn die Gesandten auch den König der Könige verfehlten, so begegnete ihnen doch ein noch bezwingenderer Herrscher, nämlich der König Nikotin.

„Auf dem Weg trafen die beiden Christen viele Menschen, die zu ihren Dörfern wanderten. Es waren Männer und Frauen, die Feuerbrände in den Händen hielten und Halme, aus denen sie den Rauch tranken, wie es ihr Brauch war.“ Die Tabakspfeife der nordamerikanischen Indianerstämme war den Tainos unbekannt, sie rollten Zigarren (wie heutzutage in Kuba), die sie *tobacos* nannten. Diese steckten sie in ein Nasenloch, brannten das andere Ende mit einer Fackel an und sogen den Rauch zwei- oder dreimal ein, worauf die Zigarre zu einem Freund wanderte oder ausgehen durfte.

Las Casas erläuterte vierzig Jahre später diese Stelle im Tagebuch eingehender und erklärte, dass die Spanier in Hispaniola damals mit dem Rauchen begannen, „obwohl ich nicht begreife, welchen Geschmack oder Nutzen sie daran fanden“. Anscheinend kam der Bischof nie über seine erste Zigarre hinaus. Ein Jahrhundert nachdem er dies niedergeschrieben hatte, war das Tabakrauchen bereits in der ganzen west-

Die Indianer auf Kuba rollten Zigarren, die sie *tobacos* nannten. Bereits ein Jahrhundert nach der Entdeckung Amerikas war diese bis dahin unbekannte Sitte des Tabakrauchens in der ganzen westlichen Welt verbreitet.

lichen Welt, bei Männern und Frauen gleichermaßen, eingebürgert, trotz des Widerstandes, den Könige und Kirche diesem Brauch entgegensetzten. Der Tabak war eine weit wertvollere Gabe der Neuen Welt an die Alte als das Gold.

Am Morgen des 5. November hatte Kolumbus, als er sich in einer Bucht von Puerto Gibara befand, die noch heute dem gleichen Zweck dient, die *Santa María* auf die Seite legen lassen, um ihren Boden zu reinigen, eine seemännische Vorsichtsmaßnahme gegen den Bohrwurm. Am nächsten Tag war sie wieder flott, und man plante, am achten weiterzusegeln, doch verzögerten starke östliche Winde die Abfahrt um vier weitere Tage. Möglich ist, dass diese Zeit zur gleichen Überholung der *Pinta* und der *Niña* genutzt wurde, obwohl davon im Tagebuch nichts erwähnt ist.

Zum Lohn für die Widerstandslosigkeit der Indianer des Goldenen

Zeitalters, die „das Böse nicht kannten … und so furchtsam waren, dass hunderte von ihnen vor einem von uns flohen", fing der Admiral schließlich fünf junge Männer ein, die zu einem Abschiedsbesuch an Bord kamen, schickte darauf sein Boot an Land, „um sieben Frauen, erwachsene wie junge, und drei Jungen zu fangen". Die Ehemänner und Väter von einigen derselben kamen hinzu und baten, mitgenommen zu werden, was ihnen bewilligt wurde. Kolumbus erklärte, dass er die jungen Männer zu Dolmetschern ausbilden wolle.

„Bei der Ablösung der Frühwache" am Montag, dem 12. November, verließ die Flotte Puerto Gibara, „um eine von den an Bord befindlichen Indianern Babeque genannte Insel aufzusuchen, wo, wie die Indianer an Bord durch Zeichen erklären, die Menschen das Gold in der Nacht bei Fackelschein am Strand aufsammeln und daraus mit einem Hammer Barren machen".

Mit südlichem Kurs erreichte der Admiral nach zwei Tagen einen Punkt in der Nähe der östlichen Einfahrt zum Puerto Cayo Moa, in die er sich bei hochgehender See durch die Lücke im Brecherschwall nicht hineinwagen durfte, sodass er die Küste in nordwestlicher Richtung entlangfuhr, um nach einer sicheren Einfahrt Ausschau zu halten. Nachdem er so einige 30 bis 35 Meilen gefahren war, kam er zu einer flaschenhalsförmigen Öffnung, die etwas über 180 Meter breit war. Ein Boot, das vorausgeschickt wurde, lotete bei 40 Faden Tiefe in der Mitte der Passage keinen Grund, worauf die Flotte kurz entschlossen hineinsegelte. Die Fahrrinne machte einen Knick, wodurch der Kurs dreimal geändert werden musste, was der Wind von achtern ermöglichte. Doch die Verwegenheit des Admirals wurde belohnt, als diese verzwickte Durchfahrt in eine große Bucht mit einigen eingestreuten hohen malerischen Inseln mündete. Es war die Bahía Tánamo.

Die ganze Küste von Oriente hat der Admiral so genau beschrieben, dass man die von ihm genannten Häfen sogar aus der Luft wieder erkennen kann.

Mit ihren Gruppen bewaldeter Inseln, die sich *wie blitzende Diamanten* aneinander reihen, mit ihren flachen Inselchen, die sich *wie Tische* ausnehmen, so beschrieb sie Kolumbus, und einer stolzen Sierra im Hintergrund, die überall von der anmutig geschwungenen Küstenlinie aufsteigt, weckte Tánamo Bay die helle Begeisterung des Admirals. Da gab es überall guten, weichen Ankergrund, „den die Seefahrer so sehr lieben“, schreibt Las Casas, „denn Felsen zerreißen die Ankertaue der Schiffe“. Kolumbus ließ sich im Schiffsboot um die ganze Bucht rudern. Die Matrosen fingen ihre erste *hutía*, einen kubanischen Vierfüßer vom Aussehen einer großen Ratte. In der Pflanzenwelt entdeckten sie auch etwas Neues in der Umgebung von Tánamo Bay, nämlich „große Nüsse von derselben Art wie in Indien“. Bei Marco Polo hatte Kolumbus von den *nueces de India* (Kokosnüssen) gelesen, und er vermutete, diese gefunden zu haben. Doch irrte er sich, denn die Kokospalme ist erst durch später ankommende Spanier auf den Karibischen Inseln angepflanzt worden. Auch erwähnte Kolumbus nicht, dass diese *nueces* auf Palmen wüchsen – was auch Marco Polo verschwieg. Wahrscheinlich sah er die einheimische Nuss, die *nogal del país* (Juglans insularis) genannt wird und die früher in der Provinz Oriente sehr häufig vorkam.

In dieser lieblichen Bucht gab es weder Gold noch das leiseste Anzeichen dafür, dass man sich in Asien befand, die irrtümlichen Kokosnüsse vielleicht ausgenommen. Es gab keine größeren Eingeborenenniederlassungen, kurz nichts, was den Spaniern Nutzen bringen konnte. Nur die Naturliebe des Kolumbus, ein in diesem Zeitalter ungewöhnlicher und unter den heutigen Seeleuten recht seltener Zug, hielt ihn hier fünf Tage fest. Er nannte den Sonntag als Entschuldigung dafür, dass er nicht schon am vierten Tag weiterfuhr. Doch Natur allein brachte ihn nicht voran, und so musste ein anderer Versuch gemacht werden, um nach Babeque zu gelangen.

Am 19. November, vor Sonnenaufgang, segelte die Flotte mit einer schwachen Landbrise ab. Kolumbus hatte sich bereits eine gewisse Fertigkeit im Absegeln von diesen Nordhäfen der Großen Antillen angeeignet; man muss den Küstenwind während der Nacht oder am frühen Morgen nutzen.

Bis 10 Uhr am nächsten Morgen legte die Flotte 52 Meilen in Richtung NO zurück.

Da ein solcher Kurs die Flotte von der vermuteten Lage Babeques schnell entfernte, der Wind nach OSO drehte und die See von Osten her aufkam, beschloss Kolumbus jedoch, nach Tánamo zurückzukehren.

19. Kapitel

Oriente
20. November bis 5. Dezember 1492

Die Rückfahrt nach Tánamo war leichter beschlossen als ausgeführt, denn die nächsten Tage waren reich an Enttäuschungen und Rückschlägen, wie sie alle mit Segelschiffen fahrenden Seeleute zuweilen heimsuchen. Tánamo lag ungefähr südsüdwestlich, 8 Punkte vom Wind ab, indessen war die Entfernung von einigen 71 Meilen zu groß, um von der Flotte noch an diesem Tag bewältigt zu werden, auch drückte sie die Strömung leewärts. Daher entschloss sich Kolumbus, als er am 20. November bei Einbruch der Nacht Land sichtete, einen neuen Versuch in Richtung Babeque zu machen. So gab er den Schiffen den neuen Kurs und segelte eine Weile mit einem steifen OSO-Wind nach NO. Während der dritten Nachtwache (am 21. November gegen 3 Uhr morgens) flaute der Wind ab und wehte abwechselnd zwischen S und SO, sodass ein östlicher Kurs gesegelt werden konnte, aber bis zur Vesperstunde (gegen 3 Uhr nachmittags) hatten sie nur 15 bis 18 Meilen ostwärts gemacht.

Sobald der Nordstern an diesem Abend am Himmel erschien und Kolumbus auf 20° 52' N-Breite war, wie ich bei der Nachrechnung seines Bestecks ermittelte, nahm er seinen Quadranten zur Hand und versuchte, sich ein wenig astronomisch zu orientieren. Er kam dabei zu demselben betrüblichen Ergebnis von 42° wie am 2. November, und zwar aus dem nämlichen Grund: Er verwechselte Alfirk mit Polaris. Der Admiral selbst stand vor einem Rätsel. Die Wahrheit war, dass Kolumbus die rechte Beziehung zum Sternenhimmel fehlte, selbst von einem ästhetischen Standpunkt aus. Wie oft verlor er sich auf seinen vier Reisen in überschwänglichen Schilderungen aller Schönheiten der Landschaft, und manchmal, wenn er sich außerhalb von Lotgebieten befand, pries er die Majestät der See, aber niemals ließ er eine Bemerkung über den strahlenden Glanz des tropischen Sternenhimmels fallen. Nicht einmal das Kreuz des Südens erwähnte er oder die großartige Konstellation des Schiffes Argo oder den hell strahlenden Kanopus.

Seine Augen waren nicht nach oben gerichtet, jedenfalls nicht über die Wolken hinaus, die ihm Botschaft von Wind und Wetter brachten. Kolumbus war, das müssen wir wiederholen, kein sternkundiger, sondern ein mit dem Besteck arbeitender Navigator.

Der Treuebruch Martín Alonso Pinzóns grämte den Admiral mehr als seine rätselhaften Beobachtungsergebnisse. Während der Frühwache (von 3 bis 7 Uhr morgens) des 22. November drehte sich der Wind nach NNO, und der Admiral hielt weiter auf Süden zu in der Hoffnung, Land zu erreichen. Die *Niña* folgte ihm pflichtgetreu, aber Pinzón nutzte die Veränderung des Windes, um „ohne Erlaubnis oder Befehl des Admirals" den Kurs der *Pinta* nach Osten zu ändern. Nicht früher als in der zweiten Woche nach Neujahr sah ihn Kolumbus in Monte Cristi wieder. Die einzige Erklärung für Pinzóns Ungehorsam fand Kolumbus in seiner Habgier. Ein indianischer Führer an Bord der *Pinta* hatte ihm mit seinen Erzählungen vom Gold von Babeque den Kopf verdreht, und nun wollte er als Erster dorthin gelangen.

Obwohl hier zum ersten Mal im Tagebuch von einer Verstimmung zwischen dem Admiral und seinem ranghöchsten Kapitän gesprochen wird, war es bestimmt nicht die erste. *Manches andere hat er getan oder zu mir gesagt*, mit diesen Worten beschloss Kolumbus sein Tagewerk im Tagebuch vom 21. November. Immerhin kann man außer der ihm von Kolumbus vorgeworfenen Habgier noch andere Hintergründe für diesen groben Vertrauensbruch vermuten. Die *Pinta* war ein besserer Segler als die *Santa María*, besonders bei schwachem Wind und schwerer Dünung von vorn, was beides auf den 21. November zutraf, sodass Pinzón sehr wahrscheinlich erbittert war, dauernd die Segel verkleinern zu müssen, nur um dem Flaggschiff nicht davonzulaufen. Als der Wind am 22. November günstig auf Babeque stand, der Admiral aber trotzdem fortfuhr, auf Kuba zuzuhalten, anstatt nach Osten zu wenden, wurde es Martín Alonso zu viel. Er wollte verdammt sein, wenn er diesem Genueser Emporkömmling noch weiter folgen würde! Für ihn gab es nur eins: Das Gold da zu suchen, wo man es finden konnte.

Die Worte des Kolumbus „Manches andere hat er getan oder zu mir gesagt" sind vielsagend. Reibungen zwischen diesen zwei starken Persönlichkeiten waren unvermeidlich. Der Einfluss Pinzóns war maßgeblich für die Rekrutierung der Flotte gewesen. Vielleicht ließ es Kolumbus an gebührender Anerkennung für diese wichtigen Dienste fehlen. Dem Ungehorsam des Pinzón stand aber die Treue seines Bruders Vicente Yáñez gegenüber, der in die gleiche Versuchung kam, sich nach Babeque davonzumachen, und der doch seine *Niña* in treuer Pflichterfüllung dorthin steuerte, wohin es sein Admiral befahl.

Am 22. November war der Wind so schwach, dass die *Pinta* von den anderen Schiffen noch den ganzen Tag über gesehen wurde, man kam nur langsam vorwärts. Endlich, am 24. um neun Uhr morgens, machte die auf zwei Schiffe zusammengeschmolzene Flotte bei „der flachen Insel", Cayo Moa Grande, Land aus. Das Schiffsboot der *Santa María*, das zum Loten vorausgeschickt war, meldete 20 Faden Tiefe in der Mitte und 6 Faden an den Seiten der Fahrrinne und guten, sauberen Sandboden im Hafen Puerto Cayo Moa, so wie es noch heute ist. Die Karavellen segelten hinein und befanden sich nun innerhalb *einer Lagune, in der sämtliche Schiffe Spaniens vor allen Stürmen gut und sicher liegen könnten, ohne Ankertau.* An diesem Morgen des 24. November hatten sie die unergiebigste Strecke der ganzen ersten Reise hinter sich. In fünf Tagen hatten die *Santa María* und die *Niña* ungefähr 200 Meilen geloggt, waren aber nur 25 Meilen vorwärts gekommen.

Dieser Hafen liegt am Fuß eines Gebirges. Mehrere Ströme fließen vom Gebirge herab, und der Admiral ließ sich von seinen Männern den Rio Moa aufwärts rudern. Im Flussbett und an den Ufern fanden sich Anzeichen wertvoller Mineralien: Steine von einer Farbe wie Eisen, solche, die mit Silber durchsetzt schienen, Eisenkies, der so manchem Entdecker entgegengeglänzt hatte und doch nicht Gold war. Während Kolumbus und seine Offiziere nach Bodenschätzen Ausschau hielten, riefen „die *grumetes* herüber, dass sie Kiefern gefunden hätten, und als er zur Sierra emporschaute, gewahrte er so viele große und wundervolle Bäume, dass ihre Höhe und Geradheit gar nicht zu beschreiben waren, gleichmäßig wie Spindeln, dick und von länglicher Form, und er malte sich aus, wie viele Schiffe man daraus bauen könnte". Er ließ einen neuen Fockmast und eine Rahstange für die *Niña* schlagen und bearbeiten, aber die große Schiffbauindustrie, die er an diesem Platz plante und „dem Herrscherpaar als eine große Anlage" schilderte, ist niemals Wirklichkeit geworden.

Bei Sonnenaufgang, am 26. November, nahmen sie nur ungern Abschied von der besonderen Schönheit des Hafens Puerto Cayo Moa und segelten bei schwachem Südwestwind nach der Punta Guarico, die der Admiral Cabo del Pico nannte. Dort macht die Küste eine Biegung nach Süden. Bald darauf sichtete er die am weitesten nach Osten hinausragende Spitze dieses Teils von Oriente, die er Cabo Campana, „Glockenkap", nannte. Zwischen diesen beiden Kaps „bemerkte und markierte er neun hervorragende Häfen, die von allen Seeleuten laut gepriesen wurden, sowie fünf große Flüsse; da er stets dicht unter der Küste segelte, entging ihm von alledem nichts".

Die ganze Zeit während dieser malerischen Küstenfahrt entlang der Nordküste von Oriente waren Kolumbus' Tainos von Entsetzen gepackt bei dem Gedanken, dass eine Landung auf der so genannten Insel Bohío geplant war, woher ihre karibischen Feinde kommen sollten. „Als sie sahen, dass er Kurs auf dieses Land nahm, verschlug es ihnen den Atem aus Furcht, die Kariben würden sie nun verspeisen, und er konnte sie kaum beruhigen. Dann erzählten sie ihm, die Bewohner wären einäugig und hätten Hundegesichter. Der Admiral hielt alles für Lüge"; er wiederum glaubte, die Kariben seien „in Wirklichkeit Untertanen des Großkhans" – mit anderen Worten, chinesische Soldaten! Der Admiral war weiter von der Wahrheit entfernt als die einfachen Wilden.

Diese erlitten einen sehr starken Anfall von Karibenphobie, als die Flotte jenseits von Puerto Maraví ein großes Dorf sichtete. „Sie sahen zahllose Menschen zum Strand kommen, die ein lautes Geschrei erhoben, sie waren alle nackt und hatten Speere in den Händen." Bei diesem schrecklichen Anblick zogen sich die an Bord befindlichen Indianer sofort in die hintersten Winkel der Laderäume zurück und waren in ihrer zitternden Angst nicht mehr zu gebrauchen, sodass man nicht einmal versuchte, sie als Dolmetscher mit an Land zu nehmen. Die Bootsbesatzungen setzten ihren Fuß an der Playa de Duaba (genau westlich von Baracoa) an Land und riefen der Menge ein paar Worte zu, die sie von ihren Tainogefährten aufgeschnappt hatten, aber die gesamte Eingeborenenbevölkerung wandte sich zur Flucht.

Am 27. November mittags steuerte die Flotte auf Kap Maisi zu, als sich vor ihnen „ein einzigartiger Hafen" (Puerto Baracoa) öffnete, der von freiem Land und großen Dörfern umgeben war, sodass Kolumbus beschloss, hier einzulaufen. Nachdem sie durch eine 275 Meter breite Fahrrinne gelaufen und einem genau windwärts gelegenen Felsen ausgewichen waren, befanden sich die *Santa María* und die *Niña* mitten in einem kleinen Hafen „wie in einem Suppennapf", nur durch einen schmalen Strandstreifen von einem Fluss getrennt, „der eine solche Tiefe hatte, dass eine Galeere einfahren konnte". Kolumbus erkannte sogleich, dass dieser Hafen von allen bisher gesehenen am besten für die Anlage einer Stadt und Festung geeignet war – „mit gutem Wasser, gutem Land, schöner Umgebung und viel Wald". Er nannte ihn Puerto Santo, und auf seinen Rat wurde er im Jahr 1512 für die erste spanische Niederlassung auf Kuba gewählt. Heute ist Baracoa die größte Stadt, die auf der Route der ersten Reise des Kolumbus liegt, ein lebhafter kleiner Ort mit einem blühenden Ausfuhrhandel von Bananen und Kokosnüssen.

Wegen schlechten Wetters mussten die *Santa María* und die *Niña* eine Woche in Baracoa liegen bleiben. Die Mannschaften ruderten an Land und wuschen ihre Sachen im Fluss. In Gruppen drangen sie ins Innere vor, entdeckten gut bestellte Felder mit Jams, Mais und Kürbissen, besuchten eine Reihe Tainodörfer, aus denen bei ihrer Annäherung alle Eingeborenen geflohen waren, und berichteten, dass sie „einen Männerkopf in einem Korb fanden, der von einem andern Korb bedeckt war und in einem Haus an einem Pfosten hing". Der Admiral glaubte, dass solche Köpfe den Ahnen der Familie gehörten. War es vielleicht ein alter Brauch wie in Guinea? Von den Tainos ist aber nicht bekannt, dass sie die Köpfe ihrer Vorfahren aufbewahrten, auch waren sie keine Kopfjäger. Die Vermutung liegt daher nahe, dass sich die Matrosen einen Spaß mit ihrem Admiral erlaubten.

Ungünstige Winde verzögerten die Weiterfahrt, den Aufenthalt benutzte Kolumbus zur Erkundung der nächsten östlich von Baracoa gelegenen Bucht mit dem Schiffsboot. Er ließ sich flussaufwärts rudern und fand in einem verborgenen Gewässer fünf große Kanus nebst einem gedeckten Bootshaus zu ihrem Schutz. Die Männer verließen die Boote, kletterten den Abhang hinauf und kamen auf eine Ebene mit bestellten Kürbisfeldern und zahlreichen Hütten. Hier gelang es Kolumbus endlich, mit den Eingeborenen von Baracoa in Berührung zu kommen. Er schickte ihnen „Diego" mit einem Vorrat von Messingringen, Glasperlen und Falkenglöckchen entgegen. Sie waren zum Handeln bereit, hatten aber keine anderen Tauschgegenstände als ihre hölzernen Speere mit den feuergehärteten Spitzen. Nachdem Kolumbus zu seinen Booten zurückgekehrt war, schickte er eine andere Gruppe von Seeleuten die Anhöhe hinauf, um eine Anzahl von Hütten zu untersuchen, die er für Bienenstöcke gehalten hatte; und während sie fort waren, wurden die Spanier von vielen Eingeborenen umringt, von denen „einer in den Fluss ging, sich am Heck des Bootes aufstellte und eine große Ansprache hielt, die der Admiral nicht verstand, nur sah er, wie die anderen Indianer von Zeit zu Zeit die Arme zum Himmel erhoben und laute Schreie ausstießen. Der Admiral glaubte, sie wollten ihn ihrer Freundschaft versichern und ausdrücken, dass sie seine Ankunft erfreute, aber da sah er, wie sein indianischer Begleiter die Farbe wechselte, sein Gesicht wurde gelb wie Wachs, und er zitterte sehr, als er durch Zeichen zu verstehen gab, dass der Admiral besser daran täte, vom Fluss fortzurudern, denn sie wollten ihn töten. Und er ging zu einem Christen, der eine gespannte Armbrust in den Händen hielt, und zeigte sie den Indianern. Der Admiral merkte, dass er ihnen auseinander setzte, sie würden sämtlich getötet, denn die Armbrust schösse weit und träfe gut. Er nahm auch ein Schwert, zog es aus der Scheide, fuchtelte damit herum und sagte dasselbe, worauf sie, als sie das sahen und vernahmen, allesamt die Flucht ergriffen, aber der besagte Indianer zitterte vor lauter Feigheit und Kleinmut, obwohl er ein kräftiger Mann von gutem Wuchs war."

Mittlerweile hatten sich am gegenüberliegenden Ufer des Rio Miel, auf das der Admiral zufuhr, andere Tainos angesammelt. „Es waren sehr viele, alle rot bemalt und nackt wie bei ihrer Geburt, mit Federn auf dem Kopf und sonstigem Federschmuck angetan, und alle hatten Bündel von Speeren in den Händen." Auch diese Speere wurden gegen die üblichen Handelswaren eingetauscht sowie gegen Stückchen vom Schildpatt einer Schildkröte, die die Schiffsjungen kürzlich erlegt hatten. Als Kolumbus aufbrach, war er von Bewunderung für die Bearbeitung der Kanus und ihre Kunst des Hüttenbaus erfüllt, aber zugleich enttäuscht über das völlige Fehlen von „Gold und Gewürzen", zudem schätzte er den Mut der Eingeborenen sehr gering ein. „Zehn Männer könnten zehntausend von ihnen in die Flucht schlagen, so feige und scheu sind sie." Wenn ein verhältnismäßig humaner Kolumbus so dachte, verwundert es nicht, dass der einfache Seemann den Taino mit Verachtung behandelte und nur für Sklavendienste brauchbar hielt.

Am 4. Dezember segelten die *Santa María* und die *Niña* mit schwachem

Wind von Baracoa ab, tasteten sich an der Küste entlang, und bei Sonnenuntergang befanden sie sich in Sicht der Windwardpassage, die Kuba von Hispaniola trennt. Da er schon zweimal durch Buchten genarrt worden war, die er für Durchfahrten gehalten hatte, meinte der Admiral zuerst, wieder eine solche Bucht vor sich zu haben; aber am anderen Morgen erkannte er seinen Irrtum. Er nannte dieses äußerste Ende von Kuba „Kap Alpha und Omega", womit er zum Ausdruck bringen wollte, dass es Anfang oder Ende des eurasischen Erdteils und das Gegenstück zu Kap St. Vincent in Europa sei.

Bis zum Morgen des 5. Dezember hatte er geplant, als nächstes Ziel Groß-Inagua (Babeque) anzulaufen, bevor er Kuba ganz hinter sich ließ, denn es war an der Zeit, an die Erbeutung von Gold zu denken, ehe Pinzón das meiste in den Laderäumen seiner *Pinta* verstaut hatte. Doch an diesem Morgen sichtete der Admiral steuerbord voraus Land, „das eine sehr große Insel war, über die ihn die Indianer bereits unterrichtet hatten und die sie ‚Bohío' nannten". Das war Hispaniola. Den Spaniern war diese Entdeckung ebenso willkommen, wie sie eine Quelle der Besorgnis für ihre Begleiter aus Guanahani und Gibara war, die eben erst in Baracoa der Gefahr entronnen waren, erschlagen und aufgefressen zu werden. Sie versuchten, den Admiral nach Groß-Inagua zu lenken, wo ihre Stammesverwandten lebten. Denn wenn sie auch, wie aus der Bezeichnung „Heimat" für Haiti hervorzugehen scheint, nach ihrer Überlieferung die Insel als ihr Mutterland betrachteten, so glaubten sie doch, dass sich inzwischen die Kariben des Landes bemächtigt hatten und nach Tainofleisch hungerten.

Kolumbus änderte jetzt plötzlich seine Pläne, was er für gewöhnlich nicht tat. Er beschloss, den günstigen Wind für eine Fahrt nach Haiti zu nutzen, anstatt nach Groß-Inagua zu segeln. Er durchfuhr an diesem Tag die Windwardpassage und erreichte bei Einbruch der Nacht am 5. Dezember die Mündung eines großen Hafens – „wie die Bucht von Cádiz" –, in den die vorausfahrende *Niña* problemlos einlief. Noch heute heißt der Hafen Port Saint Nicolas; sein Name ist der erste in Kolumbus' Neuer Welt, der niemals geändert wurde.

Als er Kuba verließ und die Windwardpassage kreuzte, mag Kolumbus seinen Gedanken nachgehangen und sich gefragt haben, wie er das Herrscherpaar davon überzeugen könnte, dass diese schön geschwungene

Die erste Landung auf Hispaniola

Küstenlinie, an der er nun schon seit fünf Wochen entlangsegelte, wirklich zu dem Märchenland Cathay gehörte. Er hatte keinen Großkhan angetroffen, keine mächtigen Herren und Mandarine in Seidenbrokat, stattdessen nur nackte, mit ein paar Baumwollfetzen bedeckte Wilde; keine von Menschen wimmelnden Städte mit tausenden von Brücken, sondern nur armselige Hütten aus Palmblättern; kein einziges Goldkörnchen oder irgendein anderes kostbares Metall hatte er aufgefunden, sondern nur grob gearbeitete Gegenstände aus Holz, Knochen und Muscheln; nicht ein einziges für den Handel geeignetes Gewürz hatte er entdeckt, sondern nur armseligen Ersatz für Zimt und Pfeffer.

Diejenigen, die aus Kolumbus' Entdeckungen später so großen Nutzen zogen, konnten sich wohl kaum die Enttäuschung vorstellen, die ihn überkam, nachdem der erste Rausch der Freude und Verwunderung seit der Entdeckung von San Salvador verflogen war. Hätte er nicht Haiti aufgefunden, wo Gold entdeckt wurde, wäre diese Reise unzweifelhaft als ein Fehlschlag und kostspieliges Abenteuer angesehen und von dem Herrscherpaar als ein nutzloser Versuch abgeschrieben worden. Während er in Baracoa lag, schrieb Kolumbus dennoch hoffnungsvoll in sein Tagebuch:

Ich kann nicht sagen, wie groß der Nutzen sein wird, den wir in Zukunft daraus ziehen werden. Eins aber ist sicher, Ihr Herren und Fürsten, dass in solchen Ländern ungeahnte Möglichkeiten schlummern; deshalb scheute ich auch keinen Aufenthalt in irgendeinem Hafen, weil ich so viele Länder wie möglich sehen wollte, um Euren Hoheiten aus eigener Anschauung Rechenschaft darüber abzulegen. Nach und nach werde ich auch die Sprache der Menschen dieser Länder verstehen und ihre Sprache meinen Bedienten beibringen lassen, denn, wie ich sehe, haben alle Menschen hier nur eine Sprache. Nachher wird sich der Nutzen schon zeigen, und wir müssen versuchen, alle diese Völker zu Christen zu bekehren, was leicht sein wird, da sie keine Religion haben und keinen Götzendienst treiben.

Dann schlage ich Euren Hoheiten vor, den Bau einer Stadt und Festung in diesen Gebietsteilen zu befehlen und von hier aus die Länder bekehren zu lassen, und ich versichere Euren Hoheiten, dass es meiner Meinung nach keine fruchtbareren Länder mit einem milderen Klima unter der Sonne gibt als diese, wo das Wasser reichlich und rein und anders ist als in den verpesteten Flüssen von Guinea. Mag es Gott in seiner Gnade also gefallen, dass Eure Hoheiten … gelehrte Männer hierher senden, um die Wahrheit alles Gesagten zu bestätigen …

Auf solche Weise umriss Kolumbus, nachdem er sieben Wochen in der Neuen Welt geweilt hatte, in groben Zügen die koloniale Politik Spaniens, die Amerika ihren bleibenden Stempel aufdrückte. Er sagte „die nützlichen Dinge ohne Zahl“ voraus, die Europa hier finden würde, und prophezeite die gewaltige Ausbreitung des Christentums, die durch seine Entdeckung möglich gemacht wurde.

20. Kapitel

LA ISLA ESPAÑOLA
6. BIS 24. DEZEMBER 1492

Während der Nacht des 5. Dezember, als die *Niña* wohlgeborgen in Port St. Nicolas vor Anker lag und die Lagerfeuer der Indianer auf den umliegenden Hügeln aufflammten, segelte die *Santa María* mit einem Landwind nach NNO, um am nächsten Morgen von einer günstigen Position aus mit gutem achterlichem Wind die Küste herunter zu ihrem ersten haitischen Hafen vorzustoßen.

Beim ersten Tageslicht nahm Kolumbus eine Reihe von Peilungen vor, die so genau ausfielen, dass wir den Standort der *Santa María* mit ruhigem Gewissen in 12 Meilen Entfernung N zu O von Kap St. Nicolas Môle annehmen können, genau die gleiche Distanz hat der Admiral angegeben. Von jener Position aus sichtete er die wegen ihrer Schildkrötenform von ihm so benannte berüchtigte Seeräuberinsel Tortuga und den Berg Haut Piton mit seinem Nordabhang, von ihm Cabo del Elefante genannt. Wenn man den Haut Piton sieht, vermeint man einen riesigen Elefanten vor sich zu haben, der zum Tortuga-Kanal hinab wie zu einer Wasserstelle trottet; das Eigenartige ist aber, dass Kolumbus nie einen Elefanten gesehen hatte. Die Gedankenverbindung mit diesem Tier war vermutlich literarischer Art, da Aristoteles gelehrt hatte, dass das Vorkommen von Elefanten sowohl in Afrika wie in Indien die Gleichheit der Fauna in denselben Breiten beweise. Ohne Zweifel erwartete der Admiral damals, dass Elefanten aus den Urwäldern von Hispaniola hervorbrechen würden.

Da am 6. Dezember nur ein leichter Wind wehte, benötigte die *Santa María* den ganzen Morgen und einen Teil des Nachmittags, um nach Puerto de San Nicolás zu gelangen, den Kolumbus so nannte, weil es gerade das Fest des Schutzheiligen der Kinder war. Es war der schönste Seehafen, den er bis jetzt entdeckt hatte, tief, mit sauberem Boden und gutem Ankergrund, an den sich landeinwärts ein weiteres vollständig von Land umschlossenes Becken anschloss (das heutige Carénage), wo ein Schiff so dicht am Ufer liegen konnte, dass man die Laufplanke aufs Land hinüber legen konnte. Hier gab es einen herrlichen Strand, einen Fluss und „tausenderlei Bäume, beladen mit Früchten, die der Admiral für Gewürze und Muskatnüsse hielt, obgleich sie nicht reif waren und er sie nicht kannte.“

Da alle Indianer beim Erscheinen der Flotte flohen, hielt es Kolumbus nicht für vorteilhaft, sich hier länger aufzuhalten. „Bei der Ablösung der Frühwache“ am Freitagmorgen, dem 7. Dezember, brachen die *Santa María* und die *Niña* mit Landwind auf und ankerten um ein Uhr nachmittags in einem von Hügeln umgebenen Hafen, den die Spanier aus sehr begreiflichen Gründen bald darauf Bahía de los Mosquitos, die heutige Moustique-Bucht, nannten.

Obwohl der Ankerplatz nur mäßig war, blieb Kolumbus hier, durch Regen und östliche Winde aufgehalten, fünf Tage liegen. Hier, berichtet

Las Casas, „erkannte er die erhabene Schönheit dieser Insel, großartiger als die des Landes Spanien, aber ihr doch vergleichbar. Auch sah er, dass man hier Fische fing, die aussahen … wie die Fische in Kastilien. Aus diesen und ähnlichen Gründen beschloss der Admiral, die Insel La Isla Española zu nennen, welchen Namen sie heute noch trägt." Sie war der Schauplatz der ersten europäischen Kolonisierung in der Neuen Welt, von Kolumbus' ersten Siedlungsversuchen und seinen bittersten Enttäuschungen; sie wurde zur letzten Ruhestätte seiner sterblichen Überreste.

Die indianischen Führer, die „wir jeden Tag besser verstehen, und auch sie uns", überzeugten Kolumbus, dass es sich um eine Insel handelte und dass dahinter ein Kontinent lag, den sie Caribata nannten, wo die Caniba oder Kariben lebten. Stets bereit, einen Zusammenhang mit dem Orient zu finden, wagte Kolumbus die Schlussfolgerung, dass diese Caniba die Untertanen des Gran Can sein müssten und dass die Ungläubigen, die Sklavenjagden auf die Tainos unternahmen, in Wirklichkeit chinesische Piraten und Seeräuber waren.

Am 12. Dezember kamen seine Männer zum ersten Mal mit den Bewohnern von Haiti in Berührung. Drei Matrosen, die das fruchtbare Tal am oberen Ende des Hafens erkundeten, verfolgten eine Gruppe von Eingeborenen und fingen ein „sehr junges, schönes Weib", das nur mit einem goldenen Nasenstift bekleidet war. Sie brachten die Frau an Bord der *Santa María,* wo sie mit den Gefangenen aus Kuba sprach. Diese müssen ihr Gutes von ihrer Behandlung durch die Spanier erzählt haben, denn als sie der Admiral „in allen Ehren an Land zurückschickte", diesmal sittsam mit einem abgelegten Stückchen Tuch bekleidet und geschmückt mit allerhand billigem Tand, erklärte sie, lieber bei den „Männern vom Himmel" bleiben zu wollen, deren göttergleiches Gebaren tiefen Eindruck auf sie zu machen schien. Man fand es aber nützlicher, sich ihrer als eine Art Lockvogel zu bedienen.

Am folgenden Tag entsandte der Admiral neun Mann und einen Indianer ins Landesinnere in der Hoffnung, dass das zurückgeschickte Mädchen die Furcht der Bevölkerung inzwischen gemildert habe. Die Matrosen folgten einem ausgetretenen Pfad, der in das Tal Trois Rivières führte, wo sie zu einem riesigen Dorf mit mehr als tausend Hütten kamen, aus dem aber alle Bewohner flüchteten. Die Spanier setzten ihnen nach, und ihre indianischen Begleiter riefen den Flüchtenden beruhigende

Worte zu, derart etwa, dass die Fremdlinge „nicht von Caniba, sondern vom Himmel“ kämen. Dies war so erfolgreich, dass die Abordnung bald von einer neugierigen, aber immer noch furchtsamen Menge von ungefähr zweitausend Eingeborenen umringt war, die sie im Triumph in ihr Dorf geleiteten. Dort bewirteten sie ihre Gäste mit Kassawabrot und Fisch und befriedigten auch ihre sonstigen Wünsche. Als sie sahen, dass die Matrosen Papageien mochten, brachten sie einen ganzen Schwarm dieser Vögel herbei, womit wahrscheinlich deren Unterricht in Seemannskastilisch begann. Nach den Berichten der Spanier waren diese Eingeborenen hübscher als die von Kuba, „sie bemerkten unter ihnen zwei Mädchen von so weißer Hautfarbe wie in Spanien.“

Kolumbus beabsichtigte noch immer, Babeque anzulaufen, allerdings wusste er nicht, dass Martín Alonso mit der *Pinta* bereits dorthin gefahren war, ohne eine Spur von Gold zu finden. So segelten denn am 14. Dezember die *Santa María* und die *Niña* nach Tortuga. Sie kamen nahe genug heran, um sich zu vergewissern, dass die Insel die Gestalt einer Hochebene „wie die von Córdoba“ hatte und dass es drei Vorgebirge zu benennen gab. Da aber auf dem Kurs nach Babeque Gegenwind herrschte, kehrten die Schiffe an diesem Abend zur Moustiquebucht zurück. Am 15. Dezember unternahmen sie einen neuen Versuch und kreuzten den Tortugakanal bis zur Mündung von Trois Rivières hinauf, einem klaren Fluss, der über steinigem Grund zum Meer fließt. Kolumbus beabsichtigte, das große Dorf zu besuchen, in dem seine Männer am 13. gewesen waren, und ließ sich in dem Boot der *Santa María* über die Barre rudern, worauf das Boot, da die Strömung zu stark war, an einem Tau stromaufwärts gezogen wurde. Auf diese Weise kam es jedoch nicht weit, denn Trois Rivières ist ein brausender Gebirgsstrom, im Gegensatz zu den unbeweglichen Flussgewässern in Nordkuba. Er kam jedoch weit genug, um festzustellen: *Das Land ist für die Feldbestellung und als Weiden für allerlei Vieh (das sie nicht besitzen) gut geeignet, auch für den Anbau von Obst und allem, was es an Nutzpflanzen in der Welt gibt.*

Kolumbus nannte das Tal Valle del Paraiso – paradiesisches Tal – und den Fluss Guadalquivir, weil er ihn an den berühmten Strom bei Córdoba in Andalusien erinnerte.

Auf seinen Reisen unternahm Kolumbus selten persönlich größere Landausflüge, meist schickte er einige seiner Männer aus, während er in der Nähe der Schiffe oder an Bord blieb. Ich weiß nicht, ob an diesem Verhalten irgendeine körperliche Behinderung schuld war, die ihm längeres Marschieren verbot, oder ob er der Meinung war, ein Admiral müsse auf dem Wasser bleiben. Tatsache ist, dass er, als er gewahr wurde, dass das große Dorf am Ufer dieses neuen Guadalquivir nicht mit dem Boot erreicht werden konnte, den Versuch aufgab und die Nacht an Bord verbrachte, von wo er staunend die Lagerfeuer der Indianer betrachtete, die von den Berghöhen glommen und in der Ferne auf Tortuga brannten. *Dieses Volk muss von irgendjemandem sehr gejagt worden sein*, folgerte er aus diesen Vorsichtsmaßnahmen richtig.

Im Tortugakanal war Kolumbus so schwer gegen Wind, Seegang und Strömung angekommen, dass er die mitternächtliche Landbrise nutzte, um von Valle del Paraiso abzusegeln, in der Hoffnung, klar ab von Tortuga zu sein, wenn der Passat wieder auffrischte. In der Kanalmitte, wo die See am gröbsten war, begegneten sie einem einzelnen Indianer in einem so winzigen Kanu, dass sie sich wunderten, wie er sich bei solchem Seegang über Wasser halten konnte. Sie zogen ihn samt seinem Fahrzeug an Bord, beschenkten ihn mit Glasperlen, Glöckchen und Ringen und setzten ihn bei einem Dorf mit neu erbauten Hütten an einem Strand der Küste von Hispaniola ab. Vermutlich wird dies an der Stelle gewesen sein, wo heute die kleine, von den Franzosen im Jahr 1664 gegründete hübsche Stadt Port de Paix liegt.

Der einsam fahrende Indianer erwies sich als ein ausgezeichneter Botschafter, denn an diesem Ort machten die Spanier ihre erste zufrieden stellende Bekanntschaft mit den Tainos von Haiti. Rund fünfhundert Menschen, unter ihnen der „König“, ein junger Mann von etwa 21 Jahren, der mit großer Achtung behandelt wurde, kamen zum Strand. „Dieser König sowie alle anderen waren völlig nackt, wie sie ihre Mutter geboren hatte, ebenso die Frauen, die keine Scham zeigten; es waren die hübschesten Männer und Frauen, die er bis jetzt erblickt hatte, und so weiß, dass sie, wenn sie Kleider getragen und sich vor den Sonnenstrahlen geschützt hätten, für Spanier gehalten werden konnten.“

Einige aus der Menge paddelten hinaus zu den Schiffen, und Kolumbus schickte seinen Marschall Diego de Harana in Begleitung eines Dolmetschers mit dem Auftrag an Land, dem König ein Geschenk zu überreichen und ihn über Gold und Babeque auszuhorchen. Der Monarch machte die gewünschten Richtungsangaben und kam am gleichen Abend (am 16. Dezember) selbst an Bord. Kolumbus „empfing ihn mit allen Ehren", setzte ihm kastilische Speisen vor, wovon er einen Mund voll aß, den Rest aber einigen Alten seines Gefolges weiterreichte, die Kolumbus für seine Erzieher und Ratgeber hielt.

Was Kolumbus aber am meisten freute, war die verhältnismäßig große Fülle an Goldschmuck, den die Bewohner dieses Dorfes am Leib trugen. Kolumbus hielt sich zwei Tage in diesem Hafen auf in der Hoffnung, dass ihnen das sehnsüchtig erwartete Gold gebracht würde. Man wird sich erinnern, dass Kolumbus schon früher einen Kaziken aus dem Dorf Holguín auf Kuba an Bord empfangen hatte, aber die Haltung und das Auftreten dieses jungen Königs, der nur ein Vasallenhäuptling des Kaziken Guacanagarí war, machte den Eindruck, dass die Kultur hier eine weit höhere Stufe erreicht hatte als auf der Schwesterinsel. Kolumbus empfing ihn mit einem Pfeifensignal an Bord und ließ als Salut „zahlreiche Bombardenschüsse" abfeuern und ihn darauf an Land zurückrudern. Dort bestieg der Kazike seine Sänfte und wurde von seinen Bedienten zu seiner einige Kilometer landeinwärts gelegenen Residenz getragen.

Obgleich Kolumbus einen ihn besuchenden Kaziken mit Hochachtung und sogar mit Ehrerbietung behandeln mochte, so waren seine Gedanken doch, wie er in seinem Tagebuch für seine königlichen Leser niederschrieb, hauptsächlich darauf gerichtet, sich die Schwäche und Gutmütigkeit der vertrauensvollen Tainos voll zunutze zu machen.

> *Eure Hoheiten mögen versichert sein ... dass vor nur drei an Land geschickten Matrosen eine große Menge Indianer die Flucht ergriff, ohne an Verteidigung zu denken. Sie tragen keine Waffen, sind gänzlich schutzlos und so feige, dass ihrer tausend sich nicht dreien von uns entgegenstellen würden, sodass sie zu nichts anderm nutze sind, als nach unsern Befehlen zu arbeiten, zu säen und alles zu tun, was wir für nötig befinden. Und so könnt Ihr durch sie Städte bauen lassen, sie lehren, in Kleidern zu gehen und unsere Sitten anzunehmen."*

Nie kam dem Entdecker Kolumbus oder seinen Eroberergefährten der Gedanke, dass das Verhältnis zwischen Spaniern und amerikanischen Indianern ein anderes sein könnte als das zwischen Herren und Sklaven. Es war begründet im Wesen der Versklavung der Guanches auf den Kanarischen Inseln durch die Spanier und der Schwarzen in Afrika durch die

Portugiesen, wie sie Kolumbus miterlebt und als etwas Selbstverständliches hingenommen hatte und wie sie von der Kirche gutgeheißen wurde.

Doch Las Casas, der sich den größten Teil seines Lebens edelmütig, aber vergeblich abmühte, die Worte und Taten des Herrn Jesus Christus der grausamen und grenzenlosen Habgier der kastilischen Christen entgegenzuhalten, hatte für diese Aussprüche des Admirals folgende strengen, wenn auch maßvollen Worte des Tadels:

Man beachte, dass die natürliche, einfache und zutrauliche Freundlichkeit der Indianer, ihre Demut und Wehrlosigkeit die Spanier zu der Anmaßung verleiteten, sie gering zu schätzen, ihnen die härtesten Lasten aufzuerlegen und sie mit Unterdrückung und Zerstörung zu überziehen. Und es ist gewiss, dass der Admiral hier in seinen Reden über das Maß des Zulässigen hinausging, dass das, was er dachte und mit seinem Mund aussprach, der Anfang allen Übels war, das später den Eingeborenen zugefügt wurde.

Wenn kein Gold oder nichts sonst von großem Wert entdeckt worden wäre, würde die Eroberung der Neuen Welt ein weniger hässliches Kapitel in der Geschichte des Christentums geworden sein. Doch jetzt näherte sich Kolumbus den Goldgebieten von Hispaniola. Noch am Montag hatte er von Babeque gesprochen, am Dienstag „erfuhr der Admiral von einem alten Mann, dass es in der Nachbarschaft, nur hundert oder weniger Leguas von hier entfernt, viele Inseln gäbe … auf denen Gold gefunden würde; jener Mann erzählte ihm sogar von einer Insel, wo es so viel Gold gäbe, dass man es aufsammele und aussiebe, dann schmölze und Barren und viele Kunstgegenstände daraus mache, was er durch Zeichen beschrieb. Dieser alte Mann bezeichnete dem Admiral die Richtung und Lage der Goldländer, worauf der Admiral hinzufahren beschloss."

Ob dieser alte Mann Kenntnis von dem fernen Costa Rica hatte, wo die Indianer tatsächlich Gold und Kupfer schmolzen, oder ob Kolumbus seine Zeichen missverstand, ist unwesentlich. Ausschlaggebend ist, dass der Admiral jetzt überzeugt war, die goldreichen Gegenden im Osten zu finden, und so brach er noch in dieser Nacht auf.

Mit Sonnenaufgang des zwanzigsten Dezember enthüllte sich den Seefahrern im Süden eine so märchenhafte Bucht, dass Kolumbus keine Namen mehr fand, um sie zu preisen, und wünschte, er hätte sie nicht alle für seine früher entdeckten Buchten und Häfen aufgebraucht.

La Mar de Sancto Thomé (oder Santo Tomás), wie Kolumbus diese Bucht nannte, weil er sie am Vorabend zum Fest des Apostels Thomas entdeckte, heute Acul Bay nach einer Dame genannt, die einst viele Seeleute mit ihrer Liebe beglückt hat, ist in der Tat einer der schönsten Häfen der Welt. Er bietet bei jedem Wetter so vollkommenen Schutz, dass selbst der hartgesottenste Seemann vor Bewunderung hingerissen ist. Die Berge, *die in den Himmel zu ragen scheinen*, so schrieb Kolumbus, *in deren Vergleich der Pik von Tenerife unansehnlich ist*, umrahmen eine Landschaft wie von Claude Lorrain.

An diesem Tag wehte ein sehr leichter Wind, wodurch es der *Niña* möglich war, umso behänder und flinker vorauszusegeln. Während sie die Fahrt verlangsamte, um die *Santa María* aufholen zu lassen, schickte Vicente Yáñez ein Boot zum Ufer der freundlichen kleinen Insel, wo seine Leute ein paar Wurzeln ausgruben, die der Admiral für eine Rhabarberarzneipflanze hielt, die zu der Zeit als Droge von China auf Karawanenstraßen nach Spanien eingeführt wurde. Kolumbus nahm diesen Fund als sicheren Beweis, dass er sich in Cathay befand, und er war so begeistert, dass er später ein Boot 30 Meilen weit fortschickte, um mehr von diesen Pflanzen einsammeln zu lassen, die sich aber am Ende als falscher Rhabarber erwiesen.

Bei Sonnenuntergang warf er im inneren Hafen Anker. Am nächsten Morgen, es war der 21. Dezember, schickte Kolumbus zwei Männer den Berg hinauf. Er wusste, dass ein Dorf in der Nähe lag, denn in der Nacht zuvor war ein Kanu zu seinem Flaggschiff gekommen. Die Boote ruderten daher zum nächsten Landeplatz, worauf „so viele Männer, Frauen und Kinder herangelaufen kamen, dass der Strand ganz von ihnen übersät war".

Dieses Völkchen in der Aculbucht lebte in einem noch paradiesischeren Zustand als die Indianer anderswo, denn die Frauen trugen nicht einmal das übliche kleine Schamläppchen, und wenn „die Männer sonst überall bemüht sind, ihre Weiber aus Eifersucht vor den Christen zu verstecken, so ist hier davon nicht die Rede. Die Frauen haben sehr wohl gebildete Körper, und sie waren die Ersten, die dem Himmel dankten und alles heranschleppten, was sie hatten, besonders Nahrungsmittel."

Der Admiral blieb, seiner Gewohnheit gemäß, bei den Schiffen und entsandte sechs Matrosen zum Besuch der indianischen Ansiedlung. In ihrer Abwesenheit trafen noch mehr Abgesandte anderer Dorffürsten ein, die den Admiral inständig baten, sie zu besuchen. Er leistete dieser Aufforderung später am Tag Folge, und hier wiederholten sich die Szenen von Gebefreudigkeit und vorteilhaftem Tauschhandel.

Am 22. bei Tagesanbruch setzte die Flotte Segel und lief mit einer Landbrise aus; auf See hatte sie aber so starken Ostwind gegen sich, dass sie umkehren und einen Ankerplatz in der Nähe des Eingangs zur Bucht aufsuchen musste. Hier empfing Kolumbus die Boten von Guacanagarí, dem Kaziken und Herrscher über den ganzen Nordwesten Haitis, dessen Wohnsitz sich jenseits von Cap Haitien befand. Einer der Abgesandten überbrachte als Gabe einen kunstvoll gearbeiteten Gegenstand, wie ihn Kolumbus in solcher Vollendung in „Indien“ noch nicht gesehen hatte. Las Casas beschreibt das Geschenk als einen Baumwollgürtel, bestickt mit weißen und roten Fischgräten, die das Gewebe „in der gleichen Weise durchzogen wie die Stickereien in den Messgewändern in Kastilien“. Er war vier Finger breit und so steif und fest, dass kein Pfeil ihn durchdringen konnte. In der Mitte zierte ihn eine Maske mit Augen, Zunge und Nase aus gehämmertem Gold.

Es war schon spät, als die Boten endlich verständlich machen konnten, dass sie eine Einladung überbrächten. Kolumbus nahm an, schickte aber ein Boot voraus, das von dem Kanu der Eingeborenen geführt wurde, mit dem Auftrag, den Fahrweg gut zu erkunden.

Diese und die nächste Nacht kamen so viele Eingeborene an Bord, dass an Schlaf nicht zu denken war; Kolumbus rechnete aus, dass über tausend in ihren Kanus die *Santa María* besuchten, und jeder brachte ein Geschenk mit; weitere fünfhundert, die in den Kanus keinen Platz fanden, kamen schwimmend heran, obgleich die *Santa María* beinahe eine Meile vom Strand entfernt ankerte. Jeder Gast, der Ansehen zu genießen schien, wurde von den Dolmetschern nach Gold ausgefragt.

Am Abend des 23. Dezember, einem Sonntag, kehrte das Boot von seinem Ausflug zum Dorf des Guacanagarí mit dem Bericht zurück, dass die ganze Bevölkerung der Insel, die der Admiral jetzt für größer hielt als England, den Admiral sehen wolle. Die Mannschaft des Boots berichtete, dass die Fahrtstrecke bis zur königlichen Residenz frei von jedem Hindernis sei.

 Man hätte in der Aculbucht eine leidlich frohe Weihnacht feiern können, der Hauptanziehungspunkt der Einladung des Guacanagarí war aber der Bericht von einem der Untertanen des Kaziken, der im Boot mitgekommen war. „Es handelte sich um nichts weniger als um Cipango, das sie Cybao nannten." Wie wir uns erinnern, war Cipangu Marco Polos Name für Japan. Obwohl es in dessen Absicht lag, die Anfangsbuchstaben „Ci" dem italienischen Laut entsprechend wie „tschi" aussprechen zu lassen, taten die Spanier es auf ihre Weise und sprachen den Namen wie „Sipango" aus. Als nun die Indianer von Cibao sprachen, wie der mittlere Teil von Hispaniola noch heute genannt wird, und „erklärten, dass es dort eine Menge Gold gäbe", was zum Teil stimmte, „und dass der Kazike blattgoldübersäte Banner hätte", was nicht stimmte, zog Kolumbus daraus den Schluss, dass er sich endlich auf dem Weg zum Märchenland Cipangu mit seinen goldbedachten Palästen befand.

Und nachdem Kolumbus diesen Indianern weiteres Lob für ihre Freundlichkeit, Freigebigkeit und ihr „besonders gutes Betragen" gezollt hatte, denselben Menschen, die er zu versklaven gedachte, nahm er in der Morgendämmerung des 24. Dezember Abschied von der Aculbucht. Er wollte mit Guacanagarí in Japan ein frohes Weihnachten feiern und ahnte nicht, dass er seinem ersten schweren Unfall entgegenfuhr.

21. Kapitel

La Navidad
24. Dezember 1492 bis 16. Januar 1493

Als es am Weihnachtsabend Nacht wurde, befanden sich die *Santa María* und die *Niña* auf der Höhe eines felsigen Festlands, das Kolumbus in Anspielung auf das nahende Fest mit dem Namen Punta Santa belegte. Beim Wachwechsel um 11 Uhr abends war die *Santa María* bis auf nur eine Legua hinter dem Kap weitergekommen. Der Wind hatte sich fast völlig gelegt, nur ab und zu kräuselte ein leichtes Lüftchen die spiegelglatte Wasserfläche der Bucht, kein Laut war zu hören außer dem fernen Rollen der Brandung, die sich an den Korallenriffen vor Cap Haitien und den die Caracolbucht gegen den Ozean abschließenden Barriereriffen brach.

Die Mitternachtswache war nur schwer auf die Beine zu bringen, denn niemand an Bord hatte die beiden letzten Nächte, in denen ein unablässiger Schwarm von Eingeborenen die Decks des Flaggschiffs bevölkerte, Schlaf finden können. Die Strecke bis zum Ziel schien völlig klar, denn sie war von den Männern im Schiffsboot vorher abgefahren worden, das erste Mal auf dieser Reise übrigens, dass bei einer Nachtfahrt der Kurs im Voraus in gewisser Weise abgesteckt wurde. Es war Neumond, und er stand zu tief, um das verräterische Kräuseln milchig weißen Wassers da, wo eine fast unmerkliche Dünung von unten her über die Riffe spülte, erkennen zu lassen. Und doch waren drei solcher Riffe gerade voraus. Ein Gefühl vollständiger Sicherheit, der gefährlichsten Täuschung, die einen Seefahrer befallen kann, lullte die übernächtigten Männer an Bord der *Santa María* ein. Die Mehrzahl aller Schiffsunfälle ist fast nie der Wucht der Elemente oder mangelnder Schiffstüchtigkeit zuzuschreiben, sondern der Unachtsamkeit und einem Übermaß von Selbstvertrauen des Kapitäns hinsichtlich des Schiffsstandorts.

Elf Uhr glaste es, eine Stunde vor Weihnacht. Der Schiffsjunge vom Dienst kehrte die *ampolleta* um und sang sein Verslein. Der Rudergänger wurde abgelöst, und alle, die dienstfrei hatten, rollten sich am Heck oder an der Reling zusammen und fielen bald in tiefen Schlaf. Kolumbus schritt noch ein paar Minuten auf dem Achterdeck auf und ab, wechselte einige belanglose Worte mit Juan de la Cosa, dem neuen Wachhabenden, dann begab auch er sich in seiner Kabine zur Ruhe. Ein Weilchen gedachte er vielleicht noch der heiligen Familie im Stall zu Bethlehem, dann sprach er das Ave Maria und fiel gleich darauf in tiefen Schlaf, den ersten seit über 48 Stunden.

Sobald der Alte außer Sicht war, machten es sich die Mannschaften der Mitternachtswache bequem, Ausguckmänner, Schiffsjungen und andere suchten sich für ein kurzes Nickerchen ein weiches Plätzchen auf dem Deck. Juan de la Cosa schritt auf dem Achterdeck ein paarmal auf und ab, auch er wurde von heftigem Gähnen befallen, doch noch zwang er sich, den ganzen Horizont abzusuchen, aber kein Anzeichen von Wind war zu bemerken. Da die *Niña* vorausfuhr und den Weg wies, befahl er dem Rudergänger (den er zu beaufsichtigen hatte), nach einem Stern zu steuern und ihn zu rufen, falls sich Wind oder Wetter ändern sollten. Darauf legte er sich zum Schlafen nieder, und bald überkam es auch den Rudergänger, der schon ein- oder zweimal schlaftrunken vornübergekippt war, er gab den Kampf gegen die Müdigkeit auf, weckte mit einem Fußtritt den Jungen, der die *ampolleta* umzukehren hatte, und stellte ihn an die große, schwerfällige Ruderpinne (was Kolumbus ausdrücklich verboten hatte). Dann streckte er sich am Heck aus und fiel sofort in tiefen Schlaf. Von einer Besatzung von vierzig Seeleuten und Schiffsjungen war an Bord des Flaggschiffs nur ein Jungmatrose wach. Das Knarren des großen Ruders in seinen Scharnieren, das Ächzen und Knirschen, das Klatschen und Klappern, alles Geräusche, die auf einem Segelschiff bei völliger Windstille besonders vernehmbar sind, übertönten den leisen Schwall der Brandung.

Gerade als die *ampolleta* zum zweiten Mal während dieser Wache verrann und anzeigte, dass der Weihnachtstag angebrochen war, glitt die *Santa María* auf ein schräg ansteigendes Korallenriff in der Caracolbucht. Es geschah so sanft, dass niemand erwachte. Der schlaftrunkene Junge merkte erst etwas, als er spürte, dass das Ruder auf Grund war, dann hörte er, wie sich die Dünung dicht bei Backbord brach, und nun *schlug er an*, wie Kolumbus schrieb. Der Admiral war der Erste an Deck, dann stürzte Juan de la Cosa aus seiner Kabine, und in wenigen Augenblicken war das Deck voll von durcheinander laufenden Menschen, deren Schreie, Verwünschungen und Fluchen, gemischt mit Befehlen, die Stille der Nacht erfüllten.

Kolumbus begriff den Ernst der Lage sofort. Die *Santa María* war mit dem Bug voraus sanft auf Grund gelaufen, und da sie achtern tiefer lag als vorschiffs, glaubte er, sie dadurch wieder flottmachen zu können, dass er einen Anker in das tiefe Wasser auswerfen und das Ankertau durch die Ruderpforte zur großen Winde auf dem Vorschiff führen ließ, um das Schiff zunächst am Heck zu verholen.

Er befahl dem Schiffsführer, das Schiffsboot, das achteraus geschleppt wurde, einzuholen, Anker und Tau an Bord zu schaffen und damit hinauszufahren. Anstatt dieses seemännisch richtige Manöver auszuführen, kletterte Juan de la Cosa mit einigen seiner baskischen Kumpane ins Boot und ruderte mit ihnen zur *Niña* hinüber, um ihre eigene Haut zu retten. Die *Santa María* aber hatte nur dieses einzige Boot. Der anständige Vicente Yáñez weigerte sich, die feigen Flüchtlinge aufzunehmen, er befahl ihnen, sofort kehrtzumachen, nachdem er dem Admiral schon vorher das gut bemannte Boot der *Niña* zu Hilfe geschickt hatte.

Unterdessen wurde die *Santa María* durch lange, vom Meer her kommende Wogen immer höher auf das Riff hinaufgeschoben, ihr Heck legte sich querab zur See, wobei sie bei jeder Wellenbewegung emporgehoben wurde und mit einem dumpfen Krachen auf das Korallenriff aufsetzte. Und Korallenriffe können rascher als irgendetwas anderes Löcher in ein hölzernes Schiff schlagen. Kolumbus wollte deshalb sein Schiff erleichtern und ließ den schweren Großmast kappen. Als das Boot der *Niña* längsseits eintraf, war es schon zu spät, das Schiff herunterzuholen. In diesem Augenblick barst es in den Fugen, und das Wasser strömte in den Rumpf. Als Kolumbus sah, dass es nicht mehr zu retten war, gab er Befehl, ihn und seine Mannschaft hinüber auf die *Niña* zu bringen. Dort wartete er bis Tagesanbruch ab.

Die Hauptschuld an einem der berühmtesten Schiffbrüche in der Schiffsgeschichte fällt auf Juan de la Cosa, der nicht nur Schiffsführer und Teileigner der *Santa María*, sondern auch wachhabender Offizier in jener Unglücksnacht war. Er war für die Aufrechterhaltung der notwendigen Disziplin verantwortlich, und er war nicht berechtigt, in seine Kabine zu gehen und das Deck unter der Aufsicht eines Jungmatrosen zu lassen. Als das Schiff auflief, machte er sich groben Ungehorsams seinem Admiral gegenüber schuldig, dessen Befehle er in Missachtung aller seemännischen Gebräuche nicht befolgte. Seine Flucht zur *Niña*, womit er die *Santa María* ihrem Schicksal überließ, war ein Akt klarer Meuterei. War es Feigheit? Kolumbus selbst nannte diese Handlung des Schiffsführers und seiner Spießgesellen *traición* – Verrat – und warf ihnen nicht etwa *cobardía* oder Feigheit vor; und es ist auch meine Ansicht, dass hier reiner Verrat vorlag. Wenn wir zwischen den Zeilen lesen, so erraten wir, dass Juan de la Cosa eine jener verachtenswerten Gestalten aus der Seemannszunft war, die eifersüchtig auf ihre Vorgesetzten sind und Zwietracht unter der Mannschaft säen. Vielleicht hielt er sich für einen besseren Seemann als Kolumbus, vielleicht war sein Stolz dadurch verletzt worden, dass man sich häufig über seine Befehle hinweggesetzt hatte. Jedenfalls gab er dem verräterischen Impuls nach, seine Lieblingskumpane zu retten und die Kastilier mit ihrem Unglück fertig werden zu lassen, so gut sie es allein konnten. Ein so sonderbares Verhalten eines Schiffsführers und Eigners lässt sich nur mit einem schweren Charakterfehler erklären.

Das erste Weihnachtsfest in der Neuen Welt wurde nicht mit einer feierlichen Messe und mit Chorgesang eingeleitet, nicht mit Festessen und Belustigungen gefeiert, sondern an diesem Tag arbeiteten alle unermüdlich daran, die *Santa María* wieder flottzumachen und ihre Ladung, Vorräte und Ausrüstung zu bergen. Mit dem anbrechenden Tag entsandte Kolumbus Diego de Harana und Pedro Gutiérrez zu Guacanagarí an Land, den er um Beistand bitten ließ, und zur gleichen Zeit fuhr er zu seinem Schiff, dem er sich von der hinter dem Riff liegenden Seite näherte. Als die Sonne hoch stand, hatte Guacanagarí alle seine Boote mit vielen seiner Leute ausgeschickt, um bei der schweren Arbeit des Löschens, die am Weihnachtstag fast beendet wurde, zu helfen. Der Kazike selbst und seine Brüder beaufsichtigten wachsamen Auges alle Arbeiten an Bord wie auch an Land, damit nichts gestohlen würde, und Kolumbus bezeugte, dass nicht einmal eine Schnurspitze, ein Brett oder ein Nagel abhanden kamen, obgleich das Deck und die Seitenbordplanken stellenweise aufgerissen werden mussten, um an die Ladung heranzukommen. „Von Zeit zu Zeit schickte der Kazike einen seiner Verwandten zu dem klagenden Admiral, um ihn zu trösten und ihm sagen zu lassen, dass er sich nicht sorgen und bekümmern solle, denn er wolle ihm alles geben, was er habe. Er habe den am Strand befindlichen Christen zwei sehr große Häuser überlassen und wolle, wenn nötig, noch weitere hergeben … ‚In solchem Maße', sagte der Admiral, ‚waren sie treu ergeben, zeigten keinerlei Habgier nach dem Eigentum anderer, und der König vor allen anderen war der Inbegriff aller Tugendhaftigkeit.'"

Gold aber trocknet die Tränen besser als menschliche Anteilnahme. Schon als Kolumbus am frühen Morgen Guacanagarís Trostbeweise empfing, traf ein Kanu von einem anderen Dorf längsseits ein, und die Paddler verlangten so eifrig nach Schellenglöckchen, dass sie aufstanden, kleine Stücke Gold zeigten und immerzu riefen: *„Chuque! Chuque!"*, ein Wort, mit dem sie den Ton nachahmten, den die klingelnden, so heiß begehrten Glöckchen von sich gaben. Guacanagarí stand in würdigem Schweigen dabei, bis dieser ungleiche Tausch abgeschlossen war. Dann ließ er Kolumbus wie beiläufig fragen, ob er auch ihm ein Glöckchen überlassen würde, er wolle ihm dafür „vier Stücke Gold von der Größe einer Hand" geben. Der Admiral freute sich, das zu hören, und etwas später kam ein Seemann von Land und erzählte dem Admiral, wie herrlich die Christen am Strand das Gold gegen bloße Nichtigkeiten eintauschten, gegen eine Schnurspitze bekämen sie Goldbrocken im Wert von zwei Castellanos, und das wäre noch gar nichts gegen das, was in einem Monat geschehen würde. Der König freute sich, als er sah, wie sich die Miene des Admirals aufheiterte, er verstand, dass dieser mehr Gold zu haben wünschte, und gab durch Zeichen zu verstehen, dass er einen Ort in der Nähe kenne, wo es Gold in großem Überfluss gäbe. „Der Admiral solle nur Mut fassen, denn er würde ihm so viel verschaffen, wie er haben wolle ... besonders aus Cipango, das sie Cybao nannten, dort gäbe es eine solche Masse, dass es ohne Wert wäre."

Nach dieser hochwillkommenen Auskunft wurde der Kazike mit einem Hemd und ein Paar Handschuhen beschenkt, die ihn über die Maßen erfreuten. So bekleidet, wurde er an Bord der *Niña* zum Essen eingeladen, das vermutlich nicht ganz so angenehm verlief. Nach Beendigung der Mahlzeit lud Guacanagarí den Admiral zu einem für seine Begriffe richtigen Festmahl an Land ein. Kolumbus genoss eine Speisenfolge, die aus „zwei oder drei Sorten *ajes*" (Jams oder Süßkartoffeln), geröstetem *hutía* und Hummern bestand, sowie aus Kassawabrot, das sie *caçabí* nannten. Der Kazike aß anständig und sauber, wusch sich nach dem Essen sogar die Hände und wischte sie mit Gras ab, sodass ihn Kolumbus nur als einen vollkommenen Naturmenschen von besten Sitten bezeichnen konnte. Nach Beendigung des Mahls führte Guacanagarí den Gast an den *playa*, einen Streifen weißen Sandes zwischen dem Dorf und den Mangrovensümpfen, der die Caracolbucht umsäumt. Der Kazike begann davon zu erzählen, wie schrecklich die Kariben mit ihren Pfeilen und Bogen seien und dass sie den Tainos Angst und Entsetzen einflößten. Kolumbus sagte ihm darauf: „Jetzt passt einmal gut auf!", und damit ließ er einen seiner Männer mit einem vom Schiff geretteten türkischen Pfeil und Bogen ein Schauschießen vorführen. Dann ließ er ein paar Schüsse aus Bombarden und Musketen abfeuern, die die Eingeborenen erschreckten. Guacanagarí aber war überzeugt, dass er in diesen Fremdlingen Verbündete von großer Stärke gewonnen hatte. Er beschenkte den Admiral, offenbar ohne ironische Absicht, mit einer großen Maske, deren Augen und Ohren aus Gold waren.

In keiner anderen Tagebucheintragung spiegeln sich die Gedankengänge von Kolumbus so deutlich wider wie in jener, die er an diesem ersten in der Neuen Welt verlebten Weihnachtstag niederschrieb. Er tröstete sich mit dem Glauben an den vorbestimmten Willen Gottes, der ihm den Schiffbruch geschickt hätte, damit er die Goldlager von Cibao entdeckte und eine Niederlassung begründete. Las Casas zitiert den Admiral mit seinen eigenen Worten: „Es zeigt sich in vielerlei Form, dass uns in Wahrheit kein Missgeschick, sondern ein großes Glück widerfahren ist, denn eins ist sicher, wäre ich nicht gestrandet, so wäre ich weitergefahren, ohne diesen Ankerplatz zu wählen, der in einer weitläufigen Bucht liegt … auch hätte ich auf dieser Reise keinen meiner Männer hier zurücklassen können, und selbst wenn dies mein Wunsch gewesen wäre, so hätte ich ihnen weder eine gute Ausrüstung noch genug Waffen geben können."

Vor dem Schiffbruch beabsichtigte Kolumbus nicht, auf dieser Entdeckungsreise eine feste Niederlassung zu gründen, da er gerade genug Menschen für die Bemannung seiner Schiffe bei sich hatte. Jetzt aber konnte er allein durch eine solche Niederlassung die Frage lösen, was aus den Männern der gestrandeten *Santa María* werden sollte. Von der *Pinta* hatte man keine Spur, und die kleine *Niña* mit ihren 22 Mann Besatzung bot keinen Platz für die vierzig Mann der *Santa María*. Guacanagarí war freundschaftlich gesinnt und den Spaniern treu ergeben. Cipangu-Cibao lag in greifbarer Nähe, und die Spanier bedrängten ihren Admiral, zurückbleiben zu dürfen, weil sie hofften, als Erste Hand an die Goldschätze legen zu können, noch ehe ganz Kastilien herbeiströmte, um Gold im Wert von zwei Castellanos für einen Groschen einzutauschen. Wie die Dinge also lagen, konnte Kolumbus nicht richtiger handeln, als den Befehl zur Errichtung von „Turm und Festung" am Strand zu geben. Er nannte die Festung La Navidad, Weihnachten, zur Erinnerung an den Tag des Schiffbruches, der sich – wie er glaubte – so unerwartet zum Guten gewendet hatte.

Navidad war größtenteils aus den Bordplanken, Hölzern und Balken der *Santa María* gebaut, es hatte einen „großen Keller" zur Aufbewahrung von Wein, Schiffszwieback und anderen aus dem Flaggschiff geborgenen Vorräten. 39 Mann waren von beiden Karavellen ausgesucht und unter den Befehl von Diego de Harana, dem Flottenmarschall, gestellt worden, darunter viele Freiwillige, die sich glücklich wähnten, für die Besatzung der Festung ausgewählt zu werden. Kolumbus überließ ihnen auch das Boot der *Santa María*, damit sie die Küste erkunden, die Goldmine entdecken und sich einen besseren Hafen als Navidad zu längerem Aufenthalt aussuchen konnten.

Mehrere Tage brachte man mit dem Errichten der Festung zu. Die Indianer halfen ihnen dabei, schleppten die Lasten vom Schiff an Land und packten überall an, wo es schwere Hölzer aufzurichten galt. Kolumbus machte täglich Besuche, nahm an Festmählern teil und überreichte Guacanagarí und seinen Unterkaziken Geschenke. Am 27. brachten einige Indianer Nachricht von der *Pinta*, die sie zwei Segeltage ostwärts entfernt in einer Flussmündung gesehen haben wollten. Sofort stellte Guacanagarí ein Kanu zur Verfügung, mit dem Kolumbus einen „freundschaftlichen Brief" absandte, worin er seinen Ärger über die treulose Flucht sorgsam verbarg und Pinzón zur Rückkehr aufforderte, *da unser Herr uns allen große Gnade erwiesen hat*. Denn Kolumbus wollte diese unbekannte Küste nicht ohne ein Begleitschiff erkunden, weil ein erneuter Schiffbruch verhängnisvoll werden konnte. Das Kanu kehrte bald ergebnislos zurück, doch der Bote berichtete, dass er einen König gesehen habe, der zwei große goldene Platten auf seinem Kopf trug. Am Dreißigsten brachte ein von Osten kommender Indianer die Nachricht, dass er die *Pinta* gesehen habe, und obwohl man das allgemein für eine Lüge hielt, machte sich der Admiral in dieser Richtung auf den Weg.

Am 2. Januar 1493 feierten Guacanagarí und Kolumbus Abschied. Nach einer letzten Umarmung und vielen Beteuerungen gegenseitiger Zuneigung und Wertschätzung ließ sich Kolumbus an Bord seines neuen Flaggschiffs *Niña* zurückrudern und wollte alsbald die Anker lichten, doch musste er die Nacht und den ganzen nächsten Tag im Hafen bleiben, dazu noch eine zweite Nacht, weil einige Indianer noch nicht zurückgekommen waren, die er gern mitnehmen wollte. Diese Verzögerungen waren typisch für damalige Forschungsreisen, man musste endlos warten, bis es den saumseligen, trunksüchtigen oder unwilligen Schiffsgefährten einfiel, sich wieder an Bord einzufinden.

Kolumbus beabsichtigte, direkten Kurs auf Spanien zu nehmen, denn er befürchtete, dass ihm Pinzón zuvorzukommen versuchte, um die großen Neuigkeiten als Erster in der Heimat verkünden zu können und gleichzeitig „der Strafe für sein unbotmäßiges Verhalten und eigenmächtiges Verlassen des Flottenverbandes zu entgehen". Als Kolumbus sich außerhalb des Barriereriffs befand, sichtete er eine vermeintliche Insel „in der Form eines spitzen Zelts, der er den Namen Monte Cristi gab." So heißt diese Halbinsel, als die sich das Land später entpuppte, noch heute.

Infolge schwachen Windes konnte die *Niña* Monte Cristi nicht mehr am gleichen Tag erreichen. Am fünften steuerte sie auf den Naturhafen zu, der sich zwischen Monte Cristi und der Isla Cabra öffnet und der „gegen alle Winde mit Ausnahme von N und NW geschützt ist". Erst am Morgen des sechsten Januar, einem Sonntag, segelte der Admiral weiter. Mit guter Landbrise kam er ein tüchtiges Stück vorwärts. Mittags frischte der Passat auf und zwang Kolumbus, einen Schlag von der Küste abzusegeln. Er kam dabei in die Nähe einiger Sandbänke und schickte einen Matrosen in die Takelage, um nach den tiefen Stellen auszuspähen, und dieser erblickte die *Pinta*, die ihnen mit achterlichem Wind entgegensegelte. Und da kein Ankerplatz in der Nähe war, drehte die *Niña* bei und segelte in Gesellschaft der *Pinta* zurück zu ihrem letzten Ankerplatz bei der Isla Cabra.

Pinzón kam an jenem Abend an Bord des Flaggschiffs und „entschuldigte sich, indem er behauptete, sich gegen seinen Willen von ihm getrennt zu haben, und gab Ursachen dafür an. Der Admiral bezeichnete sie sämtlich als Ausflüchte." Es kam heraus, dass die *Pinta* Babeque (Groß-Inagua) angelaufen, dort aber kein Gold gefunden hatte. Darauf war sie weiter ostwärts nach Monte Cristi gesegelt, hatte drei Wochen in einem östlich gelegenen Hafen geankert und dort eine Menge Gold gefunden. Einem Bericht seines Sohnes Arias Pérez zufolge, hatte Martín Alonso einen Abstecher landeinwärts gemacht, das Gebiet des mächtigen Caonabó erreicht und war mit viel Gold zurückgekehrt. Wenn das der Wahrheit entspricht, hat Pinzón den Cibao als Erster erreicht, jenes reiche Goldgebiet, das sich Kolumbus auf Hispaniola zum Ziel gesetzt hatte.

Es scheint, dass Martín Alonso durch die Indianer Nachricht von dem Schiffbruch der *Santa María* erhalten hatte und dass er seinen Gefährten daraufhin mit dem Wind entgegenfuhr und der *Niña* begegnete. Admiral wie Kapitän werden erleichtert gewesen sein, als sie sich zur gemeinsamen Heimfahrt wieder zusammenfanden, und Kolumbus fasste nun den Entschluss, den Rest des nördlichen Hispaniola zu erkunden, ehe er nach Spanien aufbrach. Nach der befremdlichen Art ihrer Trennung wird ihr Zusammentreffen nicht sehr erfreulich gewesen sein. Vicente Yáñez zeigte Neigung, mit den anderen Pinzóns gemeinsame Sache gegen Kolumbus zu machen, indem „er dessen Befehlen nicht gehorchte und viele tadelnswerte Worte gegen ihn richtete und solcherlei Handlungen beging … und sie benahmen sich sehr undiszipliniert“ und „waren eine aufrührerische Bande“. Dieser Zustand veranlasste den Admiral, *mit größter Eile* nach Hause zu fahren. Er schrieb nieder: *Ich kann die Untaten einiger liederlicher Gesellen ohne jede Manneszucht nicht dulden, die, entgegen den ihnen übertragenen ehrenvollen Aufgaben, glauben, ihren eigenen Willen ohne jede Rücksichtnahme durchsetzen zu können.*

Durch widrige Winde wurden sie zwei Tage in Monte Cristi festgehalten und nutzten diese Zeit, um die *Niña* zu kalfatern, Holz und Wasser einzunehmen und den Unterlauf des Rio Yaque del Norte zu erforschen. Kolumbus berichtete, dass dieser sehr reich an Gold war, denn feine Goldkörner setzten sich an den Fassreifen fest, als sie Wasser im Fluss einfüllten, einige Körner waren so groß wie Linsen. In der Tat schwemmt der Rio Yaque das Cibao-Gebiet, das die Hauptgoldlager von Hispaniola birgt, ab. An seinem Oberlauf erbaute Kolumbus im Jahr 1494 auch sein erstes Binnenfort.

Von dem Wunsch erfüllt, die Reise eiligst fortzusetzen und den Ränken der Pinzóns ein Ende zu bereiten, befahl Kolumbus am 8. Januar um Mitternacht, trotz des wehenden SO-Windes die Segel zu setzen. Am 10. Januar erreichten die Karavellen Puerto Blanco, wo die *Pinta* auf eigene Faust ihre nutzbringenden Geschäfte betrieben hatte. Aus Ärger über die Anmaßung seines ungehorsamen Untergebenen änderte Kolumbus den Namen in Rio de Gracia, den Fluss der Gnade. Damit wird angedeutet, dass Martín Alonso verziehen wurde, er jedoch gleichzeitig eine Mahnung für besseres Betragen in der Zukunft erhielt.

In den nächsten Tagen sichtete die Flotte noch viele Kaps und Häfen und warf bei der Mündung der Samanábucht in 12 Faden Tiefe Anker.

Hier, an einem hübschen Strand genau östlich von einem Punkt, der noch heute Las Flechas – die Pfeile – heißt, kam es am 13. Januar zu einer gefährlichen Begegnung mit den Indianern, wie Kolumbus sie auf der ersten Reise in dieser Art noch nicht erlebt hatte. Las Casas berichtete, dass die Samanábucht von einem Stamm der Ciguayos bewohnt wurde, die wohl Arowaken waren, sich aber entweder mit den Kariben vermischt hatten oder von ihnen zur eigenen Verteidigung Waffen übernommen hatten. Als das Boot der *Niña* an Land ruderte, um einige Jams einzuhandeln, traten seinen Insassen über fünfzig finster aussehende Wilde entgegen, die ihre Gesichter nicht wie die Tainos hellrot bemalt, sondern mit Holzkohle geschwärzt hatten und deren struppiges Haar hinten in Netzen aus Papageienfedern zusammengebunden war. Bedenklicher aber war, dass sie Pfeil und Bogen trugen, die ersten, welche die Spanier in Indien erblickten. Der indianische Begleiter im Boot sprach sie an und veranlasste sie, ihre Waffen niederzulegen, welche die Spanier daraufhin zu kaufen suchten; aber die Indianer rannten, nachdem sie zwei Bogen hergegeben hatten, zu dem Platz zurück, wo sie die Waffen hingelegt hatten, und machten Miene, sie aufzunehmen und anzugreifen. „Die Christen waren darauf vorbereitet, da sie der Admiral stets ermahnt hatte, auf der Hut zu sein. Sie fielen über sie her, versetzten einem Indianer einen tüchtigen Streich aufs Hinterteil und verwundeten einen anderen mit einem Pfeil an der Brust. Als die Indianer merkten, dass sie wenig ausrichten konnten, obwohl sie fünfzig Mann waren und nur sieben Christen gegen sich hatten, wendeten sie sich zur Flucht, und keiner blieb zurück, aber mancher warf seine Waffen und Bogen fort." Auf diese Weise konnten sich die gelandeten Männer manches Andenken aneignen.

Da beide Karavellen stark leckten (infolge der Pfuscharbeit auf der Werft in Palos, meinte der Admiral), hielten er und Pinzón Ausschau nach einem geeigneten Strand, wo sie ihre Schiffe auflegen und vor der langen Heimfahrt kalfatern und gründlich überholen konnten. Diese Ciguayos hatten aber etwas so Finsteres und Unheimliches an sich, dass sich die Männer nicht sicher fühlten und weiterwollten. Kolumbus hatte geplant, berichtete er, bis zum 17. zu bleiben, doch durfte er das Wagnis eines längeren Aufenthalts nicht auf sich nehmen, und als am Mittwoch, dem 16. Januar, ein Westwind aufkam, entschloss er sich, die „Bucht der Pfeile" zu verlassen. Sie war der letzte Ankerplatz der *Pinta* und der *Niña* in der Neuen Welt.

22. Kapitel

HEIMFAHRT
16. JANUAR BIS 11. FEBRUAR 1493

Die Heimfahrt ist die faszinierende Geschichte eines genialen Mannes, der das größte geographische Geheimnis aller Zeiten in seiner Brust verschlossen hielt und gleichzeitig gegen menschliche Verworfenheit und gegen Winterstürme ankämpfen musste, um einer wartenden Welt seine glückliche Botschaft zu überbringen.

In monddunkler Nacht, drei Stunden vor Tagesanbruch, am Mittwoch, dem 16. Januar 1493, „segelte der Admiral von der Bucht, die er Golfo de las Flechas (Golf der Pfeile) genannt hatte, ab". Mit diesen Worten beginnt das Tagebuch der ersten Heimreise von Amerika nach Europa. Sie erwies sich in navigatorischer Hinsicht als bedeutend schwieriger als die Hinreise zu dieser Entdeckungsfahrt, denn kein freundlicher Passat sollte die beiden Karavellen sanft zurück nach Spanien wehen. Kolumbus musste sie aus dem Bereich des Passats und in die Zone der Westwinde bringen, und da es Winter war, wehten sie stark und stürmisch und waren von Regenschauern und hohem Seegang begleitet. Und er musste dies alles ohne die *Santa María* vollbringen.

Als die *Niña* und die *Pinta* am 16. Januar vor Tagesanbruch die Punta Balandra der Samanábucht passierten, dachte noch niemand daran, dass hier die Entdeckungsreise zu Ende sein sollte. Von den Indianern von Hispaniola, die in Samaná an Bord der *Niña* gekommen und sofort zum Dienst gepresst worden waren, hatte Kolumbus von einer Isla de Carib (wahrscheinlich Puerto Rico) gehört, die „von hier" zu sehen sei. Natürlich war der Admiral neugierig, die schrecklichen, menschenfressenden Kariben näher kennen zu lernen. Noch mehr trieb es ihn aber, ihrer Kunde von einer Insel namens Matinino auf den Grund zu gehen, die „einzig von männerlosen Frauen bewohnt sein sollte". Die späteren Konquistadoren brachten diese Geschichte in Zusammenhang mit der klassischen Sage von den Amazonen, nach denen sie den größten Fluss der Welt tauften; Kolumbus hingegen wollte Beweise dafür haben, dass er sich im Orient

Karibische Indianerfamilie

befand. Er hatte bei Marco Polo gelesen, dass im Indischen Ozean zwei Inseln mit Namen Masculina und Feminea lagen, von denen die eine ausschließlich von Männern, die andere nur von Frauen bewohnt war. Die weibliche Insel wurde jedes Jahr von den Männern besucht, die drei Monate blieben, dann aber samt den herangewachsenen kleinen Knaben von den Frauen fortgetrieben wurden. Diese Geschichte schien den ewigen Kampf der Geschlechter auf so einfache und drastische Weise zu lösen, dass sie sich von allen Berichten Marco Polos der größten Beliebtheit erfreute.

Es war nun eigenartig festzustellen, dass die Arowaken eine ähnliche Sage kannten. Der mythische Held Guagugiona verließ einst mit einer ausgewählten Schar von Schiffsgefährten und Frauen die Höhle Cacibagiagua, in der die gesamte Menschheit bis dahin gelebt hatte, und machte sich auf die Suche nach neuem Lebensraum. Er ließ alle Frauen auf der Insel Matinino zurück, wo sie seitdem als Amazonen lebten und den jährlichen Besuch der Männer empfingen, genau so, wie es Marco Polo von seiner Fraueninsel im Indischen Ozean erzählt hatte. Kolumbus' Verlangen, diese eigenartige Insel zu besuchen, entsprang nicht nur der natürlichen männlichen Neugierde und dem Wunsch, etwas wirklich Wunderbares erzählen zu können, sondern er wollte sich dadurch einen untrüglichen Beweis für seine Indientheorie verschaffen, der ihm bisher noch fehlte.

Er hoffte, *dem Herrscherpaar fünf oder sechs* dieser Frauen mitzubringen. Der Plan des Admirals war demnach, die Insel der Kariben anzulaufen, Matinino zu besuchen und dann die Rückfahrt nach Spanien anzutreten.

Kolumbus änderte dementsprechend seinen Kurs, doch ein wenig später änderte er auch seine sonstigen Pläne. Hierüber ist im Tagebuch zu lesen: „Nachdem er zwei Leguas zurückgelegt hatte, frischte der Wind, der sehr günstig für die Fahrt nach Spanien war, auf. Er bemerkte, wie die Menschen von Niedergeschlagenheit ergriffen wurden, als sie sahen, dass man vom Kurs abkam und die Schiffe sehr viel Wasser zogen, wogegen allein Gott helfen konnte. Er musste den Kurs, von dem er annahm, dass er zu der Insel führe, aufgeben und wieder direkten Kurs auf Spanien nehmen."

Dies war eine der wenigen schnellen Änderungen, die Kolumbus in seinen Plänen vornahm, und in diesem Fall handelte er klug. Auf der Heimfahrt von der zweiten Entdeckungsreise im Winter 1496 benötigte die *Niña* einen Monat, um von Isabela in Nordhispaniola nach Guadeloupe zu kreuzen, was näher liegt als Martinique. Die Aussicht, einige Frauen und etwas orientalisches Beweismaterial aufzusammeln und eine schöne Wundergeschichte mitzubringen, lohnte den Aufenthalt wahrlich nicht.

Über Kolumbus' Plan für die Heimfahrt gibt seine Tagebucheintragung vom 16. Januar Aufschluss: *Bolvió al derecho de España, nordeste quarta del leste*, „er nahm geraden Kurs auf Spanien, Nordost zu Ost." Er befand sich aber in einem großen Irrtum, wenn er glaubte, dass dies der direkte Kurs nach Spanien sei. Er würde selbst die Britischen Inseln verfehlt haben und irgendwo in die Arktis hineingefahren sein. Doch genauso wie ihn seine kolossale Unterschätzung der Breite des Ozeans dahingebracht hatte, Amerika zu entdecken, so ermöglichte ihm dieser ebenso grobe Fehler in der Berechnung des Heimreisekurses, nach Spanien zu gelangen. Denn spätere Reisen erwiesen, dass Segelschiffe von Hispaniola am schnellsten nach Europa fuhren, wenn sie sich nach Norden vorwärts arbeiteten, immer hart am Wind bis zur Bermudabreite segelnd, und dort die vorherrschenden Westwinde erwischten, die sie dann weiter nach Spanien führten. Das wusste Kolumbus natürlich nicht.

Wie auf der Hinreise traf Kolumbus auch auf der Rückfahrt glückliche Umstände an. Die Karavellen machten ausgezeichnete Fahrt, und ihre Leistung nötigt uns große Achtung vor ihren Baumeistern und Führern ab. Bis dahin hatte der Passat noch nicht genug Gegensee verursacht, um ihnen Schwierigkeiten zu machen. *Die Luft war milde und angenehm, wie in Sevilla im April und Mai, und die See war, dem Schöpfer sei's gedankt, stets ganz glatt*, so schrieb Kolumbus in sein Tagebuch. Als sie am nächsten Tag den 25. Breitengrad erreichten, wurde die Luft merklich kühler. Wenn man sich an das tropische Klima gewöhnt hat, empfindet man einen Temperatursturz von zehn Grad Celsius bereits als recht unangenehm.

Schon am ersten Tag auf hoher See fuhren sie in das Sargassomeer hinein, am dritten Tag zeigte sich der Neumond, und die ganze Zeit wurden sie von Möwen, Tölpeln und Sturmvögeln begleitet, während Fregattvögel ihnen bis 200 Meilen von den Inseln weg folgten.

Am 22. Januar, kurz vor Mitternacht, schnitten die *Niña* und die *Pinta* die Route der Hinreise und kamen nun in ein weites Gebiet des Nordatlantiks, das vorher von keinem Schiff befahren worden war. Unter Seeleuten werden diese Zonen die „Rossbreiten“ genannt, weil die hier herrschenden langen Windstillen tödlich für alles Vieh an Bord sind; doch glücklicherweise wusste Kolumbus noch nichts von ihnen. Am 25. Januar, als er den 28. Breitengrad überquert und nur 49 Meilen zurückgelegt hatte, „erlegten seine Matrosen einen Tümmler und einen riesigen Hai, sie konnten beide gut gebrauchen, weil außer Brot, Wein und *ajes* aus Indien an Bord nichts zu essen übrig geblieben war.“

Täglich fing man Fisch und Vögel und sichtete Golfkraut. An den letzten beiden Januartagen nahm der Wind ein wenig zu, und am 31. Januar erreichten die Schiffe bei Sonnenuntergang 31° 46' N-Breite; sie waren also sehr nahe an der Breite von Bermuda, das ungefähr 450 Meilen westwärts lag. Vom 31. Januar bei Sonnenaufgang bis zum 3. Februar bei Sonnenuntergang „machten die Karavellen mit unverändertem Wind von achtern und bei einer sehr glatten See, wofür Gott gedankt sei“, 358 Meilen nach ONO, „und das Meer war so sehr von Tang bedeckt, dass sie sich vor Untiefen gefürchtet hätten, wenn es ihnen nicht schon von früher her bekannt gewesen wäre“. Sie steckten jetzt mittendrin im Sargassomeer. In der Nacht des 1. Februar schien der Vollmond und beleuchtete den mit Sargassum bedeckten Ozean, über dessen leicht bewegte Oberfläche die Schiffe vor dem frischen Wind wie über eine grüne Wiese dahinjagten. Eine fremdartige, zauberhafte Schönheit umgab sie, die noch verstärkt wurde durch das Rascheln des Tangs, wenn er vom Bug zerteilt und beiseite geschoben wurde.

Mit der Geschwindigkeit eines Dampfers wurden die beiden Karavellen jetzt von einem winterlichen Nordweststurm der Heimat zugetrieben. Während vier Tagen, vom 4. bis 7. Februar, erreichten sie die schnellsten Segelzeiten auf der ganzen Reise, ausgehend wie heimkehrend, und machten 598 Meilen, was einem Tagesdurchschnitt von beinahe 150 Meilen entsprach. Von Sonnenuntergang am 5. Februar bis Sonnenuntergang am sechsten segelten die *Niña* und die *Pinta* die großartige Strecke von 198 Meilen und erreichten zeitweise eine Geschwindigkeit von 11 Knoten.

Es scheint angebracht, ein Weilchen darüber nachzudenken, was das bedeutet. Mit Wind von backbord und mit gesetzten Fock- und Großsegeln schossen diese Karavellen im Jahr 1493 durch ein aufgewühltes kobaltblaues Meer, im Donner der schäumenden Brecher, darüber ein strahlender Winterhimmel. Das Gefühl der Schnelligkeit auf einem Schiff unter vollen Segeln, dessen eigene Schönheit, verbunden mit der Musik des Windes und dem Rauschen des Wassers, ist nur dem Erleben vergleichbar, das man bei einer Skiabfahrt oder auf dem Rücken eines edlen Pferdes während eines Hindernisrennens empfindet. Man kann sich daher vorstellen, welche wunderbaren Erlebnisse jene Seefahrer an Bord der *Niña* und *Pinta* hatten. 11 Knoten bedeuteten eine größere Schnelligkeit, als sie sie je erlebt hatten. Nach einem der größten Seeabenteuer in der Menschheitsgeschichte befanden sie sich jetzt auf der Heimfahrt, zum Bersten angefüllt mit wunderbaren Geschichten aus einer Welt, die selbst den kühnsten Seeräubern der Antike unbekannt geblieben war, einer Welt, die vom Einfluss Roms zur Zeit seiner höchsten Blüte und von den hoch entwickelten arabischen Völkern unberührt geblieben war. Ja, ihr Admiral kannte den Weg, und alle Heiligen im Himmel hatten sich zusammengetan, ihm günstige Winde, klares Wetter und die See von achtern zu schicken. Aber sie befanden sich im Reich der heidnischen Götter Neptun und Aeolus, und diese beiden waren schon dabei, einen bösen Streich auszuhecken.

Mit Anbruch der Nacht am 7. Februar legte sich der Nordweststurm, und an den beiden nächsten Tagen segelte die Flotte mit Ostwind 75 Meilen nach SSO und kam so von einer Landsichtung auf den Azoren weiter ab, aber am neunten, ehe der Morgen dämmerte, sprang der Wind nach OSO um, sodass die Karavellen nach NO steuern konnten. Kolumbus hatte eigentlich nicht die Absicht, die Azoren anzulaufen, doch war es ihm jetzt vielleicht lieb, wenn er eine der Inseln sichtete, denn er konnte dadurch seine Position überprüfen. Am 9. Februar, bei Sonnenuntergang, frischten die tüchtigen Westwinde wieder auf, und in den nächsten 24 Stunden legten die *Niña* und die *Pinta* die beachtliche Strecke von 154 Meilen zurück.

IN DIESEN Wochen guten Wetters und nützlicher, wenn nicht immer günstiger Winde muss Kolumbus seinen berühmten Brief über die erste Reise verfasst haben. Dieser Brief, der nicht an eine bestimmte Person gerichtet war, sondern als öffentliche Bekanntmachung seiner Reise dienen sollte, war einem anderen an das Herrscherpaar gerichteten Schreiben beigelegen, das verloren gegangen ist. In diesem Brief wird alles erwähnt, was für das Herrscherpaar wichtig und wissenswert sein mochte, er bezweckte auch, sein Augenmerk auf den Plan einer zweiten Reise zu lenken; Angaben über Kurse und Entfernungen sind ausgelassen aus Furcht vor Spähern, die von verbotenen Früchten zu essen trachteten. Der Verlust der *Santa María* wird nicht erwähnt. Mit täuschender Absicht bemerkt Kolumbus lediglich, dass er eins der Fahrzeuge mit Mannschaften in Navidad zurückgelassen hätte. Im Ganzen ist der Brief eine ausgezeichnete zusammenfassende Darstellung des Tagebuches, die zeigt, dass Kolumbus eine bemerkenswerte Gewandtheit im Abfassen solcher Schriftstücke entwickelt hatte.

Wahrscheinlich vollendete und unterzeichnete er den Brief einige Tage später an Bord der *Niña*, als diese bei der Azoreninsel Santa Maria vor Anker lag, und er mochte hoffen, ihn von dort über Portugal weiterbefördern lassen zu können für den Fall, dass ihm auf der letzten Reisestrecke etwas zustoßen sollte. Die Haltung der Behörden auf den Azoren indessen veranlasste ihn, wie wir noch sehen werden, die Rolle des Postboten selbst zu übernehmen.

23. Kapitel

Qualvolle Azoren
12. bis 24. Februar 1493

Im südlichen Europa war der Winter 1492/93 ungewöhnlich kalt und stürmisch. Am Weihnachtstag war sogar der Hafen von Genua zugefroren, sodass kein Schiff ein- oder auslaufen konnte, und viele wurden durch das stürmische Wetter monatelang in Lissabon festgehalten. Die *Niña* und die *Pinta* hatten so weit Glück gehabt, aber nun steuerten sie geradewegs in eine der stürmischsten Regionen des Nordatlantiks hinein.

Nach einer weiteren glänzenden Tagesfahrt von 150 Meilen Richtung Osten geschah es, dass die Flotte am Montag, dem 12. Februar, zum ersten Mal auf dieser Reise in wirklich schweres Wetter geriet. Kolumbus' Berichte für die nächsten Tage sind daher überaus interessant, denn sie enthalten die früheste und in solcher Ausführlichkeit vielleicht erste Beschreibung eines wirklichen Sturmes auf See. Wenn man die Tagebucheintragungen im Licht unserer heutigen meteorologischen Forschung betrachtet, so handelte es sich nicht um einen gewöhnlichen Zyklon, sondern um eine Wetterstörung, bei der die kalten Luftmassen aus der Arktis nach Süden vordrangen und mit den warmen Luftmassen aus den Tropen zusammenstießen.

Stürme dieser Art treten im Azorengebiet häufig auf. Sie haben für Schifffahrt und Flugverkehr eine große Bedeutung. Die Störung, die die *Pinta* und die *Niña* in so große Gefahr brachte, entwickelte sich aus einem Tiefdruckgebiet, das nördlich der Azoren vorüberzog und das von SW- bis W-Winden der Stärken 9 „Sturm" und 10 „voller Sturm" (nach der Beaufort'schen Skala) begleitet war. Die nahe aneinander liegenden Winde verschiedener Art und Richtung verursachten Kreuzseen von so furchtbarer Gewalt, dass sie die *Niña* fast verschlungen hätten. Drei unterschiedliche Luftmassen, die durch eine warme und zwei kalte Fronten voneinander getrennt waren, scheinen in die Windströmungen hineingezogen worden zu sein; und die Karavellen hatten am schwersten zu kämpfen, wenn sie aus einer Luftmasse in die andere wechseln und die sie trennende Front durchstoßen mussten.

Kolumbus sah sich am 12. Februar bei Tagesanbruch sehr schweren Seen und Stürmen ausgesetzt, dass er gefürchtet hätte unterzugehen, sagt er, *wenn die Karavellen nicht so stark und solide gebaut gewesen wären.* In der darauf folgenden Nacht hatte die *Niña* einen schweren Stand. Dreimal entlud sich das Gewitter mit niedergehenden Blitzen. In den sich überstürzenden Seen arbeiteten die Karavellen aufs Schwerste. Sie rollten und stampften in beängstigender Weise, und alles, was nicht festgebunden war, wurde an Deck und in den Kabinen losgerissen und umhergeschleudert.

Mit Einbruch der Nacht am 13. Februar blies der Wind noch stärker, und die Kreuzseen bildeten gefährliche, pyramidenförmige Wellen, die die Karavellen in ihrem Vorwärtskommen hinderten, sie in allen Fugen erzittern ließen und sich dann mit einem Schwall grünlichen Wassers und weißen Schaums über ihre Decks ergossen. Diese Kreuzseen waren für die *Niña* umso gefährlicher, als das Schiff nicht genug Ballast hatte.

Alle Versuche, einen Kurs nach dem Kompass zu steuern, mussten jetzt aufgegeben werden. Die Rudersleute wurden angewiesen, das Schiff in einer allgemein nordöstlichen Richtung vor dem Wind herlaufen zu lassen, während der wachhabende Offizier jede anrollende Woge genau beobachten musste, um ihr mit schnellen Maßnahmen im richtigen Winkel begegnen zu können. Ohne äußerste Wachsamkeit und größtes seemännisches Können wäre die *Niña* leckgeschlagen und voll gelaufen, was eine Katastrophe für alle bedeutet hätte, denn für die *Pinta* wäre es in diesem Wetter unmöglich gewesen, die Schiffbrüchigen aufzufischen.

Inmitten des starken Sturmes konnten keine Rufe mit *Pinta* ausgetauscht werden, sie machte sich davon und lief zur selben Zeit wie die *Niña* vor dem Sturm her. Am Morgen des 14. Februar hatten sie sich aus den Augen verloren. Die *Pinta* verfehlte die Azoren, und erst einen Monat später trafen sich die beiden Karavellen im Hafen von Palos wieder.

Die gleichen Wetterverhältnisse bestanden am 14. Februar den ganzen Tag über, als die erste der beiden aufeinander folgenden Kältefronten über die *Niña* hereinbrach. Die Besatzung rief jetzt die himmlischen Mächte um Hilfe an, auf eine Weise, wie sie damals Brauch war. Das Unterfangen wurde vom Admiral persönlich geleitet. Dreimal wurden nacheinander

Lose gezogen, die entscheiden sollten, welcher Mann als Vertreter des Schiffs eine Pilgerfahrt zu machen hätte, wenn sie errettet würden. Man schüttete so viele Kichererbsen – eine davon mit einem Kreuz gekennzeichnet –, wie Männer an Bord waren (die Indianer vermutlich ausgenommen) in eine Matrosenmütze, und dann musste jeder eine Erbse herausnehmen. Derjenige, der die angekreuzte zog, war bestimmt, nach Santa María de Guadalupe in den Bergen von Estremadura zu wallfahren. Kolumbus griff als Erster in die Mütze und zog die angekreuzte Erbse heraus, und „von Stund an betrachtete er sich als Wallfahrer, der ein Gelübde zu erfüllen hatte". Da Wind und See in ihrer Heftigkeit nicht nachließen, wurden die Erbsen nochmals durcheinander geschüttelt, und diesmal sollte der Gewinner für die *Niña* eine Wallfahrt zum Schrein der Santa María de Loreta im fernen Ancona unternehmen. Pedro de Villa, ein Matrose aus Puerto Santa María, zog die angekreuzte Erbse, und der Admiral versprach, ihm die Reisekosten zu ersetzen. Aber wieder zeigte sich, dass sich der himmlische Vater nicht um diese kleine Schar armer, sturmzerzauster Seeleute kümmerte. Es wurde ein drittes Gelübde abgelegt, dass ein Besatzungsmitglied eine ganze Nacht wachen und eine Messe in der Kirche von Santa Clara de Moguer in der Nähe von Palos lesen lassen sollte. Und noch einmal zog der Admiral das Kreuz – konnte es möglich sein, dass irgendein Meisterwürfler die Erbsen so geschickt gegen ihn schüttelte? Aber auch hierauf änderte sich das Wetter nicht. Hatte die gnädige Gottesmutter kein Verständnis für das Erbsenspiel, das man ihr zu Ehren veranstaltete? Und so legten alle das Gelübde ab, „nur mit ihren Hemden bekleidet in einer Prozession einherzugehen", die zum ersten Altar der Heiligen Jungfrau, der auf ihrem Weg lag, führen sollte, und dort zu beten. Außerdem „gelobte dies jeder einzeln noch ganz besonders für sich selbst, denn niemand glaubte mehr zu entrinnen, weil sie sich alle für verloren hielten". Und als das geschehen war, ließ der Sturm (am 14. Februar) endlich nach.

Als ehrlicher Mann gab Kolumbus seine Furcht ohne Umschweife zu. Er schrieb die Eindrücke dieser schrecklichen Tage nieder, als die *Niña* sicher verankert war, und bereute, dass er im Glauben an die göttliche Vorsehung schwankend geworden war, die ihn schon sicher durch so viele Gefahren und Leiden geführt und den Ruhm der Entdeckung des westlichen Seeweges nach Indien geschenkt hatte. Seine größte

Angst galt indessen nicht dem möglichen Verlust seiner Entdeckung, da ja die *Pinta* heil davonkommen konnte, wenn die *Niña* unterging, sondern er bangte um die Zukunft seines Sohnes Diego und des kleinen Ferdinand, die beide in einer Schule in Córdoba untergebracht waren. Würde er auf See den Tod finden und Pinzón mit der großen Neuigkeit allein zurückkehren, so würden die Kinder als Waisen, in einem fremden Land und von niemandem betreut, verlassen sein, denn die Pinzóns hätten allen Ruhm der Entdeckung für sich allein eingeheimst.

Nach Sonnenuntergang des 14. Februar, dem Tag, an dem die drei Gelübde abgelegt wurden, hellte sich der Himmel im Westen auf, und kurz nach Sonnenuntergang am Freitag, dem 15. Februar, sichtete ein Matrose Land gerade voraus. Sofort liefen die wildesten Mutmaßungen darüber um, was für ein Land es sei, dem man sich näherte. Einige hielten es für Kastilien, andere glaubten, den Fels von Cintra bei Lissabon zu erkennen, wieder andere tippten auf Madeira. Kolumbus allein behauptete, eine der Azoreninseln angetroffen zu haben, und wie gewöhnlich hatte er Recht. Es war Santa Maria, die kleinste und südlichste Insel der Gruppe. 72 Stunden vergingen, bevor die *Niña* dort vor Anker gehen konnte.

Den ganzen 16. Februar und die folgende Nacht über hielt die *Niña* auf die schwer erreichbare Insel Santa Maria zu, die sich hinter einer großen Wolkenbank verbarg. Nach drei oder vier Tagen konnte sich Kolumbus zum ersten Mal wieder ein wenig Schlaf gönnen, „er litt heftige Schmerzen in den Beinen infolge der Kälte und Nässe, denen er ausgesetzt war, auch war er geschwächt durch zu geringe Nahrungsaufnahme." In diesen Tagen zog er sich die Gicht zu, an der er sein ganzes Leben lang litt und die mit fortschreitendem Alter immer schmerzhafter wurde.

Die *Niña* erreichte am 17. Februar bei Einbruch der Nacht die Insel; doch „konnte der Admiral infolge der dicken Wolkenschicht", die die oberen Hänge der Insel verdeckte, „nicht erkennen, welche Insel er vor sich hatte". Nach Einbruch der Dunkelheit warf er einigen Häusern gegenüber Anker, weil er hoffte, jemanden herbeirufen zu können, der ihm sagte, wo er sich befand, doch scheuerte sich das Ankertau an den scharfen Klippen augenblicklich durch, und der Anker ging verloren. Abermals kamen die übermüdeten Seefahrer um ihre ersehnte Nachtruhe, die Segel wurden gesetzt, und die *Niña* kreuzte die ganze Nacht vor der Küste auf und ab. Kolumbus hatte nie die Absicht gehabt, auf der Heimfahrt die Azoren anzulaufen, da er alle portugiesischen Inseln sorgfältig mied, aber das Schiff und seine Besatzung hatten so große Strapazen durchgemacht, dass ihm keine andere Wahl blieb. Zudem hoffte er, Holz, Wasser, frischen Proviant und sonstige Vorräte einzunehmen.

Santa Maria war die erste Azoreninsel, die von den Portugiesen besiedelt worden war. Das Gebirge steigt bis zu einer Höhe von 570 Metern auf, und viele fruchtbare Täler mit eingestreuten kleinen Ebenen, die sich zur Viehzucht eignen, fallen zur Küste ab, die jedoch keine natürlichen Häfen und nur wenige Ankerplätze aufweist.

Am Montag, dem 18. Februar, nach Tagesanbruch suchte Kolumbus die Nordseite der Insel ab, „fand einen geeigneten Platz, wo er nur einen Anker auszuwerfen brauchte, schickte ein Boot an Land und erfuhr von den Inselbewohnern, dass er sich auf Santa Maria befand. Die Landbewohner ... erzählten ihm, dass sie niemals einen solchen Sturm wie in den letzten zwei Wochen erlebt hatten, und sie wunderten sich, dass er ihn heil überstanden hatte. Sie dankten Gott dafür und zeigten große Freude, als sie die Kunde vernahmen, dass der Admiral Indien entdeckt hatte."

An der Stelle, wo Kolumbus' Männer zum ersten Mal nach ihrer Abfahrt von Hispaniola wieder festen Boden betraten, waren fünfzig Jahre vor Kolumbus' Besuch die ersten Ansiedler von Santa Maria gelandet. Ihr Dorf hieß Nossa Senhora dos Anjos (Unsere Engelsmutter), weil hier einem Fischer die Jungfrau Maria erschienen war, wie sie, von ihren Engeln umgeben, über einem bei Ebbe aus dem Wasser ragenden Felsen schwebte. Ihr zu Ehren hatte man in der Nähe eine kleine Kapelle erbaut. Da der Ankerplatz gegenüber Anjos keineswegs sicher war, wurde die *Niña* auf den Rat der Inselbewohner an eine andere Stelle weiter östlich, jenseits eines hohen Felsvorsprungs, den sie Punta Frades nannten, gebracht. Drei Männer waren in dem anderthalb Meilen entfernten Anjos an Land geblieben, um frischen Proviant und Wasser zu besorgen.

Den ganzen Nachmittag lag die *Niña* in dieser einsamen Bucht vor Anker. Nach Sonnenuntergang erschienen drei Inselbewohner auf der Felsenklippe und riefen sie an. Kolumbus „schickte ihnen das Boot, mit dem sie an Bord kamen". Sie brachten frisches Brot und Hühner sowie „andere Dinge, die der Inselhauptmann João de Castanheira mit der Botschaft schickte, dass er ihn (den Admiral) sehr gut kenne. Da es schon dunkel sei, könne er ihn heute nicht mehr besuchen, aber er verbringe einen unterhaltsamen Abend mit den drei an Land gebliebenen Matrosen, die er noch nicht zurückfahren lasse, weil sie ihm mit ihren Erzählungen von der Reise viel Freude bereiteten."

Von diesen Boten erfuhr Kolumbus, dass sich „in der Nähe des Meeres ein kleiner Altar in einer Art Einsiedelei" befand, der der heiligen Mutter Gottes geweiht war, sodass er beschloss, diese angemessene Gelegenheit nicht vorübergehen zu lassen, ohne das auf der Höhe des Sturmes gemachte Gelübde einzulösen. Diese Kapelle ist immer noch sehr klein und in strengem Stil gehalten, sodass man sich die sich nun abspielende tragikomische Szene gut vergegenwärtigen kann. Am frühen Dienstagmorgen, dem 19. Februar, schickte Kolumbus die Hälfte der Mannschaft im Boot der *Niña* an Land und bat die mitfahrenden Boten, den Dorfpriester aufzustöbern, um eine Messe zu lesen, danach sollten die Seeleute an Bord zurückrudern und das Schiff bewachen, während er mit der anderen Hälfte der Besatzung die gleiche Prozession abschreiten wollte.

Man holte den Pater aus seinem Bett, und die wetterharten Seebären der *Niña* entledigten sich ihrer Schuhe, Hosen und sonstigen Kleidungsstücke, bis sie im Hemd (dem üblichen Büßerkleid) dastanden und in feierlicher Prozession zum Kapellchen zogen. Dort ließen sie vor dem alten flämischen Triptychon, das noch heute den Altar schmückt, ihre Dankgebete zum Himmel emporsteigen, als plötzlich „die ganze Stadt, zu Pferd und zu Fuß, über sie herfiel und sie gefangen nahm". Washington Irving bemerkte dazu: „Das war der erste Empfang, den die Alte Welt dem Admiral bei seiner Heimkehr bereitete; er war ein Vorgeschmack auf alle Ärgernisse und Misshelligkeiten, mit denen er sein Leben lang für eine der größten Taten, die ein Mensch je zum Segen seiner Mitmenschen vollbracht hat, belohnt wurde."

Der Ortsbeamte, der diesen feigen Überfall auf zehn betende, hosenlose Seeleute angestiftet hatte, war nicht etwa der regierende Landeshauptmann der Insel, der abwesend war, sondern sein Stellvertreter, ein junger Mann namens João de Castanheira. Da die Azoren der natürliche Anlaufplatz für die von Guinea zur Iberischen Halbinsel zurückkehrenden Schiffe waren, wurden die Portugiesen durch die an der Küste von Guinea herumstreifenden Kastilier häufig belästigt. Castanheira mochte Kolumbus und seine Leute in Verdacht haben, auf einer verbotenen

Guineafahrt begriffen zu sein, die dieser durch Lügengeschichten über „Indien“ zu verheimlichen suchte.

Gegen elf Uhr morgens wurde es Kolumbus, der seine Leute mit Ungeduld zurückerwartete, aber das Dorf nicht sehen konnte, klar, dass entweder das Boot auf einen Felsen gelaufen war oder dass die Mannschaft mit Gewalt an Land festgehalten wurde. Er ließ den Anker lichten und segelte mit der *Niña* um Punta Frades herum, worauf „er zahlreiche Reiter sah, die abstiegen und schwer bewaffnet in ein Boot kletterten, das auf die Karavelle zufuhr“ und von Castanheira befehligt wurde. Ihre offenkundige Absicht war, den Admiral festzunehmen. Es folgte nun eine lebhafte Auseinandersetzung zwischen Schiff und Boot, über die wir lächeln mögen, die aber für Kolumbus nichtsdestoweniger recht unangenehm war. Er versuchte, Castanheira an Bord zu locken, der Portugiese hingegen bemühte sich, Kolumbus zum Betreten seines Boots zu verleiten, um ihn darauf samt seiner frommen Pilgerschar ins Gefängnis zu werfen. Kolumbus hielt seinen Pass und seine Beglaubigungsbriefe über die Reling, erlaubte aber keinem Portugiesen, so nahe heranzukommen, dass er die Schriftstücke lesen konnte. Heftige Reden wurden geführt, wobei Kolumbus „erklärte, dass er der Admiral des Weltmeeres und Vizekönig von Indien sei, das Ihren Hoheiten gehöre“ (man kann sich vorstellen, wie Castanheira spöttisch dazwischenrief: „Ach, in einer so kleinen Karavelle!“), und dass er mit der Hälfte seiner Besatzung nach Kastilien heimsegeln und veranlassen wolle, dass dieser freche Portugiese gehörig bestraft würde. „Und dann segelte er zu seinem ersten Ankerplatz, denn Wind und Wetter waren so schlecht geworden, dass er nichts anderes tun konnte.“

Offenbar war dies der Ankerplatz, vor dem man Kolumbus gewarnt hatte, denn als er am 21. mit der Restbesatzung die Fässer mit Meerwasser als Ballast füllen ließ, rissen die Ankertaue. Kolumbus ließ die Segel setzen, „denn ihm blieb nichts anderes übrig, als sich auf die hohe See zu retten“. Es war jedoch sehr schwierig, mit der *Niña* zu segeln, weil unter der übrig gebliebenen Besatzung nur drei Seeleute waren, alle andern waren „Faulenzer“, Landratten oder Indianer, die auf der Reise nicht genug Seemannskunst erlernt hatten. Daher entschloss sich Kolumbus, nach Santa Maria zurückzukehren und zu diplomatischen Mitteln zu greifen. Am späten Nachmittag des 21. Februar warf er in der Bucht östlich von Punta Frades seine letzten beiden Anker aus.

Dort wurde er von der Klippe aus mit dem herausfordernden Ruf eines Dorfbeamten begrüßt. Gleich darauf erschien jedoch das eigene Boot der *Niña*, das, von fünf der festgehaltenen Matrosen gerudert, die Felsspitze umfuhr und zwei Geistliche und einen Notar mitbrachte. Der Admiral nahm die Besucher freundlich auf und bewirtete sie, so gut er es mit seinen spärlichen Mitteln vermochte. Sie verbrachten die Nacht an Bord, und am Morgen nahmen sie Einsicht in die Beglaubigungsschreiben des Admirals, die sie zufrieden stellten, worauf sie ihm freie Einfahrt und freien Verkehr zwischen Schiff und Hafen einräumten. Anscheinend waren Castanheira nach seinen übereifrigen Maßnahmen Bedenken gekommen, wahrscheinlich hatte er auch aus seinen Gefangenen, die er einem strengen Verhör unterzogen hatte, nichts herausbekommen, was auf ein unerlaubtes Vagabundieren an der Küste von Guinea schließen ließ. Das Boot fuhr abermals an Land und kehrte mit den restlichen Leuten der *Niña* zurück, die als wirklichen Grund für ihre Freilassung die fehlgeschlagene Gefangennahme Kolumbus' durch Castanheira angaben. Offenbar hatte er es nicht auf einen kleinen Fang abgesehen gehabt.

Nachdem die Mannschaft wieder vollzählig an Bord war, verließ die *Niña* am Samstag, dem 23. Februar, endgültig dieses ungastliche Gestade und umsegelte Santa Maria westwärts auf der Suche nach einer guten Stelle, um Holz und Steinballast einzunehmen. Das geschah am 24. Februar, einem Sonntag. Zehn Tage hatte Kolumbus auf und in der Gegend von Santa Maria zugebracht, zwei oder drei Anker waren verloren gegangen, und die ganze Ausbeute war nur ein bisschen Süßwasser, ein wenig Proviant und ein diplomatischer Erfolg über João de Castanheira gewesen.

24. Kapitel

In portugiesischer Gewalt
24. Februar bis 13. März 1493

Am Sonntag, dem 24. Februar, genau um Mitternacht, als Kolumbus „sah, dass das Wetter günstig für die Fahrt nach Kastilien war, brach er das Aufnehmen von Holz und Wasser ab und befahl, den Kurs nach

Osten anzulegen“. Noch vor der Morgendämmerung war die *Niña* außer Sichtweite dieser ungastlichen Insel. Der östliche Kurs war richtig gewählt, da Santa Maria auf demselben Breitengrad liegt wie Kap St. Vincent, der eigentliche Landungspunkt aller von Westen kommenden und nach Palos fahrenden Schiffe. Die Entfernung von etwa 800 Meilen konnte bei normalen Verhältnissen in einer Woche zurückgelegt werden, denn der Wind kam in dieser Jahreszeit gewöhnlich von Norden. In den Wintermonaten jedoch wird diese Strecke zwischen den Azoren und Portugal von Stürmen heimgesucht. Tiefdruckgebiete haben in dieser Gegend die Neigung, „stecken zu bleiben“, da sie sich an einer sich langsam bewegenden Polarfront entlangschieben. Das bedeutet, dass heftige Stürme dicht aufeinander folgen und lange andauern können.

Als die *Niña* ungefähr 250 Meilen von Santa Maria entfernt war, geriet sie in einen furchtbaren Sturm, der sie bis zur Mündung des Tejo begleitete. Und wieder sind die meteorologischen Tagebuchaufzeichnungen von Kolumbus höchst aufschlussreich. Aus ihnen geht hervor, dass das Schiff in einen großen, voll entwickelten Wirbelsturm hineingeraten war. Die beiden wirbelnden Luftmassen bewegten sich langsam nach Osten und Nordosten, anscheinend mit einer Geschwindigkeit von etwa 10 Knoten, und brauchten sechs Tage, um an Kolumbus vorbeizuziehen, der in gleicher Richtung unter ihnen segelte. Dieser Wirbelsturm suchte die *Niña* noch schwerer heim als der Sturm westlich der Azoren, weil das Sturmzentrum näher, vielleicht nur 150 Meilen nördlich, vorüberzog. *Es war sehr betrüblich*, bemerkte Kolumbus, *so dicht vor den heimatlichen Gestaden von einem solchen Sturm überfallen zu werden.*

Wieder wurden die Erbsen in der Mütze für eine weitere Pilgerfahrt im Büßerhemd durcheinander geschüttelt, diesmal sollte es der Kirche von Santa María de la Cinta bei Huelva gelten, und wie gewöhnlich zog Kolumbus die angekreuzte Erbse. Darauf gelobten die Seefahrer, die Nacht an ihrem ersten Samstag an Land bei Wasser und Brot statt mit Festefeiern und Trinkgelagen zu verbringen. Das zeigt deutlich, wie verzweifelt ihre Lage war!

Der 3. März war der schlimmste Tag der ganzen Reise. Der Wind stieg auf mindestens Stärke 10 und trieb die *Niña* nach Osten, doch jetzt entstand eine neue Gefahr durch die Nähe der Küste. Als sich der dunkle Nachmittag neigte, erreichte die Angst ihren Höhepunkt, denn

Kolumbus wusste aus seiner Besteckrechnung und aus äußeren Anzeichen, dass er sich dicht unter Land befand und auf die felsige Küste von Portugal zutrieb.

Die Sonne ging am 3. März um sechs unter, und gleich darauf teilte der Wirbelsturm seine letzten wütenden Schläge aus. Der Wind wuchs zu „solch entsetzlicher Sturmesgewalt an, dass sie sich inmitten der von zwei Seiten kommenden Seen, die über dem Schiff zusammenbrachen, verloren glaubten, gleichzeitig schien der Sturm die Karavelle in die Luft zu heben, und das Wasser strömte vom Himmel, und ringsherum flammten die Blitze“. Glücklicherweise war es eine Vollmondnacht, es drang genügend Licht durch die Sturmwolken, sodass um sieben Uhr abends beim Wachwechsel Land gerade voraus ausgemacht werden konnte. Jetzt musste schnell überlegt und gehandelt werden.

Der Admiral ließ ein Ersatzvordersegel setzen und hielt nun von der Küste ab. Nur ein kleines Stückchen Segel rettete sie vor dem Zerschellen am Cabo da Roca, was den Tod aller Männer an Bord bedeutet hätte. Aber die *Niña* war ein tapferes kleines Schiff, das von Meisterhand geführt wurde. Sie überstand Gefahren, denen mancher moderne Segler unter gleichen Verhältnissen zum Opfer gefallen wäre.

„Bei Tagesanbruch (am 4. März) erkannte er das Land als den Felsen von Cintra, hinter dem der Fluss von Lissabon strömte, und er beschloss, in die Mündung einzufahren, weil er nichts anderes tun konnte.“ Der Cintrafelsen ist eine gebirgige Halbinsel, die heute mit Palästen und Villen dicht bebaut ist. Sie springt an Portugals Küste nördlich des Tejo hervor und ist eine ausgezeichnete Landmarke für die Einfahrt nach Lissabon.

Nach seiner Rückkehr nach Spanien beschuldigte man Kolumbus in niederträchtiger Weise, er habe Lissabon in der klaren Absicht angelaufen, um dem König von Portugal seine Entdeckungen zum Kauf anzubieten. Es müsste jedem klar sein, dass Kolumbus, nachdem die *Niña* durch den Sturm gejagt war und alle Segel verloren hatte, gar keine andere Wahl blieb, als den Tejo hinaufzufahren. Jeder Versuch, mit einem einzigen Fetzen Segeltuch 225 Meilen nordwärts nach Galizien oder süd- und ostwärts nach Palos zu segeln, wäre unseemännisch und wahrscheinlich selbstmörderisch gewesen.

Die *Niña* konnte am Montag, dem 4. März, um 9 Uhr morgens

gegenüber von Restello Anker werfen. Dieser Ort, dessen Name später in Belem geändert wurde, war der Außenhafen von dem vier Meilen landeinwärts gelegenen Lissabon. Der inzwischen mit Land aufgefüllte Ankerplatz lag gegenüber der Stelle, wo das Hieronymuskloster steht, in dem die Gebeine von Kolumbus' großem Zeitgenossen Vasco da Gama und des Dichters Camões, der ihn in schönen Versen besang, beigesetzt sind.

Jetzt war Kolumbus in der Höhle des Löwen, denn D. João II. war der stärkste Nebenbuhler und noch vor kurzem der erklärte Feind des kastilischen Herrscherpaares gewesen. Als Kolumbus erfuhr, dass der König im Land war, schickte er einen Boten mit einem Brief zu ihm und bat um die Erlaubnis, stromaufwärts nach Lissabon zu fahren, denn er fürchtete, auf seinem einsamen Ankerplatz von üblem Gesindel überfallen zu werden, das „bei ihm viel Gold vermutete".

Unannehmlichkeiten waren bei Kolumbus nie weit, ob er auf dem Meer fuhr oder vor Anker lag. In der Nähe der *Niña* hatte ein großes portugiesisches Kriegsschiff, der Stolz der Flotte des Königs, festgemacht, das genügend Kanonen besaß, um eine kleine Karavelle in Grund und Boden zu schießen. Bald darauf kam der Kommandant, der kein anderer war als Bartholomäus Dias, der Entdecker des Kaps der Guten Hoffnung, in einem von Waffen starrenden Boot an Bord der *Niña* und befahl Kolumbus, ihn zu begleiten und seinem Kapitän Bericht zu erstatten. Kolumbus berief sich auf seine Würde als Admiral des Weltmeeres und weigerte sich. Dias sagte nun, dass er sich damit zufrieden gebe, wenn der Kapitän Vicente Yáñez Pinzón mit den Schiffspapieren an Bord des Kriegsschiffs geschickt würde. Aber Kolumbus entgegnete, dass weder der Kapitän noch irgendein anderer seiner Mannschaft kommen würde und dass die Admirale von Kastilien gewohnt seien, eher zu sterben, als sich oder ihre Untergebenen aufzugeben. Nun verlangte Dias Einsicht in seine Papiere, welche Kolumbus nur allzu gern vorzeigte. Das Boot fuhr zurück, und Dias erstattete seinem Kapitän Alvaro Damão Bericht, der bald darauf „in großer Gala mit Pfeifen, Pauken und Trompeten in feierlichem Aufzug" an Bord der *Niña* erschien, um dem Admiral des Weltmeeres einen Höflichkeitsbesuch abzustatten, und sich erbot, „alles zu tun, was dieser befehlen würde".

Damit hatte der Admiral die erste Runde gewonnen.

An diesem und am nächsten Tag wurde die *Niña* von den Landbewohnern förmlich überlaufen, unter denen sich ohne Zweifel auch einige von Kolumbus' Freunden befanden. Alle Welt war tief beeindruckt von dem, was man hörte, und staunend betrachtete man die Indianer. Die Menschen schickten viele Dankgebete zu Gott „für eine so große Gnade und priesen die Ausbreitung des Christentums, mit der Gott, der Herr, die Herrscher von Kastilien begnadet hatte". Das war wahre portugiesische Liebenswürdigkeit, die das Gegenteil war von dem leicht verletzten Stolz und der hochfahrenden Eifersucht der Kastilier. Die Portugiesen zeigten aufrichtige Freude über das Glück der anderen, das sie wie ihr eigenes feierten. Es blieb aber abzuwarten, ob der König die gleichen Gefühle hegte wie seine Untertanen.

Am Freitag, dem 8. März, erschien Martin de Noronha, ein junger Kavalier am Hof des Königs, und überbrachte dem Admiral einen Brief D. Joãos mit der Einladung, ihn zu besuchen. Der König hatte seinen Beauftragten Befehl gegeben, die *Niña* auf seine Kosten mit Vorräten und aller notwendigen Ausrüstung zu versehen. Kolumbus entschied sich, die Einladung anzunehmen, „um keinen Verdacht zu erregen, obwohl er nicht gern ging". D. Martin besorgte Maultiere, Kolumbus packte wahrscheinlich ein paar goldene Nasenstäbe sowie andere Andenken aus „Indien" in die Satteltaschen und wählte einige der kräftigsten Exemplare seiner zehn indianischen Gefangenen aus, die als untrüglicher Beweis seiner Fahrt in ein noch unentdecktes Land dienen und am königlichen Wochenende teilnehmen sollten. Nach den überstandenen Schrecken des Meeres mussten diese bedauernswerten Geschöpfe nun die Qualen einer Reise auf Maultierrücken durch die portugiesische Landschaft aushalten, falls sie den beschwerlichen Weg nicht, was wohl anzunehmen ist, zu Fuß zurücklegten. Dabei wurden sie in den Straßen Lissabons immerzu von der neugierigen Menge betastet und gezwickt.

Welche Erinnerungen und Gedanken mögen Kolumbus auf seinem Zug durch die engen Gassen und über die Plätze Lissabons bewegt haben! Er kam an der Kapelle des Convento dos Santos vorüber, wo er seine Frau zum ersten Mal als Mädchen erblickt hatte. Und es war auch möglich, dass er das Geschäft wiedersah, in dem er und Bartolomeo Karten angefertigt hatten, um ihren Lebensunterhalt zu verdienen.

Dort hatten sie das große Unternehmen geplant, das jetzt so glänzend gelungen war.

Da das königliche Haus von Aviz keine solch zahlreichen Paläste besaß wie seine Nachfolger aus der Braganzalinie, war es gewohnt, Quartier in den reichen Klöstern des Königreichs zu nehmen und so seinen Untertanen Unkosten zu ersparen, die es aus den stattlichen klösterlichen Einkünften bestreiten ließ. Zu jener Zeit hatte D. João, der der Pest aus dem Weg gehen wollte, sich länger im Kloster von Santa Maria de las Virtudes aufgehalten, das ungefähr fünfzig Kilometer von Lissabon entfernt lag.

Die Begegnung zwischen König und Admiral, zwei Männern von großem Mut und unbeugsamem Willen, mag einen dramatischen Verlauf genommen haben. Kolumbus war damals 42, D. João 38 Jahre alt. Das erste Mal hatte Kolumbus ihn als Bittsteller aufgesucht und war abgewiesen worden. 1488 war er ein zweites Mal an den Hof gerufen und abermals abschlägig beschieden worden. Kolumbus wusste nur zu gut, dass nur die Scheu, die Herrscher Kastiliens zu beleidigen, D. João davon abhalten würde, ihm Böses anzutun.

Er wird erleichtert aufgeatmet haben, als er in Virtudes gnädig aufgenommen wurde. Kolumbus' Bericht über das Zusammentreffen ist im Tagebuch vom 9. März aufgezeichnet: „Der König selbst empfing ihn mit größter Achtung und zeigte ihm hohe Gunst; er lud ihn zum Sitzen ein, bot ihm aus freien Stücken alle Hilfe an, die den Beherrschern von Kastilien von Nutzen und zu ihren Diensten sein könnte, und er zeigte sich hocherfreut über das gute Gelingen und den günstigen Abschluss der Reise."

Glücklicherweise besitzen wir noch einen anderen Bericht über die Begegnung aus der Feder von Rui de Pina, der als Hofchronist wahrscheinlich zugegen war. Nach ihm war die Freude des Königs über den Erfolg des Admirals unaufrichtig; er war sehr gereizt und im Innern wütend, „weil besagter Admiral diese Entdeckung innerhalb seines Herrschaftsbereichs von Guinea gemacht hatte, was verboten war". Der König erhob Anspruch darauf – und das wurde durch seine späteren diplomatischen Schritte bestätigt –, dass der „Atlantik" südlich der Kanarischen Inseln und westlich von Afrika seine Einflusssphäre und ausschließlich portugiesischer Entdeckerbetätigung vorbehalten sei.

Kolumbus antwortete versöhnlich, dass er nur den Auftrag seiner Herrscher erhalten habe, nicht nach Mina oder irgendeinem andern Teil von Guinea zu reisen, „was er befolgt habe". D. João verzog keine Miene, als er die Hoffnung aussprach, dass alles in freundschaftlicher Weise geregelt werden könne.

Nach dieser ersten Unterredung wurde der König von seinen Höflingen, die seine wahren Gefühle errieten, umringt und bestürmt, diesen hochmütigen und prahlerischen Admiral ohne Umstände ermorden zu lassen, da „die Weiterverfolgung des Unternehmens durch die Könige von Kastilien mit dem Tod des Entdeckers aufhören würde". Kolumbus war kein Bittsteller mehr, sondern ein erfolgreicher Entdecker. Sicherlich ließ er sich, wie es seine Gewohnheit war, von seinem hochfahrenden Temperament mitreißen und erinnerte den König unverblümt daran, wie man ihn ausgelacht und ihm gesagt habe, dass er seine Pläne niemals verwirklichen könne. Doch selbst die nackte, ungeschminkte Wahrheit über seine erste Reise musste wie eine fantastische Aufschneiderei auf einen Fürsten wirken, dessen eigene Entdeckungen Schritt für Schritt und nicht in einem einzigen großen Zug gemacht worden waren.

Am Sonntagvormittag nach der Messe „unterhielt sich der König lange mit dem Admiral über seine Reise, und stets lud er ihn zum Sitzen ein und erwies ihm große Achtung". Er stellte allerlei Fragen und lauschte aufmerksam allen Einzelheiten, „wobei er seinen Verdruss tief in der Brust verschloss". Und das Volk aus der Nachbarschaft lief herbei, um die fremden Menschen anzustaunen, und überall sprach man davon, dass man so etwas noch nie gesehen habe.

Als der König die gewaltige Ausdehnung der neu entdeckten Länder mit all ihrem von ihm schon vermuteten Reichtum klar erfasste, konnte er seinen bisher so mühsam verhohlenen Ärger über den Verlust der ihm durch eigene Schuld entgangenen Schätze nicht länger unterdrücken. In leidenschaftlicher Bewegung schlug er sich an die Brust und rief laut aus: „War ich denn ganz mit Blindheit geschlagen? Warum nur ließ ich mir ein Unternehmen von solcher Bedeutung entschlüpfen?" und ähnliche Worte mehr.

Also vernahm D. João mit schwelendem Ärger aus erster Hand den Bericht über eine Reise, die seinen kastilischen Rivalen das größte

Reich der Weltgeschichte einbrachte, ein Reich, dem sein eigener Staat mit allen afrikanischen und indischen Besitzungen zufallen sollte, als das Geschlecht der Aviz erloschen war.

Diese mit Spannung geladene und aufregende Woche ging schnell vorüber. Am Montag, dem 11. März, händigte D. João Kolumbus einige Botschaften für Ferdinand und Isabella aus, verabschiedete ihn und „zeigte ihm wie stets große Zuneigung". Nach dem Mittagessen brach der Admiral in Begleitung einer Eskorte von *cavaleiros*, Rittern, auf. Sie ritten nicht direkt nach Lissabon, sondern schlugen einen Umweg ein, damit Kolumbus der Königin seine Aufwartung machen konnte.

Dona Leonor, wie sie von ihren Untertanen genannt wurde, weilte in einem anderen Kloster, 25 bis 30 Kilometer von Virtudes entfernt, weil die Beherbergung des Königs und der Königin in ein und demselben Kloster zu große Anforderungen an dasselbe gestellt hätte. Die Neuigkeiten von den außergewöhnlichen Besuchern des Königs waren bis zu ihr gedrungen, und da es das Vorrecht der Könige war, die Berichte der Reisenden aus ihrem eigenen Mund zu vernehmen, anstatt zu warten, bis sie in Buchform erschienen, schickte Dona Leonor die Nachricht an Kolumbus, er möge Portugal nicht verlassen, ohne sie vorher im Convento de São Antonio de Castanheiro zu besuchen.

Kurz vor Kolumbus' Rückkehr nach Restello erschien ein von D. João entsandter *escudero* oder Knappe, der ihm im Auftrag des Königs eröffnete, dass, falls Kolumbus „über Land nach Kastilien reisen wolle, er ihn begleiten würde, um für Unterkunft, Reittiere und alles, was er brauchte, zu sorgen". Man darf sich fragen, warum dieses Angebot nicht schon in Virtudes gemacht wurde. Hatten die Möchtegernmörder den König umgestimmt? Es wäre leicht gewesen, in den Bergen zwischen Elvas und Badajoz einen „Überfall durch Briganten" zu inszenieren. Oder war dieses Angebot nur ein verspäteter Akt der Höflichkeit? Wie dem auch sei, Kolumbus begab sich nicht in Gefahr. Was die Einladung verdächtig machte, war die Tatsache, dass „D. Joãos Knappe dem Admiral ein Maultier geben ließ und dem Lotsen ein ebensolches … dem Lotsen aber steckte er zwanzig *espadines* zu", die einem Wert von 300 Euro entsprachen. Wollte der Bote den Lotsen kaufen?

Worauf es ankam, war, dass sich Kolumbus nicht in eine Falle locken ließ. Er ließ sich und sein Gefolge den Tejo hinunterbringen und ging noch denselben Abend an Bord der *Niña*. Am folgenden Morgen, dem 13. März, lichtete die *Niña* die Anker. Kolumbus war der Gewalt der Portugiesen endgültig entkommen.

25. Kapitel

Seefahrers Heimkehr
13. März bis 20. April 1493

In der Abwesenheit des Admirals waren die Männer der *Niña* nicht müßig gewesen. Sie hatten das Gelübde getan, ihren ersten Samstag bei Wasser und Brot zu verbringen, und nach den Erfahrungen von Santa Maria gelüstete es sie nicht, von neuem das Innere eines portugiesischen Gefängnisses zu sehen. Die *Niña* brauchte einen neuen Satz Segel und neues Takelwerk, ganz zu schweigen von einem frischen Anstrich und verschiedenen Zimmermannsarbeiten; aber da sie einen Freibrief für die königliche Schiffswerft besaß, konnte man alles schnell bewerkstelligen. Die verschmutzten Laderäume wurden ausgekratzt und mit Essig desinfiziert, die Leckstellen wurden frisch kalfatert und neuer Steinballast vom gegenüberliegenden Ufer des Tejo herangeschafft. Als der Admiral zurückkam, war alles „klar Schiff nach bestem Bristolbrauch". Die Schiffsmannschaft, Christen wie Indianer, befand sich am Dienstagabend vollzählig an Bord und war abfahrbereit. Nach Sonnenuntergang war die *Niña* weit genug draußen auf See, um einen südlichen Kurs nach Kap St. Vincent einschlagen zu können. Eine gute Strecke achteraus, weit außer Sichtweite hinter dem Horizont, segelte die *Pinta* denselben Kurs.

Martín Alonso Pinzón, der sich in der Sturmnacht des 13. Februar von seinem Admiral getrennt hatte, war nicht in Sichtweite der Azoren gekommen. Die *Pinta* lief den Hafen von Bayona in der Nähe von Vigo an, knapp nördlich der portugiesischen Grenze. Offenbar war Martín Alonso derselben Meinung wie sein Bruder gewesen, dass sich die Karavellen nahe bei Madeira befanden, als der Sturm am 13. Februar über sie hereinbrach. Dementsprechend nahm er nordöstlichen Kurs, wodurch er seinen Bestimmungshafen um mehrere hundert Meilen verfehlte. Der Tag seiner Ankunft ist nicht bekannt.

Kolumbus hatte stets befürchtet, dass Pinzón versuchen würde, ihn bei der Überbringung der frohen Botschaft an das Herrscherpaar zu schlagen, und das lag auch wirklich in der Absicht des Kapitäns der *Pinta*. Er schickte die Nachricht quer durch ganz Spanien zu Ferdinand und Isabella nach Barcelona und bat um Erlaubnis, selbst dorthin zu kommen, um Ihren Hoheiten über die Entdeckung zu berichten. Die Herrscher antworteten mit einer schroffen Zurechtweisung und ließen ihn wissen, dass sie es vorzögen, die Neuigkeiten von ihrem Admiral selbst zu erfahren. So musste Pinzón wie ein geprügelter Hund von Bayona absegeln.

Mittlerweile brauste die überholte *Niña* vor einem portugiesischen Küstenpassat nach Süden, und als die dunklen Schattenrisse von Kap St. Vincent backbord voraus auftauchten und sie den üblichen Salut abfeuerte, wird Kolumbus wohl an den Infanten D. Henrique gedacht und sich ausgemalt haben, um wie viel schöner es gewesen wäre, einem echten Seefahrerprinzen, der allein alle Gefahren und Schwierigkeiten ermessen konnte, die Geschichte seiner Entdeckung zu erzählen. Jedenfalls sichtete er den Strand, an den er sich, an einen Riemen geklammert, vor 17 Jahren gerettet hatte. Zu dieser Zeit mag auch die *Pinta* das Kap St. Vincent umfahren haben.

Am 15. März bei Tagesanbruch „befand sich der Admiral auf der Höhe von Saltés und fuhr zur Mittagszeit mit der Flut über die Barre von Saltés in den Hafen ein, von wo er am 3. August des vergangenen Jahres abgesegelt war“. Die Hin- und Rückfahrt waren in genau 32 Wochen bewältigt worden.

„‚Zu dieser Reise ist zu bemerken‘, sagte der Admiral, ‚dass sie in wunderbarer Weise gelenkt wurde durch viele Zeichen und Wunder, die er auf der Fahrt und für mich geschehen ließ, nachdem ich am Hof Eurer Hoheiten so lange meinen Gegnern gegenüberstand und die Meinung so vieler hoher Beamter Eures Haushalts gegen mich hatte, die mein Unternehmen alle als Torheit bezeichneten, wogegen ich bei Gott hoffe, dass es zur Vermehrung des Ruhmes der Kirche beitragen wird, wie es jetzt schon in bescheidenem Umfang geschehen ist.‘ Das sind die letzten Worte des Admirals Don Christopher Kolumbus über seine erste Entdeckungsreise nach Indien.“

Damit schloss Kolumbus sein Tagebuch über die erste Reise ab, als die *Niña* auf dem Rio Tinto gegenüber der Stadt Palos sicher verankert war.

Dichtauf in ihrem Kielwasser segelte die *Pinta*; mit derselben Flut überquerten beide Karavellen die Barre und fuhren den Fluss aufwärts. Als Martín Alonso Pinzón seine müden Augen anstrengte, um nach seiner Heimatstadt Ausschau zu halten, zeigte jemand voraus und rief: *„La Niña, señor Capitán!“*, und wirklich, bei St. Jago, da war sie, wohl geborgen und schmuck wie nie zuvor, ja, vielleicht lag sie schon einen Monat da. Da hatte er nun gemeint, er habe diesen Emporkömmling bei den Azoren für immer abgeschüttelt, und nun war er ihm doch zuvorgekommen und hatte die Nachrichten als Erster in die Heimat gebracht. Dieser blauäugige Liebling der Königin Isabella – vielleicht küsste er ihr in diesem Augenblick die weiße Hand.

Das war mehr, als der arme alte Pinzón ertragen konnte. Nach allen Anstrengungen und Unbilden auf der Reise, nach der ihm durch das Herrscherpaar zuteil gewordenen Kränkung verließen ihn jetzt die letzten Kräfte. Ohne abzuwarten, bis die Segel der *Pinta* festgemacht waren, ohne seinen Bruder Vicente Yáñez zu begrüßen, ließ er sich ans Ufer rudern, suchte sein Landhaus bei Palos auf, kroch ins Bett und starb.

Die beiden Karavellen, ihre Besatzungen und die sonstigen Insassen waren der Gegenstand lebhafter Bewunderung für die Bewohner von Palos, Moguer und Huelva. Die Niños machten sich nun auf den Weg in ihr Heimatstädtchen Moguer, wo zu Ehren der Helden *bodas y banquetes*, Feste und Gastmähler, veranstaltet wurden.

Kolumbus, der seinen Bericht über die erste Reise bereits von Lissabon über Land an seine Gebieter abgeschickt hatte, brachte nun über Sevilla eine Abschrift auf den Weg, von wo ein Kurierdienst die ständige Verbindung mit dem Hof aufrechterhielt. Ein besonderer Bote ging mit einem Brief an die Familie von Kolumbus nach Córdoba ab.

Das Herrscherpaar hielt Hof in Barcelona, das genau am entgegengesetzten Ende der Halbinsel lag, eine Überlandreise von etwa 900 Kilometern. Mit Schrecken dachte Kolumbus an seine letzte Reise in Portugal auf dem Rücken eines Maultiers. Doch die Ankunft Martín Alonsos am selben Nachmittag gab der Sache einen anderen Anstrich. Eile tat Not. Aber Kolumbus konnte die Reise über Land nicht eher antreten, als bis ein Bote aus Barcelona ihm die Erlaubnis dazu überbracht hatte. Infolgedessen bat er das Herrscherpaar, ihm die Antwort auf seinen sofort abgesandten Brief nach Sevilla zu schicken. Nachdem er seine religiösen Gelübde in den Kirchen von Santa Clara de Moguer und Santa María de la Cinta zu Huelva erfüllt hatte, brach Kolumbus mit den zehn gefangenen Indianern nach Sevilla auf. Er zog „am Palmsonntag, dem 31. März, in diese Stadt ein, die ihm, der sein Ziel so glücklich erreicht hatte, unter großen Ehren einen schönen Empfang bereitete“. Die Indianer wurden in der Nähe des Tors Imágines einquartiert, wo sie von Bartolomé de las Casas, als er noch ein kleiner Junge war, bestaunt wurden, wie er sich später erinnerte. Wahrscheinlich wurde der Admiral im Kloster von Las Cuevas beherbergt, wo er bei seinen späteren Besuchen in Sevilla stets einkehrte.

Der Aufenthalt in Sevilla während der Karwoche schien für Kolumbus nicht nur ein Symbol, sondern auch ein sinnvoller Abschluss seines großen Abenteuers zu sein. Die täglichen Prozessionen der Bruderschaften mit ihren prächtig geschmückten Heiligenfiguren, die altehrwürdigen Zeremonien in der Kathedrale, die Weihe der Osterkerze und die erlösende Fröhlichkeit des Ostermorgens – all das ergriff Kolumbus mehr, als es irdische Ehrungen vermochten, und bestärkten ihn in seiner Überzeugung, dass seine eigenen Mühseligkeiten und Triumphe dem Leidensweg Christi ähnlich waren. Und wie schön war es, die Glückwünsche alter Freunde entgegenzunehmen („Wir wussten ja, mein Lieber, dass du es schaffen würdest!“), Edelleuten und Bischöfen vorgestellt zu werden, mit dem Bürgermeister, dem Erzbischof und dem Herzog von Medina-Sidonia zu speisen. Mit welchem Hochgefühl ließ man sich die jungen *caballeros* aus den vornehmen Familien von ihren Väter vorstellen, die den Herrn Admiral baten, ihre Söhne mit nach Indien zu nehmen, selbst wenn sie das Deck schrubben oder andere niedere Arbeiten verrichten müssten.

Am oder kurz nach Ostersonntag, der auf den 7. April fiel, schien Kolumbus' Freudenbecher überzulaufen, als er folgenden, an „Don Cristóbal Colón, ihren Admiral des Weltmeeres, Vizekönig und Gouverneur aller Inseln, die er in Indien entdeckt hat“, gerichteten Brief empfing. Da wurde nicht an den Titeln gedeutelt, keine Beweise für die Entdeckungen verlangt, sondern ohne Umschweife und hochherzig alles gewährt, was man versprochen hatte:

Wir haben Eure Briefe erhalten und mit großem Vergnügen von dem, was Ihr schreibt, Kenntnis genommen, besonders davon, dass Gott Eure Unternehmung mit Erfolg gesegnet und Euch in allem gut geleitet hat, was Ihr begonnen habt, wodurch ihm wohl gedient ist und Uns auch, da Unsere Reiche großen Zuwachs erhalten. Es möge Gott wohl gefallen, dass Wir Euch für die seiner Ehre geleisteten Dienste mit Gnaden belohnen, denn es ist Unser Wille, dass Ihr das Werk, das Ihr mit Gottes Hilfe begonnen habt, fortführt und ausbaut, und so wünschen Wir, dass Ihr Euch unverzüglich zu Uns begebt. Macht Euch auf den Weg zu Uns, damit Wir Euch beizeiten mit allem versehen können, was Ihr braucht. Denn da Ihr seht, dass der Sommer schon begonnen hat, darf Eure Rückkehr nach drüben nicht verzögert werden; erkundigt Euch in Sevilla und in anderen Gegenden, welche Vorbereitungen Ihr dort für Eure Rückkehr in Länder, die Ihr entdeckt habt, treffen könnt. Und schreibt Uns sofort mit diesem Kurier, der gleich zurückkehrt, damit Wir alles so gut vorbereiten können, während Ihr Euch auf der Reise befindet, sodass, wenn die Stunde der Abfahrt kommt, alles bereit ist. Gegeben in Barcelona, am 30. Tag des März 1493.

ICH, DER KÖNIG　　　　ICH, DIE KÖNIGIN

Auf Befehl des Königs und der Königin, Fernando Alvarez.

Das war kurz und sachlich, kein Wort zu viel oder zu wenig, der Titel und die Privilegien waren bestätigt, der königliche Befehl, am Hof zu erscheinen, erteilt und Anweisung gegeben, eine neue Expedition nach Indien vorzubereiten.

Sofort nach Empfang dieser Nachricht setzte Kolumbus eine Denkschrift auf, in der er seine Gedanken über die zukünftige Kolonisierung von Hispaniola entwickelte. Dieses Dokument ist von großem Interesse, denn es zeigt Kolumbus in einer neuen Rolle als Pionier und Gesetzgeber einer neuen Welt.

Er schlug vor, dass zunächst zweitausend Ansiedler nach Hispaniola gebracht werden sollten, wo sie nach ihrer Ankunft auf drei oder vier an geeigneten Plätzen zu gründende Städte zu verteilen wären. Jede Stadt sollte ihren Bürgermeister, Stadtschreiber, eine Kirche und genügend Priester oder Mönche „zur Verwahrung der heiligen Sakramente, für den Gottesdienst und die Bekehrung der Indianer“ haben. Niemandem sollte es erlaubt sein, nach Gold zu suchen, ausgenommen ehrlichen Ansiedlern, die Häuser in den Städten bauten und dafür vom Bürgermeister oder Gouverneur einen Erlaubnisschein zur Goldsuche erhielten; und da „die übermäßige Gier der Kolonisten nach Gold sie dazu verleiten mag, ihre sonstigen Geschäfte zu vernachlässigen“ (was später in großem Umfang der Fall war), sollte es in jedem Jahr eine bestimmte Schonzeit für die Jagd nach Gold geben. Die zugelassenen Goldsucher hätten ihre Funde dem Stadtschreiber abzuliefern, der das Gold einschmelzen, wiegen und abstempeln ließe, die Hälfte für das koloniale Schatzamt der Krone vereinnehmen und ein Prozent der Gesamtmenge als Zuwendung für kirchliche Zwecke erheben würde; alles nicht in dieser Weise eingeschmolzene und abgestempelte Gold sollte beschlagnahmt werden. Der gesamte Handel zwischen Spanien und Hispaniola sollte über Cádiz und einen oder einige noch zu bestimmende Häfen auf der Insel gehen, wofür genaue Verordnungen erlassen werden müssten, damit der Anteil der Krone auf der Heimreise nicht geschmälert werden könnte. Jeder, der weitere Entdeckungen zu machen wünschte, sollte nicht daran gehindert werden, ein Zugeständnis von weit reichender Bedeutung, das im Urvertrag mit dem Herrscherpaar nicht vorgesehen war und das von Kolumbus später bereut wurde. Dieses Dokument war deshalb so bedeutsam, weil es die Jagd nach dem Gold als Hauptanreiz für die Werbung von Kolonisten für Hispaniola eindeutig herausstellte, aber Anordnungen vorsah, die sich als undurchführbar erwiesen.

Als er diesen Brief durch einen Eilboten vorausgeschickt hatte, brach der Admiral, seinem Rang gemäß in Gala gekleidet, von Sevilla auf. Er wurde von wenigstens einem seiner Offiziere sowie einigen Männern, die er als Diener angestellt hatte, und sechs Indianern begleitet. Die Letzteren führten bunte Papageien in Käfigen mit sich und waren mit ihren heimatlichen *guayças* bekleidet. Sie trugen allerhand Zierrat und Gürtel, die mit polierten Fischgräten „von kunstfertigster Art“ durchzogen waren, „sie hatten ferner eine große Menge feinsten Goldes bei sich und viele andere Dinge, wie man sie in Spanien nie zuvor gesehen noch von solchen gehört hatte“. Das Gerücht war Kolumbus vorausgeeilt, und so strömten die Menschen auf ihrem Weg nach Barcelona von nah und fern in Scharen herbei, um das einzigartige Schauspiel zu beschauen. Niemand liebt öffentliche Aufzüge mehr als der Spanier, und so konnte es nicht ausbleiben, dass es dem Admiral unterwegs nicht an Beachtung und Beifallskundgebungen mangelte, die zur Un-

Kolumbus präsentierte den Herrschern Ferdinand und Isabella am Hof in Barcelona die Indianer und die Gegenstände, die er aus der Neuen Welt mitgebracht hatte.

terhaltung während der langen Reise beitrugen. Der Zug langte am zweiten oder dritten Tag in Córdoba an und ritt auf der sich über den Guadalquivir spannenden großen maurischen Steinbrücke in die Stadt ein. Hier sah Kolumbus seine beiden Söhne Diego und Ferdinand wieder, besuchte seine Geliebte Beatriz Enríquez de Harana und die alten Freunde vom Apothekerklub: Hier wurde er zweifellos auch von dem hohen Rat der Stadt feierlich empfangen. Schließlich erreichte der Reiterzug die Küste bei Valencia und folgte nun der Küstenstraße über Tarragona nach Barcelona, wo er zwischen dem 15. und 20. April eintraf. „Der ganze Hof und die Stadt kamen hinaus vor die Tore, um den Admiral zu empfangen", schrieb sein Sohn.

Am nächsten Tag wurde Kolumbus öffentlich von dem König und der Königin mit allem Pomp und großer Feierlichkeit im Alkazar empfangen. Er betrat den Saal, wo das Herrscherpaar, umgeben von vielen Vornehmsten des Landes, Hof hielt. Als er sich Ferdinand und Isabella näherte, erhoben sich beide von ihrem Thron, und als er niederkniete, um ihnen die Hände zu küssen, baten sie ihn huldvoll, aufzustehen und sich neben sie und den Infanten Don Juan zu setzen. Schnell verflog eine Stunde oder mehr mit der Betrachtung seiner Beute, der Indianer und ihres Putzes; sie fragten ihn nach allem Möglichen über die Inseln aus und besprachen die Pläne für eine zweite Expedition. Hierauf begaben sich alle zur königlichen Kapelle, wo ein Tedeum zu Ehren der großen Entdeckung gesungen wurde, während in den Augen des Herrscherpaares und des Admirals Freudentränen schimmerten. Nach Beendigung des Gottesdienstes wurde Kolumbus als königlicher Gast feierlich zu seinem Quartier geführt, das für ihn bereitet war.

Kolumbus hatte die Höhe seines Ruhms erreicht. Nie wieder sollte ihm solche Ehre widerfahren, nie wieder sollte er solche Lobpreisungen hören und so viel Gunst von seinen Gebietern empfangen. Ein geschickterer Mann, der lediglich auf materiellen Gewinn ausgewesen wäre, würde seinen Lohn genommen und sich zurückgezogen haben, indem er das Kolonisieren anderen überlassen hätte. Aber Kolumbus war kein Mann dieser Art, oder er würde seine Entdeckung nicht gemacht haben. Er musste die Inseln halten, die er für Spanien erobert hatte, er musste den Großkhan aufspüren, die Goldlager finden und das große Bekehrungswerk beginnen. Das Werk, zu dem ihn Gott berufen hatte, nahm erst jetzt seinen Anfang.

26. Kapitel

DIPLOMATISCHES ZWISCHENSPIEL 1493/94

Fünf oder sechs Wochen blieb Kolumbus am Hof von Barcelona und nahm eine bedeutende Rolle bei den großen Festlichkeiten zum Pfingstfest, Dreifaltigkeitssonntag und zu Fronleichnam ein. Er nahm an Festessen teil, empfing Besuche von Leuten, die nach Indien gehen wollten, beriet die Herrscher in diplomatischen Angelegenheiten und arbeitete an den Plänen für die zweite Reise. Einzigartig und denkwürdig waren die Tauffeierlichkeiten für die sechs Indianer. Man gab dem ranghöchsten Indianer, einem Verwandten des Kaziken Guacanagarí, den Namen Fernando de Aragon, einem andern Juan de Castilla, und ein dritter (der kluge Dolmetscher) wurde Don Diego Colón getauft. „Don Juan“ wurde dem königlichen Haushalt zugeteilt, „wo er sich“, nach Oviedo, „so gut aufführte und geschickt anstellte, als ob er der Sohn eines großen Caballero gewesen wäre“; doch er starb schon nach zwei Jahren. Die Übrigen begleiteten Kolumbus auf seiner zweiten Reise, aber nur zwei von ihnen überlebten sie.

Nach Ferdinand war D. Pedro Gonzales de Mendoza, Erzbischof von Toledo und Großkardinal von Spanien, der wichtigste Mann im Königreich. Las Casas preist seine Weisheit und Geschicklichkeit, seinen warmherzigen und edelmütigen Charakter. Bei einem Festessen, das dieser bedeutende Mann gab, nahm Kolumbus den Ehrenplatz ein, und bei diesem feierlichen Anlass soll sich die berühmte Eiergeschichte ereignet haben. Wir sind in der Lage, die Originalquelle zu zitieren, Benzonis „Historia del Mondo Nuovo“:

> *Kolumbus nahm an einer Tischgesellschaft teil, bei der eine Anzahl edler spanischer Herren anwesend war. Wie gewöhnlich kam man auf Indien zu sprechen, und einer der Herren erkühnte sich zu sagen: „Señor Cristóbal, selbst wenn Ihr dieses große Unternehmen nicht in Angriff genommen hättet, so würde es hier in unserm eigenen Land nicht an einem Mann gefehlt haben, der gleich Euch dieselbe Entdeckung gemacht hätte, denn Spanien besitzt viele große Männer, die tüchtig und wohl bewandert in der Kosmographie und Literatur sind.“ Darauf gab Kolumbus keine Antwort, sondern nahm ein Ei, legte es auf den Tisch und sagte: „Ihr edlen Herren, versucht es auf die Spitze zu stellen, aber nicht mithilfe von Brotkrumen, Salz oder Ähnlichem (denn mit Mehl oder Sand kann es jeder), sondern nackt und bloß, wie ich es tun werde, so wahr ich der Erste war, der Indien entdeckte.“ Sie versuchten es alle, doch keinem gelang es, das Ei auf die Spitze zu stellen. Als das Ei die Runde gemacht hatte und wieder zu Kolumbus kam, nahm er es und setzte es fest auf den Tisch, sodass die Spitze ein wenig eingedrückt wurde und es aufrecht stand; darüber waren alle erstaunt, und sie verstanden, was er meinte: Nachdem eine Tat vollbracht ist, weiß jeder, wie sie ausgeführt wird.*

Leider hatte diese Anekdote schon in einigen italienischen Biografien über andere Berühmtheiten, einschließlich des Architekten Brunelleschi, Verwendung gefunden.

Als ein neu in den Adelsstand erhobener Mann benötigte Kolumbus die Verleihung eines Wappens, das seinen Rang nach außen sichtbar machte. Am 20. Mai 1493 stellten die Herrscher den Wappenbrief aus mit dem Recht zur Führung eines Wappens für ihn und seine Nachkommen.

Das ursprüngliche Kolumbuswappen ist uns nicht überliefert worden. Als Kolumbus im Jahr 1502 zum Nutzen seiner Nachkommen ein Privilegienbuch zusammenstellte, nahm er einschneidende Änderungen an seinem Wappenschild vor. Er stellte die goldene Burg von Kastilien in ein rotes Feld, und den aufrechten Löwen ahmte er dem Löwen von León nach. In das untere rechte Feld nahm er einen hervortretenden Kontinent neben einer Inselgruppe auf, denn in der Zwischenzeit hatte er Festland entdeckt. Ein neues unteres linkes Viertel wurde eingefügt, das fünf goldene Anker im blauen Feld zeigt, die vermutlich als Abzeichen für seinen Rang als Admiral des Weltmeeres dienten. Nach europäischem Brauch übte Kolumbus damit nur sein gutes Recht aus. Zu jener Zeit gab es nur wenige Leute, die sich streng an ihr überkommenes Urwappen hielten.

Zur gleichen Zeit, als das Herrscherpaar den Wappenbrief für Kolumbus ausstellte, erhob es die Brüder des Admirals, Bartholomäus, den künftigen Adelantado, und Diego, der von Genua herbeigeholt wurde, zu „*nobles y caballeros* und befugte sie, sich mit Don titulieren zu lassen".

Von Kolumbus' Standpunkt aus war es auch notwendig, sich die ihm in Granada am 30. April 1492 nur bedingt eingeräumten Rechte und Privilegien ausdrücklich und formell bestätigen zu lassen, nachdem er die gestellten Aufgaben gelöst hatte. In dieser Urkunde heißt es unter anderem: „... bestätigen Wir hierdurch Euch und Euren Nachkommen, einen nach dem anderen, für jetzt und immerdar, in den genannten Ämtern als Admiral des besagten Weltmeeres, als Vizekönig und Gouverneur der besagten Inseln und Festländer, die Ihr durch Eure Betriebsamkeit in besagten Regionen Indiens noch auffinden und entdecken solltet."

 Kolumbus wurde in seinen Rechten, alle Richter und anderen Beamten

Das Wappen von Kolumbus

in Indien zu ernennen und abzusetzen, bestätigt; er konnte in allen zivilen und strafrechtlichen Gerichtsverfahren verhören, richten und entscheiden, und er sollte in den Genuss aller Vorrechte kommen, die mit den Ämtern eines Vizekönigs und Gouverneurs verbunden waren, einschließlich der Gehorsamspflicht aller der auf den besagten Inseln und Festländern lebenden Personen ihm gegenüber. Alle Angelegenheiten in den engeren Meeresgebieten um die Kanarischen Inseln waren seit jeher dem Admiral von Kastilien oder Hohen Admiral (*Almirante Mayor*) übertragen, der seinen Sitz in Sevilla hatte. Was Kolumbus verlangte und erhielt, war die Gerichtsbarkeit innerhalb seines eigenen Entdeckungsgebiets und an den Verkehrswegen, die dorthin führten, denn er wollte nicht, dass sich der Admiral von Kastilien dort einmischte. Das *Almirantazgo* oder Admiralsamt war für die Menschen auf See ebenso notwendig wie das Amt des Vizekönigs zum Regieren über die Landbevölkerung. Aus diesem Grund wurde Kolumbus als Admiral des „Weltmeeres" oder „Indiens" eingesetzt – diese beiden Titel wurden in den amtlichen Urkunden gebraucht. An einer Linie von den Azoren bis zu den Kapverdischen Inseln, wo die Zuständigkeit des Hohen Admirals aufhörte, begann westlich die von Kolumbus, wo der Admiral nunmehr Gewalt über Leben und Tod besaß.

In Übereinstimmung mit den Rechten und Vergünstigungen eines Admirals von Kastilien (die er in seinem Privilegienbuch sorgfältig zusammenstellte und niederschrieb) beanspruchte er auch das ausschließliche Recht, Kaperbriefe auszustellen, Vergeltungsmaßnahmen anzuordnen, und er verlangte ein Drittel vom Gewinn des Indianerhandels, zusätzlich zu dem ihm in den Kapitulationen zugesicherten Anteil, doch zog er daraus niemals praktischen Nutzen. Solange seine Vorrechte noch unbeschnitten waren, hatte Kolumbus wahrscheinlich seinen Bruder oder einen anderen Beamten zum Admiralitätsrichter in Isabela und Santo Domingo auf Hispaniola bestellt, und er selbst mag Fälle verhandelt haben, die das Admiralitätsrecht berührten, wie z. B. Lohnstreitigkeiten der Seeleute, Meuterei und Seeraub. Als aber Bobadilla nach Hispaniola entsandt wurde, war Kolumbus von der Ausübung der Admiralitätsgerichtsbarkeit so wirksam ausgeschlossen, dass er, wie er bitter klagte, nicht einmal Meuterer seiner eigenen Erkundungsflotte bestrafen konnte, sobald er einen Landhafen erreichte. Er behielt immer den Titel eines Admirals des Weltmeeres, doch nach 1500 war es nur noch ein Titel und nichts weiter.

KOLUMBUS wäre ein Übermensch gewesen, wenn er sich nicht in der Gunst des Herrscherpaares gesonnt, die Freundschaft der Großen und die Bewunderung des gemeinen Volkes von Barcelona genossen hätte. Aber er zog seinen Aufenthalt nicht nur hinaus, um die gesellschaftlichen Annehmlichkeiten zu genießen, seine Privilegien bestätigt zu bekommen und seiner wenig geschätzten Angewohnheit nachzugehen, dem Hofstaat, der sich ehedem über das große Unternehmen lustig gemacht hatte, ins Gesicht zu sagen: „Ich habe es euch ja gesagt!" Ferdinand und Isabella wollten, dass er zur Verfügung stand, damit er ihnen Auskunft und Rat in einer hochwichtigen diplomatischen Verhandlung mit Portugal und dem päpstlichen Stuhl geben konnte, die das Ziel verfolgte, ihren Besitzanspruch auf seine bisherigen Entdeckungen sowie über alle künftigen von ihm oder anderen zu machenden Entdeckungen „im Bereich von Indien" sicherzustellen.

Schon bevor Kolumbus in Barcelona eintraf, hatte das Herrscherpaar zur Sicherung seines Rechtsanspruchs auf die neuen Gebiete in Rom das Nötige veranlasst. Das war damals Brauch. Das öffentliche Recht in Europa gestand dem Papst die Macht zu, die zeitweilige Souveränität über alle Länder, die keinem christlichen König gehörten, zuzuteilen, und die Könige von Portugal hatten dementsprechend schon eine Reihe von Bullen erhalten, die ihre Rechte an der Küste von Afrika bestätigten. Eine lateinische Übersetzung von Kolumbus' Bericht über die ers-

Papst Alexander VI. (um 1430–1503) teilte die Welt nach seinem Gutdünken auf. Bestechlichkeit und Grausamkeit zeichneten ihn aus.

te Reise lag schon Ende April in Rom vor. Auszüge davon wurden in die erste Bulle aufgenommen, die der Papst in dieser Angelegenheit am 3. Mai erließ.

Seine Heiligkeit Papst Alexander VI. (Rodrigo Borgia) war ein Spanier, der Ferdinand und Isabella sowohl seine Wahl als auch zahlreiche frühere Vorteile verdankte. Ferdinand hatte ihn in den Genuss von drei Bischofssitzen in Aragonien gebracht, hatte seinen leiblichen Sohn Pedro mit dem Herzogtum Gandia belehnt, den berühmteren Bruder Pedros, Cesare Borgia, legitimisiert und ihn zum Bischof von Pamplona und Valencia gemacht.

Es drängte ihn jetzt, es seinen königlichen Gönnern zurückzuzahlen, und so ließ er sich eine Reihe päpstlicher Bullen, die die gerechten Ansprüche Portugals in keiner Weise beachteten, über die neuen Entdeckungen geradezu in die Feder diktieren. Diese vier Bullen waren Handlungen päpstlicher Macht zugunsten Kastiliens unter dem als vorausgesetzt geltenden Recht des Heiligen Vaters, über neu entdeckte Länder und heidnische Völker verfügen zu können.

Die erste Bulle „Inter caetera" vom 3. Mai 1493 verkündete: Nachdem *dilectus filius Christophorus Colon* „zu den Indianern" (versus Indos) gereist war und „gewisse weit entlegene Inseln sowie Festländer aufgefunden hatte, sollte jede und jedes Einzelne dieser von den Beauftragten der Herrscher von Kastilien und ihrer Nachfolger entdeckten Inseln oder Festländer den vorgenannten Monarchen und ihren Nachfolgern unter ihrer vollen Souveränität gehören und darin feierlich bestätigt werden."

Zwei Wochen später kam in Barcelona ein Gesandter aus Portugal an, der von Dom João II. beauftragt war, Anspruch auf alle Entdeckungen westlich von Afrika und südlich der Kanarischen Inseln zu erheben. Aus einer späteren Bemerkung von Kolumbus in seinem Tagebuch von der dritten Reise können wir ersehen, dass der König von Portugal das Vorhandensein „eines Festlandes im Süden" vorausgesagt hatte und daher bestrebt war, sich des Südatlantiks als sein ureigenstes Entdeckungsgebiet zu versichern, so wie es ihm schon durch die Bulle „Aeterni Regis" von 1481 stillschweigend zugestanden worden war. Durch diese Bulle bestätigte der Papst die portugiesische Souveränität „über jedwede Insel, die jenseits (südlich) der Kanarischen Inseln und auf dieser Seite (westlich) von Guinea oder in seiner Nachbarschaft aufgefunden und erworben werden sollte". D. João glaubte, dass Aeterni Regis Portugal eine horizontale Demarkationslinie einräumte, die durch die Kanarischen Inseln hindurchlief. Er war bereit, spanischen Ansprüchen auf alles, was südlich dieser Breite, gleichgültig, in welcher Entfernung westlich von Afrika, entdeckt wurde, entgegenzutreten. Aus der Sicht portugiesischen Anspruchs, musste die Bulle vom 3. Mai, obgleich sie das spanische Anrecht auf Kuba, Hispaniola und die Bahamas anerkannte, im Hinblick auf künftige Entdeckungen unbefriedigend sein; dies umso mehr, als Kolumbus beabsichtigte, auf seiner nächsten Reise einen südlicheren Kurs einzuschlagen. Infolgedessen stellten Ferdinand und Isabella einen neuen Antrag in Rom.

Der spanische Gesandte Bernardino de Carvajal erwähnte die große Entdeckung in einer Predigt. Indem er den Papst daran erinnerte, was er und die Kirche den Herrschern schuldete, sagte er: „ Christus hat sie bisher unbekannte Inseln unterwerfen lassen, wo die Indianer leben, die binnen kurzem durch königliche Sendboten für den christlichen Glauben wohl vorbereitet werden."

Man kann füglich annehmen, dass Carjavals Mahnung „das Eisen schmiedete", denn Alexander VI. fühlte sich alsbald veranlasst, eine Bulle zu erlassen, die Spanien in größerem Maß zufrieden stellte. Nicht vor, sondern nach dieser ermahnenden Ansprache erließ der Papst zwei vordatierte Bullen: „Eximiae devotionis", welche die frühere Konzession in bestimmterem Wortlaut wiederholte, und eine zweite „Inter caetera", welche die beiden anderen bestätigte und die berühmte Demarkationslinie zog. Diese Linie wurde als vom Nordpol zum Südpol gehend beschrieben, „einhundert Leguas nach Westen und Süden von den Inseln, die als die Azoren und Kapverdischen Inseln gemeinhin bekannt sind". Alle westlich der Linie gelegenen, künftig entdeckten Länder, die vorher keinem Christenkönig gehörten, wurden Kastilien zugesprochen.

Es besteht wohl kein Zweifel, dass Kolumbus diese Demarkationslinie vorschlug. Im Tagebuch über die dritte Reise hieß es, nach dem Auszug Las Casas: „Er hatte auf seinen früheren Reisen nach Indien stets bemerkt, dass nach Erreichen einer Entfernung von hundert Leguas westlich der azorischen Inselgruppe ein Wechsel in der Temperatur vom nördlichen Klima zum südlichen eintrat."

In anderen Worten, der 100 Leguas westlich der Azoren verlaufende Meridian bezeichnete die Scheide zwischen europäischen und amerikanischen Wetterverhältnissen. Aus seinem Tagebuch geht hervor, dass Kolumbus diese Beobachtung schon auf seiner ersten Reise gemacht und dieselben Schlüsse daraus gezogen hatte. Auf diese Weise wurde auf Veranlassung von Kolumbus in der zweiten „Inter caetera" eine gedachte physische oder meteorologische Grenze aufgenommen und zu einer politischen gemacht.

Doch bevor noch die beiden letzten Papstbullen erlassen waren, nahmen die Verhandlungen ihren Fortgang. Offenbar zeigten sich die Souveräne von der Vermutung der portugiesischen Gesandten beunruhigt, zwischen der Demarkationslinie und Afrika seien Länder sowie ein Kontinent zu entdecken, „der sehr nutzbringend und reicher wäre als alle übrigen." Am 26. September 1493 erließ der Papst jedenfalls unter dem Titel „Dudum siquidem" eine vierte Bulle, durch die die bisherigen Bewilligungen für Ferdinand und Isabella vermehrt wurden. Sie lautete:

> *Da es geschehen kann, dass Eure Abgesandten und Kapitäne oder Untertanen auf ihren Fahrten nach Westen oder Süden in östlichen Regionen auf Land stoßen und dort Inseln und Festländer entdecken, die zu Indien gehören (*que Indie essent*) … vervollständigen und erweitern wir unsere vorstehende Belehnung … auf alle Inseln und Festländer jeder Art, die entdeckt sind oder noch entdeckt werden … wenn Ihr Segelreisen nach Westen oder*

Süden unternehmen lasst, gleichgültig, ob sie sich in Regionen westlich, südlich oder östlich und bei Indien befinden.

Jetzt war Portugal alarmiert. Diese „Erweiterte Bulle“ war ihm gegenüber höchst ungerecht. Für Spanien öffnete sie den östlichen Weg nach Indien, den die Portugiesen seit wenigstens einer Generation verfolgt hatten. Kolumbus konnte die Welt umsegeln und die Banner Kastiliens auf Ceylon und Madagaskar aufpflanzen; er konnte Land im Süden und in unmittelbarer Nähe der afrikanischen Westküste entdecken und die spanische Oberhoheit darüber proklamieren. Offenbar überzeugt davon, dass es hoffnungslos war, mit einem spanischen Papst zu einer Übereinkunft zu kommen, trat D. João II. in direkte Verhandlungen mit Ferdinand und Isabella mit dem Ziel, eine Änderung der Demarkationslinie herbeizuführen, die die spanische Einflusssphäre etwas einschränkte. Die spanischen Herrscher fühlten sich nicht stark

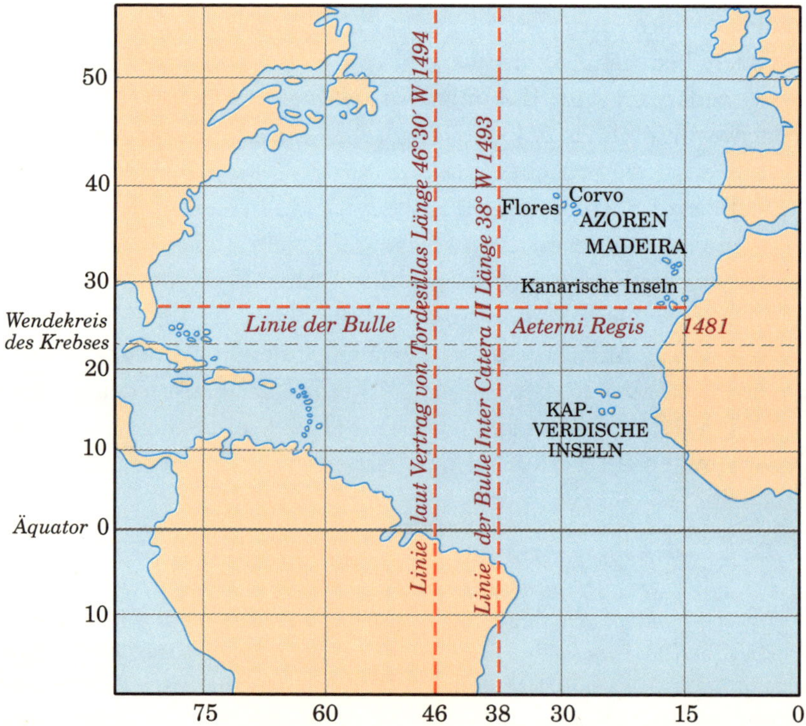

genug, um starr auf ihren Rechten zu beharren. Sie hatten einen gesunden Respekt vor dem mächtigen und rücksichtslosen D. João und wussten nur zu genau, dass dessen Kriegs- und Handelsflotten größer und besser waren als die ihrigen, dass er die Verbindung mit „Indien" unsicher machen konnte, wenn es zu einem Zusammenstoß zwischen den beiden Ländern kommen würde. In dem mit Portugal am 7. Juni 1494 geschlossenen Vertrag von Tordesillas gestanden daher Ferdinand und Isabella zu, dass die Demarkationslinie an den 370 Leguas westlich der Kapverdischen Inseln verlaufenden Meridian verlegt wurde. Östlich dieses Meridians sollten alle Entdeckungen, auch wenn sie von spanischen Schiffen gemacht würden, Portugal gehören; umgekehrt sollten alle westlichen Entdeckungen, selbst die von den Portugiesen gemachten, an Spanien fallen.

1495 fand zwischen Spanien und Portugal ein Briefwechsel statt, in dem beide Länder erklärten, dass jeder einfach den anderen über seine Entdeckungen und ihre festgestellten Positionen unterrichten solle. So geschah es. Nach dem Vertrag von Tordesillas, aber nicht aufgrund der päpstlichen Demarkationslinie erlangte Portugal seinen Besitz in Brasilien. Dieser Vertrag stiftete Frieden und Freundschaft zwischen den beiden kolonisierenden Mächten, bis Magellan durch die Umsegelung Südamerikas in die Sphäre eindrang, die Portugal mit Recht als die seinige betrachtete. In der modernen Geschichte ist zwischen Rivalen niemals eine so ungeheure koloniale Ausdehnung von so wenig Reibereien begleitet gewesen.

27. Kapitel

Die Neuigkeit verbreitet sich 1493/94

Besonders reizvoll und höchst bedeutsam ist es, dem Lauf zu folgen, den die Nachricht von Kolumbus' Entdeckung bei ihrer Verbreitung nahm, und zu erfahren, wie sie von den Menschen aufgenommen wurde. Denn Kolumbus schenkte nicht nur Kastilien und León eine neue Welt, sondern auch der europäischen Wissbegierde.

Das früheste Zeugnis für das Eintreffen der Neuigkeiten in Spanien stellt ein Brief des Herzogs Medina Celi dar, den er am 19. März 1493 von seinem Schloss, etwa 80 Kilometer nordöstlich von Madrid, schrieb. Er sagt darin, dass Kolumbus in Lissabon eingetroffen sei, nachdem er alles, was er suchte, gefunden habe. Es ist der einzige von einem Spanier über die erste Reise geschriebene private Brief, den wir besitzen. Der Herzog muss die Nachricht aus Lissabon bekommen haben, wo Kolumbus am 6. März ankam, und nicht aus Palos, wo die Reise am 15. März endete.

In Spanien waren in jener Zeit viele Italiener als Kaufleute, Diplomaten oder Priester ansässig, von denen eine Anzahl Briefe, die sie an ihre Freunde und Schutzherren in Italien über die große Entdeckung schrieben, erhalten geblieben sind. Bereits in der letzten Märzwoche 1493 traf nach einer Aufzeichnung des zeitgenössischen Chronisten Tribaldo de Rossi bei der Signoria von Florenz ein Brief aus Spanien ein, in dem es hieß, dass eine Anzahl junger Männer mit drei Karavellen auf der Suche nach neuen Ländern, „die der König von Portugal noch nicht entdeckt hatte", ausgezogen sei und eine große, von nackten Menschen bewohnte Insel aufgefunden habe, Menschen, *die ihre Genitalien mit Blättern bedecken, sonst aber nichts an ihrem Körper tragen*, und die Speere *mit Spitzen aus Stachelschweinborsten anstelle von Eisen, das ihnen unbekannt ist, tragen*. Die Entdecker hätten eine große Menge Gold gefunden sowie einen Fluss, dessen Sand mit Gold vermischt war; ferner Baumwolle, Kiefern, Zypressen und Gewürze.

Der früheste uns erhalten gebliebene italienische Brief über Kolumbus, datiert vom 9. April 1493, stammt von dem Kaufmann Hannibal Zenaro, gerichtet an dessen Bruder in Mailand. Zenaro hatte seine Informationen dem Kolumbusbrief über die erste Reise entnommen. Eine Abschrift von Zenaros Brief gelangte wiederum an keinen Geringeren als den berühmten Ercole d'Este, den Herzog von Ferrara, der sich lebhaft für Reisen und Entdeckungen interessierte. Da der Hof Ercoles d'Este ein Zentrum wissenschaftlicher Forschung und humanistischer Bildung war, ist es sicher, dass sich die Neuigkeiten von der Entdeckung von dort aus schnell in Norditalien verbreiteten.

Eine Abschrift von Kolumbus' eigenem Brief über die erste Reise erreichte Rom ein paar Tage vor dem 18. April, wie es in einer venezianischen Tageschronik unter diesem Tag vermerkt ist. Die erste lateinische Übersetzung, datiert vom 24. April, von einem Katalanen namens Leandro de Cosco angefertigt, wurde in Rom im Mai in der Form eines Nachrichtenblatts gedruckt. Es war eine Flugschrift von acht Seiten, die den Titel „De insulis inuventis. Epistola Cristoferi Colom" trug. Sie war ein „Bestseller" und erlebte im Jahr 1493 drei römische Auflagen, während 1493/94 sechs verschiedene Auflagen in Paris, Basel und Antwerpen gedruckt wurden.

Die Neuigkeiten von der ersten Reise gelangten nur langsam in das nördliche Europa. Die bedeutende Nürnberger Chronik wurde am 12. Juli 1493 gedruckt, enthielt aber nichts über die Entdeckung; zwei Tage darauf schrieb der Nürnberger Gelehrte Münzer an D. João II. und schlug ihm vor, auf dem westlichen Weg eine Reise nach Indien zu unternehmen, ohne zu ahnen, dass Kolumbus diesen Gedanken schon in die Tat umgesetzt hatte. Für England bildet das früheste Zeugnis für Kolumbus' erste Reise ein Antwortschreiben Ferdinands und Isabellas vom 28. März 1496 an ihren Gesandten in London, der geschrieben hatte, dass *ein Mann wie Kolumbus* (John Cabot) den König zu überreden versuchte, *ein ähnliches Unternehmen wie das nach Indien in die Wege zu leiten*. Man hätte meinen sollen, dass Ferdinand und Isabella es für nötig hielten, den Königen aller seefahrenden Nationen Abschriften der päpstlichen Bulle zuzustellen, aber von solchen Mitteilungen findet sich keinerlei Spur in den Staatsarchiven der europäischen Länder, mit Ausnahme von Portugal.

Es ist klar, dass die Nachricht von der großen Entdeckung sehr schnell von Spanien nach Italien gelangte, sie drang dagegen nur sehr langsam in die Länder vor, die jenseits der Alpen und der Pyrenäen lagen. So wussten, drei Monate nachdem die Nachricht in Rom und Norditalien bekannt war und vier Monate nachdem alle Welt in Barcelona von ihr sprach, die Gelehrten von Nürnberg, diesem Zentrum der geographischen Wissenschaften in Nordeuropa, nicht das Geringste von Kolumbus' epochaler ersten Reise. Erst als eine Kolonie in der Neuen Welt gegründet worden war, erfuhren die Gelehrten in Frankreich, den Niederlanden, Deutschland und England von den bedeutsamen Ereignissen.

Aus allen hier angeführten Briefen und Chroniken sowie den wenigen anderen Dokumenten, die noch entdeckt wurden, geht klar hervor, dass Kolumbus' Entdeckung der europäischen Vorstellungskraft wie eine Verschmelzung des Wunderbaren mit dem Wirklichen erschien. Die wissenschaftliche und literarische Neugier war erwacht. Hauptsächlich aber interessierten sich die Menschen für die neuen Dinge, die an etwas sehr Altes erinnerten, wie an Adam und Eva im Garten Eden. Vor allem eines vereinigte die Klatschmäuler: die nackten Eingeborenen und im Besonderen die Frauen, die mit nichts als einem Blatt bekleidet waren. An zweiter Stelle wurde die Tatsache lebhaft besprochen, dass die Eingeborenen keiner Religion anhingen, sie eine schüchterne und freigebige Art hatten und keine tödlichen Waffen besaßen. Diese Wesenszüge, verbunden mit einer Unschuld, die in der Urzeit vor dem Sündenfall zu wurzeln schien, ließen die klassisch Gebildeten glauben, dass sich das Goldene Zeitalter in einem entfernten Erdenwinkel erhalten habe. In hohem Maße fasziniert wurden die Menschen aber durch Kolumbus' Erzählung, dass die „meisten Flüsse" in Hispaniola „Gold führten", da jeder die Sage vom König Midas und dem Fluss Pactulus kannte, nach dem die Portugiesen an der Küste Westafrikas vergeblich gesucht hatten. Europa mangelte es an Münzmetall, sodass das Auffinden jeder Goldader weltweite Anziehungskraft ausübte.

Da die Nachrichten fast ausnahmslos durch Abschriften, Auszüge und Übersetzungen von Kolumbus' Brief verbreitet wurden, hielt man seine Angabe, er habe wirklich „Indien" erreicht, allgemein für richtig. Ferdinand und Isabella machten sie sich offiziell zu Eigen, was in ihrem Interesse lag, und der Papst übernahm es in aller Form. Die große Täuschung, der Kolumbus bei alledem unterlag, ist durch den Namen „Indianer" verewigt, wie die Ureinwohner der Neuen Welt noch heute genannt werden. Bis zur zweiten Hälfte des 18. Jahrhunderts führte das spanische Kolonialreich offiziell den Namen „Indien". Unter Hinzufügung des Wortes „West" ist er noch heute in Gebrauch. Dennoch gab es von Anfang an Zweifler. Der König von Portugal, die erste bedeutende Person, der Kolumbus die Nachricht überbrachte, weigerte sich zu glauben, dass Kolumbus etwas anderes entdeckt hatte, als Inseln in der Mitte des Ozeans, gleich der Fabelinsel Antillia, und in Portugal wurde Westindien stets „Las Antilhas" genannt, während es in Frankreich „Les Antilles" hieß. Im Grunde musste ja auch jeder, der Ptolemäus gelesen und im großen Ganzen seine annähernd richtige Meinung von der Größe der Erdkugel teilte, den Schluss ziehen, dass Kolumbus nach einer 33-tägigen Segelfahrt von den Kanarischen Inseln unmöglich Asien erreicht haben konnte. Entweder war das falsch, oder Ptolemäus hatte Unrecht – das Letztere anzunehmen war aber für jeden gebildeten Gelehrten schwer.

Dieses Dilemma, das erst nach der Weltumsegelung Magellans im Jahr 1521 gelöst wurde, tauchte zuerst in den Briefen des Peter Martyr d'Anghiera auf. Dieser junge, in spanischen Diensten stehende italienische Humanist weilte am Hof von Barcelona, als Kolumbus im April 1493 dort erschien. Er hatte es nicht besonders eilig, seinen Freunden in der Heimat von Kolumbus' Taten zu berichten, aber sein Interesse wurde mit der Zeit geweckt, sodass er nach einem Jahr den Entschluss fasste, eine Geschichte der Entdeckungen zu schreiben. Vom 1. Oktober an begann Peter Martyr, Zweifel zu haben. Einen Monat später scheint er entschieden zu haben, dass Kolumbus Indien nicht erreicht hat, denn in einem Brief an Kardinal Sforza vom 1. November 1493 sprach er von *Colonus ille Novi Orbis repertor*, von „jenem berühmten Kolumbus, dem Entdecker einer neuen Welt". Das ist die erste nachgewiesene Erwähnung der Entdeckungen als Begründung einer neuen Welt. In einem Brief, den er gegen Ende des Jahres 1494 schrieb, nachdem die ersten Nachrichten über die zweite Reise nach Kuba eingetroffen waren, sagte er: *Immer neue Wunder werden täglich aus der Neuen Welt von diesem Genuesen Colonus, dem Admiral, berichtet ... Er sagt, dass er den Erdball von Hispaniola so weit nach Westen umsegelt hat, dass das Goldene Chersones erreicht wurde, das am äußersten Ende der so weit bekannten Erdkugel im Osten liegt.*

Das Goldene Chersones war der ptolemäische Name für die Malaiische Halbinsel. Folglich meinte Peter Martyr, als er Kolumbus' Entdeckungen als eine neue Welt bezeichnete, dass es sich um neue, Asien vorgelagerte Inseln handelte, etwa dort, wo die Molukken liegen. Dieser Irrtum ist bedeutsam, denn Kolumbus beging den gleichen Fehler und hielt sein ganzes Leben lang starr an ihm fest. Wir sind so sehr daran gewöhnt, Amerika die Neue Welt zu nennen, dass wir es kaum begreifen können, wenn gebildete Menschen die um Asien gruppierten Teile als eine neue Welt bezeichnen; aber zu Kolumbus' Lebzeiten dachte fast jeder Mensch so, und viele fuhren damit fort, bis Magellans

Weltumsegelung bewies, dass Ptolemäus und nicht Kolumbus die Ausdehnung der Erdkugel richtig berechnet hatte.

In seinem „Medicibrief", der in den Jahren 1503 oder 1504 unter dem Titel „Mundus Novus" gedruckt wurde, erklärt Amerigo Vespucci, dass die südamerikanischen Küsten, die er im Jahr 1501 besegelte, „mit Recht als eine Neue Welt bezeichnet werden können, weil unsere Vorfahren keine Kenntnis von ihnen hatten; und so ist es für alle, die davon hören, etwas ganz Neues". Indessen mag sogar er die Vorstellung gehabt haben, dass Südamerika zum südöstlichen Asien etwa so lag wie Australien. Vespuccis Bewunderer Waldseemüller kündigte 1508 an, dass Amerigo einen „vierten Teil der Welt" entdeckt habe, der daher Amerika zu nennen sei; aber erst einige Jahre später wurden dieser neue Name sowie der neue geographische Begriff angenommen.

Somit wurde Kolumbus' eigene Einschätzung, was seine Entdeckungen betraf, hingenommen; er hatte eine neue Welt „in" oder „auf dem Weg nach" Indien entdeckt, und jeder erwartete, dass auf der nächsten Reise etwas Asiatischeres, wie von Ptolemäus oder Marco Polo beschrieben, erreicht würde.

Dieselbe Hartnäckigkeit, die Kolumbus befähigte, sein grandioses Unternehmen während zehn Jahren voller Enttäuschungen voranzutreiben, jenes unerschütterliche Vertrauen, das ihn aufrecht hielt, hinderten ihn auch daran, seine Überzeugung jemals aufzugeben, dass er einen westlichen Seeweg nach Asien entdeckt habe. In seinen kosmographischen Ideen irrte er sich vollständig und unbedingt, halsstarrig und unbeugsam bis an sein Lebensende.

Die zweite Reise nach Amerika

28. Kapitel

Die Grossflotte
Mai bis Oktober 1493

Kolumbus plante die zweite Reise, ehe die erste beendet war, und das Herrscherpaar wies ihn schon am 30. März an, mit den Vorbereitungen zu beginnen. In Barcelona wurden der Plan und Zweck und Ziel der Reise von ihm und dem Herrscherpaar, dem Kardinal von Spanien und vielen bedeutenden Persönlichkeiten besprochen. Am 20. Mai wurde Kolumbus zum Generalkapitän der Flotte ernannt, und am 23. übertrug das Herrscherpaar, vermutlich auf seine Anregung, dem Erzdiakon von Sevilla, D. Juan de Fonseca, dem Neffen des Erzbischofs, gemeinsam mit Kolumbus die Verantwortung für alle Vorbereitungen.

Fonseca, ein tüchtiger Geschäftsmann und Organisator, machte seine Arbeit vorzüglich. Innerhalb von fünf Monaten brachte er es in einem Land, wo die schnellste Transportmöglichkeit das Maultier war, fertig, eine Flotte von 17 Schiffen zusammenzustellen und sie mit Vorräten, Ersatzteilen, Schiffszubehör und Waffen für eine Reise von sechs Monaten Dauer hin und zurück auszurüsten, alle notwendigen Lebensmittel und die Ausrüstung für zwölf- bis fünfzehnhundert Mann zu besorgen, die unentbehrlichen Handwerker und Arbeiter anzuwerben und das notwendige Saatgut, die Pflanzen, Haustiere, Pferde, Werkzeuge und Geräte für die Errichtung einer bergbaulich-landwirtschaftlichen Kolonie zu beschaffen und dadurch die Voraussetzungen für die Verpflanzung spanischer Zivilisation nach Indien zu schaffen.

Noch nie zuvor hatte eine europäische Nation eine überseeische Kolonialexpedition von solchem Ausmaß unternommen. Nur São Jorge da Mina, die befestigte Handelsfaktorei, die 1482 von den Portugiesen an der Goldküste gegründet worden war, konnte sich damit in bescheidenem Maß vergleichen. Wie wir wissen, hatte Kolumbus eine oder zwei Reisen nach „La Mina“ mitgemacht und wusste aus Erfahrung, dass die nach Übersee verpflanzten Europäer in einem anderen Klima nicht allein von einheimischer Nahrung leben konnten. Er verlangte deshalb genügend spanische Lebensmittel wie Mehl, Zwieback, Salzfleisch, Sirup, Öl, Essig und Wein, um damit viele Monate in der entlegenen Kolonie bestehen zu können. Das Versagen Fonsecas, dieser Forderung gerecht zu werden, war der Hauptvorwurf, der ihm von Kolumbus gemacht wurde. Natürlich kamen mancherlei Betrügereien seitens gaunerhafter Lieferanten vor, aber daran waren alle großen und kleinen Seefahrer gewöhnt; zudem konnte Don Juan nicht jede Einzelheit im Auge haben. So lieferte der Weinhändler gebrauchte und schadhafte Fässer, die in der tropischen Hitze undicht wurden und den kostbaren Inhalt in die Bilgen laufen ließen.

Im Mai gaben die Herrscher eine ganze Reihe von Anweisungen heraus. Die Behörden aller Städte, Plätze und Dörfer in Andalusien erhielten Befehl, tatkräftig beim Einkauf von Schiffsproviant mitzuhelfen, keinerlei Zölle darauf zu erheben und jede Übervorteilung zu bestrafen. Kolumbus und Fonseca wurden ermächtigt, solche Schiffe, Karavellen oder *fustas*, die sie für nötig erachteten, zu erwerben oder zu chartern und die ihnen angemessen erscheinenden Preise dafür zu bezahlen.

Die formellen Anweisungen des Herrscherpaares an Kolumbus wurden am 29. Mai 1493 in Barcelona erteilt. Als Hauptgegenstand dieser Reise konnte danach die Bekehrung der Eingeborenen gelten, mit der der Benediktiner Fray Buil „nebst anderen *religiosos* (Mönchen)“ betraut und der Flotte beigeordnet wurde. Kolumbus sollte dafür sorgen, dass die Indianer „gut und liebevoll“ behandelt wurden. Er sollte freundschaftliche Beziehungen zwischen den Indianern und den Neuankömmlingen fördern, jeden bestrafen, der die Eingeborenen misshandelte, und den Indianern einige der durch Ihre Hoheiten zum Tausch bestimmten Waren überlassen. Das zweite Ziel war die Begründung einer Handelskolonie für die Krone. Gehandelt werden durfte nur mit Waren, die von der Regierung geliefert wurden; ein Achtel des Reingewinns fiel dem Admiral zu, der Rest ging an die Krone; jeder Privathandel war untersagt. Alle von Indien ankommenden Güter sollten in Cádiz an Land gebracht werden, wie es Kolumbus bereits empfohlen hatte. Dazu kamen noch einige Einzelheiten über das Abrechnungswesen, die Art, wie Verlust verhindert und der gerechte Anteil des

Herrscherpaars sichergestellt werden sollte; jedoch hatte Kolumbus freie Hand in Bezug auf die Methoden, die er bei der Verwaltung der Kolonie, der Gewinnung von Gold und bei neuen Entdeckungsversuchen anwenden wollte.

Diese weit reichende Handlungsfreiheit, die man Kolumbus einräumte, steht in schroffem Gegensatz zu den kleinlichen Anweisungen, die den überseeischen Beamten in späteren Zeiten von der Krone mitgegeben wurden. Ferdinand und Isabella erkannten, dass sich sein Handeln nach den Umständen richten musste, sie bestimmten aber mit allem Nachdruck, dass der Hauptzweck der Reise religiöser und finanzieller Natur sei. Die erste europäische Kolonie in Amerika diente der Bekehrung der Ungläubigen und dem Erwerb von Gold. Bei der Ausführung dieser beiden Zielsetzungen wurde das ideelle Motiv vom materiellen vollständig erdrückt.

Als im Juni 1493 alle notwendigen Weisungen für die zweite Reise ergangen waren und die Herrscher die Gewissheit hatten, dass die Verhandlungen mit Portugal und dem Papst weit genug fortgeschritten waren, um auf Kolumbus' Anwesenheit verzichten zu können, gaben sie ihm die Genehmigung, Barcelona zu verlassen. Mehrere Beamte des königlichen Hofstaats begleiteten ihn, um als Staatsdiener in Hispaniola Ämter zu verwalten. Auch fünf der getauften sechs Indianer folgten dem Admiral.

Für seine Rückkehr nach Sevilla wählte Kolumbus einen anderen, längeren Weg, als den auf der Hinreise benutzten, denn er wollte sein Gelübde einlösen und die Wallfahrt nach Guadalupe unternehmen, die er während des großen Sturmes an Bord der *Niña* gelobt hatte. Er durchquerte Kastilien, gelangte nach Madrid und folgte nun der Straße, die durch die Estremadura führte. Und in diesem armen, öden Land wird er wahrscheinlich eine Nacht in dem Städtchen Trujillo gerastet haben, wo Francisco Pizarro lebte, der damals 13-jährige Sohn eines Schweinehirten, der sicher aus dem Haus herausgelaufen kam, um die Indianer zu sehen; vielleicht wurde da in der Brust des Jungen der erste Funke des Ehrgeizes gezündet, der ihn zur Eroberung von Peru führte.

Das alte Standbild der Heiligen Jungfrau, Señora de Guadalupe, das der heilige Lukas den Überlieferungen nach selbst geschnitzt hat, genoss einen so guten Ruf als Retter der Krieger vom Tod in den Schlachten, der

Seefahrer aus Seenot und der Mächtigen dieser Welt von den Folgen ihrer Missetaten, dass sein Altar die am meisten verehrte und am reichsten beschenkte Wallfahrtsstätte Spaniens war. Sogar Könige und Fürsten machten die lange Pilgerfahrt zur Jungfrau von Guadalupe. Durch spätere Konquistadoren, von denen viele aus Estremadura stammten, wurde der Ruhm von Santa María de Guadalupe in alle Teile Westindiens getragen, und neue Guadalupes entstanden in Mexiko, Peru und anderen Gegenden Lateinamerikas.

Beim Abstieg von der Sierra durch die südlichen Vorberge zum Tal des Guadiana ritt Kolumbus durch den Fluss hinüber zu der kleinen Stadt Medellín, wo ihn wahrscheinlich ein junger Bursche namens Hernán Cortés vorüberziehen sah. In den späteren Jahren seines Lebens lag Cortés neun Tage lang ununterbrochen vor dem Wunderbild im Gebet, um Erlösung von den Sünden zu finden, die er bei der Eroberung von Mexiko begangen hatte. Nach einem Ritt von weiteren 200 bis 250 Kilometern traf Kolumbus in Córdoba ein, wo er ein letztes Mal Abschied von Beatriz Enríquez de Harana nahm und wo sich ihm seine beiden Söhne anschlossen. Er reiste daraufhin weiter nach Sevilla.

Sevilla war das Hauptquartier von Don Juan de Fonseca, der sich während Kolumbus' Abwesenheit mit aller Kraft der Zusammenstellung und Ausrüstung der Flotte gewidmet hatte. Die beiden Männer verstanden sich indessen nicht gut. Las Casas berichtete, dass sie sich deshalb überwarfen, weil sich Fonseca weigerte, Kolumbus die Anzahl persönlicher Diener zuzubilligen, auf die er nach seinem Rang als Admiral begründeten Anspruch zu haben glaubte, und weil sich Kolumbus über Fonsecas Kopf hinweg vom Herrscherpaar fünf Diener bewilligen ließ. Zweifellos bestanden andere und wichtigere Meinungsverschiedenheiten. Schon nach wenigen Tagen begab sich Kolumbus nach Cádiz, wo sich die Großflotte versammeln sollte. Zu seiner Enttäuschung stellte er fest, dass die Vorbereitungen noch sehr im Rückstand waren. Er hatte gehofft, spätestens Mitte August absegeln zu können, damit er sichergehen konnte, das gleiche gute Wetter anzutreffen, das er auf der ersten Reise gehabt hatte. Er hatte manches an den gecharterten Schiffen auszusetzen, bemängelte die angeworbenen Mannschaften ebenso wie den Proviant und Schiffsbedarf, den man gerade anlieferte. Fonseca nahm ihm das sehr übel, denn er hatte die ganze Last getragen, während der andere, wenn auch Generalkapitän der Flotte, sich von der königlichen Gnadensonne in Barcelona bescheinen ließ und fromme Wallfahrten unternahm.

Die vollzählige Armada bestand aus 17 Einheiten. Leider wissen wir recht wenig über die Schiffe und ihre Besatzungen. Drei waren *naos* oder große Schiffe, darunter die *capitana* des Admirals, die wie auf der ersten Reise den Namen *Santa María* erhielt. Ihr Spitzname, der wahrscheinlich von ihrer Seetüchtigkeit abgeleitet wurde, war *Mariagalante.* Wir wissen nichts über ihre Tonnage, da aber Kolumbus ermächtigt war, ein Flaggschiff von 200 Tonnen zu besorgen, war sie bestimmt größer als die alte *Santa María* und bot somit auch die seinem Admiralsrang entsprechenden Bequemlichkeiten.

Kolumbus hatte auf der ersten Reise festgestellt, dass die Schiffe seiner Flotte zu großen Tiefgang für die Einfahrten in kleine Flüsse und Buchten hatten. Er bestand deshalb darauf, eine gewisse Anzahl seegehender Fahrzeuge mitzuführen, die klein genug waren, um dicht unter der Küste segeln und in seichten Gewässern fahren zu können. Der größere Teil der Flotte bestand aus *caravelas redondas* wie der *Niña*, also Karavellen mit Rahtakelung an Fock- und Großmast und Lateintakelung am Besan.

Das Flottenpersonal wurde diesmal sorgfältiger ausgesucht als vor der ersten Reise, da der Admiral und Fonseca von Freiwilligen überrannt wurden. Eine große Anzahl der alten Schiffsgefährten wurde wieder eingestellt. Da die alten Heuer- und Mannschaftslisten niemals aufgefunden wurden, können wir nur sehr wenige Namen der mitfahrenden Männer feststellen. Die meisten Leute kamen aber von Palos, Moguer, Huelva und Lepe. Dies deutete trotz des auffälligen Fehlens eines Mitglieds der Pinzónfamilie darauf hin, dass sich Kolumbus das Vertrauen der seefahrenden Bevölkerung in der Nieblagegend bewahrt hatte.

Im Gegensatz zur ersten Reise gab es diesmal verschiedene Priester an Bord, als deren bedeutendster Fray Buil zu nennen ist, den das Herrscherpaar besonders mit dem Bekehrungswerk betraut hatte.

Die volle Besatzung an Seeleuten, Kolonisten, Beamten und geistlichen Herren erreichte nach verschiedenen Quellen zwölf- bis fünfzehnhundert Mann, doch ist die niedrigere Ziffer wahrscheinlicher, weil auch danach noch durchschnittlich siebzig Mann auf ein Schiff kamen, und die Mehrzahl der Fahrzeuge war sehr klein. Alle Teilnehmer empfingen ihren Sold aus der königlichen Schatulle, mit Ausnahme von etwa zweihundert Freiwilligen von Stand, und jedem war es gestattet, den Lohn in der Heimat ansammeln zu lassen. Natürlich hätte es keinen Sinn gehabt, die Leute in Hispaniola zu entlohnen, wo es nichts zu kaufen gab.

Kein einziges weibliches Wesen befand sich an Bord der Schiffe, und wir finden auch nicht einen Hinweis dafür, dass Frauen vor 1498 nach Hispaniola geschickt worden wären. Erst von da an durfte Kolumbus weibliche Kolonisten anwerben im Verhältnis von einer Frau auf je zehn Auswanderer.

Obschon Kolumbus durch seine große Entdeckertat zu hohem Ansehen gelangt war, allgemeine Achtung genoss und zahlreiche alte Schiffsgefährten unter seinem Befehl hatte, litt er immer noch darunter, ein Ausländer zu sein. Zudem konnte er sich nur auf die persönliche Freundschaft und Treue einiger weniger Offiziere verlassen. Der einzige Mann unter dieser großen Menge von Teilnehmern, dem er volles Vertrauen schenken konnte, war sein jüngster Bruder Diego, den Las Casas als „einen tugendhaften Menschen, sehr verschwiegen, friedfertig und einfach, von guten natürlichen Anlagen, weder verschlagen noch boshaft, einfach gekleidet in einem priesterrockähnlichen Gewand", schildert. Wie dieser Geschichtsschreiber richtig vermutete, wollte Kolumbus einen Bischof aus ihm machen, doch konnte er wegen seiner fremdländischen Geburt nie ein Bischofsamt erlangen. Leider traf Kolumbus' tatkräftigerer Bruder Bartholomäus nicht rechtzeitig genug aus Frankreich ein, um sich auf der Flotte einschiffen zu können.

Zu seinem Pech war der Admiral am 25. September, dem Abfahrtstag, von einem Unwohlsein befallen; da er aber ein Freund prunkvoller Schaustellungen war, dürfen wir annehmen, dass er sich von seinem Deck aus das großartige Schauspiel der ausfahrenden Flotte nicht entgehen ließ. Die Karavellen waren festlich bewimpelt, und ihre bunt bemalten Segel blähten sich vollzählig unter einer leichten Brise. Am Großmast der Schiffe ging die prächtige Königsstandarte von Kastilien hoch, die wappengeschmückten Wämser der adligen Freiwilligen füllten den Raum zwischen Back- und Heckaufbauten aus, und viele Fähnchen und Wimpel flatterten so lustig im Wind, dass sie sich oft in der Takelage verwickelten. Kanonen donnerten, Trompeten schmetterten, als die Armada des Admirals die weißen Mauern von Cádiz hinter sich ließ.

Am 2. Oktober traf die Flotte in Gran Canaria ein, und schon um Mitternacht segelte sie weiter. Ohne anzulaufen, passierte sie das noch uneroberte Teneriffa, und am 5. ankerte sie in San Sebastián auf Gomera, wo sie von Doña Beatriz de Peraza, „in die sich unser Admiral vor Zeiten verliebt hatte", wie Michele de Cuneo schrieb, mit Kanonensalut und prächtigem Feuerwerk empfangen wurde. Cuneo war ein Jugendfreund des Admirals aus Genua, dem wir die lebendigste Schilderung dieser Reise verdanken. Leider erfahren wir jedoch auch von ihm keine Einzelheiten über das neuerliche Zusammentreffen von Kolumbus mit Doña Beatriz. Sollte er ihr Herz und Hand angeboten haben, so traf er auf Ablehnung, denn sie wollte einen Mann zum Gatten, der zu Hause blieb und sich ihr und den vier Inseln ihres Sohnes widmete.

Auf Gomera nahm die Flotte Frischproviant ein sowie lebendes Vieh, um Herden auf Hispaniola zu züchten. Diese lebende Ladung dürfte, wie die Pferde, an Deck der größeren Schiffe untergebracht worden sein, weil sie unter Deck die Reise nicht überstanden hätte. Zwischen dem 7. und 10. Oktober (die Chronisten geben verschiedene Daten an) segelten alle 17 Schiffe von San Sebastián ab. Sie kamen nun in die üblichen kanarischen Kalmen, und nicht früher als am Sonntag, dem 13. Oktober, vermochte die Flotte endgültig auszulaufen. Jeder Kapitän hatte versiegelte Order für den Fall, dass die Schiffe voneinander getrennt würden. Der Admiral setzte Kurs für alle: *Oeste cuarta del sudoeste*, West zu Süd.

29. Kapitel

VIELE MARIAS
13. OKTOBER BIS 11. NOVEMBER 1493

Als Kolumbus Kurs nach W zu S nahm, hatte er nicht die Absicht, direkt nach Hispaniola zu segeln, sondern er wollte unterwegs neue Inseln entdecken. Bei der Abfahrt aus der Samanábucht im letzten Januar hatte er vorgehabt, die Richtung Südosten gelegene Amazoneninsel

„Matinino" aufzusuchen, musste diesen Plan aber gegen seinen Willen aufgeben, um nicht die günstigen Winde für die Rückfahrt nach Spanien zu verpassen. Seine Indianer erzählten ihm von dem schön geschwungenen Bogen der Karibischen Inseln, der sich weit hinaus nach Osten und Süden von Hispaniola spannte. Kolumbus' indianische Gefangene waren keine zu unterschätzenden Geographen. Nachdem er sie aufs Genaueste ausgefragt hatte, zeichnete der Admiral die Position dieser noch unentdeckten Inseln in groben Zügen auf seiner Ozeankarte ein und zog eine Linie von Ferro zur nächstgelegenen Insel. Die Richtung berechnete er mit W zu S. Und er hatte die Fregattvögel beobachtet, die in dieser Richtung flogen. Aus diesem Grund – berichtete Dr. Chanca, der Arzt des Flaggschiffs – „berichtigte der Admiral seinen Kurs in der Weise, dass er auf sie stoßen musste, weil sie Spanien näher lagen und man von dort aus geraden Kurs nach Hispaniola hatte". Das war ausgezeichnet überlegt, denn der neue Kurs verkürzte die Überfahrt über den Ozean um wenigstens eine Woche. Und „dank der Güte Gottes und des *buen saber* (der guten Kenntnisse) des Admirals fuhren wir so sicher geradeaus, als ob wir eine wohl bekannte und gewohnte Route verfolgt hätten".

Von der Fahrt über den Ozean wissen wir nur wenige Einzelheiten, sie verlief ereignislos, weil sie so spät im Jahr begonnen wurde. Dadurch, dass die Flotte erst am 13. Oktober aufbrach, erreichte sie die Kleinen Antillen, nachdem die Orkanzeit vorüber war. Don Juan de Fonseca musste man also dankbar sein für die Verzögerung! So bekamen sie am Vorabend der Heiligen Simon und Judas (am 26. Oktober) nur eine kräftige Bö ab, als sie schon zwei Drittel der Strecke zurückgelegt hatten. Es war keineswegs ein Orkan, sondern ein Gewitter von großer Heftigkeit, das sie in der Nacht überraschte. Dieser Sturm dauerte nur vier Stunden und verursachte verhältnismäßig geringe Schäden.

Der Passat blies tatsächlich „mit vollen Backen", er trieb die Flotte mit einer Durchschnittsgeschwindigkeit von 5,2 Knoten vor sich her, und der Ozean wurde in 21 Tagen überquert.

Diese zweite Reise muss dem Seemannstraum von einer idealen Segelfahrt sehr nahe gekommen sein. Das Segeln vor dem Passat ist ein herrliches Erlebnis, selbst wenn man allein auf dem Meer ist. Auf dieser Reise aber wurde die Schönheit des tiefblauen Wassers, über das fliegende Fische huschten, der sich kräuselnden Wellenkämme und der wechselnden Wolkengebilde noch gesteigert durch den prächtigen Anblick der 16 anderen weiß besegelten Schiffe, die über die Oberfläche des Meeres dahinglitten. Und wenn die Stunde des Salve bei Sonnenuntergang kam, verkleinerten die schnelleren Schiffe ihre Segel und scharten sich eng um das Flaggschiff wie die Küken um die Glucke. Die ganze Nacht hindurch segelten sie möglichst in Formation, und ihre Hecklichter funkelten auf der schwarzen Wasserfläche wie herabgefallene Sterne.

Trotzdem fehlte es nicht an Murrenden und Missvergnügten, besonders unter denen, die diese Überfahrt zum ersten Mal mitmachten, und auch unter den Übrigen gab es Seeleute, die immer an etwas „herumzunörgeln" hatten. Dr. Chanca berichtete, dass gegen Ende Oktober die meisten *es so satt hatten, schlecht zu leben und immerzu Wasser zu pumpen, dass sie sich alle danach sehnten, endlich Land zu sichten.*

Zu Allerheiligen fühlte sich der Admiral so sicher, in den nächsten drei Tagen Land auszumachen, dass er eine Extraration Wasser an Bord des Flaggschiffs ausgeben ließ. Am 2. November abends nahm diese Gewissheit zu, denn es mehrten sich die Anzeichen der Landnähe durch das Aussehen des Meeres, den Flug der Vögel und die untrügliche Zusammenballung von Wolken am Horizont, die auf eine bergige Insel schließen ließen.

Am Sonntag um fünf Uhr, als das schwache Mondlicht vom ersten Grau der aufsteigenden Morgendämmerung verstärkt wurde, sah ein alter Lotse, der sich im Takelwerk des Vorschiffs der *Mariagalante* postiert hatte, am Horizont gerade voraus einen dunklen Kegel, der spitz in den fahlen Sternenhimmel ragte. Schnell kletterte er in den Mastkorb, um besser zu sehen, und gleich darauf erscholl sein Ruf: *„Albricias! Que tenemos tierra!"* – „Die Belohnung, ich sehe Land!" Die Rufe: *„Tierra! Tierra!"* sprangen über von Schiff zu Schiff, und jeder strengte die Augen an, um in der rasch heller werdenden Morgendämmerung eines tropischen Wintertags mehr zu erspähen. Ein Hahn krähte, und jedermann lachte. Die Pferde wurden von der allgemeinen Aufregung und dem Landgeruch angesteckt, sie warfen den Kopf hoch, wieherten und scharrten mit den Hufen. Die Wache unter Deck wurde herausgetrommelt, und der Admiral versammelte, als er seiner Sache sicher war, dass man Land vor sich hatte, „die ganze Mannschaft zum Gebet auf dem

Achterdeck, wo sie das Salve sang, fromme Gebete hersagte und unserm Herrn mit inbrünstigen Lobgesängen dankte" für eine so kurze und glückliche Reise.

Mittlerweile war über Backbordbug eine bergeshohe Insel erschienen, wie eine Rose schimmernd im Frührot des Morgens. Weil man sie am Sonntag gesichtet hatte, nannte sie Kolumbus Dominica. Ihr heimischer Name war Caire. Kurz nach Sonnenaufgang tauchte an der Steuerbordseite eine flache und dicht bewaldete Insel auf, die Kolumbus Santa María la Galante nannte (sagte Cuneo), „aus Liebe zu dem Schiff, auf dem er segelte". Und noch heute erinnert der Name Mariegalante an die Liebe eines großen Seemanns zu seinem tapferen Schiff, dem schönsten unter seinen vier *capitanas*. Als es heller wurde und die Flotte ihre Fahrt fortsetzte, tauchten drei weitere Inseln, Guadeloupe, Désirade und Les Saintes, am Horizont auf.

Das Großartigste an dieser Landsichtung war, dass sie Kolumbus beinahe an derselben Stelle der Kleinen Antillen glückte, die von den Verfassern der Segelanweisungen während der nächsten vierhundert Jahre empfohlen wurde. Den mit Bestimmung Westindien nördlich von Barbados fahrenden Schiffen wurde angeraten, auf Désirade, der kleinen hohen Insel, die Guadeloupe windwärts vorgelagert ist, Kurs zu nehmen. *Deseada* – die Begehrte –, wie sie von den Spaniern genannt wurde, war das Ziel der großen kolonialen Handelsflotten, die von Spanien nach Veracruz, Porto Bello, Puerto Rico, Santo Domingo und Kuba unterwegs waren; der französischen Flotten, die zu den Îles sous le Vent und Saint-Domingue fuhren, und der britischen Schiffe, die die Karibischen Inseln, Jamaika und Virginia anlaufen wollten. Denn wenn man versucht, nördlich der Kleinen Antillen zu segeln, kann es sein, dass man die starken Passatwinde verfehlt, und wenn man es wagen will, eine der Durchfahrten zwischen Antigua und Sombrero zu benutzen, so drohen einem die gefährlichen Riffe um Barbuda und Anguilla. Dagegen führen die Durchfahrten auf beiden Seiten von Désirade, deren eine Kolumbus gerade in ihrer Mitte erreichte, sicher in geschützte Gewässer. So fand Kolumbus auf dieser zweiten Reise die kürzeste und beste Route von Europa nach Westindien. Man kann es nennen, wie man will, Glück, Seemannskunst oder die Fügung Gottes, es ist und bleibt großartig.

Kolumbus hatte auch das Glück, auf einer der lieblichsten Inseln der

Neuen Welt zu landen. Von Dominica schrieb Syllacio: Diese Insel „ist bemerkenswert durch die Schönheit ihrer Berge und die Mannigfaltigkeit ihrer Vegetation, und man muss dort gewesen sein, um ihre Herrlichkeit richtig zu erfassen. An manchen Stellen stehen die riesigen Bäume bis dicht an den Strand heran wie im Tempe-Tal in Thessalien." Alle waren überwältigt von der Üppigkeit der Natur auf dieser Sonntagsinsel, zu einer Jahreszeit, wo Andalusien braun und ausgedörrt ist. Der Admiral suchte allerdings vergebens nach einem Hafen an der Ostküste von Dominica.

Vielleicht war es gut, dass die Spanier nicht auf Dominica landeten, denn im nächsten Jahrhundert wurden die dort lebenden Kariben dafür bekannt, dass sie jeden erschlugen und auffraßen, der sich an Land wagte. Bei einer Gelegenheit wurden sie nach der Verspeisung eines Mönches von so heftiger Übelkeit befallen, dass sie von dieser Zeit an jeden Mann in geistlichem Gewand unbelästigt ließen. Diesen Umstand machten sich die Spanier später zunutze, wenn sie Dominica anlaufen mussten, um Wasser einzunehmen. Sie schickten dann entweder einen Mönch an Land oder vermummten die Bootsbesatzung mit Kutten, um die Eingeborenen zu überlisten.

Mariegalante war fast kreisrund und hatte keinen Hafen, doch fand Kolumbus auf der Leeseite eine Reede, wo er mit einiger Sicherheit eine Nacht ankern konnte. Mit flatterndem Königsbanner ging er an Land und nahm die Insel in feierlicher Form für seine Herrscher in Besitz, ließ den Vorgang vom Flottenschreiber genau aufschreiben, von Zeugen beglaubigen und das Dokument mit Siegeln versehen. Während einige Männer an der Landungsstelle ein Kreuz errichteten, machten sich andere auf die Suche nach Süßwasser. Sie entdeckten den Gewürzbaum, dessen zerriebene Blätter nach Nelke duften, und auch einen giftigen Baum, von dessen Ästen ein giftiger Saft herabtroff, der die Zungen und Gesichter der Männer anschwellen ließ und wie Feuer brannte. Es handelte sich um den *manzanillo* oder Manzanillobaum, aus dessen Früchten die Kariben ein Gift für ihre Pfeilspitzen bereiteten. Von den Eingeborenen war nichts zu sehen, obwohl man eifrig nach ihnen Ausschau hielt.

Am 4. November, vor Tagesanbruch, lichtete die Flotte die Anker und steuerte auf die hohe Insel im Westen zu. Kolumbus belegte sie mit dem

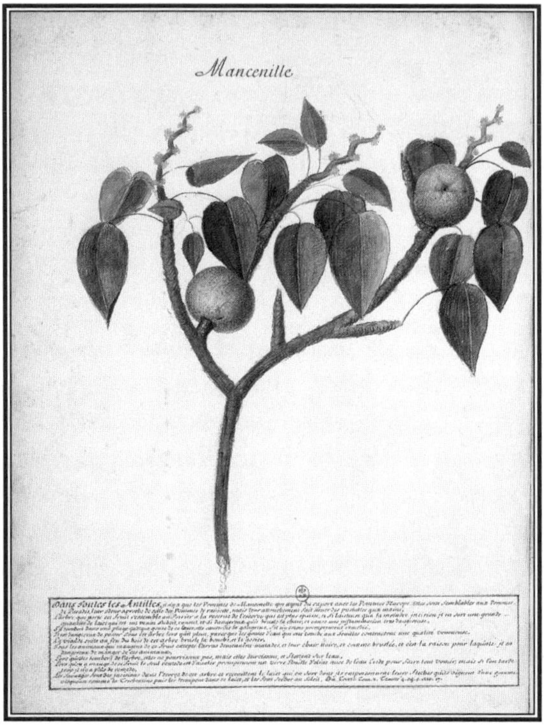

Manzanillobaum

Namen Santa María de Guadalupe nach der berühmten Jungfrau der Estremadura. Er erfüllte damit einen Wunsch, den ihm die frommen Mönche dieses Klosters bei seiner Wallfahrt ans Herz gelegt hatten. Bei seiner Annäherung an Guadeloupe bot sich ihm ein großartiges Schauspiel. Ein hoher Vulkankegel (La Soufrière) ragte himmelwärts, und von den bewaldeten Hängen strömten zur gegenwärtigen Regenzeit „viele Flüsse in verschiedene Richtungen“. Als die Flotte näher herankam, erblickte man einen Wasserfall, der aus den niedrigen Wolken zu stürzen schien, was ein so seltsamer Anblick war, dass die Seeleute unter sich wetteten, was es wohl sein mochte – eine Reihe weißer Felsen, eine mit Schnee angefüllte Schlucht, eine breite weiße Straße oder ein schäumender Fluss. *Es war ganz wunderbar anzusehen*, schrieb Dr. Chanca nieder, *von welcher Höhe das Wasser herabstürzte und wie auf einem so kleinen Raum ein solch mächtiger Wasserfall entstehen konnte.*

Die Flotte erreichte die Küste bei dem jetzigen Dorf Capesterre. Beim Anblick der fremden Schiffe flohen die Kariben aus ihren Dörfern. Am Abend des 4. November ankerte die Flotte in einer kleinen Bucht, die heute den Namen Grande Anse trägt.

Sechs Tage blieb sie hier liegen. Für diesen langen Aufenthalt lag ein besonderer Anlass vor. Ein Landungstrupp hatte sich in den Wäldern verirrt. Diego Marquez aus Sevilla, Aufpasser der neuen Kolonie, hatte eine Abteilung von zehn Mann *zu Plünderungszwecken* aufgestellt, so erzählte Cuneo. Diese drang ins Landesinnere vor und verirrte sich sofort. Als sie am nächsten Tag nicht zurückkehrten, sandte Kolumbus vier Suchmannschaften von je fünfzig Mann aus *mit Trompeten, Hörnern und Laternen, aber trotz allem konnte man sie nicht finden. Aber mit Gottes Hilfe kamen die zweihundert zurück, doch sehr ermüdet und ausgehungert. Wir vermuteten*, fuhr Cuneo fort, *dass die Gruppe des Diego Marquez von den vorgenannten Kariben aufgefressen wurde, da das bei ihnen Brauch war.*

Der Suchtrupp fand viele Zeugnisse für diese unangenehme Gewohnheit der Kariben vor, durch die die europäischen Sprachen um das neue Wort Kannibale bereichert wurden. In den von den Kriegern verlassenen Hütten fand man große Stücke Menschenfleisch, abgeschnittene menschliche Gliedmaßen sowie beiseite gestellte Schienbeinknochen, aus denen Pfeile gemacht werden sollten. Man entdeckte kastrierte Arowakenjungen, die gefangen gehalten und für die Bratpfanne gemästet wurden, und gefangene junge Mädchen, die hauptsächlich zum

Dieser Druck, der sie als Kannibalen zeigt, gilt als älteste Darstellung südamerikanischer Indianer.

Kindergebären gehalten wurden, denn die Kariben schätzten gebratene Babys als besondere Leckerbissen.

Die Suchkolonne brachte etwa zwanzig solcher Gefangener mit. Die Kariben unterschieden sich von den Arowaken dadurch, erzählte Dr. Chanca, dass sie sich die Beine unterhalb des Knies und über der Fessel fest mit Zeugbändern umwickelten, um auf diese Weise ihre Waden zum Schwellen zu bringen. Sosehr die Spanier die Sitten der Kariben auch verabscheuten, so waren sie doch gezwungen, ihre Baumwolldecken zu bewundern, die *so schön gewebt waren, dass sie denen unseres eigenen Landes in nichts nachstanden*. Dasselbe galt für die Töpferwaren. Aber von Gold fand man keine Spur.

Trotz ihrer Enttäuschung über das Fehlen von Gold hatten die Spanier ihre Freude an dieser hohen und schönen Insel. Sie waren bezaubert von den großen Schwärmen bunt gefiederter Papageien, „die so zahlreich waren wie bei uns die Spatzen oder andere kleine Vögel", und sie begeisterten sich an dem schönen Kopfschmuck der Eingeborenen aus grünen, roten, schwarzen und gelben Federn. Hier kosteten Europäer zum ersten Mal die Ananas, und die Neuen der Schiffsmannschaft aßen zum ersten Mal Kassawabrot, Jamswurzeln und Süßkartoffeln.

Am Abend des vierten Tages, den die Verirrten im Urwald verbrachten, brannten die vermissten Spanier auf der Kuppe eines Berges ein Feuer ab, das ihre Schiffsgefährten vom Ankerplatz aus sahen. Ein Boot wurde zu der nächstgelegenen Stelle an den Strand geschickt, doch hätte man sie auch jetzt nicht ohne die Hilfe einer alten Eingeborenenfrau aufgefunden, die den Rettern den Weg zeigte. Anscheinend besaßen die Spanier keinen sehr ausgeprägten Pfadfindersinn. Die Rettung geschah in letzter Stunde, denn der Admiral hatte die Abfahrt schon für den nächsten Tag festgesetzt, ohne Rücksicht auf das Schicksal der verschollenen Männer.

Kolumbus befahl die Zerstörung sämtlicher Einbäume, deren man habhaft werden konnte, wodurch er die Sklavenzüge gegen seine Freunde, die im Westen lebenden Arowaken, unterbinden wollte. Die Flotte nahm *zwölf sehr schöne, dralle Mädchen im Alter von 15 bis 16 Jahren* an Bord, berichtete Cuneo, ferner zwei verstümmelte Knaben im gleichen Alter und einige ältere arowakische Gefangene, die man aus der Gewalt der Kariben befreit hatte. Schließlich führte man noch einige Kariben selbst mit.

Im Morgengrauen des 10. November setzten alle 17 Schiffe Segel. Am 11. November zur Mittagsstunde erreichten sie eine nicht sehr große Insel, von der die Mädchen an Bord erzählten, dass sie durch die Kariben entvölkert worden sei. Aus diesem Grund lief Kolumbus nicht an, um keine Zeit zu verlieren. Er sorgte sich um seine Gefährten in Navidad und war deshalb über den nutzlosen Aufenthalt auf Guadeloupe sehr aufgebracht. Daher verbot er fürs Erste jeden Landurlaub.

Der Admiral nannte diese Insel Santa María de Monserrate, womit er das berühmte Kloster von Monserrat bei Barcelona ehren wollte. Im frühen 17. Jahrhundert wurde Monserrat durch die Engländer besetzt, und zur gleichen Zeit nahm der Franzose D'Esnambuc Besitz von Guadeloupe; Tatsache ist, dass die Spanier keine der Inseln östlich von Santa Cruz, die Kolumbus auf dieser Reise entdeckte, jemals kolonisierten.

Vom Nordende Monserrats sichtete Kolumbus eine große Insel nordostwärts, doch verzichtete er darauf, gegen den Passat eine Kreuzfahrt dorthin zu unternehmen. Er taufte sie Santa María la Antigua, zum Andenken an die berühmte, Wunder spendende Jungfrau in der Kathedrale von Sevilla, zu der er noch wenige Tage vor der Abreise gebetet hatte. Antigua hat ihren Namen in guten und bösen Zeiten unter der dreihundert Jahre währenden britischen Herrschaft beibehalten.

Man muss Kolumbus auf seinem Weg an dieser Inselkette entlang im Segelschiff gefolgt sein, um voll zu ermessen, welch herrliche Fahrt er und seine tapferen Gefährten damals genossen. Da gibt es keine „tropische Mattigkeit", obwohl das Wasser noch im November warm ist, sondern ein Knistern und Funkeln in der Luft. Das Erlebnis, uns jeder Insel auf gleiche Weise, wie sie von Kolumbus in jenen fernen großen Tagen von 1493 entdeckt wurde, zu nähern und an ihr vorbeizufahren, machte einen unauslöschlichen Eindruck erhabenster Schönheit auf uns, und wir staunten zu den himmelhohen Bergspitzen empor, die aus einem in lebhaftestem Saphirblau bis zu leuchtendem Smaragdgrün schimmernden Meer herausragten.

Es wird in der Flotte des Admirals viele gegeben haben, die sich fest vornahmen, diese zauberhaften Inseln wieder zu besuchen, sobald sie ihre vorgeschriebenen Aufgaben auf Hispaniola erledigt hatten; aber andere Pflichten warteten schon auf die Führer, und die Schiffsgefährten wurden durch das Gold von Cibao festgehalten. Außer einem kurzen Aufenthalt auf Guadeloupe während der Heimreise und einem flüchtigen Besuch im Jahr 1502, war es Kolumbus nicht bestimmt, seinen Fuß je wieder an Land der Kleinen Antillen zu setzen, die den Engländern, Franzosen und Niederländern fast zweihundert Jahre als Kampfobjekt überlassen blieben.

30. Kapitel

HEILIGE UND JUNGFRAUEN
12. NOVEMBER 1493 BIS 2. JANUAR 1494

Von Guadeloupe bis St-Croix bekam niemand Erlaubnis, an Land zu gehen. Cuneo berichtete, dass man auf dieser Strecke nicht bei Nacht segelte; *wenn wir nicht ankerten, hielten wir das Schiff beigedreht, um keinerlei Fahrt zu machen, aus Furcht, auf die Inseln aufzulaufen.*

Es muss große Aufmerksamkeit und nicht wenig Geschicklichkeit erfordert haben, die Schiffe vor Zusammenstößen zu bewahren, denn der vier Tage alte Mond konnte der Sicht nicht viel nützen. Vom Achterdeck der *Mariagalante* muss sich ein großartiger Anblick geboten haben; die dunklen Umrisse der Schiffsleiber, darüber die in den funkelnden Sternenhimmel ragenden Spieren, die flackernden Fackeln achtern, die sich in tanzenden Lichtern auf der Wasserfläche spiegelten. Am Morgen mögen die Schiffe weit verstreut gewesen sein, manche oft halb unterm Horizont verschwunden. Dann sammelte sie der Admiral wieder, nachdem die Segel gesetzt waren, und die Fahrt ging weiter zur nächsten Insel im Westen, die von den eingeborenen Führern Ayay genannt wurde.

Am 14. November wurde Ayay gesichtet, die Kolumbus nach dem heiligen Kreuz Santa Cruz nannte. Nach mehrfachem Besitzwechsel blieb die französische Namensform St-Croix bestehen.

Die Insel hat die Gestalt eines Hausschuhs, dessen Spitze dem Passat zugekehrt ist. Kolumbus' Besatzung gefiel St-Croix weit besser als die anderen bisher besuchten Inseln, denn sie war angelegt wie ein großer Garten, und die karibische Bevölkerung schien verhältnismäßig zahlreich zu sein. Nachdem die Flotte die Einfahrt zum jetzigen Cristiansted Harbor durchfahren hatte, erreichte sie die Mündung einer kleinen Bucht, die jetzt Salt River Bay genannt wird und deren Form vermuten ließ, dass ein Süßwasserstrom in ihr endete.

Hier bestanden die Spanier ihren ersten geschichtlich aufgezeichneten Kampf mit den Ureinwohnern der Neuen Welt. Es war der Anfang einer langen Reihe von Schlachten und Feindseligkeiten, die erst ein Ende nahmen, als die Araukanerindianer in Chile im 19. Jahrhundert endgültig unterworfen wurden.

„Zur Essenszeit", wahrscheinlich um elf Uhr vormittags, warf die Flotte Anker aus. Die meisten Schiffe blieben offenbar außerhalb der Einfahrt zum Salt River, die eng und flach war, liegen. Da Kolumbus wünschte, mit den Eingeborenen zu sprechen und Wasser einzunehmen, schickte er ein bewaffnetes Boot an Land, wo man einige Hütten erblickte. Sobald die Männer landeten, flüchteten die Eingeborenen. Ein Teil der Gruppe wandte sich landeinwärts, entdeckte ein Dorf und fing ein paar jugendliche arowakische Sklaven beiderlei Geschlechts. Als die Bootsmannschaften im Begriff standen, zum Flaggschiff zurückzukehren, bog ein von vier eingeborenen Männern, zwei Frauen und einem Jungen besetztes Kanu um die Landspitze und befand sich plötzlich der Flotte gegenüber. Beim Anblick der fremden Schiffe mit ihren aufragenden Masten und hohen Bordwänden, also Dingen, die sie noch nie gesehen hatten und die über ihr Begriffsvermögen gingen, waren die Insassen so verdutzt, dass sie die Paddel sinken ließen und mit offenem Mund hinüberstarrten. Die Landungsmannschaft nutzte ihre Überraschung, indem sie ihr eigenes Boot in eine Position brachte, die den Eingeborenen den Rückweg zum Land abschnitt. Als die Kariben zur Besinnung kamen und sahen, dass jede Flucht aussichtslos war, *griffen sie mit großem Mut zu Pfeil und Bogen, sogar die Frauen, was*, wie Dr. Chanca berichtete, *eine große Kühnheit war, denn sie waren nur vier Männer und zwei Frauen gegen mehr als 25 der Unsrigen, von denen sie zwei, einen davon tödlich, verwundeten.* Es wären noch mehr Christen getroffen worden, wenn sie keine Schilde gehabt hätten. Noch nachdem man das Kanu gerammt und umgekippt hatte und die Kariben zu einem vorstehenden Felsen geschwommen waren, *verteidigten sie sich wütend, bis sie überwältigt und gefangen genommen werden konnten.*

Kaum war das geschehen, als die Canaballi *in großer Zahl an den Strand liefen; sie waren von dunkler Hautfarbe und von wildem und schrecklichem Aussehen, das noch durch ihre rote und grellfarbige Bemalung verstärkt wurde; ihre Köpfe waren auf der einen Seite geschoren, auf der anderen hing langes schwarzes Haar herunter.* Aber sie hatten keine Waffen, mit denen sie die Schiffe bekämpfen konnten. Verschiedene der gefangenen Arowaken nutzten die Verwirrung, um hinaus zu den Spaniern zu schwimmen, denn alles war besser, als Sklave der Kariben zu sein.

Auf die Spanier hatte der Mut der Kariben tiefen Eindruck gemacht; Kolumbus betrachtete diesen Stamm danach immer als unerbittlichen Feind seiner Gebieter und der unterjochten Arowaken. Aber noch erstaunlicher war die Haltung eines *sehr schönen karibischen Mädchens*, das Michele de Cuneo eigenhändig im Kampf überwältigt hatte und das ihm Kolumbus als Sklavin überließ. Cuneo berichtete darüber:

> *Nachdem ich sie in meine Kabine gebracht hatte und da sie nackt war, wie es dort Brauch ist, überkam mich die Lust, mich mit ihr zu vergnügen. Als ich an die Ausführung meines Vorhabens ging, sträubte sie sich heftig und ging mit ihren Fingernägeln auf mich los, sodass ich wünschte, ich hätte niemals angefangen. Als ich das sah (um auch das Ende vom Lied zu sagen), nahm ich ein Tau und prügelte sie gründlich durch, und sie schrie und zeterte so wild, wie man es noch nie gehört hatte. Schließlich vertrugen wir uns auf eine Art, die mir offenbarte, dass sie eine Hochschule des Dirnenhandwerks durchlaufen haben musste.*

Aus der drohenden Haltung der Kariben war klar ersichtlich, dass man in eine sehr gefährliche Gegend gekommen war. Das veranlasste Kolumbus, nachdem er den vorspringenden Punkt Cabo de la Flecha (Kap der Pfeile) getauft hatte, die Anker zu lichten. Nördlich von St-Croix und ungefähr 35 Meilen von seinem Ankerplatz entfernt, konnte er die runden, über den Horizont hinwegragenden Bergspitzen der Virgin Islands sehen, und er beschloss, diese anzulaufen. Angesichts seiner Eile, Navidad zu erreichen, und des Umstands, dass der Besuch der Virgin Islands zwei Tage in Anspruch nahm, kann man sich diesen Abstecher nicht anders erklären als durch die Annahme, dass sich der Wind inzwischen gedreht hatte und er nur nach Osten fahren konnte, ohne kreuzen zu müssen.

Nach seiner auf den Bahamas gemachten Erfahrung erwartete Kolumbus, dass alle Bergspitzen, die von St-Croix gesehen einzeln über den Wasserspiegel ragten, eine einzige große Insel bilden würden. Doch es erschienen immer mehr Inseln, je weiter man herankam. Und so nannte der Admiral den Archipel mit seiner treffsicheren Fantasie nach der heiligen Ursula und ihren Gefährtinnen, den 11000 seefahrenden Jungfrauen.

Am 17. November bei Tagesanbruch erhob sich der Passatwind wieder. Jetzt bot sich eine Gelegenheit, die Kantabrischen Barken und andere flachgehende Fahrzeuge, die sich bei der Flotte befanden, für eine Entdeckungsfahrt zu nutzen. Während also die *Mariagalante*, die *Gallega*, die *Colina* und die Hauptschiffe der Flotte gemächlich ihres Weges zogen, strichen die Barken und leichten Fahrzeuge den Sir-Francis-Drake-Kanal hinunter, wobei sie zur rechten und linken Hand an hohen, malerischen Inseln vorüberkamen. Diese elftausend Jungfraueninseln (man zählte eigentlich 46) *waren wunderbarerweise alle verschieden voneinander*, manche erglänzten in herrlichen Farben, *einige nackte Felsen waren purpurrot*, sie bestanden aus einem Stein, der dort als Blaugrund bekannt ist; wieder andere glänzten *blendend weiß* von Mergel oder Marmor, wogegen einige öde Felsen waren, andere aber waren unter Bäumen und Pflanzen versteckt und von rosafarbenem Korallenstrand umgeben.

Draußen vor St. Thomas schlossen sich die kleinen Karavellen am 17. November abends oder am nächsten Morgen wieder der Hauptflotte an. Am 18. entdeckte Kolumbus Vieques, die ihm im Grün ihrer Vegetation so anmutig erschien, dass er sie zu Ehren der Mutter seines Freundes Alessandro Geraldini Gratiosa nannte.

Nachdem Vieques passiert war und man wahrscheinlich in der Nacht vom 18. zum 19. November vor der Küste beigelegt hatte, erreichte die Flotte eine große Insel, die von den Indianern Boriquen, Buriquen oder Burenquen genannt wurde. Sie wurde vom Admiral San Juan Bautista getauft, denn die Reliquien Johannes' des Täufers wurden in Genua besonders verehrt. Anfang des nächsten Jahrhunderts gründete Kolumbus' Schiffsgefährte Ponce de León bei einem herrlichen Hafen an der Nordküste die Stadt San Juan. Sie wurde bekannt als San Juan de Puerto Rico. Mit der Zeit jedoch traten die beiden Worte Puerto Rico an die Stelle von San Juan Bautista und wurden zum Namen der ganzen Insel.

Am 19. November segelte die Flotte den ganzen Tag über die herrliche

Südküste von Puerto Rico entlang. Sie hielt sich außerhalb der vorgelagerten Riffe und kam mit so gutem Wind vorwärts, dass sich der Admiral nicht damit aufhielt, irgendwelche Häfen zu erkunden. Die Spanier schätzten die Insel so groß wie Sizilien, richtig war aber Dr. Chancas Feststellung, dass sie eine Länge von 30 Leguas hatte. Die ganze Strecke wurde zwischen Morgen und Abend zurückgelegt. Am Morgen des 20. November kreuzten die Schiffe in die geräumige Boqueronbucht hinein. Dort blieben sie fast zwei Tage vor Anker, um Süßwasser und Proviant einzunehmen. Die Eingeborenen flüchteten bei ihrem Näherkommen, sodass sich keine Gelegenheit zum Handeln bot. Einige Matrosen wanderten landeinwärts, wo sie in ein verlassenes Dorf von zwölf um einen freien Platz gebauten, soliden Hütten kamen. Hier stand auch ein großes Haus mit Türmen aus Flechtwerk und mit Grasdächern, ähnlich den Gartenlauben in Valencia.

Am 22. November bei Tagesanbruch segelte die Flotte von Puerto Rico, der letzten bedeutenderen, auf dieser Reise neu entdeckten Insel, ab und steuerte nach Hispaniola auf nordwestlichem Kurs, der ihr von den Arowakenführern gewiesen wurde. Kurz vor Einbruch der Dunkelheit, nach einer guten Tagesfahrt von ungefähr 65 Meilen, machten sie ein „niedriges und sehr flaches Land" aus. Die Indianer behaupteten, in ihrem Heimatland „Haiti" angelangt zu sein, doch wurde dies durch die Veteranen des Admirals von der ersten Reise stark bezweifelt, da das, was sie von Hispaniola kannten, gebirgig war. Es zeigte sich aber, dass die Indianer Recht hatten. Das neue Land war die flache, bewaldete Ostspitze von Hispaniola, dessen ferne Berge wahrscheinlich im Dunst lagen. Kolumbus nannte es Cabo San Rafael nach dem Erzengel.

Gegen Mittag des 23. November fuhr die Flotte in die Samanábucht hinein, von wo die *Niña* und die *Pinta* am 16. Januar desselben Jahres abgesegelt waren, um einen der beiden überlebenden Indianer von der ersten Reise auszusetzen. Gut gekleidet und mit Handelswaren und Geschenken versehen, wurde er bei Las Flechas an Land gesetzt, von wo man ihn mitgenommen hatte. Man hoffte, dass er den ziemlich kriegerischen Stamm der Ciguayos davon überzeugen würde, dass die Christen ihre Freunde seien. Gleichzeitig gab man einem in dem Scharmützel auf St-Croix verwundeten Basken, der soeben gestorben war, hier ein christliches Begräbnis. Zwei Karavellen lagen währenddessen in der Nähe auf der Lauer, um mit ihren Geschützen einzugreifen, sobald sich die Ciguayos verdächtig machten. Indessen verlief dieses erste Begräbnis in der Neuen Welt ungestört. Kolumbus aber verzichtete auf einen Besuch beim Kaziken der Ciguayos, weil er es eilig hatte, nach Navidad zu kommen.

Von der Samanábucht fuhr die Flotte die Nordküste von Hispaniola entlang bis Monte Cristi und legte in zwei Tagen rund 170 Meilen zurück. Als man in Monte Cristi nach einem geeigneteren Ansiedlungsplatz als Navidad suchte, entdeckte man grausige Anzeichen dafür, was den Männern der zu Weihnachten zurückgelassenen Garnison widerfahren war. Ein Landungstrupp fand am Ufer des Rio Yaque zwei mit Stricken gefesselte Leichen, und am nächsten Tag entdeckte man zwei weitere, sie waren sämtlich stark verwest und nicht mehr zu erkennen. Nur an dem langen Bart erkannte man, dass es sich um Spanier handelte. Mit dieser unheimlichen Entdeckung endete der bisher so heiter und abwechslungsreich verlaufende erste Teil der zweiten Reise jäh.

Am 27. November lief die Flotte aus dem hinter der Insel Cabra gelegenen Hafen von Monte Cristi aus und fuhr mit größter Geschwindigkeit auf Cap Haitien und Navidad zu. Es war schon dämmrig, als man vor der Caracol-Passage anlangte, und Kolumbus wollte in Erinnerung an das, was seiner ersten *Santa María* am Heiligabend geschehen war, die Einfahrt in der Dunkelheit nicht wagen. Deshalb ging die Flotte vor Anker. Dann setzte man an Bord Signalfeuer in Brand, doch keine Antwort kam aus der Richtung, wo Navidad liegen musste. Es wurden Kanonenschüsse abgefeuert, aber niemand erwiderte diesen Gruß. Hiernach befiel Trauer und „bitterster Kummer ihre Herzen, denn man ahnte, was sich in Wirklichkeit zugetragen hatte, dass nämlich die Schiffsgefährten, die man zurückgelassen hatte, nicht mehr am Leben und verloren waren". Um 10 Uhr abends näherte sich von der Küste her ein Kanu, von dem man schon vorher bemerkt hatte, wie es in der Gegend herumgeisterte, und seine Paddler riefen: „*Almirante! Almirante!*" Man wies sie weiter zum Flaggschiff, wo sie aber nicht eher an Bord stiegen, als bis sie Kolumbus' Gesicht im Schein einer Fackel erkannt hatten. Der Anführer der Ankömmlinge war ein Vetter von Guacanagarí, der dem Admiral Grüße bestellen und zwei goldene Masken schicken ließ. Sie beteuerten Kolumbus gegenüber, dass die Christen in Navidad wohlauf seien, nur einige von ihnen wären infolge von Krankheit gestorben, andere wären in einem Streit erschlagen worden. Sie entschuldigten Guacanagarí für sein Nichterscheinen, er könne nicht kommen, weil er in einem Kampf mit einem anderen Kaziken namens Caonabó verwundet worden sei. In den drei Stunden ihres Aufenthalts an Bord holte der Dolmetscher Diego Colón die Wahrheit aus den Indianern heraus und teilte sie Kolumbus mit, aber Kolumbus wollte sie nicht glauben. Er meinte, einige von der Besatzungstruppe müssten noch am Leben sein. Diese furchtsamen, wehrlosen Indianer konnten unmöglich vierzig Seeleute, Soldaten und Ehrenmänner aus Spanien niedergemetzelt haben.

Am nächsten Tag (dem 28. November) verlegte die Flotte ihren Ankerplatz querab von Navidad, man sah aber kein Haus, auch bemerkte man kein Zeichen menschlichen Lebens. Ein Landungstrupp fand die Festung bis auf die Grundmauern niedergebrannt sowie einige herumliegende Lumpen und Überreste. Die wenigen Indianer, die sich heranwagten, berichtete Dr. Chanca, strichen *muy zahareños* – heimlich und verstohlen – herum und rannten davon, sobald sich die Spanier näherten. Es sah schlimm, sehr schlimm aus. Man konnte den Verwandten Guacanagarís dazu bewegen, an Bord zu kommen und sich einem Verhör zu unterziehen, nachdem man ihn mit den nie versagenden Glöckchen gelockt hatte. Er gestand, dass Caonabós Krieger alle Christen erschlagen hatten, erklärte aber, dass Guacanagarí ihnen zu Hilfe geeilt und dann bei der Verteidigung seines eigenen Dorfes verwundet worden sei. Man gab dem Vetter noch mehr Geschenke, bewirtete seine Paddler mit Wein und schickte sie dann alle mit dem Auftrag an Land zurück, Guacanagarí auszurichten, er solle selbst an Bord kommen, um dem Admiral genauen Bericht zu erstatten.

Ein weiterer Tag verging, ohne dass sich ein Indianer blicken ließ. Es sah aus, als ob Verrat der Tragödie folgen sollte. Die Stelle, wo die Festung gestanden hatte, wurde von neuem durchsucht, aber man fand keine weiteren Spuren. Darauf gingen Kolumbus und Dr. Chanca am Strand entlang bis zur Mündung des Grande Rivière, wo sie ein Dorf mit armseligen, verwahrlosten Hütten fanden, aus denen die Eingeborenen bei ihrem Näherkommen geflohen waren. Im Innern der Hütten fanden sie eine Menge Dinge, die aus der geplünderten Festung stammten, darunter Strümpfe, ein maurisches Halstuch in der ursprünglichen Verpackung sowie einen alten Anker von der *Santa María*. Als sie zur Stelle der Festung Navidad zurückkehrten, führten einige Indianer, die dort mit den Bootsleuten gehandelt hatten, sie wie zufällig an einen Platz, wo elf Leichen der hier gefallenen Christen lagen. Die Eingeborenen blieben hartnäckig dabei, dass Caonabó und sein Verbündeter Mayrení die Spanier getötet hatten, *aber sofort fingen sie zu klagen an, dass sich jeder der Christen vier Weiber genommen hätte, woraus wir entnahmen, dass sich hier ein Eifersuchtsdrama abgespielt hatte.*

Bevor Kolumbus der Sache auf den Grund ging, schickte er je eine leichte Karavelle nach Westen und Osten aus, um einen geeigneten Platz für die neu zu begründende Kolonie ausfindig zu machen. Die eine Karavelle kehrte nach der Erkundung des Hafens beim Cap Haitien zurück. An diesem Platz legten die Franzosen im 18. Jahrhundert eine Küstenstadt an, aber Kolumbus entschied, dass dieser Ort zu weit entfernt von der „Mine“ von Cibao sei. Das andere Schiff unter dem Befehl von Melchior Maldonado fuhr durch eine flaschenhalsförmige Einfahrt in die jetzige Fort-Liberté-Bucht, wo es ankerte. Guacanagarí schickte eine Nachricht und bat die Spanier, ihn zu besuchen. In seiner Hütte lag der Kazike in einer Hängematte ausgestreckt und pflegte seinen verwundeten Oberschenkel. Er schien begierig, seinen guten Freund, den Admiral wiederzusehen, und bestätigte die Erzählung von der Ermordung der Christen durch Caonabó.

Als Kolumbus den Bericht Maldonados vernommen hatte, beschloss er, dem Kaziken unter Entfaltung seiner ganzen Macht einen Staatsbesuch zu machen. Er stellte über hundert seiner besten Offiziere und Soldaten, „prächtig angetan, als ob man in eine große Stadt einzöge“, in Schlachtordnung auf, und mit Musik und Trommelschlag ging es im Marsch hinauf zum Dorf des Kaziken von Marién. Guacanagarí ließ sich von seiner Darstellung nicht abbringen, worauf Kolumbus unter dem Vorwand, ihm eine sachgemäße ärztliche Behandlung angedeihen zu lassen, Dr. Chanca veranlasste, den Verband von seinem Bein zu entfernen. Man fand keinerlei Verletzung, *obwohl der schlaue Fuchs vor Schmerzen stöhnte*. Doch war Guacanagarí gesund genug, um noch am selben Abend den Besuch des Admirals zu erwidern, ein Essen an Bord der *Mariagalante* einzunehmen und die Überraschung seines Lebens zu erfahren, als er zum ersten Mal ein Pferd sah.

Nachdem sich der Kazike verabschiedet hatte, hielt der Admiral einen Kriegsrat, der beschließen sollte, was in dieser Mordangelegenheit zu unternehmen sei. Fray Buil und eine Anzahl anderer waren von der Schuld Guacanagarís fest überzeugt und verlangten, ihn zu ergreifen und als Warnung für seine Landsleute hinrichten zu lassen. Kolumbus aber kannte die menschliche Natur besser als der fromme Pater. Obgleich die vorgespielte Wunde Verdacht erweckte, hatte er eine bessere Meinung vom Charakter des Kaziken und bezweifelte seine Schuld. Er vertagte den Beschluss, bis man mehr in Erfahrung gebracht haben würde. Erst dann würde es an der Zeit sein, Vergeltung zu üben und Wiedergutmachung zu verlangen. Schließlich, so dachte er, waren die Christen nicht zahlreich genug, um sich auf einen bloßen Verdacht hin die Hinrichtung eines Freundes erlauben zu können.

Da Spanier wie Tainos sich gegenseitig immer besser verstehen lernten, sickerte der wahre Sachverhalt allmählich durch. Er wurde Stück für Stück von den Geschichtsschreibern Las Casas und Ferdinand zusammengefügt. Guacanagarí hatte die Wahrheit gesagt. Die Besatzung von Navidad hatte, nicht lange nachdem sie sich selbst überlassen war, angefangen, sich um Frauen und Gold zu streiten. Rodrigo de Escobedo, der Schreiber, und Pedro Gutiérrez, der Königliche Haushofmeister, töteten Jacome, einen Genueser Leichtmatrosen, und organisierten eine Bande, die die Insel auf der Suche nach Gold und Frauen durchstreifte. Auf ihren Raubzügen stießen sie auf Caonabó. Dieser unerschrockene Kazike von Maguana, der angeblich karibischer Abstammung war, wollte solche Übeltaten in seinem Reich nicht dulden. Er machte die Bande des Gutiérrez nieder und zog mit einer großen Streitmacht nach Navidad, um dort die Wurzel alles Bösen auszurotten. Mittlerweile hatten sich die übrigen Spanier in kleinere Räuberbanden aufgespalten, sodass unter Diego de Harana nur ein Trupp von zehn Mann zur Bewachung der Festung zurückgeblieben war. Diese lebten mit jeweils fünf Frauen in ihren Hütten. Die Bewachung war unzureichend. Caonabó griff sie nachts an, tötete drei und jagte die Übrigen ins Meer, wo sie ertranken. Die anderen Gefährten, die landeinwärts gezogen waren, wurden von den Indianern, die von ihnen beraubt oder in anderer Weise geschädigt worden waren, getötet. Es stellte sich als wahr heraus, dass Guacanagarí versucht hatte, Diego de Harana zu Hilfe zu eilen, was dadurch bewiesen wurde, dass einige seiner Leute durch Speerspitzen aus Fischbein, einer von Caonabó besonders gern benutzten Waffe, verwundet worden waren. Da er sich Kolumbus gegenüber jedoch für die Sicherheit der Spanier verantwortlich fühlte und fürchtete, für ihren Tod büßen zu müssen, hatte er eine Wunde vorgetäuscht und sich auch sonst verstellt. In den folgenden Jahren hielt Guacanagarí, obwohl er manche Unbill erleiden musste, dem Admiral so unverrückbar die Treue, dass man annehmen darf, Navidad wäre nicht behelligt worden, wenn sich die Spanier besser aufgeführt hätten. Diesen vernünftigen Schluss zog aber der gemeine Mann unter den Spaniern nicht. Ihm stand nur das schreckliche Ende der Kameraden vor Augen. Es war Kolumbus' Fehler, dass er die Ängstlichkeit und Wehrlosigkeit der Tainos überschätzt hatte. Offenbar waren sie trotz alledem Männer, die sich verteidigten, wenn ihnen zu großes Unrecht zugefügt wurde.

Nach der Zerstörung von Navidad erhob sich die Frage, in welcher Gegend man die neue Niederlassung begründen sollte. Da Dr. Chanca in den Hütten der Eingeborenen Spuren von steigenden Fluss- und Meeresfluten fand, schied für ihn die tiefere, feuchte Küste der Caracolbucht aus. Man hätte einen trockenen, gesunden Ort landeinwärts oder an der Stelle finden können, wo später die Stadt Cap Haitien entstand. Aber Kolumbus wollte Gold und keine Anpflanzungen. Und so wendete er sich, da es mit Navidad nun einmal vorbei war, nach Osten, wo er in der Nähe der sagenhaften Goldlager des Cibao einen geeigneten Platz zu finden hoffte. Das war indessen leichter geplant als ausgeführt. Am 7. Dezember vermochte die Flotte mithilfe guten Windes schräg hinüber nach Monte Cristi zu segeln, das sie am nächsten Tag erreichte. Dann setzte ein ununterbrochener Ostpassat ein. *Die Wetterverhältnisse waren so widrig*, berichtete Dr. Chanca, *dass es uns größere Mühe machte, dreißig Meilen gegen den Wind anzusegeln, als den ganzen weiten Weg von Kastilien herzukommen*. Um 32 Meilen gegen den Wind vorwärts zu kommen, brauchte man 25 Tage!

Am 2. Januar 1494 ankerte die Flotte in der Lee einer Halbinsel, die Schutz vor dem Wind bot und eine kleine Landfläche aufwies, die anscheinend geeignet zur Anlage einer Stadt war. Da die Haustiere einzugehen drohten, die Mannschaften krank und todmüde waren vom fortgesetzten Brassen der Segel und den Admiral baten, nicht weiterzufahren, gab er nach und wählte diesen ungeeigneten Platz zu einer Daueransiedlung, der er nach der Königin den Namen Isabela gab.

Hier endeten einstweilen seine Entdeckungen, so wie sein Glück schon dahin war, als er das traurige Schicksal von Navidad erfuhr. Immerhin muss er von seiner Fahrt nach Hispaniola hochbefriedigt gewesen sein. In ungewöhnlichem Maße begünstigt von Wind und Wetter, hatte er eine Flotte von 17 Schiffen, wovon manche recht klein waren, über den Atlantik gebracht, eine tadellose Landsichtung durchgeführt und darauf eine Kette unkartierter Inseln durchlaufen, ohne einen nennenswerten Unfall zu erleiden. Er hatte zwanzig große Inseln entdeckt und über zweimal so viel kleinere, die kein Auge eines Europäers je zuvor erblickt hatte. In der bis dahin größten Flotte, die auf die hohe See hinausgefahren war und die zwölfhundert Seeleute, Kolonisten und Landsoldaten an Bord führte, hatte er während einer Reise, die 14 Wochen dauerte, Zucht und Ordnung gehalten. In einer von den wilden, Menschen fressenden Kariben bewohnten Gegend hatte er einen Zusammenstoß vermieden, abgesehen von dem kurzen Scharmützel, das ihn nur einen Mann kostete. Nun aber erwarteten den Admiral größere Schwierigkeiten, als er das Deck der *Mariagalante* verließ, um an Land zu gehen und das Amt eines Herrn der Meere mit dem eines Koloniebegründers zu vertauschen. Die Wendung seines Glücks trat scharf und plötzlich ein. In den nun folgenden Jahren, als Kolumbus durch die angeborene Bosheit der Menschen, die Undankbarkeit der Fürsten und das düstere Geschick, das die Vorsehung für ihn bereithielt, an Leib und Seele litt, mag er in der Erinnerung an jene heiteren Tage im November 1493 oft Trost gefunden haben, als sich die Flotte an den Küsten der hohen begrünten Antillen entlang tummelte.

31. Kapitel

CIBAO
2. JANUAR BIS 24. APRIL 1494

Große Entdecker und Forscher sind selten erfolgreiche Kolonisten, und bei kolonialen Unternehmungen fällt die Wahl der Pioniere fast nie auf die geeignetsten Plätze. Die Karten Mittel- und Südamerikas sind gespickt mit Niederlassungen der Konquistadoren, die von ihren praktischeren Nachfolgern aufgegeben wurden. Isabela war das erste Beispiel einer solch unglücklichen Wahl, dabei aber auch das verzeihlichste, da sich an Bord der kastilischen Flotte kein erfahrener Kolonisator befand. Von einem Hafen konnte bei Isabela nicht die Rede sein. Die Reede bietet zwar Schutz vor den Passatwinden, und der Ankergrund hält ziemlich gut, doch die größeren Schiffe der Kolumbusflotte konnten nicht näher als auf eine halbe Meile Entfernung von der Küste ankern. Gutes Trinkwasser musste vom Rio Bajabonico, etwa eine Meile nach Südwesten, geholt werden, und der Fluss selbst war nicht schiffbar. Wenn wir auch zugeben, dass die Flotte Ruhe und Erholung brauchte, so ist nicht zu verstehen, warum Kolumbus nach einer kurzen Rast nicht weiter zu dem nur neun Meilen östlich gelegenen Rio de Gracia fuhr, wo die *Pinta* vor einem Jahr zwei oder drei Wochen lang sicher geborgen lag, oder zu dem ganz von Land umschlossenen Puerto Plata segelte, das in doppelter Entfernung lag und das man auf der ersten Reise gesehen hatte. Stattdessen traf Kolumbus eine rasche Entscheidung zugunsten von Isabela, ließ sofort mit dem Ausladen von Menschen und Tieren beginnen, pflanzte die Saaten aus und begründete eine Stadt, die seiner Ansicht nach alle Zeiten überdauern sollte.

Die große Sorge des Admirals, eine möglichst große Menge Gold zusammenzuraffen, war vermutlich der Grund, warum er nicht weiterfahren wollte. Denn seine Hoffnung, ein oder zwei Fässer dieses kostbaren Metalls in Navidad vorzufinden, war zunichte gemacht worden. Er hatte bereits einen Monat damit vertan, nach einem passenden Platz Umschau zu halten, was eigentlich Aufgabe der Navidadbesatzung gewesen war; und die Herrscher würden sehr ungehalten sein, wenn er der königlichen Schatulle die Kosten für 17 Schiffe länger als unbedingt nötig aufbürdete. Die Flotte musste möglichst bald heimgeschickt werden, und zwar mit genug Gold, um zu beweisen, dass sie „Indien“ wirklich erreicht hatte. In Isabela erklärten die Eingeborenen, dass die lang gesuchten Minen des Cibao ganz in der Nähe seien; sie erboten sich, die Spanier dorthin zu führen. Das allein war Grund genug, hier zu bleiben. Ohne mehr Zeit zu verlieren, rüstete Kolumbus eine Inlandsexpedition aus, die von Alonso de Hojeda angeführt wurde, während Ginés de Gorbalán zweiter Befehlshaber war.

Hojeda war einer jener beweglichen, zähen, hitzigen kleinen Männer, die ausgezeichnete Soldaten und Forschungsreisende abgeben, aber als Schiffsgefährten und Untergebene nicht immer leicht zu ertragen sind. Las Casas beschrieb ihn: „Er war klein von Gestalt, aber sehr gut gebaut und hübsch, angenehm in seiner Haltung, mit anmutigem Gesicht und sehr großen Augen, einer der flinkesten Männer ... Sämtliche körperlichen Vorzüge, die ein Mann besitzen kann, waren in ihm vereinigt ... Er war stets der Erste, wenn es Blut zu vergießen gab, sei es im Krieg oder im Streit." Er war ein Geschäftsfreund des Herzogs von Medina Celi, Kolumbus' Gönner, und Fonseca war der Meinung, dass Hojeda gerade der rechte Mann für die zweite Reise sei, und er gab ihm das Kommando über eine Karavelle. Auf Guadeloupe hatte er sich im Urwald so gut bewährt, dass Kolumbus ihn zum Führer der ersten Inlandsexpedition auserwählte.

Wie eilig es Kolumbus war, eine Verbindung zum Cibao herzustellen, beweist die Tatsache, dass Hojeda schon vier Tage nach der Ankunft der Flotte in Isabela in das Innere der Insel aufbrach. Am 6. Januar 1494 feierte man das Dreikönigsfest, und alle Männer wohnten der von Fray Buil in einer Behelfskirche zelebrierten Messe bei, der ersten, die auf dem Boden der Neuen Welt abgehalten wurde. Unmittelbar darauf brachen Hojeda und Gorbalán mit einem Trupp von 15 bis 30 Mann und einer Anzahl eingeborener Führer von Isabela auf, überquerten die Cordillera Setentrional und stießen in der Nähe des jetzigen Dorfs Janico auf ein Netz verschiedener Bergströme, die das Gold von dem hohen Gebirgsstock, von den Eingeborenen Cibao genannt, herunterschwemmten. Das Wetter wurde jetzt sehr schlecht, und es schien gefährlich, den angeschwollenen, breiten Strom – es war entweder der Boa oder der Janico – zu überqueren. Hojeda beschloss daher, nicht weiter vorzudringen. Er kehrte in das nächste Dorf zurück, wo ihm die Eingeborenen versicherten, dass es an den oberen Hängen des Cibao wirklich Gold in großen Mengen gebe. Als Beweis schenkten sie ihm drei große Klumpen, die einen Wert von neun, zwölf und der größte sogar von 15 Castellanos hatten.

An dem Fluss, der den ungeduldigen Hojeda aufgehalten hatte, wartete Gorbalán mit seinen Männern so lange, bis die Indianer ein großes Einbaumkanu herangeschafft hatten. In diesem setzten die Kastilier

Die erste Messe in der Neuen Welt am 6. Januar 1494

über, wobei die Eingeborenen das Fahrzeug schwimmend durch die reißenden Fluten stießen. „Nachdem sie den Fluss überquert hatten, wurden sie von den wohl gesinnten Indianern mit großer Achtung behandelt und auf ihren weiteren Wegen von höflichen Kaziken geleitet." Einer von ihnen brachte Gorbalán zu einem eingeborenen Goldschmied, der das Metall zu dünnen Blättchen hämmerte und dazu einen glatten, kegelförmigen Stein benutzte, gerade so, wie es ein europäischer Goldschläger zu tun pflegte. Gorbalán drang bis in eine Gegend vor, die von den Eingeborenen Niti genannt wurde. Er befand sich hier schon mitten im Reich des Caonabó und sammelte nun umfangreichere Hinweise und Proben von Gold auf als im unteren Teil des Tals. Tatsächlich waren die Funde so reich, dass er seine Absicht, Caonabó aufzusuchen, aufgab (offensichtlich tat er gut daran) und mit der guten Nachricht nach Norden zurückeilte, wo er in Isabela am 21. Januar, einen Tag später als Hojeda, eintraf.

Nachdem sie diese Kunde empfangen und die von beiden Kapitänen mitgebrachten Proben gesehen hatten, waren *der Admiral und wir alle fröhlich und kümmerten uns nicht weiter um Gewürze irgendwelcher Art, sondern hielten uns nur an dieses gesegnete Gold*, sagte Cuneo. Einige Goldklumpen wurden unter den Männern der Erkundungstrupps verteilt, die sicher außerdem noch einige Brocken für sich auf die Seite gebracht hatten. „Der Generaladmiral schrieb dem König, er hoffe, ihm bald so viel Gold schicken zu können, wie es Eisen in den Bergwerken von Biskaya gibt." Er fragte sich, ob es nicht besser sei, gleich mit der systematischen Ausbeutung des Cibao zu beginnen, damit das Gold, das man nach Spanien verlud, nicht nach Unzen, sondern nach Pfunden gewogen werden konnte.

So hatte es Kolumbus zuerst beabsichtigt, doch schon nach einigen Tagen sah er ein, dass die Durchführung des Plans unmöglich war. In Isabela war die Unzufriedenheit gewachsen, und Schlimmeres machte sich bemerkbar. Im Gegensatz zu dem ausgezeichneten Gesundheitszustand der Männer auf der ersten Reise waren diesmal drei- oder vierhundert Mann schon eine Woche nach der Landung erkrankt. Als Hojeda aus dem Cibao mit einigen Kranken nach Isabela zurückkehrten, fanden sie dort die Hälfte der Bewohner von Krankheit befallen und außer Gefecht gesetzt. Dr. Chanca, dessen Fürsorge so weit ging, dass er jede neue, unbekannte Fischart selbst kostete, bevor er sie zur allgemeinen Verpflegung freigab, wurde von ihren Sorgen und Wünschen bestürmt und fast in Stücke gerissen. Es besteht kein Grund, Dr. Chancas Diagnose von Klimawechsel, veränderter Kost und Beschäftigung als Ursache der Erkrankungen anzuzweifeln. Die Geschichte der amerikanischen Kolonisation beweist, dass man eine große Anzahl Menschen nach einer langen Seefahrt nicht landen lassen, sie sogleich harter Arbeit bei ungenügenden Wohnverhältnissen unterziehen und in sintflutartigen Regengüssen ungeschützt den mit Krankheitskeimen verseuchten Moskitos aussetzen kann; dass es unmöglich ist, ihnen eine ungewohnte Nahrung wie einheimischen Fisch, Mais, Jams und Kassawa anstelle von Ochsen- und Schweinefleisch, Weizenbrot und Wein zu verabreichen, wenn man sie nicht übermäßiger Erkrankungsgefahr und großer Sterblichkeitswahrscheinlichkeit aussetzen will. Kolumbus begriff schnell, was jeder spätere Entdecker des ganzen folgenden Jahrhunderts erfahren musste, „dass die Erhaltung der Gesundheit dieser Menschen davon abhängt, dass man sie mit der Nahrung versieht, die sie in Spanien gewohnt sind." So war die erste Sorge des Admirals für das Wohl seiner jungen Kolonie darauf gerichtet, die Flotte sofort nach Hause zu schicken, damit er Aussicht hatte, die ersehnte Hilfe in spätestens vier Monaten zu bekommen.

Infolgedessen wurden am 2. Februar 1494 zwölf der 17 Schiffe unter Antonio de Torres nach Hause geschickt. Er langte nach einer schnellen Überfahrt von Land zu Land nach 25 Tagen in Cádiz an. In der Hauptsache bestand die Rückfracht aus Gold im angeblichen Wert von 30000 Dukaten. Daneben brachte Torres „eine ziemliche Menge Zimt mit, Pfeffer in Hülsen von einer Art wie Bohnen, der sehr scharf war, aber nicht den Geruch des Levantepfeffers hatte; Holz, das dem Sandelholz ähnelte, sowie … sechzig Papageien verschiedener Farben, von denen acht so groß wie Falken waren, und die prachtvollsten Arten von Hühnern, die je in der Luft geflogen sind".

Kolumbus behielt nur fünf Fahrzeuge in Isabela zurück: das Flaggschiff *Mariagalante* und das Schiff *Gallega*, die tapfere kleine *Niña* und zwei kleinere Karavellen, die *San Juan* und die *Cardera*. Er erwarb von ihrem Kapitänseigner einen Dreiachtelanteil am Flaggschiff und kaufte die Karavellen ganz, da er der Krone das Chartergeld ersparen wollte. Die beiden Schiffe brauchte er wegen ihrer Artillerie, die ihm stärkeren Schutz nicht nur vor einem möglichen Angriff seitens der Indianer, sondern auch im Falle einer Meuterei der Spanier gewährte. Die Karavellen wurden für die Küstenerkundung benötigt.

Torres führte ein Memorandum des Admirals bei sich, in dem stand, was er Ferdinand und Isabella persönlich ausrichten sollte. Dieses Dokument, versehen mit den Anmerkungen der Herrscher, ist glücklicherweise erhalten geblieben. Kolumbus setzte die schon erwähnten Gründe auseinander, warum er die Flotte mit so wenig Gold nach Hause schickte, und bat darum, unverzüglich drei oder vier Karavellen, beladen mit Salzfleisch, Weizen, Wein, Öl, Essig, Zucker und Melasse für die Allgemeinverpflegung, mit Arzneimitteln für die Kranken und mit Mandeln, Rosinen, Honig und Reis für die Wiedergenesenden zurückzusenden. Er beschwerte sich über niemanden, außer über die Reiter, die sich geweigert hatten, andere Arbeiten als solche zu Pferde auszuführen, und die sogar, während sie durch die allgemeine Krankheit ans Lager gefesselt waren, den Gefährten die Benutzung ihrer Pferde untersagten. Er benötigte Nachschub an Maultieren oder sonstigen Lasttieren, um die Menschen zu schonen. Weiter verlangte er zweihundert Brustharnische, hundert Arkebusen und hundert Armbrüste. An Handwerkern schien es nicht zu mangeln, dagegen forderte er einige sachkundige Bergleute aus der Estremadura zur Erschließung der Goldminen im Cibao an, die möglichst mit dem nächsten Schiff geschickt werden sollten.

Ferdinand und Isabella waren augenscheinlich mit diesem sachverständigen, sachlichen und aufrichtigen Bericht zufrieden, denn sie gaben sofort Anweisung, alles vom Admiral Verlangte zu besorgen und seine Vorschläge in die Tat umzusetzen. Auf den ersten Teil seines Memorandums, in dem er ihnen über den Erkundungszug von Gorbalán und Hojeda berichtete, ließen sie ihm antworten: *Ihre Hoheiten danken Gott für das, was er geschehen ließ, und sie betrachten alles, was der Admiral getan hat und weiter veranlasst, als hervorragende Dienste, für die sie ihm nächst Gott hohe Anerkennung zollen und ihm großen Dank aussprechen für sein Tun.*

NACH der Abreise von Torres begann Kolumbus mit den Vorbereitungen zu einer Expedition in den Cibao.

Hojedas Zug war lediglich ein Aufklärungsritt gewesen; umso bedeutsamer war diese machtvolle Expedition, die am 12. März 1494, mit dem Admiral an der Spitze, von Isabela nach Süden aufbrach. Es war der erste jener Überlandmärsche der Konquistadoren, die die Geschichte Spaniens in der Neuen Welt so glanzvoll machen. So kurz dieser Zug in den Cibao war, er wurde das Vorbild für die Züge des Cortés, Pizarro und zahlloser anderer, die in ihren Anstrengungen nicht nachließen, bis sie den amerikanischen Kontinent auf jedem möglichen Weg und Steg zwischen dem 40. Grad nördlicher und dem 50. Grad südlicher Breite durchzogen hatten.

Alle gesunden Christenmänner, die nicht als Besatzung für Isabela benötigt wurden, mussten sich dem Zug anschließen. Als Schutz hatte der Admiral Armbrustschützen, die berittene Truppe und Ritter zu Fuß mit Schwertern und Arkebusen bewaffnet. An Handwerkern nahm er Zimmerleute, Holzfäller, Maurer und Steinmetze mit. Sie waren mit allen Werkzeugen und Geräten versehen, die nötig waren, um Gold zu fördern und eine Festung zu bauen. In militärischer Ordnung, mit wehenden Bannern und unter dem Geschmetter der Trompeten setzte sich dieser erste Reiterzug der Kastilier in Bewegung. Eine Abteilung Edelleute und Arbeiter wurde vorausgeschickt, um die von Hojeda benutzten

Indianerpfade zu verbreitern. Nach einem steilen, mühseligen Aufstieg erreichte man einen Pass der Cordillera Setentrional, deren gezackte, messerscharfe Bergkette bis zu 760 Meter über den Meeresspiegel aufsteigt, den Kolumbus nach den Erbauern des Wegs El Puerto de los Hidalgos, den Pass der Edlen, nannte. Der schmale Weg bog durch einen Spalt in den Hügeln plötzlich nach Osten ab, führte an einer frischen Quelle vorbei zu einer Stelle, von der man einen ungehinderten Ausblick in ein breites, fruchtbares Tal hatte. Las Casas übertrieb gewiss nicht, wenn er dieses weite Tal, das sich in einer Linie von Monte Cristi bis zur Samanábucht hinzieht, mit folgenden Worten beschrieb: „eins der schönsten Dinge in der Welt ... ein Ort, für den wir dem Schöpfer unendlich dankbar sein müssen, so frisch, so grün, so weit; so voller Farben und alles so herrlich, dass man bei seinem Anblick meinte, an einem Ort des Paradieses zu sein ... und der Admiral war so tief berührt von all dieser Herrlichkeit, dass er Gott dankte und es Vega Real (die Königsaue) nannte." Der Anblick der Vega Real in einer Jahreszeit, wo die *madre de cacao* ihre roten Blüten treibt, wurde für mich zu einem unvergesslichen Erlebnis auf meinen langen Wanderungen auf den Spuren des Kolumbus.

Beim Abstieg ins Tal stellten die Hidalgos fest, dass sie sich in einer Gegend mit anderem Boden und Klima befanden, verschieden von dem der Küste; sie fanden dort fette schwarze Erde, sahen mächtige Baumwollbäume, stattliche Mahagoni- und Ebenholzbäume mit glänzenden dunkelgrünen Blättern, und die Landschaft war durchzogen von kleinen Flussgewässern. Große Schwärme von Papageien kreischten aus den Zweigen auf sie herunter, und die Spottdrossel von Hispaniola sang so schön wie die Nachtigall in Kastilien. Als sie sich dem Rio Yaque näherten, kamen sie durch Dörfer mit palmgedeckten Hütten, und die angesehensten Männer unter den Eingeborenen traten ihnen entgegen und reichten ihnen Lebensmittel und kleine Päckchen Goldstaub als Geschenke, denn sie wussten von Hojeda, was die Christen am meisten schätzten. Hojeda hatte den Empfang für den Admiral gut vorbereitet. Die Spanier traten in die Hütten ein, nahmen, was ihnen beliebte, „was die Besitzer aber nicht verdross", sondern veranlasste, sich ihrerseits einige Kleinigkeiten von den Kastiliern anzueignen; doch da wurde ihnen sofort und nachdrücklich deutlich gemacht, dass man in Kastilien von solchen Gebräuchen nichts wissen wollte.

Das ganze Tal glich einem einzigen großen Garten. Als sie den Rio Yaque del Norte erreichten, badeten die Leute, plantschten herum und waren guter Dinge wegen der fruchtbaren und anmutigen Gegend.

Nach einem weiteren Flussübergang kam das kleine Heer zu den zerklüfteten Bergen der Cordillera Central, wo nach dem Bericht Hojedas Gold zu finden war. Offenbar erschreckt durch die häufigen Musketenschüsse, waren die Eingeborenen auf dieser Seite des Tals beim Nahen der Spanier geflohen und hatten ihre schwachen Hütten mit Bolzen aus Rohr zugesperrt. Kolumbus befahl, diese Vorsichtsmaßnahme zu respektieren. Das Land war immer noch reich und fruchtbar und von *arroyos* (Bächen) durchzogen; doch Cuneo sagte, dass es keinem vom Heer gelang, ein Goldklümpchen aufzutreiben oder selbst ein wenig Gold zu waschen. Als sie einen ansehnlichen Fluss, den Rio Janico erreichten, fand es Kolumbus an der Zeit, Halt zu machen. Anscheinend war hier die Grenze des Gebiets, das Hojeda im vorigen Monat erkundet hatte.

Es gibt keinerlei Zweifel daran, dass hier, hoch oben in den Hügeln, Kolumbus das Fort Santo Tomás erbaute. Mit Absicht wählte er diesen Namen, denn er wollte damit auf heitere Weise einen zweifelnden Hidalgo tadeln, der sich von einem Goldvorkommen nicht überzeugen lassen wollte, ehe er das Gold nicht mit eigenen Augen gesehen hatte.

Inzwischen war es Sonntag, der 16. März, geworden. Kolumbus fertigte den Grundriss für die Festung an, beaufsichtigte die Anfangsarbeiten und ließ über fünfzig Mann unter dem Befehl von Mosén Pedro Margarit zur Aushebung der Gräben und Fundamente, zur Errichtung von Palisaden und als Besatzung zurück. Er überließ der Garnison auch eine Anzahl Pferde, vor denen sich die Indianer so sehr fürchteten, dass sie nicht einmal ein Haus, in dem ein Pferd stand, zu betreten wagten. Kolumbus wollte die Festung nicht nur als Unterkunft und zum Schutz der Besatzung erbauen, sondern sie sollte gleichzeitig der Stützpunkt für seine bergbaulichen Unternehmungen im Cibao sein. Wie er jetzt erfuhr, war Cibao nicht Cipangu, sondern der einheimische Name der Cordillera Central, deren Felsen und Schutt die Hauptgoldvorkommen der Insel bargen. Während der fünf Tage, die Kolumbus hier verbrachte, schickte er Juan de Luxán tiefer ins Gebirge und erhielt Kunde von weiteren Goldfunden. Inzwischen war Santo

Tomás die Sehenswürdigkeit der Umgebung geworden. Scharen von Einheimischen strömten herbei, um den *Guamiquina*, den „großen Gebieter" der Christen, wie sie den Admiral nannten, anzustaunen. Eifrig drängten sie ihm und seinen Gefährten Lebensmittel und Goldbrocken auf. Man sammelte Gold im Wert von etwa zweitausend Castellanos für die Krone ein, darunter befanden sich Klumpen, die 24 Castellanos wogen … *und neben diesem amtlichen Handel entwickelte sich ein geheimer im Wert von tausend Castellanos, was aber gegen die Anordnungen und gegen unsere eigenen Verträge verstieß*, stellte Michele de Cuneo fest.

Am 21. März wandte sich der Reiterzug wieder nach Norden zurück. Das Wetter verschlechterte sich, die Flüsse schwollen an, und die Vorräte gingen aus, sodass mancher Hidalgo und mancher gemeine Mann widerstrebend sein erstes Mahl aus Kassawabrot und Jams genießen musste. Cuneo schrieb: *Für diesen Ausflug, Hinweg, Aufenthalt und Rückweg brauchten wir 29 Tage bei schrecklichem Wetter, schlechter Nahrung und noch schlechterem Trank, aber trotzdem hielt uns die Gier nach Gold aufrecht und bei guter Stimmung.* Am 29. März zog das kleine Heer, obwohl nicht mehr so schmuck und sauber wie am Tag des Abmarsches, mit Trompetengeschmetter und unter Freudenschüssen in Isabela ein.

In ihrer Abwesenheit hatte sich die Aussaat gut entwickelt. Die Melonen und Gurken waren reif, schon am nächsten Tag konnten die ersten Weizenähren geerntet werden, und auch das Zuckerrohr und die Rebstöcke gediehen gut.

Dennoch war die Stimmung in Isabela ziemlich gedrückt. Viele von den zurückgelassenen Kranken waren gestorben, Wein und Schiffszwieback waren nahezu aufgebraucht, und jeder wünschte sehnlichst, nach Spanien zurückzukehren. Am 1. April, einen Tag nach Kolumbus' Rückkehr, traf aus St. Thomas ein Bote von Margarit mit der Nachricht ein, dass die befreundeten Indianer geflohen waren, nachdem sie erfahren hatten, dass sich Caonabó, der angebliche Mörder der Besatzung von Navidad, zu einem Angriff bereitmachte. Kolumbus entsandte deshalb siebzig Mann mit Proviant und Munition zur Unterstützung Margarits bei der Verteidigung der Festung.

Kolumbus hatte es eilig, die Niederlassung von Isabela bis zur Rückkehr der Flotte in eine Stadt mit festen Wällen, Hauptplatz, Kirche, Festung, Häusern aus Stein und einem Gouverneurspalast zu verwandeln. Er ging sogar an die Ausführung noch größerer Pläne, indem er einen Kanal zum Fluss bauen ließ, um die Siedlung besser mit Wasser zu versorgen, als es durch Brunnen möglich war, und um eine Wassermühle betreiben zu können. Da viele Arbeiter krank waren, mussten auch die Hidalgos zu niedrigen Arbeiten herangezogen werden, was bei ihnen große Empörung hervorrief; aber Kolumbus verschaffte seinen Anordnungen durch harte und (wie die Betroffenen klagten) grausame Strafen Geltung. Sie waren, meinten sie, doch nicht hergekommen, um als Erdarbeiter und Zimmerleute zu arbeiten, sondern um reich zu werden, und abgesehen von dem unerlaubt erworbenen Gold hatte noch niemand Beute gemacht, die für eine Reise von drei Monaten und einen ebenso langen Aufenthalt an Land entschädigte. So schien es zweifelhaft, ob der Admiral und seine Offiziere die Disziplin unter sieben- bis achthundert Mann bis zum Eintreffen der Entsatzflotte aufrechtzuerhalten vermochten.

Da kam Kolumbus auf einen glücklichen Gedanken. Er stellte vierhundert Mann, darunter die Unruhigsten und Schwierigsten, unter das Kommando Alonsos de Hojeda und schickte sie zu der Festung St. Thomas. Hojeda sollte dort Margarit ablösen, dem befohlen wurde, mit dem Großteil der Besatzung einen Streifzug ins Innere zu unternehmen und sich dabei vom Land zu ernähren. Kolumbus rechnete sich aus, dass er auf diese Weise verschiedene Probleme lösen würde: Die Männer würden fernab von ihm beschäftigt sein und sich an die einheimische Nahrung gewöhnen, und der störrische Margarit wäre für eine Weile vom Garnisonsdienst befreit und könnte sich mehr Wissen über das Land aneignen. Kolumbus vertraute auf Hojeda, der als Führer der Vorhut und bei der Erkundung des Landes Mut und Umsicht bewiesen hatte. Hojeda hatte sich aber, so zeigte es sich bald, bisher nur mühsam beherrscht.

Dieses zweite Expeditionskorps verließ Isabela am 9. April, stieg nach Durchschreiten des Puerto de los Hidalgos in die Vega Real hinunter und kam zu dem großen Dorf Pontón bei der Furt über den Yaque. Dort wurde durch eine unbedachte Handlung Hojedas der Friede gestört, der auf dieser Reise mit den Eingeborenen bis zu diesem Tag gewahrt geblieben war. Hojeda wurde berichtet, dass drei von Santo Tomás zur Küste geschickte Spanier durch Eingeborene, die sie durch den Fluss getragen hatten, einiger ihrer Kleider beraubt worden waren, die sich der Kazike von Pontón dann angeeignet hatte. Darauf schnitt Hojeda einem der Männer des Kaziken die Ohren ab und sandte den Häuptling selbst nebst seinem Bruder und Neffen in Ketten und schwer bewacht nach Isabela. Las Casas schrieb darüber: „Das war die erste Ungerechtigkeit unter dem fadenscheinigen und falschen Vorwand, Gerechtigkeit zu üben, womit das große Blutvergießen anhob, das seitdem auf dieser Insel immer mehr zunehmen sollte.“ Nach Las Casas’ eigener Darstellung machte sich der Admiral an der Tat Hojedas dadurch mitschuldig, dass er auf dessen Aussage hin den Kaziken und seine beiden Verwandten zum Tod durch Enthauptung auf der Plaza von Isabela verurteilte, was für den Diebstahl einiger alter Kleidungsstücke eine um so grausamere Strafe war, als dieselben Eingeborenen den Spaniern stets alles freiwillig gegeben hatten, was sie besaßen. Zum Glück hatte ein anderer Kazike, der Kolumbus früher einen Dienst erwiesen hatte, den Gefangenen begleitet und sich für ihn ins Zeug gelegt. Seine tränenreichen Bitten veranlassten Kolumbus schließlich, die Opfer freizulassen. Aber nicht wieder gutzumachender Schaden war entstanden. Trotz des Verschwindens der Besatzung von Navidad, trotz manchem Anlass zu Reibereien auf den beiden Märschen ins Landesinnere war das Verhältnis zwischen Spaniern und Indianern von herablassender Freundlichkeit auf der einen Seite und vom Wunsch zu gefallen auf der anderen beherrscht gewesen. Es gab keinen Grund, warum dieser Zustand nicht noch lange hätte andauern können, wenn es Kolumbus weiterhin gelungen wäre, seine Leute im Griff zu behalten. Der Zwischenfall wegen der alten Kleidungsstücke war der erste Bruch, und nicht lange danach sollte das „Goldene Zeitalter“, das Peter Martyr aus den Berichten des Admirals von seiner ersten Reise ableitete, durch ein „Eisernes Zeitalter“ abgelöst werden.

Kolumbus hielt nun die Zeit für gekommen, die angenehmere Aufgabe der Entdeckungen auf dem Meer wieder aufzunehmen. Falls Cibao nicht Cipangu war, so mochte es vielleicht Saba sein, von wo die berühmte Königin gekommen war.

Fest stand, dass Hispaniola eine Insel war, denn alle Eingeborenen bestätigten dies. Und so erschien es ratsam, ohne weitere Verzögerung das asiatische Festland zu entdecken, um etwas vorweisen zu können, wenn die Entsatzflotte einlief. Kolumbus ernannte einen hohen Rat mit seinem Bruder Don Diego als Präsidenten und Fray Buil, Kapitän Coronel, Alonso Sánchez de Carvajal und Juan de Luxán als Ratsmitgliedern, der während seiner Abwesenheit die Regierungsgeschäfte auf der Insel führen sollte. Darauf rüstete er die drei Karavellen aus den Beständen an Bord der *Mariagalante* neu aus und stach am 24. April in See.

32. Kapitel

**KUBA UND JAMAIKA
UND DER GARTEN DER KÖNIGIN
24. APRIL BIS 12. JUNI 1494**

Nachdem in der Kolonie alles zu seiner Zufriedenheit geregelt war, brach Kolumbus mit den drei Karavellen auf, um „das Festland von Indien auszukundschaften“. Als Kolumbus 16 Monate vorher von Kuba abgefahren war, hatte er mehr gehofft als geglaubt, eine Halbinsel von Asien aufgefunden zu haben. Jetzt wollte er der Küste so lange folgen, bis er Gewissheit hatte, es mit einem Kontinent zu tun zu haben, und wenn sich seine Hoffnung verwirklichte, Verbindung zu dem so schwer erreichbaren Großkhan suchen.

Die gut erprobte *Niña*, deren Eigentümer Kolumbus jetzt zur Hälfte war, diente als Flaggschiff; die anderen beiden Schiffe waren die *San Juan* und die *Cardera*, die wahrscheinlich ebenfalls zur Hälfte ihm gehörten. Der Lotse der *Niña* war Francisco Niño aus der Familie, die vordem Eigner des Schiffs gewesen war; Juan de la Cosa, der Kartenmacher, schiffte sich auf ihr als Vollmatrose ein.

Die Flotte segelte am 24. April 1494 von Isabela ab. Im Gebiet der Großen Antillen ist dies die beste Jahreszeit für die Schifffahrt, denn man kann tagsüber mit einem beständigen Passat und von Mitternacht an mit einer schwachen Landbrise rechnen, die bis zum frühen Vormittag anhält. In dieser Jahreszeit droht gewöhnlich keine Gefahr von Böen oder Stürmen, es herrscht auch keine übermäßige Hitze. Doch die Reise zog sich an einer heißen Küste in einem glutheißen Sommer hin, und die Schiffe mussten auf dem Heimweg in einem stürmischen August und September gegen den Wind ankämpfen.

Nachdem die Flotte Monte Cristi und das verlassene Navidad angelaufen hatte, wo sich Guacanagarí klugerweise unsichtbar machte, ankerte sie zuletzt an der Nordwestspitze von Hispaniola, von wo aus Kuba in 45 Meilen Entfernung nach WNW gerade noch sichtbar und eine bequeme Tagesreise entfernt ist.

Auf Kap Maisi ging Kolumbus an Land, errichtete eine von einem Kreuz gekrönte Säule und ergriff für seine Herrscher feierlich Besitz von Juana (wie er Kuba getauft hatte). Dasselbe hatte er schon in Puerto Tánamo und anderen kubanischen Häfen auf der ersten Reise getan, doch wollte er die spanische Oberhoheit an diesem Kap, das er als den Anfang des asiatischen Festlandes ansah, zweifellos von neuem bestätigen. „Denn man muss wissen", sagte Andrés Bernáldez, „dass dies das äußerste Vorland der *terra firma* ist, welches dem Kap St. Vincent in Portugal für den Westen entspricht; zwischen diesen beiden Kaps ist die gesamte Bevölkerung der Welt enthalten, sodass man, wenn man von Kap St. Vincent zu Fuß nach Osten wanderte, ohne irgendeinen Teil des Ozeans zu überqueren, bei Kap Maisi ankommen würde, und umgekehrt würde man von Kap Maisi kommend mit Gottes Hilfe Kap St. Vincent trocknen Fußes erreichen können." Es dauerte noch viele Jahre, bis jemand in der Lage war, diesen Irrtum zu berichtigen.

Sollte man sich nun Richtung Nordküste wenden, von welcher der Admiral schon 150 Meilen erkundet hatte, oder sollte man die noch unbekannte Südküste wählen? Wenn Kuba eine Halbinsel von Asien war, wie es Kolumbus erhoffte, konnte man ebenso gut den einen wie den anderen Weg nehmen. Die Südküste erhielt das einstimmige Votum der versammelten Lotsen und Offiziere, nicht weil sie *terra incognita*, unbekanntes Land, war, sondern aus Gründen, die bezeichnend für das damalige Denken waren: „Sollte sich irgendetwas Gutes vorfinden, so war es eher im Süden als im Norden zu suchen." So lautete die damals konventionelle geographische Theorie.

Von der hohen Punta Negra ab, acht Meilen nach Südwesten, die der Admiral auf seiner ersten Reise aus der Ferne gesehen hatte, trat er nun in eine Phase neuer Entdeckungen ein. Eine aus übereinander geschichteten Kalksteinterrassen bestehende schroffe Küste, hinter der sich die Sierra bis zu 1200 Meter Höhe erhebt, erstreckt sich von diesem Punkt aus in einer fast geraden W zu S verlaufenden Linie 50 Meilen weit.

Obgleich gezackt und malerisch, ist die Südküste verhältnismäßig trocken, und es fehlen die Palmenwälder, die üppige Vegetation und die kleinen, von Flussmündungen gebildeten Häfen, die dem nördlichen Küstenstreifen einen so großen Zauber verleihen. Die Vegetation besteht aus zahlreichen Agaven, Kakteen und Leguminosen, welche die Feuchtigkeit ansammeln; aber in diesem Frühling war es feucht genug, um der Landbrise den köstlichen Duft frischen Wachstums mitzugeben. Als die Flotte westwärts segelte, bemerkte Bernáldez, „wurde uns über See ein zarter Duft zugetragen".

KEINE Küste außer der der Ägäis, wo die Natur untrennbar mit der Erinnerung an das alte Hellas verbunden ist, kann sich mit jenen Gestaden messen, die Kolumbus auf diesen Inseln als Erster der staunenden westlichen Welt enthüllte. Das Meer von tiefstem Blau, smaragdgrün oder opalfarbig, das gezackte Gebirge, von der weißen Schaumlinie der Brandung begrenzt, die vom tropischen Wald bedeckten Berghänge, die blütenübersäten Bäume in ihrer kraftstrotzenden Pracht, wie sie in den gemäßigten Zonen unbekannt sind; all das eingetaucht in die Sonnenglut eines Sommermittags oder gepeitscht von tropischen Regengüssen oder auch unsichtbar in einer Frühlingsnacht, nur wahrnehmbar durch die strömenden Wohlgerüche von süßer Schwere, durchdringt die Sinne des vorüberfahrenden Seemanns.

Gegen Ende April lief die Flotte fünfzig Meilen von Punta Negra entfernt in einen Hafen ein, der, wie es heißt, „wie eine Sichel geformt ist und an dessen beiden Seiten Vorgebirge aufragen und der sehr groß und sehr tief ist." Dieser Hafen, den Kolumbus Puerto Grande nannte, ist die Guantanamobucht, wo, an der Spitze der Sichel, aber vom Meer aus nicht zu sehen, die Vereinigten Staaten einen Flottenstützpunkt angelegt haben. Aber die Spanier von damals erblickten anstelle einer an einem so großen Hafen erwarteten bedeutenden Niederlassung nur zwei armselige Hütten. Sie fuhren an Land, fanden eine große Menge Fisch sowie einige *hutías* und zwei riesige Leguane vor, die am Spieß über dem offenen Feuer brieten. Weitere Leguane, die von den Spaniern als die hässlichsten und ekelhaftesten Tiere, die sich denken ließen, bezeichnet wurden, waren „wie Affen mit Stricken gebunden" und warteten, bis die Reihe an sie kam. Peter Martyr schloss aus einer

Beschreibung dieser harmlosen, essbaren Tiere, dass es Krokodile waren, also ein neuer Beweis für die Landverbindung zwischen Ägypten und Kuba!

Nachdem sie sich mit einer kräftigen Fischmahlzeit gestärkt hatten, machten sich die Männer vom Boot des Flaggschiffs auf die Suche nach den Bewohnern des Landes. Auf einer Hügelkuppe bemerkten sie eine Menge nackter Indianer, die Zeichen der Freundschaft machten. Kolumbus' Dolmetscher Diego Colón konnte ihre Sprache leidlich gut verstehen, und durch ihn erfuhr der Admiral, dass die Eingeborenen auf Befehl ihres Kaziken gefischt und gejagt hatten, um ein Festmahl zu Ehren eines Nachbarhäuptlings vorzubereiten, dessen Besuch sie erwarteten.

Kolumbus beschenkte die Indianer mit einigen Schellenglöckchen und anderen Kleinigkeiten, wofür die Eingeborenen freudig ihren Fisch hergaben, denn sie konnten ja in der Nacht mehr davon fangen. Sie waren aber sehr erleichtert, als sie sahen, dass die Fremden keine Leguane nahmen, denn diese waren schwer zu fassen, und wehe den Jägern, denen es nicht gelang, den Kaziken mit seinem Lieblingsgericht zu versorgen. Das Fleisch eines gebratenen Leguans ist zart und wohlschmeckend. Doch die Spanier waren nicht so kühn wie jener Held, der die erste Auster aß.

Die Flotte verließ die Guantanamobucht am ersten Mai vor Sonnenaufgang und segelte westwärts in Gewässer, die mit Golfkraut bedeckt waren. Sie hielt sich dicht unter der Küste, die im Süden der Orienteprovinz so steil aus dem Meer aufsteigt, dass das 100-Fadenlot oft erst auf Schiffslänge von Land entfernt Grund fasst. Heutzutage kann man in diesem Teil der Küste in den dichten Wäldern der Abhänge der Sierra Maestra kaum eine Hütte oder eine Lichtung entdecken, aber als Kolumbus 1494 dort entlangsegelte, kamen zahlreiche Indianer, Jung und Alt, zum Strand gelaufen oder paddelten in ihren Kanus herbei, um Kassawabrot und mit Wasser gefüllte Kalebassen mit dem Ruf „Esst und trinkt, ihr Männer des Himmels!" anzubieten. Der Admiral nahm ihre bescheidenen Gaben gerne an, unterließ aber nie, sie mit Handelswaren zu bezahlen.

Vierzig Meilen von Guantanamo fand die Flotte eine Öffnung in der Sierra, wo ein nur 160 Meter breiter Kanal zwischen steilen Felsen in die große Bucht von Santiago de Cuba hineinführt. Hier „gab es unendlich viele Dörfer, und die Landschaft mit ihren Feldern glich den lieblichsten Gärten, die man auf der Welt je gesehen hat, und das Land war hoch und gebirgig. In der Bucht wurde geankert, worauf sofort die Menschen aus der Nachbarschaft herbeikamen und Brot und Wasser und Fisch anbrachten“.

Da Kolumbus keinerlei Veränderung in der Gestalt der Küste erwartete, steuerte er mit seiner Flotte in der Nacht weiter nach Westen und erreichte am Samstag, dem 3. Mai, dem Tag der Entdeckung des einzig wahren Kreuzes, ein ins Meer hinausragendes Kap, das er *Cabo de Cruz* taufte, ein Name, der als einziger von allen, die Kolumbus in Kuba vergeben hatte, bis heute fortbesteht.

Da die kubanische Küste von Kap Cruz aus nach Nordosten verläuft, schien Kolumbus hier der geeignetste Punkt zu sein, um Kuba zu verlassen und Jamaika aufzusuchen. Die Indianer in Santiago hatten ihm von dieser bedeutenden Insel erzählt und sie wohl beim richtigen Namen genannt, aber unrichtigerweise angegeben, dass sich dort die Quellen des „gesegneten Goldes“ befänden, wie sich Cuneo ausdrückt. Kolumbus glaubte nun, der sagenhaften Goldinsel der ersten Reise, die von den bahamischen Indianern Babeque genannt wurde, auf der Spur zu sein. Babeque – Jameque, klang es nicht fast gleich?

Am 5. Mai stieg das dunkelgrüne Jamaika aus den Fluten empor und hob sich scharf gegen die im Westen versinkende Sonne ab. Die Flotte steuerte auf die St.-Annen-Bucht zu, die Kolumbus „zum Preise dieses herrlich schönen Landes“ Santa Gloria nannte. Von der berechtigten Begeisterung des Admirals über Jamaika erfahren wir von Bernáldez:

> *Dies ist die schönste Insel, die meine Augen je erblickt haben, mit so hohen Gebirgen, dass sie an den Himmel stoßen; sie ist sehr groß, größer als Sizilien, hat einen Umfang von 1200 Kilometern, sie hat viele Täler, Felder und Auen und ist sehr dicht bevölkert; sogar am Rand des Meeres, aber auch landeinwärts ist sie übersät von sehr großen Dörfern, die dicht beieinander liegen, etwa sechs Kilometer voneinander entfernt. Die Bewohner dieser Insel haben mehr Kanus als anderswo in diesen Ländern, dazu die größten, die wir gesehen haben, alle aus einem einzigen Baumstamm gemacht.*

 Obwohl die Indianer von Jamaika zur Sprachfamilie der Arowaken gehörten und dieselbe Tainokultur wie die Indianer auf Kuba und Hispaniola hatten, waren sie doch kriegerischer als jene, und als sich die Kolumbusflotte der Küste näherte, schien es, als ob sie eine Seeschlacht auszufechten hätten. Gerade als der Admiral die Boote zum Loten aussetzte, stießen sechzig bis siebzig Kanus, voll besetzt mit schreienden und gestikulierenden Kriegern vom Strand der St.-Annen-Bucht ab und paddelten auf sie zu. Ruhig und unbekümmert setzte die Flotte ihre Fahrt fort und feuerte dann eine blinde Salve aus den Bombarden ab, welche die Eingeborenen verscheuchte.

In Santa Gloria, wo es das Schicksal wollte, dass die vierte Reise zehn Jahre später ihr unrühmliches Ende fand, blieb Kolumbus nur eine Nacht. Am 6. Mai segelte er 15 Meilen weit nach Westen zu einem Hafen, „der die Gestalt eines Hufeisens" hatte und den er Puerto Bueno nannte; er genoss die einzigartige Auszeichnung unter den Häfen von Jamaika, seinen ihm von Kolumbus gegebenen Namen zu behalten. Die Indianer, mit Kopfschmuck aus Federn und einem Lendenschurz aus Palmblättern bekleidet, demonstrierten hier ihre Feindseligkeit, sie schleuderten sogar ihre Holzspeere auf die Karavellen und bewarfen die an Land gehenden Spanier mit Steinen. Da die Flotte Holz und Wasser brauchte und etwas Kalfaterarbeit nötig war, entschloss sich der Admiral, die Indianer „mit den Waffen von Kastilien bekannt zu machen". Er schickte die Schiffsboote mit Armbrustschützen voraus, die „sie durchlöcherten und eine Anzahl töteten", und als sich die Überlebenden an Land retteten, hetzten die Spanier einen großen Hund auf sie, „der sie biss und tüchtig beutelte, denn gegen die Indianer ist ein Hund zehn Männer wert". Am nächsten Tag erschienen sechs Indianer mit Sühnegaben am Strand, sie brachten Kassawa, Früchte und Fische, die der Admiral mit freundlicher Miene annahm, und für den Rest ihres Aufenthalts in Puerto Bueno wurden die Spanier gut mit Proviant versorgt, wogegen die Indianer Handelswaren empfingen. Hier und andernorts auf Jamaika und Kuba war der Admiral jedoch schwer enttäuscht, bei den Eingeborenen weder Goldschmuck noch irgendeine andere Spur von Gold zu finden.

Nachdem die notwendigen Kalfaterarbeiten und andere Ausbesserungen abgeschlossen waren, segelte die Flotte am 9. Mai 34 Meilen weit westwärts zu El Golfo de Bien Tiempo (Schönwetterbucht), die jetzt Montegobucht heißt. Es ist immer unvorsichtig von Seefahrern, die Götter durch solche Namen zu versuchen! Kaum war die Flotte bereit, ihren Kurs nach Westen fortzusetzen, als unvermutet widriger Wind aufkam. Das veranlasste Kolumbus, nachdem er, trotz Wehgeschrei von Frau und Kind, noch einen indianischen Freiwilligen an Bord genommen hatte, mit der Flotte wieder nach Kuba zurückzusegeln, wo er am 14. Mai in Kap Cruz ankam.

Geborgen an der Innenseite von Kap Cruz, fand Kolumbus ein indianisches Dorf, wo man ihn zu seiner großen Überraschung nicht nur kannte, sondern auch erwartete. Der Kazike des Ortes hatte mit den Häuptlingen des Nordoriente gesprochen, mit denen Kolumbus auf seiner ersten Reise zusammengekommen war; er wusste sogar genau Bescheid über den bekehrten Dolmetscher Diego Colón. So war es für die Spanier eine Erleichterung, sich unter freundlich gesinnten Eingeborenen zu wissen, nachdem ihnen in Jamaika ein so heißer Empfang bereitet worden war.

Am 14. Mai steuerte die Flotte in nordöstlicher Richtung an der kubanischen Küste entlang und kam in den Golf von Guacanayabo.

Am nächsten Tag, bei Sonnenaufgang, hielt man Ausschau vom Mastkorb und erblickte die See in allen vier Himmelsrichtungen, übersät mit grünen, bäumenbestandenen Inselchen, ein wunderbarer Anblick; der Admiral erinnerte sich, gelesen zu haben, dass dieses ganze Meer voller Inseln sei und dass Sir John Mandeville berichtete, es gäbe mehr als fünftausend Inseln in Indien. Er beschloss also, den alten Kurs beizubehalten und das Festland von Juana nicht aus den Augen zu verlieren, denn er wollte feststellen, ob es eine Insel war oder nicht. Und je weiter er fuhr, desto mehr Inseln entdeckte man, an einem einzigen Tag zählte man 164. Die ganze Zeit schickte ihm Gott günstiges Wetter, solange er zwischen ihnen fuhr, und die Schiffe flogen förmlich an ihnen vorbei.

Diese Inseln, die Kolumbus mit dem Sammelnamen El Jardín de la Reina, der Garten der Königin, belegte, erstrecken sich in einer Entfernung von 20 bis 50 Meilen von der Südküste von Kuba über 150 Meilen vom Golf von Guacanayabo bis Trinidad.

Es war ein galanter und höflicher Gedanke, diesen Archipel den Garten seiner Königin zu nennen, denn im Jahr 1494 müssen die Inseln in der Tat einen unerhört schönen Anblick geboten haben. Einige von ihnen waren kultiviert, andere waren mit herrlichem Baumwuchs bedeckt, unter dem die Königspalme und der Kalebassenbaum vorherrschten. Die Zeit hat dem Jardín de la Reina leider übel mitgespielt, denn in den sieben Meeren findet sich keine Inselgruppe, die so traurig und verwildert aussieht wie dieser Archipel, so gänzlich unwürdig, sich Garten einer ozeanbeherrschenden Königin zu nennen. Bis zu unserem Jahrhundert hatte die Mangrove alle sonstigen Bäume und Pflanzen überwuchert. Heute sind die Keys größtenteils bedeckt von nacktem, totem, sich in die Höhe reckendem Geäst der abgestorbenen Bäume, und nur ab und zu wird diese Öde von spärlichem Grün unterbrochen, dort, wo die Mangrove Fuß gefasst hat.

Für Kolumbus und seine Gefährten war der Jardín dagegen eine Wunderwelt. Häufig begegneten ihnen Vögel, die „wie Kraniche, aber mit hellrotem Gefieder" aussahen. Aus eigener Erfahrung erklärte Las Casas, dass es keine richtigen Kraniche waren, obwohl sie die gleiche Größe und Gestalt hatten. Die jungen Tiere sind weiß und werden später allmählich rot, sodass ein Schwarm dieser ausgewachsenen Vögel wie eine Herde ockerfarbener Schafe aussieht; und ohne Salzwasser können sie nicht leben. Die Indianer, sagte er, zähmen sie und halten sie, ohne ihnen Futter, mit Ausnahme von etwas Kassawa, zu geben; dazu bekommen sie eine Schüssel Salzwasser zum Trinken. Diese fremdartigen, langbeinigen Vögel waren Flamingos.

Jeder vorsichtige Seefahrer ist hier gezwungen, von Zeit zu Zeit zu ankern oder zu kreuzen, um das Schiffsboot zum Ausloten eines unsichtigen Kanals vorauszuschicken. Häufig hatten die Karavellen Bodenberührung, die *Niña* saß sogar einmal mehrere Stunden im Schlick fest, aber vor wesentlichen Schäden blieben sie bewahrt. Wir sind mit Las Casas einer Meinung, dass Kolumbus nur durch ein Wunder dem Verderben entging, aber man kann ebenso sagen, dass Kolumbus' nimmermüde Achtsamkeit, selbst in den kleinsten Dingen der Navigation, ihn diese fast übermenschliche Leistung vollbringen ließ.

Die Flotte setzte ihren Weg nach Westen durch die Inseln fort, und der Admiral segelte immer so dicht wie möglich unter Land. Am 22. Mai kamen sie zu „einer großen Insel, an deren Ende ein großes Dorf lag." Alle Eingeborenen waren geflüchtet und hatten vierzig nicht bellende Hunde zurückgelassen, die man schlachtete und verzehrte. Diejenigen Spanier, die den Mut dazu aufbrachten, erklärten dieses neue Gericht von nicht bellenden Jardín-de-la-Reina-Hunden für ebenso schmackhaft wie kastilischen Lammbraten. Nur der verwöhnte Genueser Genießer Cuneo sagte, dass sie *nicht besonders* waren.

Nach dem Besuch einer weiteren, noch größeren Insel fuhr die Flotte durch die Boca Grande auf das Meer hinaus, um klar ab von den seichten Gewässern zu kommen, und segelte die kühn geschwungene Gebirgskette der Sierra de Trinidad entlang. Hier sichtete man zahllose Dörfer, deren Bewohner mit Gaben herbeikamen und „vor Freude sangen, weil sie glaubten, dass die Menschen und Schiffe vom Himmel kämen". Diego, der Dolmetscher, versuchte, sie davon abzubringen und etwas von Kastilien zu erzählen, aber „sie glaubten, dass Kastilien der Himmel sei und dass der König und die Königin, die Gebieter dieser Schiffe, im Himmel wohnten". Nicht weit westlich vom Rio San Juan wird die Flotte wahrscheinlich ein Stück des Wegs an der Küste abgeschnitten haben, denn dort erstreckt sie sich mehr nördlich als westlich. Auf diese Weise verpasste sie die Einfahrt zur Jaguabucht, an der Cienfuegos liegt. Trotz seines üblichen Glücks verfehlte Kolumbus die beiden größten Häfen Kubas, die gleichzeitig auch zu den schönsten der Welt gehören: Bahía de Nipe auf der ersten Reise und Bahía Jagua auf der zweiten.

Die nächste bedeutendere Bucht, die sie antrafen, war der Golf von Cochinos. Die nordöstliche Küste dieses Golfs ist bekannt für die unterirdischen Ströme, die durch den Kalkstein sickern und nicht weit von der Küste aus dem Meeresboden hervorbrechen; sie sprudeln eine solche Menge von Süßwasser hervor, dass die Seekühe in Schwärmen herbeischwimmen, um hier ihren Durst zu löschen, und der Seemann kann seine Fässer mit Süßwasser füllen, ohne an Land zu gehen. Kolumbus erzählte Bernáldez, dass „am Rande der See, dicht bei einem großen Wald von Palmen, die bis zum Himmel reichten" (tatsächlich stehen an dieser Stelle noch heute eine Menge hoher Königspalmen), zwei Quellen aus der Tiefe hervorsprudelten … und zur Zeit der Flut war das Wasser so kühl, so rein und süß, dass man Besseres auf der ganzen Welt nicht finden könnte … Und wir setzten uns alle ins Gras und ruhten bei der Quelle aus, inmitten des Dufts der Blumen, der uns ganz wunderbar mit seiner Süße umgab, dazu sangen die Vögel so lieblich, dass wir uns unter den hohen, herrlichen Bäumen in eine Feenwelt versetzt glaubten."

Nun stand den Seeleuten aber der schwierigste Teil der Reise bevor. Plötzlich „fuhren sie aus dem tiefblauen Wasser in eine weiße See, so weiß wie Milch und so dickflüssig wie das Wasser, in dem die Gerber ihre Häute gerben. Nachher wurde das Wasser immer seichter, nur noch zwei Faden tief; der Wind schob sie stark voran, aber die Schiffe konnten nicht ankern, weil es keinen Halt auf dem Meeresboden gab, sodass die Schiffe weitertrieben und ihre Anker auf dem Boden nachschleiften. Auf diese Weise ging es zehn Leguas weiter, bis sie eine Insel erreichten, wo sie zweieinhalb Faden Tiefe und genügend Platz für die Karavellen fanden. Dort ankerten sie in größter Not."

Kein Wunder, dass die Leute an Bord von Furcht ergriffen waren. Der Admiral war bedenkenlos in einen unentwirrbaren Archipel hineingefahren, in die Cayos gegenüber der Zapatahalbinsel, die selbst heute mit Karte und Leuchtfeuern schwierig genug zu befahren sind. Die ständig wechselnde Farbe des Wassers steigerte noch die Verwirrung. Als man aus dem tiefblauen Wasser des Golfs in seichtes kam, war das Wasser zuerst klar wie Kristall, plötzlich aber wurde es undurchsichtig grün, nach einigen Meilen änderte es seine Farbe in ein milchiges Weiß, und zuletzt war es schwarz wie Tinte. Genau so ist es noch heute. All das war für die Spanier natürlich neu und trug zu ihrem Schrecken bei, denn es erinnerte sie an die arabischen Überlieferungen von der grünen See der Düsternis und den ungezählten Untiefen, die der Welt äußerstes Ende umsäumen sollten.

Dreißig Meilen von hier fand die Flotte bei einer Insel guten Ankergrund. Am nächsten Tag schickte Kolumbus San Juan oder Cardera an die kubanische Küste, um nach frischem Wasser zu suchen, was sie alle nötig brauchten; denn bekanntlich ist die kubanische Südküste im Sommer, wenn die Landbrise bläst und die Sonne stundenlang senkrecht (so scheint es) niederbrennt, so heiß, dass der Durst kaum zu löschen ist. Diese Karavelle berichtete, dass die Küste durchweg sumpfig war, umsäumt von „so dichtem Busch, dass nicht einmal eine Katze an Land gehen könnte" – eine lebendige und sehr treffende Beschreibung dieser mangrovenbestandenen, von Moskitos verseuchten Küste. „Der Admiral beschloss, weiter vorzudringen", wie es seine Art war, und fuhr an neuen Cayos vorbei, „die bis zum Strand mit so dichtem Busch bewachsen waren, dass es wie ein Schutzwall aussah". Das macht ja die Mangrove so abstoßend: Ihr Wurzelgewirr bedeckt so vollständig den Strand, dass kein weißer oder gelber Sandstreifen zwischen Meer und Wald übrig bleibt.

Am späten Abend dieses Tages kamen sie zu einer niedrigen Landzunge. „Die Schiffe warfen bei einem sehr schönen großen Palmenwald Anker aus, wo klare, reine Süßwasserquellen entsprangen und alles darauf hindeutete, dass viele Menschen in der Umgebung lebten."

Den Erzählern der zweiten Reise zufolge ereignete sich hier ein eigenartiger, unaufgeklärter Zwischenfall. Ein Armbrustschütze, der im Wald jagte, traf auf eine Gruppe von dreißig Indianern, von denen einer mit einer Art Tunika, die ihm bis auf die Füße reichte, bekleidet war. Der Spanier hielt ihn auf den ersten Blick für einen Pater aus der eigenen Schiffsmannschaft. Dann tauchten zwei weitere hellhäutige Eingeborene in weißen bis zum Knie herabfallenden Tuniken auf. Sie riefen dem spanischen Armbrustschützen etwas zu, allein dieser bekam Angst und lief zum Strand, dichtauf gefolgt von der weißen Tunika Nummer eins, die verschwand, als sich der Spanier am Ufer in Sicherheit gebracht hatte.

Der Admiral sah in dieser Erscheinung niemand anders als Priester Johannes, den legendären Priesterkönig des diesseitigen Indiens oder Äthiopiens, dem er zu begegnen hoffte, falls er den Großkhan verfehlte. Zwei Tage lang versuchte er, durch Landkommandos den Kontakt mit den weiß gekleideten Eingeborenen zu erneuern. Vergeblich durchstreiften sie kilometerweit das Land, ohne ein menschliches Wesen anzutreffen, und kehrten endlich mit nichts anderem zurück als der Geschichte von der Auffindung einer Tierspur, die auf Fabeltiere oder Löwen hindeutete.

Welche Erklärung lässt sich hierfür finden? Michele de Cuneo meinte, dass die *heiligen Männer* der Kariben (mit denen er die Tainos oft verwechselt) weiße Baumwollgewänder trugen; aber nun war es so, dass das Amt dieser *sancti* nicht darin bestand, Fremdlingen nachzujagen, sondern, in „Tempeln" sitzend, die verliebten Umarmungen religiös verzückter Jungfrauen zu empfangen. Wahrscheinlich waren die weiß gekleideten Zaubermänner und die Spuren wilder Tiere nur Produkte einer überhitzten Fantasie, denn man darf nicht vergessen, dass der Verstand kastilischer Armbrustschützen meist nicht über die Bogensehne hinausging.

An anderer Stelle, wahrscheinlich dem jetzigen Dorf Guanimar gegenüber, „paddelten viele Kanus zu den Schiffen hinaus, und die Insassen erzählten, dass über die Bergbewohner ein mächtiger König herrsche, den sie als heilig verehrten und der eine weiße Tunika trüge, die auf dem Boden schleppte“. War das der weiß gekleidete Indianer? Oder war es einfach ein neuer Fall von Jasagerei, um die Spanier zufrieden zu stellen? Aber nicht alle kubanischen Indianer waren Jasager. Einer von ihnen, mit dem sich Diego an dieser Küste unterhielt, bestand darauf, dass Kuba eine Insel sei, was der Admiral keineswegs zu hören wünschte.

Kolumbus war natürlich durch diese immer zahlreicher werdenden „Anzeichen“ der Nähe des Priesters Johannes äußerst angeregt, sodass er eine genaue und sorgfältige Untersuchung des Golfs vornehmen wollte. Er segelte mit seiner Flotte vier Tage lang nach Westen und ging jede Nacht vor Anker. Diese Südküste der kubanischen Provinz Pinar del Rio ist sumpfig und mit Mangroven bewachsen, daher fand man hier keinen geeigneten Landeplatz.

Die letzten Tage dieser Westfahrt aus den vorhandenen Berichten darzustellen und die Route zu rekonstruieren ist äußerst schwierig.

„Sie segelten zwischen vielen Inseln hindurch, und am Ende zweier Tage und Nächte kamen sie an Berge heran, die sie gesehen hatten, und bemerkten, dass sie eine rötliche Gebirgskette vor sich hatten, so hoch wie die Aurea auf der Insel Korsika. Sie umschifften sie“, konnten aber wegen des Mangrovensumpfs nicht an Land gehen, „und sie blieben mehrere Tage an dieser Küste auf der Suche nach Süßwasser, das sie in einem schönen Palmenwald an der Ostseite fanden“, dazu auch große Austern.

Es muss ungefähr hier gewesen sein, laut Peter Martyr, als man einen alten Mann aufgriff und an Bord brachte, dessen Sprache Diego aber nicht verstand. Zum ersten Mal stand Kolumbus' Tainodolmetscher von den Bahamas vor einem Rätsel, für das die Ethnologen aber eine Lösung gefunden haben. Die Karavellen hatten die Grenze der Tainokultur überschritten und das letzte Bollwerk der Siboney erreicht, eines primitiven Volkes, das vor nicht allzu langer Zeit von den Tainos nach Westen zurückgedrängt worden war. Dieser unverständliche alte Mann muss also ein Siboney gewesen sein.

Man schrieb jetzt die zweite Juniwoche. Schon leckten die Fahrzeuge böse infolge der fortgesetzten Bodenberührung auf den Sandbänken, das laufende Gut verlangte nach Erneuerung, ein großer Teil des Schiffszwiebacks und der anderen Vorräte war durch Meerwasser verdorben, und die Seeleute waren ausgehungert und unzufrieden. Dazu wuchs ihre Sorge, gegen den Passat nicht ankreuzen und deshalb nicht nach Hispaniola zurückkehren zu können.

Die Flotte war, wie Kolumbus schätzte, 322 bis 335 Leguas von Kap Maisi nach Westen gefahren; obwohl es in Wirklichkeit nur die Hälfte war, so war doch jede Meile in untiefem Wasser für Schiff und Mannschaft schwieriger zu bewältigen als hundert Meilen Fahrt weitab auf tiefem Wasser.

Wenn, was beinahe sicher scheint, Kolumbus Bahía Cortes erreichte, so befand er sich weniger als 50 Meilen von Kap Corrientes, dem westlichen Vorgebirge von Kuba, entfernt. Wäre er in dieser Richtung nur etwas weitergefahren, so hätte er Klarheit darüber bekommen können, dass Kuba eine Insel war; aber eine solche Gewissheit wäre nicht nach seinem Wunsch gewesen. Ihm genügte, dass sich die Küste nach Süden erstreckte. Er hatte sich alles schön zurechtgelegt und gut begründet, angefangen mit der Länge dieser Fahrt nach Westen bis zu den geheimnisvollen, weiß gekleideten Eingeborenen und den zahllosen Inseln, die er durchfahren hatte; er war zu dem Ergebnis gelangt (obwohl er keine Spur von Gold und Gewürzen gefunden hatte), dass diese Inseln einen Teil des Malaiischen Archipels bildeten, dass Kuba daher die chinesische Provinz Mangi war und diese südwärts verlaufende Küste nichts anderes sein konnte als der Anfang des Goldenen Chersones oder der Malaiischen Halbinsel.

Da sich Kolumbus vor jedem Vorwurf einer vorschnellen Rückkehr schützen wollte, ließ er die Aussage seiner Begleiter einschließlich der Schiffsleute festhalten und sich darin bestätigen, dass Kuba eine Halbinsel war, weshalb es zwecklos sei, weiter nach Westen zu fahren.

Pérez de Luna, Oberschreiber und Notar der Kolumbusflotte, ausgerüstet mit Feder, Papier und Tintenfass, besuchte nacheinander alle drei

Schiffe und nahm die Aussagen der Leute feierlich zu Protokoll. Einmütig erklärten alle (einschließlich Juan de la Cosa, der auf einer berühmten Karte Kuba als Insel darstellte), dass sie niemals etwas von einer sich 335 Leguas von Osten nach Westen hinziehenden Insel gesehen, gehört oder nur vermutet hätten. Sie waren sicher, dass Kuba ein Teil eines Kontinents war, und wenn sie weitergesegelt wären, hätten sie nach kurzer Zeit „zivilisierte Menschen von Intelligenz, die die Welt kennen", angetroffen. Als diese Erklärung abgegeben war, warnte der Admiral seine Leute davor, jemals das Gegenteil zu behaupten.

In einem Vorwort erklärte Pérez de Luna den Zweck dieses Dokuments; es sollte verhindern, dass diese Fahrt von irgendjemandem böswillig herabgesetzt würde.

Natürlich hatte das Dokument nichts mit der wirklichen Meinung der Seeleute zu tun, die in ihrem Verlangen, endlich heimzukommen, ebenso gerne bestätigt haben würden, dass der Admiral Kambaluk besucht habe und eine Audienz beim Großkhan bekommen hätte.

Die Gelehrten waren bei dieser Methode geographischer Beweisführung naturgemäß skeptisch. Michele de Cuneo hatte das Dokument natürlich niemals unterschrieben, und Juan de la Cosa, der es getan hatte, widerrief und zeichnete Kuba auf seiner berühmten Weltkarte als Insel ein. Was Kolumbus aber mit seinem schlecht beratenen Versuch erreichte, war eine viele Jahre währende Verwirrung aller mit dem Karibischen Meer zusammenhängenden geographischen Begriffe.

Wenn wir von einigen prophetischen Eingebungen absehen, war es Kolumbus' Unglück, dass er die Tragweite seiner Entdeckungen, die ihm unsterblichen Ruhm einbrachten, verkannte und dass er geographische Hypothesen aufstellte, die ihn in den Augen törichter Menschen bloßstellten. Auf seiner Fahrt nach Westen hatte er in knapp sieben Wochen die wertvollsten Inselkolonien Spaniens erschlossen und eine neue Insel entdeckt, die das Juwel des alten englischen Empire wurde. Vom Standpunkt des Seefahrers aus war die Tatsache am bemerkenswertesten, dass auf dieser Fahrt die große Geschicklichkeit des Admirals im Befahren von Küsten unter den schwierigsten Verhältnissen und in einem Labyrinth von unkartierten Koralleninseln und Sandbänken erwiesen wurde, die gleichberechtigt neben seiner Navigationskunst auf hoher See stand.

33. Kapitel

ZURÜCK NACH ISABELA
13. JUNI BIS 29. SEPTEMBER 1494

Nachdem Kolumbus den westlichsten von ihm erreichten Teil Kubas in der Bahía Cortés nach dem Apostel Johannes benannt hatte, trat er am 13. Juni die Rückreise an. Zuerst scheint er südlichen Kurs genommen zu haben, da er tiefes Wasser aufsuchen wollte, um außerhalb des Bereiches dieser versunkenen Plattform mit ihren tückischen Koralleninseln und Sandbänken, die er gerade überwunden hatte, freie Fahrt zu gewinnen. Aber ein starker vom Meer her kommender Wind zwang ihn abermals in das Inselgewirr hinein, und sie wurden auf ihren Ausgangspunkt vom 13. Juni zurückgeworfen. Daher blieb nichts anderes übrig, als die ermüdende Kreuzfahrt zwischen Untiefen und Mangroven fortzusetzen.

Zwei Wochen nachdem sich das ereignet hatte, lief die *Niña*, die nur schlecht vorwärts gekommen war, am 30. Juni auf Grund, „und da es nicht gelang, sie mit Ankern und Tauen am Heck abzubringen, zog man sie am Bug herunter, doch infolge der durch das Auflaufen verursachten Stöße, erlitt das Schiff beträchtlichen Schaden“. Zu diesen Schwierigkeiten gesellten sich jeden Abend fürchterliche Regenböen, bei denen das Wasser wie eine feste Masse herunterzustürzen schien.

Dieser „milchig weiße Golf“ entbehrte aber nicht gelegentlicher Zerstreuungen und Vergnügungen. Eine große Schar *cuerbos marinos* (Krähen oder Kormorane) wurde gesichtet, desgleichen eine Menge Schildkröten – in der Tat so viele, berichtete Bernáldez, „dass es schien, als ob die Schiffe über ihren Leibern auf Grund gehen würden, und ihre Panzer polterten hörbar“ gegen die Schiffsseiten. Seemuscheln „von der Größe eines Kalbskopfs“ konnten auf dem Meeresgrund gesehen werden, sobald das Wasser klar genug war; man sammelte sie in ganzen Bootsladungen auf und kochte das Fleisch, „so dick wie der Arm eines Mannes“, in Meerwasser. Und als man Austern von größter Art entdeckte, da glaubten die Leute, dass ihr Glück gemacht sei. Fünf oder sechs Bootsladungen wurden gesammelt in der Hoffnung, riesige Perlen zu finden. Doch nicht eine einzige wurde entdeckt, *indessen lieferten sie eine ausgezeichnete Mahlzeit*, sagte Cuneo. Dieser freundliche adelige Abenteurer fand niemals Anlass zu Klage, er zog aus allem, was passierte, Nutzen oder Vergnügen. Seinem Signor Almirante war er treu ergeben, bewahrte sich aber stets ein unabhängiges Urteil. Wenn ich mir einen Schiffsgefährten aus Kolumbus' Begleitern aussuchen sollte, es würde kein hochmütiger, wenn auch heroischer Kastilier sein, sondern ich würde den fröhlichen Michael aus Savona nehmen.

Dies war die zermürbendste und ermüdendste Strecke auf der ganzen Reise. 25 Tage brauchte man, um rund 200 Meilen gegen den Wind zu schaffen. Schließlich gelang es den Karavellen, sich aus diesem gefährlichen Netz von Untiefen und Mangrovensümpfen zu befreien, und am 7. Juli ankerte die Flotte im Rio San Juan am Fuße der Sierra de Trinidad, wo sie auf ihrer Reise Richtung Westen Halt gemacht hatte.

Nachdem die Indianer der Gegend Kolumbus schon auf der Westfahrt nützlich gewesen waren, kamen sie auch jetzt mit ihren Gaben herbei und brachten Früchte und Kassawabrot, *hutías*, Papageien und schmackhafte wilde Tauben. Während der heiligen Messe, die an Land zelebriert wurde, fiel Kolumbus die Aufmerksamkeit und das Interesse eines älteren Eingeborenen auf, „der Ehrfurcht einflößte, obwohl er nackt war" (wie Peter Martyr erzählte), und der nach dem Gottesdienst eine Ansprache an den Admiral hielt: „Es ist uns berichtet worden (großmächtiger Fürst), dass Ihr vor kurzem mit großer Macht viele Länder und Gegenden, die Euch bisher unbekannt waren, unterworfen und das Volk und die Bewohner dieser Länder in nicht geringen Schrecken versetzt habt; ich wünschte, Ihr möchtet gutes Glück mit weniger Anmaßung ertragen, wenn ihr bedenkt, dass die Seelen der Menschen zwei Reisen machen, nachdem sie den Körper verlassen haben. Die eine ist trüb und dunkel, vorgesehen für diejenigen, die zu der Menschheit ungerecht und grausam waren; die andere ist angenehm und ergötzlich, bestimmt für diejenigen, welche zu ihren Lebzeiten Ruhe und Frieden liebten. Wenn Ihr Euch daher sterblich wisst und beachtet, dass jeder Mensch seine verdiente Belohnung oder Strafe für alles, was er in diesem Leben getan hat, empfangen wird, so werdet Ihr gewiss niemandem ungerechterweise wehtun." Als er diese und andere Worte sagte, die dem Admiral durch den Dolmetscher erklärt wurden, wunderte sich dieser über die Weisheit des nackten Mannes. Er erklärte ihm, dass der Zweck seines Kommens sei, sie in der göttlichen Weisheit und wahren Religion zu unterrichten, und dass er zu diesem Zweck von dem christlichen König von Spanien (seinem Herrn und Gebieter) in diese Länder gesandt sei, insbesondere um die Canibales und andere böse Völker zu unterwerfen und zu bestrafen und die Unschuldigen gegen Übeltäter zu verteidigen, sofern er und andere willens seien, sich der Tugend zu verschreiben, auf keinen Fall sollten sie sich aber fürchten, sondern Zutrauen zu ihm haben; wenn ihm oder anderen so friedlichen Menschen, wie er es wäre, Unrecht geschehen sei durch ihre Nachbarn, so wolle er sehen, dass es geahndet würde. Diese beruhigenden Worte gefielen dem alten Mann so sehr, dass er, ungeachtet seines hohen Alters, bereit war, sich dem Admiral anzuschließen. Aber er wunderte sich nicht wenig, dass der Admiral einem anderen untertan war, und sein Erstaunen wurde noch größer, als der Dolmetscher ihm von Glanz, Pracht, Pomp, Großmächtigkeit und Kriegsmacht unserer Könige erzählte und von der Vielzahl der Städte und Plätze unter ihrer Herrschaft. Als er nun die Absicht bezeigte, mit dem Admiral zu ziehen, fielen seine Frau und Kinder ihm zu Füßen und baten unter Tränen, sie nicht im Stich und in Verzweiflung zurückzulassen, und von diesen Mitleid erregenden Bitten wurde der ehrwürdige Alte so gerührt, dass er zu Hause zu bleiben versprach, was sein Volk und seine Familie sehr beruhigte, aber er fragte immer wieder, ob dieses Land, das solche Menschen hervorbrachte, nicht der „Himmel" sei. Denn eins ist sicher, dass das Land bei ihnen jedem gehört wie Sonne und Wasser und dass man hier Mein und Dein (die Wurzel allen Übels) nicht kennt. Sie sind mit so wenig zufrieden, dass sie in einem so großen Land eher Überfluss als Mangel haben: sodass (wie wir schon sagten) sie im Goldenen Zeitalter zu leben scheinen, ohne Arbeit, inmitten offener Gärten, die weder Gräben noch Hecken trennen, noch Verteidigungswälle: Sie verkehren ehrlich und ohne Gesetze, Bücher oder Richter miteinander: Sie halten den für einen bösen und ränkevollen Mann, der Vergnügen daran findet, anderen Schaden zuzufügen. Und obgleich sie keinen Gefallen am Überfluss haben, sorgen sie doch für das Wachsen der Wurzeln, aus denen sie ihr Brot machen, als da sind Maizium, Jucca und Ajes, und sind zufrieden mit solch einfacher Nahrung, wodurch die Gesundheit bewahrt wird und Krankheiten verhütet werden.

Peter Martyr versäumte niemals eine Gelegenheit zu zeigen, dass die Indianer noch im Goldenen Zeitalter lebten.

Kolumbus versuchte noch einmal, außerhalb der Inseln gegen Wind und Strömung anzusegeln, aber im blauen Wasser traf sie der Passat mit voller Wucht, sodass sie zehn Tage brauchten, um 180 Meilen zu segeln. „Unter unaufhörlichem Leiden kam der Admiral am 18. Juli zu dem Kap, das er bereits Cabo de Cruz genannt hatte. Hier wurde er von den Indianern gut empfangen, und freundlich brachten sie ihm Kassawabrot, Fische, Erdfrüchte und alles, was sie hatten. Sie blieben hier zwei oder drei Tage und ruhten sich aus."

Las Casas Schilderung dieser Tage beweist, dass selbst kleine, lateingetakelte Karavellen nichts gegen den Wind in den Antillengewässern auszurichten vermochten, wenn der Passat, die See und die Strömung alle in der gleichen Richtung liefen.

Da längs der felsigen Küste östlich von Kap Cruz eine neue schwere Fahrt bevorstand, beschloss Kolumbus, sich eine Erholungspause zu gönnen und zunächst die Erkundung Jamaikas abzuschließen. Wie üblich, legte er die Strecke übers Meer ohne Zwischenfall zurück.

Von Montego Bay segelte die Flotte nach Westen, dann nach Süden und darauf nach Osten, wobei sie jede Nacht vor Anker ging, denn Jamaika verfügt über viele Häfen und Reeden, die für Schiffe mit geringem Tiefgang gut nutzbar sind.

Hier zeigten sich die Indianer freundlicher gesinnt als an der Nordküste. In einer Bucht namens Bahía de la Vaca brachte der Kazike eines großen Dorfes an einem Bergabhang Traglasten mit Lebensmitteln zum Strand hinunter und führte durch Diego eine ausgedehnte Unterhaltung mit dem Admiral. Aber der Kazike war nicht zufrieden gestellt; am nächsten Tag, als sich die Flotte unter einer schwachen Brise bereits auf den Weg gemacht hatte, holte er sie mit drei Kanus, von denen das eine sehr lang und kunstvoll bemalt war, ein: „Im größten Kanu traf er ein mit seiner Frau und zwei Töchtern, deren eine 18 Jahre alt war, sehr schön, vollkommen nackt, wie es hier üblich ist, und sehr bescheiden; die andere war jünger, und da waren noch zwei dicke Söhne und fünf Brüder und andere Angehörige, alle Übrigen müssen seine Vasallen gewesen sein. In seinem Kanu führte er einen Herold mit, der stand allein vorn im Schnabel des Kanus und trug einen Mantel aus roten Federn, anzusehen wie ein Wappenschild, auf dem Kopf trug er einen großen Federschmuck, der sehr schön aussah, und in der Hand hatte er ein weißes Banner ohne jedes Abzeichen. Die Gesichter von zwei oder drei Männern waren mit Farbe in gleicher Weise bemalt, und jeder trug einen großen Federhelm auf dem Kopf und an der Stirn eine runde Scheibe, so groß wie ein Teller. Jeder hielt eine Art Glocke in der Hand, mit der er läutete.

Auf dem Kopf hatte der Kazike eine Krone aus kleinen grünen und roten, symmetrisch angeordneten Steinen, durchsetzt mit größeren weißen Steinen, die sehr schön aussahen, außerdem trug er über der Stirn ein Edelsteingehänge, und von den Ohren hingen ihm zwei große Goldscheiben an dünnen, mit kleinen grünen Steinen besetzten Schnüren herab. Obgleich er nackt war, trug er einen Gürtel von derselben Machart wie sein Kopfputz, aber im Übrigen war sein Körper völlig bloß. Seine Frau war auf die gleiche Weise geschmückt und nackt, ihr Körper war bloß bis auf die Scham, die sie mit einem Stück Zeug, nicht größer als eine Orangenschale bedeckt hatte.“

Sobald der Kazike den Admiral sah, kam er ihm freudig entgegen und eröffnete ihm, dass er und seine Familie mit ihm reisen wollten, um die katholischen Könige zu besuchen, von deren Majestät und Macht ihnen Diego so wortgewandt erzählt habe. Er habe erfahren, dass niemand im ganzen Inselgebiet dem Admiral widerstehen könne, und prophetisch fügte er hinzu: „Daher will ich, bevor Ihr mir mein Land und meine Herrschaft wegnehmt, mit meinem Haushalt in Euren Schiffen fahren und den großen König und die Königin, Eure Gebieter, von Angesicht sehen sowie das reichste, üppigste Land der Welt, wo sie ihren Wohnsitz haben, und wir möchten die Wunder von Kastilien schauen, die zahlreich sind nach allem, was mir Euer Mann erzählt hat.“

Sicherlich gereicht es Kolumbus zur Ehre, dass seine Menschlichkeit über den Ruhm siegte. Er wird gewiss versucht gewesen sein, diese Wilden in ihrer königlichen Pracht, ihrem Gold- und Federschmuck, am Hof zur Schau zu stellen. Aber er dachte daran, dass diese Menschen das kalte Wetter nicht ertragen und vielleicht zugrunde gehen würden, stellte sich wohl auch vor, was diese hübschen Töchter von seinen Seeleuten zu erwarten hätten und welche Enttäuschung dieser unschuldigen Seelen in Kastilien harrte. So ergriff ihn Mitleid mit ihnen, und er schlug ihre Bitte ab und schickte die Indianer an Land zurück, nachdem er ihre Huldigungen und Treuegelöbnisse entgegengenommen hatte.

Die *Niña*, die *San Juan* und die *Cardera* durchfuhren die Windward-Passage ohne Schwierigkeit in weniger als 24 Stunden. Michele de Cuneo war der Erste, der am 20. August Land sichtete.

Obwohl Kolumbus schneller nach Isabela zurückgekehrt wäre, wenn er nordöstlichen Kurs durch den Golf von Leogane und um das Kap St. Nicolas gesteuert hätte, wollte er gern die südliche Küste der Insel erkunden. Dieser Teil der Reise, der eine neue Küstenstrecke von einigen 400 Meilen erschloss, war für Spanien hochbedeutsam. Leider kennen wir nur wenige Einzelheiten. Als die Flotte den Rio Jaina in der Bucht von Santo Domingo erreichte, schickte der Admiral neun Mann mit dem Auftrag an Land, die Vega Real zu durchqueren, Santo Tomás zu besuchen und über den Puerto de los Hidalgos nach Isabela zu marschieren, wo sie seine bevorstehende Ankunft melden sollten. Allem Anschein nach führten sie diese Reise erfolgreich durch.

Sicher ist, dass bald darauf ein Septembersturm einsetzte, sodass die Flotte froh war, hinter Saona Schutz zu finden.

Der Name der Insel wird von Michele de Cuneo erklärt. Er hatte sie zuerst gesichtet, wie er auch früher schon Kap San Miguel als Erster erblickt hatte. Daher *nannte sie der Generalkapitän mir zuliebe La Bella Saonese. Er machte sie mir zum Geschenk, und ich ergriff nach Form und Brauch Besitz von ihr, so wie es der Admiral im Namen Seiner Majestät des Königs bei den anderen Inseln gemacht hatte, das heißt durch eine Urkunde, die von einem Notar unterschrieben wurde.*

Es muss ein hübsches Bild gewesen sein, als die beiden alten Freunde und Schiffskameraden von der fernen ligurischen Küste in Erinnerung an ihr altes Savona diese schöne Insel in der Neuen Welt mit allem Zeremoniell der Alten Welt in Besitz nahmen.

Am 14. September beobachtete Kolumbus eine totale Mondfinsternis, als die Flotte hinter Saona vor Anker lag und auf das Aufklaren des Wetters wartete. Da Kolumbus seine Ephemeriden von Regiomontanus bei sich hatte, von denen er die Zeit der Mondfinsternis für Nürnberg ablesen konnte, war er imstande, eine annähernde Berechnung der Länge anzustellen, die fünfeinhalb Stunden Zeitunterschied zwischen Saona und St. Vincent ergab. Das hieß, dass Saona auf etwa 91° 30' W oder auf dem Meridian lag, der die pazifische Küste von Guatemala schneidet. Von dieser Berechnung ausgehend war es nur ein Schritt, sich selbst einzureden, dass er fast den halben Weg um die Erde zurückgelegt hatte und dass er sich in unmittelbarer Nähe des Herzens von Asien befand, als er in Westkuba kehrtmachte.

Nachdem die Flotte den Sturm in diesem vorzüglichen Hafen überstanden hatte, segelte sie am 24. September von Saona ab. Kolumbus änderte nun plötzlich seine Pläne, was ungewöhnlich für ihn war und vermuten lässt, dass er sich körperlich nicht in bester Verfassung befand. Anstatt seinen Kurs mit dem Wind nach Isabela, wo er vier Monate nicht gewesen war, weiterzuverfolgen, beschloss er, eine Strafexpedition gegen die Kariben zu unternehmen, mit dem ausdrücklichen Ziel der Zerstörung ihrer Kanus, um sie dadurch an weiteren Überfällen auf seine Freunde, die Tainos, zu hindern. Vielleicht war seine wahre Absicht, karibische Sklaven zu machen, die er anstelle des in Jamaika nicht gefundenen Goldes nach Hause schicken wollte.

Doch schon als man die Ostseite der Monapassage durchfuhr, musste sich der Admiral mit einem abwechselnd von Ohnmacht und Delirium begleiteten Fieber niederlegen. Dieser Anfall, dessen Symptome nach heutiger Auffassung auf einen Nervenzusammenbruch hindeuten, war wahrscheinlich durch die außerordentlichen Anstrengungen, den Mangel an Schlaf und die schlechte Ernährung hervorgerufen worden. Die Offiziere der Flotte berieten sich und beschlossen einmütig, das Vorhaben gegen die Kariben aufzugeben und in aller Eile nach Isabela zurückzufahren. Am 29. September ankerten die Karavellen auf der Reede von Isabela, der Admiral wurde von seinen Seeleuten an Land getragen und von seinen ihm treu ergebenen Brüdern in Pflege genommen.

Las Casas berichtete, dass sich Kolumbus *la gota* zugezogen hatte, das Leiden, das mit dem modernen Namen Arthritis (Gicht) bezeichnet wird. Auch auf seinen beiden nächsten Reisen litt er unter dieser schmerzhaften Krankheit.

Für einen Sommer hatte er gewiss genug Abenteuer erlebt. Er hatte die ganze Südküste von Kuba erforscht, Jamaika entdeckt und umschifft, die Umsegelung von Hispaniola beendet. Doch Kolumbus war von einer geistigen Unruhe erfasst, weil er keinen Beweis dafür gefunden hatte, dass er sich im Orient befand. Er mochte seine Leute noch so viel und unter Androhung der schrecklichsten Strafen schwören lassen, dass Kuba eine Halbinsel von Asien und der Großkhan ganz in der Nähe sei, all das half ihm nichts. Nicht ein Gramm des Goldes, nicht eine einzige der Perlen, die man aus „Indien" erwartete, würde er nach Hause bringen. Und die Dinge in Isabela waren völlig durcheinander.

34. Kapitel

Die Hölle ist los in Hispaniola 1494–96

Der erste Mensch, der an Bord der *Niña* kam, als die Flotte am 29. September 1494 vor Isabela ankerte, war Bartolomeo, der Bruder des Admirals, den er seit fünf oder sechs Jahren nicht gesehen hatte. Bartolomeo war, nachdem ihn Heinrich VII. von England abgewiesen hatte, nach Frankreich gegangen, wo sich der junge Karl VIII. mit anderen Plänen trug und für eine so abwegige Geschichte wie die Eroberung Indiens kein Interesse zeigte. Bartolomeo schloss sich dem Gefolge von Madame de Bourbon an. Nach der Heimkehr von der ersten Reise schrieb Kolumbus an ihn und bat ihn, nach Spanien zu kommen, aber Bartolomeo erfuhr die große Neuigkeit zuerst aus dem Mund des Königs, der ihn zur Deckung seiner Reisekosten gnädigst mit einer Börse von hundert Kronen beschenkte. Dies muss sich im Spätsommer des Jahres 1493 ereignet haben – ein weiterer Beweis dafür, wie langsam sich Nachrichten jenseits der Alpen und Pyrenäen verbreiteten –, denn obgleich sich Bartolomeo nun in größter Eile nach Sevilla begab, langte er erst nach der Abfahrt des Admirals von Cádiz im September in Sevilla an.

In Sevilla fand Bartolomeo einen Brief seines Bruders vor, der ihn aufforderte, seine beiden Söhne Diego und Ferdinand an den Hof der Königin zu bringen, die versprochen hatte, sie zu Pagen des Infanten Don Juan zu machen. Er führte diesen Auftrag Anfang 1494 aus, als der

Hof in Valladolid residierte. Bartolomeo machte einen sehr guten Eindruck auf das Herrscherpaar. Es machte ihn zum Caballero, damit er sich Don Bartolomé nennen konnte, und als Antonio de Torres den dringenden Hilferuf aus Hispaniola nach neuen Vorräten und Arzneimitteln überbrachte, übertrugen ihm Ferdinand und Isabella das Kommando über drei Karavellen, die unverzüglich beladen wurden, um der Kolonie aus der Not zu helfen. Diese Flotte segelte Ende April oder Anfang Mai von einem andalusischen Hafen ab und traf am Tag des Mittsommerfests 1494 in Isabela ein.

Trotz der Krankheit des Admirals wird die Wiedersehensfreude der beiden Brüder groß gewesen sein. Christoph und Bartolomeo hatten das große Unternehmen gemeinsam in Lissabon geplant, hatten dieselben Entbehrungen ertragen, waren dem gleichen Spott ausgesetzt gewesen und hatten jeder für sich eine ganze Reihe von Niederlagen und Enttäuschungen hinnehmen müssen. Es war daher natürlich, dass der „Adelantado" (der Führer), wie Bartolomeo wegen seines ihm von seinem Bruder übertragenen und vom Herrscherpaar bestätigten Amtes allgemein hieß, von nun an das Glück und die Sorgen – meist waren es Sorgen – des Admirals teilte. Von ihrer Veranlagung her ergänzten sich die beiden Brüder. Bartolomeo war weder originell noch mystisch, dafür brachte er seine Fähigkeiten und Kenntnisse als Kartenmacher und ausgezeichneter Sprachenkenner mit, ein angeborenes Talent zu Wasser und zu Lande zu führen, viel Willenskraft und absolute Treue. Intelligent, ohne intellektuell zu sein, besaß er die besten Eigenschaften eines Mannes der Tat, er war stets am Platz, wenn andere versagten oder treulos wurden, er war gesund, wenn andere erkrankten, stets voller Mut, wenn andere wankten. Da er sich selbst niemals schonte, nahm er keine Rücksicht auf andere, er war im Umgang mit seinen Untergebenen schroff und kurz angebunden. Es fehlte ihm, wie Las Casas sagte, die „Liebenswürdigkeit und Güte" des Admirals, und vielleicht war er da zu streng, wo sein Bruder zu milde war. Von nun an, in guten wie in schlechten Zeiten, war er der erste Ratgeber seines Bruders, amtierte er als höchster Exekutivbeamter.

Bartolomeo war der Überbringer eines schmeichelhaften Briefes des Herrscherpaares an den Admiral, er brachte den dringend benötigten Proviant, Verstärkungen und das Versprechen auf mehr. Aber das waren die einzigen guten Neuigkeiten, die den Admiral bei seiner Rückkehr von Kuba und Jamaika erwarteten. Die Fehler, die er vor seiner Abreise im April begangen hatte, begannen bittere Früchte zu tragen. Sein Bruder Don Diego, der sich besser für ein Kloster eignete als für ein Amt in einer Kolonie, war der Lage nicht gewachsen gewesen. Die grausame Bestrafung des Kaziken durch Hojeda für den Diebstahl von ein paar alten Kleidungsstücken, an der Kolumbus in hohem Maße mitschuldig war, hatte die Eingeborenen sehr verbittert. Noch schlimmere Folgen hatte es, als Mosén Pedro Margarit auf die Indianer losgelassen wurde.

Obwohl Margarits bedauerliche Handlungsweise den Befehlen und Wünschen des Admirals zuwiderlief, war sie indirekt dadurch hervorgerufen worden, dass er Befehl erhalten hatte, sich und seine Soldaten auf seinem Zug von dem zu ernähren, was das Land hergab. Man bedenke, dass die Truppe aus etwa 250 Hidalgos und Armbrustschützen, 110 Musketieren und 16 Reitern bestand, die nichts weiter zum Eintausch von Nahrungsmitteln hatten als einen Packen Schellenglöckchen und sonstigen Tand. Aber die Spanier mussten sich ernähren. Kolumbus hatte Margarit beauftragt, das Land näher zu erkunden und über die Erzeugnisse zu berichten, doch er versuchte es nicht einmal.

Während Hojeda das Fort von Santo Tomás besetzt hielt, durchzogen Margarit und seine lose Gesellschaft die Vega Real, sie erpressten Gold von den Eingeborenen, taten den Frauen Gewalt an und brauchten ihre Bestände schnell auf. Die Indianer jedoch hatten niemals große Vorräte an Nahrungsmitteln in ihren Hütten, da sie das in einem Land von solch natürlichem Überfluss nicht nötig hatten. Las Casas übertrieb gewiss nicht, als er erzählte, dass „ein Spanier an einem Tag mehr aß als eine ganze Familie von Eingeborenen in einem Monat". Wenn die Eingeborenen das verweigerten, was sie nicht hatten, stießen die Männer Margarits nicht nur Drohungen aus, sondern teilten Schläge auch an die Häuptlinge aus und bedrohten sie.

Dieses rohe und ungerechtfertigte Vorgehen rief so große Unruhe unter den Kaziken und ihren Untertanen hervor (wobei der stets treu ergebene Guacanagarí ausgenommen war), dass die Lage der Kolonie in Isabela äußerst unsicher wurde. Don Diego als Ratspräsident schrieb Margarit, doch der betrachtete diese Ermahnungen als eine Herabsetzung seiner Ehre als Caballero und eine Beschneidung seiner Befugnisse. Wütend eilte er nach Isabela, und als er den Rat von seiner Denkweise nicht überzeugen konnte, schloss er sich einer Gruppe von Unzufriedenen an, nahm Besitz von den drei Karavellen, die Bartolomeo von Spanien herübergeführt hatte, und segelte heimwärts. Die bedeutendste Gestalt in diesem Komplott war neben ihm sein katalanischer Landsmann Fray Buil, der den besonderen Auftrag hatte, die Eingeborenen zu bekehren. Buil war ohnehin ein schwarzes Schaf. Er und seine Pater hatten absolut nichts getan, um die sanftmütigen Tainos in der Umgebung von Isabela zu bekehren und zu unterweisen.

Diese Gruppe aufrührerischer Katalanen war bereits vor der Rückkehr des Admirals abgesegelt und erreichte Spanien im Laufe des November 1494. Fray Buil begab sich an den Hof, wo er die schlimmsten Verleumdungen über die Kolumbusbrüder verbreitete und erklärte, es gäbe weder Gold noch irgendetwas Nutzbringendes auf Hispaniola.

Obgleich der Admiral an so heftiger Gelenkentzündung litt, dass er für Wochen ans Bett gefesselt war, übernahm er den Ratsvorsitz aus Don Diegos schwachen Händen und versuchte, die Ordnung wiederherzustellen. Diese Aufgabe war nicht leicht, denn die Dinge waren schon zu weit gediehen. Banden von Soldaten, die von Margarit verlassen worden waren, und Rotten unzufriedener Kolonisten durchstreiften das Land, verbreiteten Schrecken unter den Eingeborenen und begingen Ausschreitungen und Gewalttätigkeiten jeder Art. Als Folge davon wurden einige Spanier im Hinterhalt erschlagen, worauf der Admiral die Indianer zur Verantwortung zog. Er ließ die Eingeborenen mit Pferden und Hunden hetzen und 1500 gefangen nehmen und nach Isabela schleppen. Anstatt die Urheber all dieser Schandtaten zu bestrafen, bestrafte er die unschuldigen Opfer.

Doch es sollte für die Gefangenen noch schlimmer kommen. Ungefähr im Herbst 1494 traf der Rest der Verpflegungsflotte, bestehend aus vier Karavellen unter dem Kommando von Antonio de Torres, in Isabela ein. Torres überbrachte einen neuen Brief des Herrscherpaares (vom 16. August 1494). Ferdinand und Isabella hießen nach wie vor alles gut, was der Admiral getan und empfohlen hatte, nur hätten sie gern mehr über die neu entdeckten Inseln gehört. Sie wünschten beispielsweise mehr über das Klima zu erfahren, wahrscheinlich deshalb, weil diese Frage von künftigen Auswanderern am häufigsten gestellt wurde. Die *Angelegenheit mit Portugal* (der Vertrag von Tordesillas) hatte sich so gut entwickelt, dass sie einen monatlichen Schiffspostdienst zwischen Spanien und Hispaniola einzurichten beabsichtigten.

Das drängendste Problem für Kolumbus war es nun, etwas zu finden, was man mit der Torresflotte zurückschicken könnte. Die so laut angekündigte „Goldmine" im Cibao war noch nicht entdeckt; es gab eine solche überhaupt nicht. Keines der begehrten Gewürze oder tropischen Harthölzer, die einen Anreiz auf die spanischen Kaufleute ausüben konnten, war gefunden worden. Die fein gesponnenen und soliden indianischen Baumwollgewebe hatten in Spanien zwar reißenden Absatz gefunden, doch die Mengen fielen kaum ins Gewicht. Man musste etwas nach Hause bringen, was größeren Nutzen abwarf, denn es galt, einen Teil der Unkosten abzuzahlen und der lügnerischen Propaganda der katalanischen Gegner, die sich für die Aufgabe „Indiens" einsetzten, Einhalt zu gebieten. Aber was konnte man schicken, wenn nicht Sklaven?

Im Torres-Memorandum vom Februar 1494 hatte Kolumbus einen Plan für einen regelmäßigen Handel mit karibischen Sklaven entworfen, wodurch er die Lieferungen bezahlen wollte, bis die erhoffte Goldmine Erträge abwarf. Da die Kariben Todfeinde der Tainos, der neuen Untertanen Ihrer Hoheiten waren, würde ein solcher Handel nur gesetzmäßig und sogar politisch richtig sein. Ferdinand und Isabella nahmen diesen Vorschlag jedoch nicht günstig auf.

Kolumbus ließ sich durch die Abneigung des Königs und der Königin gegen den amerikanischen Sklavenhandel keineswegs abschrecken. Er begann, den Sklavenhandel mit den Einwohnern von Hispaniola aufzubauen. Er tat dies, nachdem er ein über das andere Mal erklärt hatte, dass die Tainos das freundlichste, friedlichste und freigebigste Volk der Welt seien, ein Volk, das nichts anderes begehrte, als gute Untertanen und gute Christen zu werden. Der Gedanke, diese Menschen in ihrem eigenen Land zu versklaven, war Kolumbus schon einmal gekommen. Doch jetzt schickte er sich an, diese unglücklichen Geschöpfe zu hunderten auf die überseeischen Sklavenmärkte zu verfrachten.

Hiervon hat uns Michele de Cuneo einige traurige Einzelheiten überliefert. Als Ergebnis der Strafexpedition, die vor kurzem stattgefunden hatte, waren einige 1500 Gefangene nach Isabela getrieben worden. Von diesen wurden fünfhundert *der besten Männer und Frauen* auf die vier Karavellen verladen. Dann kündigte Kolumbus an, dass sich jeder Christ aus den Verbleibenden so viele aussuchen und behalten könne, wie ihm beliebte. Nachdem dies geschehen war, blieben vierhundert übrig, denen befohlen wurde, *sich zum Teufel zu scheren.* Unter ihnen befanden sich viele Frauen mit ihren Säuglingen. *Um uns schneller entfliehen zu können, da sie glaubten, wir würden sie wieder holen, setzten sie ihre Kinder irgendwo auf dem Boden ab und rannten in ihrer Angst blindlings fort, manchmal so weit, dass sie sieben bis acht Tagereisen fern von unserer Niederlassung in Isabela in das Land jenseits der Berge über den großen Flüssen kamen.* Einen Kaziken namens Guatiguaná und zwei Unterhäuptlinge, die für die Tötung christlicher Plünderer verantwortlich gemacht wurden, fesselte man mit Stricken, um sie am nächsten Tag mit Pfeilen zu erschießen, doch vereitelten sie diese schöne Absicht, indem sie ihre Fesseln gegenseitig mit den Zähnen durchbissen und entkamen.

Die vier Karavellen gingen unter dem Befehl von Antonio de Torres am 24. Februar 1495 von Isabela unter Segel. Michele de Cuneo fuhr als Passagier mit, desgleichen Diego Kolumbus, der den Admiral daheim als Verteidiger vor Gericht vertreten sollte, wenn die erwarteten Verleumdungen der Buil und Margarit zur Verhandlung kämen. Während des stürmischen Wetters *starben ungefähr zweihundert dieser Indianer, ich glaube, wegen der ungewohnten Luft, die kälter als die ihre war. Wir warfen sie ins Meer,* schrieb Cuneo.

Die Tainos in Hispaniola fingen an, mehr Mut zu zeigen, als Kolumbus ihnen zugestanden hätte, wenn es auch nur der Mut der Verzweiflung war. Der Kazike Guatiguaná, der seine Stricke zerbissen hatte und entkommen war, machte nun den Versuch, die Eindringlinge ins Meer zu treiben. Es besteht wenig Zweifel, dass es den Stämmen von Hispaniola, wenn sie einig gewesen wären, allein durch ihre Überzahl und trotz ihrer unterlegenen Waffen gelungen wäre, die Spanier zu überwältigen; allein sie waren nicht einig. Guacanagarí, dessen Volk ebenso wie andere durch die christlichen Unholde gelitten hatte, blieb seinem ungeschriebenen Vertrag mit dem Admiral unverrückbar treu, die Kaziken an den anderen Enden der Insel aber redeten sich ein, dass sie in sicherer Abgeschlossenheit unbehelligt bleiben würden, solange sie den weißen Eindringlingen nicht zu nahe kamen. Es war nicht ihr Krieg.

Guatiguaná gelang es, in der Vega Real ein Heer von eindrucksvoller Stärke zu versammeln. Am 27. März 1495 marschierten der Admiral (der sich inzwischen erholt hatte), der Adelantado (der nun seine Stärke auf die Probe stellen konnte) und Alonso de Hojeda (der überall dabei war, wo es etwas zu kämpfen gab) von Isabela ab, um der feindlichen Menge mit zweihundert Mann zu Fuß, zwanzig zu Pferd und zwanzig Hunden entgegenzutreten. Die Indianer, „die dachten, dass Pferd und Reiter eins seien", wurden völlig in die Flucht geschlagen, und ein neuer großer Sklavenzug wurde zusammengetrieben.

Nun musste man noch mit Caonabó fertig werden. Er genoss den Ruf, der wagemutigste und kriegerischste unter den Kaziken zu sein, und die Spanier hatten eine offene Rechnung mit ihm zu begleichen, weil er die Garnison von Navidad ermordet hatte.

Mit nur zehn berittenen Begleitern wurde Hojeda ausgesandt, um Caonabó mit Gewalt oder List zu fangen. Er fand Zutritt zu dem Häuptlingssitz des Kaziken am südlichen Abhang der Cibaoberge, lud ihn unter dem Vorwand, einen Vertrag mit ihm schließen zu wollen, zu einem Besuch nach Isabela ein und versprach, ihm nach seiner Ankunft die bronzene Glocke in der Kirche zum Geschenk zu machen. Caonabó hatte von dieser Glocke gehört und war begierig, sie zu besitzen, er schnappte daher nach dem Köder, nahm aber zur Vorsicht einen Trupp bewaffneter Gefolgsleute zu seinem Schutz mit. Als Spanier und Indianer an einem Flussufer rasteten, zog Hojeda aus seiner Satteltasche ein Paar Handfesseln aus glänzendem Metall hervor, dazu ein Paar Fußfesseln, die er für den Fall mitgenommen hatte, dass er Caonabó lebendig fangen würde. Die Indianer schätzten Messing sehr hoch, und Hojeda erklärte ihnen, dass der König von Spanien dies an hohen Festtagen trüge, wenn er ausritte. Er fragte den Kaziken, ob er sie ebenso tragen wolle wie der König. Caonabó sagte nicht Nein. So wurde der Kazike hinter den Konquistador aufs Pferd gesetzt, die „Armringe" mit den Ketten wurden ihm an Händen und Füßen angelegt und der Körper fest an den Hojedas gebunden, damit er nicht vom Pferd fiel. Auf ein Zeichen trieben die Reiter die verdutzte Leibgarde Caonabós auseinander und verjagten sie, dann gab Hojeda seinem Pferd die Sporen, und auf und davon ging es mit dem Gefangenen über den Fluss. Nur einmal hielt Hojeda an, um die Fesseln fester zu schließen, dann sprengte er weiter, bis er mit seinem Gefangenen in Isabela anlangte.

Während Caonabó in einem Kerker in Isabela in Ketten schmachtete, „wie ein libyscher Löwe wutschnaubend und die Zähne fletschend", schickte Kolumbus Hojeda für eine Säuberungsaktion in den Cibao, wo Caonabós Schwager eine Streitmacht aufstellte, doch wie immer blieb die Reiterei Siegerin. Kolumbus beschloss diese Ereignisse mit einem Triumphmarsch durchs Land, das nun endlich befriedet wurde.

Nun hielt Kolumbus den Zeitpunkt für gekommen, nach Hause zu segeln und sich um seine Angelegenheiten zu kümmern. Im Juni 1495 aber zerstörte ein früh einsetzender Sturm die Flotte. Las Casas betrachtete diesen Schicksalsschlag als eine gerechte Strafe der göttlichen Vorsehung für die zahllosen von den Spaniern verübten Gottlosigkeiten und Missetaten.

Die kleine brave *Niña* überstand den Sturm, aber die drei anderen Schiffe brachen auseinander. Zum Glück waren Schiffbauer in Isabela zur Stelle, sie wurden vom Admiral angewiesen, aus den geborgenen Teilen der Wracks ein neues Schiff zusammenzubauen. Nach einiger Zeit entstand eine handliche kleine Karavelle von ungefähr 50 Tonnen, die der *Niña* so ähnlich wie möglich war. Man nannte sie offiziell *Santa Cruz*, doch hieß sie beim Schiffsvolk *India*, da sie das erste in Indien erbaute Schiff war.

In den neun bis zehn Monaten von Mai 1495 bis Februar oder März 1496 waren die Kolumbusbrüder mit der Unterwerfung der Insel beschäftigt. Im Innern des Landes wurden drei weitere Festungen errichtet, die als Stützpunkte dienten. Von hier aus durchzogen die Truppen die Insel und zwangen die nun völlig eingeschüchterten Eingeborenen, sich der vizeköniglichen Gewalt zu unterwerfen und einen Tribut in Gold zu zahlen.

Wer immer sich dieses abscheuliche System ausgedacht haben mag, so war es doch Kolumbus, der sich seiner als des einzigen Mittels bediente, Gold für die Ausfuhr zu gewinnen. Jeder Eingeborene vom 14. Jahr an aufwärts musste alle drei Monate das Maß eines flandrischen Falkenglöckchens voll Goldstaub abliefern; einer der Kaziken mit

Von Gold konnten die Eroberer nicht genug bekommen.

dem Namen Manicaotex hatte sogar alle zwei Monate eine mit Gold angefüllte Kalebasse im Wert von 150 Castellanos zu überbringen. Diejenigen Eingeborenen, die in einer Gegend wohnten, wo die Flüsse kein Gold führten, konnten ihren Tribut in eine Arroba (25 Pfund) gesponnener oder gewebter Baumwolle umwandeln und diese anstelle der Vierteljahresabgabe Goldstaub abliefern. Jeder, der seinen Tribut bei den bewaffneten Posten ablieferte, erhielt eine geprägte Messing- oder Kupferscheibe, die er sich um den Hals hängte, um so von weiteren Erpressungen verschont zu bleiben. Las Casas bezeichnete dieses System als vernunftwidrig, bedrückend, unmöglich, unerträglich und abscheulich.

Wie richtig diese Meinung war, kann man ohne weiteres aus den Schwierigkeiten ersehen, die mit der Gewinnung des Goldes aus den Bergen und den Flussläufen von Hispaniola verbunden waren. Die goldenen Schmuckstücke, welche die Spanier in so reichem Maß an den Eingeborenen sahen, als sie zum ersten Mal das Land betraten, stellten die Arbeit und Anhäufung von mehreren Generationen dar, die dadurch zur Vermehrung des Familienschatzes beigetragen hatten. Inzwischen hatte man den Indianern jedoch alles fortgenommen. Und jetzt konnte man Gold nur durch das Auswaschen des Sands und Kieselgesteins in den Flüssen und Strömen gewinnen oder auf noch mühsamere Weise, die nur durch Sklavenarbeit möglich war und darin bestand, dass man den Busch rodete und den Boden systematisch durchwühlte. „Einige erfüllten zwar den Tribut, für andere aber war es unmöglich, und da das Leben vieler äußerst elend wurde, flüchteten sie in die Berge. Andere dagegen nahmen für die von den Christen begangenen unablässigen Gewalttätigkeiten, Herausforderungen und Übergriffe dadurch Rache, dass sie diejenigen ermordeten, die sie besonders gequält und geschädigt hatten. Nun nahmen die Christen ihrerseits wieder unverzüglich Rache, die sie Bestrafung nannten; und nicht nur die Mörder, sondern auch so viele Einwohner, wie man deren in dem betreffenden Dorf oder seiner Umgebung habhaft werden konnte, wurden gefoltert und hingerichtet, ohne dass weder die menschliche noch die göttliche Gerechtigkeit oder das Naturgesetz geachtet wurden, in deren Namen man zu handeln vorgab."

Die in die Berge Entflohenen wurden mit Hunden gehetzt; entkamen sie dennoch, wurden sie das Opfer von Krankheiten und Hunger, und tausende nahmen in ihrer Verzweiflung Kassawagift, um ihre Leiden zu beenden. Durch diese Politik und solche Handlungen, für die Kolumbus allein verantwortlich war, begann die Entvölkerung Hispaniolas, das bis zum Jahr 1492 ein irdisches Paradies gewesen war. Von den Ureinwohnern, deren Anzahl von unseren heutigen Ethnologen auf 300 000 geschätzt wird, wurde allein in den Jahren 1494 bis 1496 ein Drittel getötet. 1548 bezweifelte Oviedo, dass noch 500 Indianer übrig geblieben waren. Heute fließt Tainoblut nur noch in den Adern von Mischlingen, die von Afrikanern abstammen. Diese schwarzen Sklaven waren willfähriger und arbeitsfähiger; sie waren ins Land eingeführt worden, um die Arbeit zu übernehmen, die die Tainos nicht leisten konnten oder wollten.

Im Oktober 1495, ein ganzes Jahr nachdem die letzte Flotte aus Spanien eingetroffen war, segelten vier Karavellen die Nordküste von Hispaniola entlang und gingen auf der Reede von Isabela vor Anker. Sie waren am 5. August von Sevilla abgesegelt. Den Befehl führte Juan Aguado, ein früherer Beamter des königlichen Hofstaats, der Kolumbus auf der zweiten Reise begleitet hatte und später mit Torres nach Spanien zurückgekehrt war. Er hatte den Auftrag, die Amtsgeschäfte von Kolumbus als Vizekönig und Gouverneur zu untersuchen und darüber zu berichten. Die Herrscher konnten nicht über die Klagen des Fray Buil und der übrigen mit ihm zurückgekehrten Unzufriedenen, mehrere hundert an der Zahl, hinwegsehen; trotzdem setzten sie noch Vertrauen in den Admiral und wählten diesen Weg, um die Wahrheit herauszufinden. Aguado brachte die dringend gebrauchten neuen Vorräte mit sowie die von Kolumbus angeforderten Bergbausachverständigen. Aguado zog mit allem Pomp und unter Trompetengeschmetter in Isabela ein und begann sofort damit, Anweisungen des Adelantado (der den Admiral in seiner Abwesenheit auf einer Reise ins Innere vertrat) aufzuheben, Klagen anzuhören, Verhaftungen vorzunehmen und sich auf jede Art die Befugnisse des Vizekönigs anzumaßen. Bartolomeo schickte seinem Bruder eine Warnung, worauf dieser nach Isabela zurückkehrte und dem Usurpator gegenüber eine geduldige und höfliche Haltung einnahm. Aguado und sein Schreiber hatten alle Hände voll zu tun, um alles aufzuschreiben, da fast jeder in Isabela krank oder unzufrieden war und auf baldige Heimreise drängte. Die Gesunden, berichtete er, waren mit Plündern und der Jagd nach Gold und Sklaven beschäftigt und trieben sich im ganzen Land herum.

Es erscheint außergewöhnlich, dass die Spanier nach anderthalbjähriger Kolonisierung einer reichen, fruchtbaren Insel, nachdem eine Unmenge von Saatgut und Gerätschaften und eine große Anzahl von Arbeitern aus Spanien eingeführt worden waren, immer noch von der Einfuhr für den täglichen Bedarf abhängig waren. Dieser Zustand hielt noch lange Jahre hindurch an, und Michele de Cuneo gibt uns einen wesentlichen Grund dafür: „Obgleich sie schweren schwarzen Boden vorfanden, hatten sie sich noch nicht dazu verstanden, ihn zu bearbeiten und die Saaten auszulegen, einfach aus dem Grund, weil niemand in diesen Ländern bleiben und leben wollte.“ Diese Einstellung war die Wurzel allen Übels. Kolumbus hatte eine dauernde Besiedlung und die Verpflanzung spanischer Kultur und des katholischen Christentums nach Indien geplant, aber niemand außer seiner Familie und einigen

Getreuen kümmerte sich darum. Das Ziel war, schnell Gold zusammenzuraffen und nach Hause zu fahren, wo es verjubelt werden konnte.

Sehr bald wurde Kolumbus klar, dass auch er heimfahren müsste, um seine Interessen wahrzunehmen, bevor Aguado seinen Bericht absandte. Er konnte seine Absicht aber nicht vor März 1496 ausführen, da die *India* nicht früher reisefertig wurde.

In den Monaten der Wartezeit wurde nach einem neuen Platz für die Anlage einer Hauptstadt von Hispaniola gesucht. Isabela hatte sich als ungeeignet erwiesen. Nach Las Casas Darstellung wurde die Gegend von Santo Domingo von einer Erkundungsexpedition unter der Führung eines Spaniers namens Miguel Díaz gefunden und ausgewählt, weil sie einen guten Hafen aufwies, umgeben von fruchtbarem Ackerland, durch das sich goldhaltige Flüsse zogen, die noch von niemandem durchsucht worden waren. Kolumbus wies den Adelantado in seinem letzten Befehl an, in seiner Abwesenheit hier die neue Stadt zu begründen; und so wurde im Jahr 1496 oder 1497 mit der Erbauung von Santo Domingo begonnen.

Isabela, der Ort so vieler Leiden und Enttäuschungen, wurde verlassen. Schon zu Las Casas' Zeiten hieß es, dass in ihren Ruinen Gespenster umgingen. Jäger, die sich in ihre Nähe verirrten, hörten schreckliche Schreie. Die Menschen mieden von Stund an den düsteren Ort. Heute ist er ein Stück Weideland am Seeufer, und nur vereinzelte Steinreste zeugen davon, dass hier einst die Hauptstadt des spanischen Indienreichs stand.

DIE *SANTA CLARA* (alias *Niña*), auf der Kolumbus nach Spanien zurückkehrte, und die *Santa Cruz* (alias *India*), ihre Begleiterin, bildeten eine armselige kleine Flotte im Vergleich zu der prächtigen Armada, die der Admiral drei Jahre vorher angeführt hatte. Nur mit Bedauern konnte man an die Hochstimmung und die großen Erwartungen von damals zurückdenken, denn an Bord der *Niña* und der *India* war die einzige erfreuliche Aussicht, Indien für immer zu verlassen und nach Spanien zurückzukehren. So viele hatten sich danach gesehnt heimzufahren, dass die Karavellen beängstigend überfüllt waren, sie hatten 225 Christen und 30 Indianer an Bord. Es übersteigt jede Vorstellung, wie man so viele Menschen unterbringen konnte, denn die Besatzung der *Niña* zählte auf der ersten Reise knapp 25 Köpfe, und die *India* hatte dieselbe Größe. Die Passagiere müssen in zwei Schichten an Deck geschlafen haben. Wie war es möglich, die Schiffe bei einer solchen Menschenmenge an Bord sachgemäß zu bedienen? Und wie vermochte man so viele mit Nahrung zu versorgen?

Angesichts der Überfülle von Menschen an Bord der Karavellen war es für Kolumbus oberstes Gebot, die Überfahrt so schnell wie möglich zu bewerkstelligen; vielleicht wartete er deshalb bis März, weil die Westwinde dann am stärksten sind. Wenn er über die Windverhältnisse und Strömungen so viel gewusst hätte wie Alonso de Santa Cruz im Jahr 1541, dann wäre er wahrscheinlich vor dem Wind durch den Old-Bahama-Kanal gelenzt und hätte sich vom Golfstrom durch die Meerenge von Florida bis zur Breite der Bermudas entführen lassen, wo er westliche Winde im Überfluss angetroffen hätte. Der weiteste Umweg war die kürzeste Route nach Spanien, aber es dauerte lange, bis man das erkannt hatte. Die zweitbeste Heimwärtsroute war jene, die Kolumbus bereits im Jahr 1493 befahren hatte.

Bartolomeo Kolumbus, den der Admiral im Amt eines Adelantado zurückließ, begleitete ihn an Bord der *Niña* bis Puerto Plata. Die Brüder wollten sich diesen Platz als möglichen Ort für die neue Hauptstadt ansehen. Nach einer kurzen Besichtigung entschieden sie sich zugunsten der Stelle am Fluss Ozama, wo kurz darauf Santo Domingo erbaut wurde, und nahmen darauf Abschied voneinander. Der Adelantado reiste über Land zurück nach Isabela.

Durch diesen Aufenthalt und die parallel der Küste blasenden Winde brauchten die *Niña* und die *India* zwölf Tage, um entlang Hispaniola aufzukreuzen, und erst am 22. März ließen sie Kap Engaño außer Sicht.

Am 6. April, als sie schon vier Wochen unterwegs waren – in dieser Zeit hätte man in Spanien sein können, wenn man die richtige Route gewählt hätte –, wurden die Vorräte so knapp, dass sich Kolumbus entschloss, Guadeloupe anzulaufen und einheimische Lebensmittel an Bord zu nehmen.

Die Schiffe umsegelten das Südwestkap, bis sie zu einer kleinen Bucht (wahrscheinlich Anse à la Barque) kamen, wo sie ein Dorf mit palmengedeckten Hütten und viele Eingeborene sahen. Hier wurde ein bewaffnetes Boot an Land geschickt, aber die Leute gerieten geradewegs in einen Hinterhalt. „Tausende von Pfeilen“ wurden auf sie abgeschossen, und die Eingeborenen leisteten hartnäckigen Widerstand, bis einige wohl gezielte Bombardenschüsse sie in den Busch verjagten. Die Spanier plünderten und zerstörten ihre Hütten, doch fanden sie nichts von Wert, nur einige rote Papageien.

Sie fanden aber auch einen menschlichen Arm, der an einem Bratspieß stak.

Ein bewaffneter Trupp verfolgte die Indianer in die Berge, und es gelang ihm, drei Knaben und zehn Frauen zu fangen, von denen eine entweder die Dorfherrin selbst oder die Frau des Kaziken war. Mit diesen Geiseln in ihrer Hand vermochten die Spanier endlich die Verhandlungen zu eröffnen.

Die Frauen verkauften ihnen Kassawawurzeln und zeigten ihnen, wie man Kassawabrot zubereitete. Man raspelte die Wurzeln der *yuca* oder des Manioks auf einer hölzernen Reibe mit eingelegten Feuersteinchen, wodurch sich die Blausäure absonderte (welche die Kariben zum Vergiften ihrer Pfeile benutzten), das Mehl knetete man dann zu Teig, der zu dünnen Fladen ausgewalzt und über dem Feuer auf einem irdenen Rost gebacken wurde. Dieses Fladenbrot behält sein Aroma und seine Frische für lange Zeit, Oviedo behauptete, ein Jahr und mehr, sodass Kassawa von den alten Seefahrern anstelle von Schiffszwieback gern gegessen wurde.

Neun Tage lang blieben die Schiffe an dieser Ankerstelle in Guadeloupe liegen, und man buk fleißig Kassawabrot, füllte die Wassertonnen und hackte Feuerholz. Da sich der Admiral die Freundschaft der Indianer zu erhalten suchte, weil er wusste, dass noch mehr spanische Schiffe hier vorbeikommen würden, ließ er alle Geiseln mit Ausnahme der Kazikin und ihrer Tochter wieder frei.

Am 20. April segelten die *Niña* und die *India* von Guadeloupe nach Spanien ab. Dieser Besuch auf Guadeloupe bedeutete für die Flotte einen Zeitverlust von einem Monat, denn die Karavellen konnten gegen den Wind nur langsam vorankommen, und mit jedem Tag wurden die Menschen an Bord heftiger vom Hunger geplagt. Gegen Ende der ersten Juniwoche, sechs Wochen nach der Abreise von Guadeloupe, schlugen einige Spanier vor, es den Kariben mit gleicher Münze zurückzuzahlen, das heißt, sie zu essen und mit den Fettesten zu beginnen (wahrscheinlich mit der Kazikin und ihrer Tochter). Darauf meinten andere, von Karibenfleisch würde man krank. Dieser Meinungsverschiedenheit wurde am 8. Juni ein Ende bereitet, als man Land sichtete.

Die Lotsen erwarteten erst in einigen Tagen die Landsichtung, „sie tappten wie Verirrte oder Blinde im Dunkel“, sagte Ferdinand, und ihre Schätzungen bewegten sich in einem weiten Bogen von England bis Galicien. Aber der Admiral hatte die Nacht vorher die Segel reffen lassen, um nicht auf Kap St. Vincent aufzulaufen, „worüber sie sich alle lustig machten“.

Wie gewöhnlich war es auch dieses Mal der Admiral, der zuletzt lachte. Am nächsten Tag machte man in der Nähe von Odmira Land an der portugiesischen Küste aus, ungefähr 35 Meilen nördlich von Kap St. Vincent, das Kolumbus angesteuert hatte. Wieder einmal hatte er die erstaunliche Genauigkeit seiner Besteckrechnung bewiesen.

Dies scheint die genaueste seemännische Leistung gewesen zu sein, die Kolumbus jemals vollbracht hat. Wenn er Gelegenheit hatte, seine Position bei den Azoren zu überprüfen, so war eine Abweichung von nur 35 Meilen an der portugiesischen Küste wirklich ein hervorragendes Ergebnis seiner Besteckrechnung. Falls er, was wahrscheinlich ist, die Azoren auf dieser Überfahrt überhaupt nicht gesichtet hat, kann man die Genauigkeit seiner Berechnung nur als phänomenal bezeichnen. Ich bezweifle allen Ernstes, dass heutzutage ein Navigator so dicht an sein Ziel herankommen würde, ohne die Hilfe der Sternbeobachtung in Anspruch zu nehmen.

Jetzt wendeten sich die Schiffsschnäbel nach Süden und liefen am 11. Juni in die Bucht von Cádiz ein. Den fast Verhungerten winkte endlich ein kräftiges Mahl!

Im Hafen von Cádiz lagen zwei Karavellen und ein Schiff, beladen mit Proviant für die Kolonie Hispaniola, zur Abfahrt bereit unter dem Befehl Peralonso Niños. Peralonso wird wohl die *Niña* sofort erkannt haben, die der Admiral im Jahr 1493 mit seiner Hilfe heimbrachte, aber man kann sich leicht seine Verblüffung vorstellen, die ihn beim Anblick der in der Kolonie erbauten *India* befiel. Mussten nicht die jämmerlich aussehenden spanischen und indianischen Passagiere, diese abgehärmten

Gestalten mit „Gesichtern, so gelb wie Zitronen oder Safran“, einen niederschmetternden Eindruck auf Niños Schiffsvolk machen? Man kann sich vorstellen, wie sich die alten Teerjacken zuraunten: Gott, ist's nicht eine Plage, dass man mit diesem Indienschwindel überhaupt angefangen hat? Was kommt dabei raus? Die Gesundheit ist hin, und das Gold, das du gewinnst, sackt die Regierung ein.

Die dritte Reise nach Amerika

35. Kapitel

Vorbereitungen
11. Juni 1496 bis 25. Mai 1498

Sobald Kolumbus in Cádiz an Land gegangen war, zog er die grobe braune Kutte eines Minoritenbruders an, die er von nun an in Spanien trug. Anscheinend empfand er sein Missgeschick als eine ihm von der Vorsehung auferlegte Strafe und hüllte sich zum Zeichen seiner Reue und Demut in das schlichte Gewand seiner franziskanischen Freunde.

Er mochte die Frömmigkeit der Mönche; auf seinen Reisen durch Spanien zog er die Gastlichkeit eines Klosters den Häusern der Caballeros und Granden vor. Während er auf eine Einladung des Herrscherpaares wartete, lebte er im Haus von Andrés Bernáldez, des Kaplans des Erzbischofs. Dieser schlichte, gütige Mann zeigte großes Interesse für ferne Länder und fremde Völker. In Bernáldez' Haus konnte sich Kolumbus ausruhen, aufpäppeln und seine geschwächte Gesundheit wiederherstellen. Gleichzeitig fand er einen aufmerksamen Zuhörer für die Erzählung seiner Erlebnisse auf der kubanischen Reise und die Schilderung der Wunder der Neuen Welt.

Wahrscheinlich war es Kolumbus nicht mehr möglich, sich auf den bevölkerten *sierpes* von Sevilla zu zeigen, ohne von enttäuschten Glücksrittern belästigt und beleidigt zu werden. Er musste sich große Verunglimpfungen seiner Sache gefallen lassen.

Alsbald traf ein huldvolles Sendschreiben des Herrscherpaares vom 12. Juli ein, das seine Freude über die glückliche Ankunft des Admirals mitteilte und den Wunsch ausdrückte, er möge vor ihm erscheinen. Der Hof weilte in Almazán am oberen Duero, gute 150 Kilometer nordöstlich von Madrid entfernt. Der Admiral hatte sich inzwischen so gut erholt, dass er bald mit einer gut geplanten Kavalkade von Sevilla aufbrach und das Gold von Hispaniola unterwegs so geschickt zur Schau stellte, dass die Bevölkerung an seine Echtheit glauben musste.

Bernáldez, der Kolumbus verabschiedete, beschrieb uns seinen „Aufzug“: Dem Zug wurden in ihren Käfigen bunte Papageien vorangetragen, deren Gekreisch die Menschen schon von weitem anlockte. Wenn sich der Admiral einer Stadt näherte, ließ er Halt machen und das Geschmeide aus den Satteltaschen holen, mit dem sich die Indianer schmückten und das sie beim Einzug in die Stadt zur Schau stellen mussten. „Viele Indianer trugen Dinge wie Kronen, Masken, Gürtel, Halsbänder und Baumwollgewebe, auf denen überall der Teufel in der Gestalt eines Affen- oder eines Eulenkopfes oder noch schlimmerer Figuren dargestellt war, manchmal in Holz geschnitzt oder in den Stoff gewirkt oder durch Edelsteine nachgebildet. Er hatte einige geflügelte Kronen mit goldenen Augen an den Seiten mitgebracht, darunter befand sich eine, die dem Kaziken Caonabó gehört haben soll und die sehr groß und hoch war, mit Flügeln an den Seiten, gleich Schilden, und mit goldenen Augen, so groß wie Silberschalen, im Gewicht von einer halben Mark*.“ Wie schade, dass niemand diese unschätzbaren Zeugnisse der Tainokunst aufbewahrte, sie wurden sämtlich eingeschmolzen!

Der König und die Königin empfingen ihn huldvoll und ließen sich die Indianer samt aller Beute, einer großen Menge Goldstaub und einiger Goldklumpen, so groß wie Taubeneier, vorführen. Ferdinand und Isabella betrachteten alles mit großem Interesse und lauschten aufmerksam Kolumbus’ Erzählungen. Sie schienen mit seinem Verhalten zufrieden zu sein, obwohl ein Bericht von Aguado (den Kolumbus wahrscheinlich versiegelt mitgebracht hatte) allerlei Ungünstiges enthielt. Soweit der Admiral erkennen konnte, hatten die Verleumdungen der katalanischen Widersacher seine Stellung beim Herrscherpaar nicht erschüttern können.

Kolumbus verlor keine Zeit, seine Vorschläge für eine dritte Reise vorzubringen. Die Herrscher bewilligten ihm alles, was er wünschte, dennoch währte es viele Monate, bis er sie dahin brachte, bestimmte Befehle zur Ausführung der Pläne zu erteilen. Zwei Jahre vergingen von seiner Ankunft in Cádiz bis zum Antritt der dritten Reise nach Amerika.

Diese Verzögerung stand in bezeichnendem Gegensatz zu der Schnelligkeit und Tatkraft, mit der die zweite Reise ins Werk gesetzt

* Das Gewicht einer Mark entspricht zirka 250 Gramm.

worden war. Diese Reise wurde mit der dreifachen Anzahl von Schiffen schon sechs Monate nach der ersten Reise unternommen. Doch zu jener Zeit hatte das Unternehmen noch den Reiz des Neuen, Wunderbaren gehabt, von dem man sich jede Art von Reichtum für das Herrscherpaar wie auch für dessen Untertanen versprach. Jetzt war es in den Augen der Durchschnittsspanier ein anrüchiges Schwindelunternehmen, an dem niemand gern beteiligt sein wollte, wenn er nicht dazu gezwungen war oder hoch bezahlt wurde. Obgleich die Herrscher ihrem Admiral gegenüber besten Willens waren, so hatten sie doch mehr als genug mit der Abwicklung des französischen Einfalls in Italien zu tun und waren überdies mit der Festigung ihrer Dynastie durch eine Reihe von Heiratsbündnissen voll in Anspruch genommen.

Am 23. April 1497 erließen die Herrscher die ersten genauen Anweisungen zur Vorbereitung der dritten Reise. Der erste Punkt galt Hispaniola: Kolumbus sollte auf königliche Kosten dreihundert Personen hinaussenden oder hinausbringen und durfte weitere fünfzig mitnehmen, wenn sie die Ausgaben selbst tragen wollten. Am 15. Juni 1497 fassten die Herrscher alles zusammen, was sie an Leistungen von ihm erwarteten, und empfahlen ihm, ein altes Schiff zu kaufen und es, mit Proviant beladen, sofort hinauszuschicken. Endlose Anordnungen über das Verschiffen und Verladen von Kühen und Pferden, über örtliche Regierungsangelegenheiten in Hispaniola und die Kontrolle der Goldgräberei wurden getroffen. Alle Eigentümer und Kapitäne der Schiffe, die der Admiral brauchte, waren verpflichtet, sie ihm zum handelsüblichen Preis zu vermieten. Zuletzt wurde Bartolomeo Kolumbus als Adelantado von Indien eingesetzt und bestätigt und mit allen Vollmachten ausgestattet, die andere Adelantados des Reiches besaßen.

Die interessanteste unter diesen Bestimmungen war ein Amnestieangebot an alle zu Gefängnis verurteilten Verbrecher und Übeltäter, „die mit besagtem Admiral nach Hispaniola, den Inseln und dem Festland von Indien gehen“ und dort ein Jahr oder zwei bleiben wollten; je größer das Vergehen, desto länger sollte der Aufenthalt sein, um nach ihrer Rückkehr den vollen Freispruch zu erhalten. Wie viele aus dieser Verordnung Nutzen zogen, ist nicht bekannt. Diese Bestimmung entwickelte sich im Prinzip zu einem grundlegenden Gesetz der spanischen Kolonialpolitik.

Der offensichtliche Grund für diese Verordnung war die Abneigung der Spanier gegen das Auswandern, nachdem die erste Begeisterung über leicht zu erlangenden Reichtum verraucht war. Aber man darf diese Bestimmung nicht als einen Versuch auffassen, aus Hispaniola eine Strafkolonie zu machen, wie manchmal behauptet wird. Die freigelassenen Missetäter waren genauso frei wie alle anderen, wenn sie einmal an Bord waren, und es blieb ihnen nach ein oder zwei Jahren überlassen heimzukehren, wenn sie es so wollten. Alle Kolonialmächte in Amerika bedienten sich zu gewissen Zeiten desselben Mittels, um ihre Besitzungen zu besiedeln. Wenn Kolumbus derartige Verbrecher in seine Entdeckerflotte einreihte, so verhielten sie sich gut, denn er hatte auf dieser Reise mit seiner Mannschaft weniger Schwierigkeiten als auf den anderen Reisen.

Augenscheinlich war es der Wunsch und Lieblingsgedanke des Herrscherpaares, eine dauernde Basis für seine Überseebesitzungen zu schaffen und die Entdeckungen weiter zu fördern. Alle diese Angelegenheiten lagen in der Hand Don Juans de Fonseca, des nunmehrigen Bischofs von Badajoz, der sich gegenüber neuen Reisen nicht nur kühl verhielt, sondern auch erfinderisch war in Verzögerungen und Hemmnissen. Und den Herrschern fehlte bei allen ihren kostspieligen Kriegen, Hochzeiten und diplomatischen Geschäften gerade jetzt das Geld.

Oft wird sich Kolumbus ein paar tausend Maravedis in bar herbeigesehnt haben, anstelle der zwei Millionen Schatzanweisungen, ordnungsgemäß unterschrieben mit *Yo el Rey, Yo la Reina*, gegengezeichnet vom Staatssekretär und Kanzler und versiegelt mit dem großen Geheimsiegel. Er hatte oftmals kein Geld, um seine Leute oder die Schiffslieferanten zu bezahlen. An den Adelantado schrieb er, dass er noch nie so viele Sorgen, Schwierigkeiten und Kümmernisse gehabt habe.

Die gute alte *Niña* und die *India* waren zuerst klar. Am 23. Januar 1498 segelten sie als Proviantschiffe von Sanlúcar ab. Die *Niña* war noch im Jahr 1500 in Santo Domingo.

Die sechs anderen Schiffe konnte Kolumbus zu den üblichen Chartersätzen nur dadurch bekommen, dass er sein verbrieftes Vorrecht, sich die von ihm gewünschten Schiffe zu holen, geltend machte. Vier Monate wurden nach der Abfahrt der *Niña* und der *India* noch benötigt, um die Entdeckerflotte zum Auslaufen klarzumachen. Niemand, der es nicht selbst mitgemacht hat, weiß, was es bedeutet, eine Flotte von Segelschiffen für eine Hochseefahrt fertig zu machen. Die Ladung wird z. B. nicht zur verlangten Zeit angeliefert und dann so verstaut, dass sich Diebe und Lumpen daran gütlich tun können. Dinge, die man am nötigsten braucht, liegen meist zuunterst, das Tauwerk ist verknotet, und die Segel sind an den falschen Rahen angebracht; der Koch ist unzufrieden und läuft weg; die Seeleute verschwinden oder werden besinnungslos betrunken und schmutzbedeckt an Bord gebracht.

Über die Vorbereitungen zu dieser Reise sind uns mehr Einzelheiten bekannt als über die Schiffe und Mannschaften selbst. Drei Karavellen, deren Namen unbekannt sind, waren direkt nach Hispaniola bestimmt, wohin sie Passagiere und Ladung bringen sollten. Von den drei Fahrzeugen, die Kolumbus zu Entdeckungsfahrten bestimmte, waren zwei Karavellen, die eine, die kleiner und flinker war, trug den Spitznamen *El Correo*, „die Post", die andere hieß *La Vaqueños*. Das Flaggschiff, dessen Name Kolumbus nie erwähnte, führte er selbst; er bezeichnete es stets nur als *la nao* (das Vollschiff), weil es keine Karavelle wie die anderen beiden war.

Ehe er abreiste, blieb Kolumbus noch eins zu tun übrig: Er musste für seine Familie Vorsorge treffen. Aufgrund einer besonderen Erlaubnis seiner Herrscher richtete er am 22. Februar 1498 zugunsten seines ältesten Sohns Don Diego ein *mayorazgo* (Majorat oder Erblehen) aller seiner Güter und Privilegien ein; falls Diego vor ihm starb, sollten die nächsten Verwandten in festgelegter Reihenfolge erben. Der Erbe sollte das Amt eines Admirals und ein Achtel des Bruttogewinns der Einkünfte Indiens erhalten, auf die der Admiral laut der jüngsten Bestätigung seiner Privilegien ewigen Anspruch zu haben glaubte. Diego hatte seinem Bruder und seinen Onkeln zu ihren Lebzeiten einen gewissen Prozentanteil der Einkünfte abzugeben, und in der St.-Georgs-Bank von Genua sollte Geld in einem Fonds angesammelt werden. Jedoch war keine Vorsorge für den Unterhalt der Beatriz Enríquez de Harana, der Mutter von Ferdinand Kolumbus, getroffen worden.

In der letzten Maiwoche 1498 war in Sevilla alles an Bord bereit. Die sechs Karavellen schwammen mit den Gezeiten den Guadalquivir stromabwärts und ankerten beim Schloss Sanlúcar de Barrameda an der Mündung des Guadalquivir ein letztes Mal in Spanien. Hier stieß der Admiral zur Flotte. Eine neue große Entdeckungsfahrt begann.

36. Kapitel

TRINIDAD
30. MAI BIS 31. JULI 1498

Am 30. Mai 1498 begann die dritte Reise bei der Barre von Sanlúcar de Barrameda an der Mündung des Guadalquivir. Wie immer wusste Kolumbus genau, was er wollte. Die Meinung des Königs von Portugal, dass quer über dem Äquator irgendwo im westlichen Ozean ein großer Kontinent liegen sollte, hatte starken Eindruck auf ihn gemacht; das war auch der Grund, warum D. João II. auf einer nach Westen hinausgeschobenen Demarkationslinie bestanden hatte. Das unmittelbare Ziel, das der Admiral auf dieser Reise verfolgte, war, die Richtigkeit der königlichen Vermutung nachzuprüfen.

In zweiter Linie verfolgte Kolumbus auf dieser Reise das Ziel, südlich der Antillen gelegene Länder zu entdecken. Denn nach der Lehre des Aristoteles von der Gleichartigkeit der Erzeugnisse in denselben Breiten mussten diese Länder weit nutzbringender sein als das in seinem Wert zu hoch eingeschätzte Hispaniola. Jaime Ferrer, ein Edelsteinschleifer aus Blanes, der sich aus Liebhaberei mit Kosmographie beschäftigte, schrieb an Kolumbus: … *innerhalb der äquinoktialen Regionen gibt es bedeutende und kostbare Dinge wie Gemmen, Gold, Gewürze und Drogen*, in seinem Geschäft als Edelsteinsammler habe er *von vielen Indern, Arabern und Äthiopiern* gehört, *dass die Mehrzahl aller kostbaren Dinge aus einer sehr heißen Zone kommt, wo die Einwohner schwarz oder braun sind, dass daher, nach meiner Meinung, Euer Gnaden große Mengen solcher Dinge dort auffinden werdet, wo Ihr solche Menschen antrefft*. Folglich fasste Kolumbus den Plan, bis auf die Breite von Sierra Leone hinunterzusegeln, wo die Portugiesen das erste Gold gefunden hatten, und dann diesem Breitengrad bis zum Meridian von Hispaniola zu folgen in der Hoffnung, irgendetwas anzutreffen – neue Inseln, Dom Joãos Kontinent oder einen Teil von Asien –, wo man die Wunderreichtümer auffinden würde.

 Kolumbus hatte sogar guten Grund zu fürchten, dass, wenn nicht bald etwas Neues und besonders Wertvolles entdeckt würde, die Herrscher das ganze Unternehmen von Indien aufgeben würden. Er hatte „Indien“ entdeckt, aber das war nicht genug: Er musste es kolonisieren und jede Menge Gold gewinnen. Dann hatte er eine mächtige Flotte erfolgreich nach Hispaniola geführt, dort die Kolonie organisiert, die Kleinen Antillen, Puerto Rico und Jamaika entdeckt und die Südküste von Kuba erforscht; aber das war nicht genug. Er musste jetzt etwas noch Bedeutenderes entdecken, noch mehr Gold finden; doch selbst als er den Kontinent und die Perlenküste entdeckte, konnte das alles nicht verhindern, dass er zuletzt in Ungnaden heimgeschickt wurde. Um die Durchfahrt nach Indien zu suchen, war noch eine vierte Reise erforderlich. Doch niemals würde er genug leisten und die Herrscher ganz zufrieden stellen.

Bei Beginn der Reise ließ die körperliche und seelische Verfassung des Admirals viel zu wünschen übrig. Durch den vielen Ärger und die Wechselfälle der letzten zwei Jahre war er nicht dazu gekommen, die Gelenkentzündung, die er sich an der Küste von Kuba zugezogen hatte, gründlich auszuheilen. Immerhin war er froh, ob krank oder gesund, wieder auf See zu sein, eine kleine starke Flotte anzuführen und weit weg zu sein von Hofschranzen, pedantischen Beamten und habgierigen Gaunern, die das Festland bevölkerten.

Nach einer Fahrt von wenigstens 650 Meilen erreichte die Flotte am 7. Juni Porto Santo. Dort wollte Kolumbus Holz und Wasser an Bord nehmen. Er konnte hier mit einem freundlichen Empfang rechnen, denn ein Perestrello – sein Schwiegervater und später sein Schwager – war Landeshauptmann der Insel; zudem war sie der Geburtsort seines Sohnes. Leider hielten die Einwohner seine Flotte für französische Korsaren und flohen mit ihren Viehherden in die Berge. Da es ihm unmöglich war, an dem verlassenen Platz Geschäfte zu machen, segelte er noch in derselben Nacht weiter nach Madeira.

Hier in Funchal hatte der Admiral die ersten Jahre seiner Ehe verbracht. Seit seinem Aufstieg zur Berühmtheit war er hier nicht mehr gewesen, doch die gastfreundlichen Madeiraner hatten ihn nicht vergessen. „Er blieb sechs Tage und vervollständigte die Ladung mit Wasser, Holz und anderen für die Reise notwendigen Dingen.“ Es bereitete dem Admiral große Freude, sich wieder unter seinen Jugendfreunden zu befinden und sich an die Zeit zu erinnern, als er ein einfacher Kaufmannsfaktor und Frachtaufseher war, als ihn sein Ehrgeiz noch nicht trieb und keine Verantwortung auf ihm lastete.

Nach der Abfahrt von Funchal konnte die Flotte bei mäßigen und günstigen Winden die 290 Meilen von Gomera bis zu den Kanarischen Inseln zurücklegen. Am dritten Tag der Reise, am 19. Juni, ankerte sie bei Neumond auf der gewohnten Reede von San Sebastián. Aber die romantische Episode mit Doña Beatriz war vorbei. Alles, was Kolumbus über seinen diesmaligen Aufenthalt in Gomera schrieb, fasste er in die nüchternen Worte zusammen: *Wir nahmen Käse ein, wovon es hier viel und von bester Güte gibt.*

Gomera war der folgerichtige Punkt, das Hispaniolageschwader von den drei für die Entdeckungsfahrt bestimmten Schiffen zu trennen. Der Admiral gab den drei nunmehr allein segelnden Kapitänen Harana, Carvajal und Colombo genaue Anweisungen. Jeder hatte im Turnus von einer Woche das Kommando über die Flotte zu übernehmen und vorauszusegeln, wobei er bei Nacht achtern ein Licht zu zeigen hatte, dem die beiden anderen folgen sollten. Der Admiral setzte ihnen den Kurs auf W zu S, vor dem Passatwind segelnd, und sagte ihnen voraus, dass sie nach 850 Leguas Dominica ausmachen würden, aber die Lotsen verloren zwischen den Kleinen Antillen und Hispaniola aus irgendeinem Grund die Richtung. Sie verfehlten Santo Domingo völlig und erreichten Hispaniola so weit leewärts, dass sie erst nach mühseligen Kreuzfahrten gegen den Wind und nach vielen Wechselfällen nach dem Admiral in Santo Domingo eintrafen.

Zwei Tage reichten für San Sebastián aus. Nachdem man noch einige Fässer Wasser an Bord genommen und allen freien Raum mit Feuerholz und Gomerakäse angefüllt hatte, segelten das Flaggschiff, die *Vaqueños* und die *Correo* am 21. Juni mit Kurs auf die Kapverdischen Inseln ab. Sie erzielten auf dieser Strecke eine ausgezeichnete Zeit; rund 750 Meilen in sechs Tagen, ein Stundenmittel von über fünf Knoten. Kolumbus schien auf seinen früheren Afrikareisen die Kapverdischen Inseln noch nie berührt zu haben, denn er drückte Erstaunen über ihr trockenes, unfruchtbares Aussehen aus, dem jedes Grün fehlte.

Leider gab es auf Boavista nichts anderes als wilde Ziegen, Schildkröten und Aussätzige. Seit über dreißig Jahren kamen wohlhabende und vornehme Leprakranke, die während des 15. Jahrhunderts in Europa sehr zahlreich waren, nach Boavista und Santiago, wo sie glaubten, durch den Genuss von Schildkrötenfleisch und das Baden in Schildkrötenblut geheilt zu werden. Die übrigen Einwohner von Boavista waren sechs bis sieben Portugiesen, die Ziegen jagten und die Häute für die Ausfuhr einsalzten. Der Admiral wies seine Leute an, einiges Ziegenfleisch, das die Einwohner wegwarfen, zu pökeln und als Schiffsproviant mitzunehmen. Das führte zweifellos dazu, Kolumbus' Mannschaften einen neuen und diesmal triftigen Grund zur Klage zu geben, denn auf der ganzen Welt schmeckt kein Fleisch so schlecht wie gepökeltes Ziegenfleisch.

Nach einem sehr kurzen Aufenthalt in Boavista war die Neugierde des Admirals befriedigt. In der Nacht zum Sonntag, dem 31. Juni, ankerte er auf der Reede der Nachbarinsel Santiago, aber hier blieb die Flotte acht Tage liegen. Es herrschte eine fürchterliche Hitze, und von der Sahara wälzte sich ein Staubnebel herüber, so erstickend und dick, „dass man ihn mit dem Messer schneiden konnte". Die Leute wurden davon krank.

Am 4. Juli 1498, einem Tag nach Vollmond, brach die Flotte endlich nach Indien auf. Kolumbus ging auf südwestlichen Kurs, um, wie er sagte, die Theorie von D. João II. nachzuprüfen, die davon ausging, „dass im Süden ein großes Festland lag". Der Wind war so schwach, dass Fogo, die hohe Vulkaninsel 30 Meilen westlich von Santiago, noch drei Tage lang klar zu sehen war. Dem Vulkan, der wie eine große Kirche mit ihrem Glockenturm aussah, entströmte dicker Rauch. Am 7. Juli kam ein mäßiger Passatwind auf. Acht Tage lang schob sich die Flotte vorwärts, von einem sanften Sommerpassat getrieben, der immer schwächer wurde und endlich, an einem Unheil verheißenden Freitag, dem 13., als die Besteckrechnung des Admirals eine Gesamtfahrstrecke von etwa 120 Leguas oder 381 Seemeilen ergab, in völliger Windstille endete.

Diese Position war, wie aus der modernen Lotsenkarte des Nordatlantiks für den Juli zu ersehen ist, mitten in den Kalmen gelegen, jenem Windstillengürtel, der sich von der südlichen Grenze der nordöstlichen Passatwinde bis zur nördlichen Grenze des Südwestmonsuns und der Südostpassatwinde erstreckt.

Es war zu dieser Jahreszeit tatsächlich ungefähr die heißeste und ruhigste Stelle auf dem ganzen Ozean. *Der Wind hörte so plötzlich und unerwartet auf, und die sich nun einstellende Hitze war so übermäßig groß*, schrieb Kolumbus, *dass niemand unter Deck zu gehen wagte, um nach den Wein- und Wasserfässern zu sehen, die platzten, weil die Fassreifen sprangen, wo der Weizen brennend heiß wurde und Speck und Salzfleisch schmorten und verrotteten. Diese Hitze hielt acht Tage an.* Glücklicherweise schien nur am ersten Tag die Sonne, die anderen sieben Tage war der Himmel bedeckt mit gelegentlichen Schauern, *sonst wären viele Menschen umgekommen.*

Es besteht kein Grund zu der Annahme, dass der Bericht des Admirals über die ausgestandenen Leiden nicht der Wahrheit entspräche, dagegen ist seine Beschreibung von der Einwirkung der Hitze stark übertrieben. Tausende von Segelschiffen haben diese Gewässer durchfahren und litten nicht übermäßig unter der Hitze. An vielen Beispielen konnte ich feststellen, dass die europäischen Seefahrer der Frühzeit sehr empfindlich auf große Hitze reagierten, was meiner Ansicht nach an ihrer zu dicken und ungeeigneten Kleidung lag. Denn niemals entblößten sie den Körper oder ließen ihn in der Sonne bräunen.

Am 22. Juli 1498, nach acht Tagen Windstille und entnervender Hitze, „kam endlich ein Ostsüdostwind auf und füllte tüchtig seine Segel".

In wenigen Minuten hatte sich das Bild vollständig geändert und mit ihm die Stimmung und die ganze Atmosphäre an Bord. Eben noch schaukelten die drei Schiffe träge auf der öligen Wasserfläche, die Schnäbel in irgendeine Richtung gewendet, die Segel gerefft, um sie vor Abnutzung zu bewahren, die Menschen krank und vor Langeweile vergehend, auf den Decks keinerlei Leben oder Bewegung mit Ausnahme eines gelegentlichen Ruderschlags, um einen Zusammenstoß zu vermeiden, was von Flüchen und gereiztem Schimpfen begleitet war. Da entdeckt ein scharfäugiger Junge einen dunklen Strich am östlichen Horizont. Kann das Wind bedeuten? Und schon wird aus dem Strich ein breiter Streifen. Und ein „irischer Wimpel" hoch oben in der Takelage fängt tatsächlich an zu flattern. Mit einem Mal springen die Schläfer auf, außer sich vor Freude rennen sie herbei, um die Zeisinge loszuwerfen, die Fallen zu fieren, die Rahen zu brassen und die Schoten zu bedienen, um die Schiffe auf den neuen, vom Admiral gesetzten Kurs zu bringen: „*Oueste! Oueste!*“, ruft man vom Flaggschiff hinüber zu den Karavellen.

Jetzt ist alles Leid vergessen, das Meer hat sich wieder mit Schaumkämmen bedeckt, der frische, kühle Passat bläht die Segel, und rauschend drängen die Schiffe vorwärts.

Nachdem seine Befehle ausgeführt waren, fiel der Admiral in seiner Kabine auf die Knie und dankte verzückt der heiligen, gesegneten und glorreichen Dreifaltigkeit, die ihm für diese seine bedeutsamste Reise neuen Antrieb gesandt hatte. Und mit vollem Recht konnte er Gott danken, denn der Passat hatte sich in einer Gegend erhoben, wo er sonst in dieser Jahreszeit nicht aufzutreten pflegt.

Der folgende Teil der Reise muss Kolumbus und seine Gefährten in helles Entzücken versetzt haben; wir wissen das aus eigener Erfahrung, da wir dieselbe Strecke auf unserer *Capitana* dahinsegelten. Die Flotte jagte übers Meer und machte täglich 183 Meilen im Durchschnitt. Im Passat rollen die Schiffe zwar ziemlich heftig, aber der stetige, günstige Wind, der in der Takelage singt, die saphirblaue See mit ihren weißen Schaumkämmen, das Rauschen des Wassers an den Bordwänden entlang, die endlos aufgetürmten, zu dicken Ballen gebauschten Passatwindwolken sind Dinge von solchem Reiz, dass sie das Herz eines Seemanns höher schlagen lassen. Die spanischen Seeleute der alten Zeit nannten diese ausgedehnten Wasserflächen *El Golfo de las Damas,* das Meer der Damen, weil es so leicht zu befahren war. Tagelang brauchte man sich weder um Schoten noch um Brassen zu kümmern. Fliegende Fische huschten vorbei, Delfine umspielten das Schiff, und je weiter sie nach Süden kamen, desto mehr neue Sterne und Sternbilder erschienen jede Nacht: Canopus, Steinbock, Argo mit dem falschen Kreuz und das echte Crux Australis. Kolumbus hatte das Kreuz des Südens im Winter schon von Hispaniola aus gesehen, aber den meisten Mitfahrenden waren die südlichen Gewässer neu, sodass man sich vorstellen kann, dass ihnen das Leuchten des sternenbesäten Firmaments wie ein Vorbote des Goldes von Indien vorkam.

Doch Kolumbus scheint keinen Blick für die Sterne gehabt zu haben, und zum Glück für ihn und uns ließ er sich nie durch seine fehlerhaften Beobachtungen der Polaris in seiner soliden praktischen Seemannskunst beirren. Am Dienstag, dem 31. Juli, neun Tage nachdem der Passat die Segel von neuem gebläht hatte, berechnete Kolumbus richtig, dass die Flotte fast genau im Süden der Karibischen Inseln stand. Da das Süßwasser knapp wurde, denn man hatte in den Kalmen zu viel davon verbraucht, beschloss er, nach Dominica oder „einer der anderen Canibales" zu steuern, um dort Wasser zu nehmen und dann seine Suche nach dem von D. João II. geweissagten Kontinent wieder aufzunehmen. Am letzten Julitag in der Frühe befahl er also, den Kurs nach *Norte quarta del nordeste*, Nord zu Ost, zu ändern.

Am Mittag, „‚da die Majestät Gottes mir immer Gnade gewährte, stieg ein Seemann aus Huelva, mein Diener Alonso Pérez, ins Krähennest und sah in einer Entfernung von 15 Leguas Land im Westen, das in der Form von drei Felsen oder Bergen erschien'. Das sind seine Worte", sagte Las Casas. „Der Admiral nannte dieses Land *La isla de la Trinidad*, denn er hatte gelobt, das erste Land, das er entdeckte, so zu nennen." Die Tatsache, dass drei Hügel gesichtet wurden, nachdem er dieses Gelübde getan hatte, schien ihm ein Wunder des dreieinigen Gottes zu sein als besondere Zuwendung für ihn. „Er dankte Gott unendlich, wie es seine Gewohnheit ist, und alle Menschen rühmten die göttliche Güte, und in ihrer großen Freude und Lust stimmten sie nebst anderen frommen Gesängen und Gebeten das Salve regina zu Ehren Gottes und der Mutter Maria an, wie es bei Seeleuten der Brauch ist."

Kolumbus' Glaube an ein Wunder war diesmal voll berechtigt, denn wäre Alonso Pérez zur Mittagszeit nicht in die Takelage gestiegen, so hätte man Trinidad verfehlt, und der Kurs der Flotte würde sie weiter weg von Trinidad geführt haben. Sie hätte bei Nacht auf den gefährlichen, im Weg liegenden Darienfelsen auflaufen können, oder wenn sie dieses Hindernis glücklich vermieden hätte, wäre sie am folgenden Tag in Sicht von Tobago oder gar von Barbados gekommen.

„Als man zur Freude aller Land gesehen hatte", heißt es in Las Casas' Tagebuchauszug, änderte der Admiral den Kurs nochmals „und fuhr auf das Land zu, das er gesichtet hatte."

Kolumbus überblickte nun, so weit das Auge reichte, die Ostküste von Trinidad.

Er konnte mit diesem Tag, an dem er auf so wunderbare Weise eine neue Insel entdeckt hatte, wahrhaftig zufrieden sein.

37. Kapitel

Paria
1. bis 11. August 1498

Kolumbus' nächstes Ziel war, Wasser zu besorgen, denn nur noch ein Fass war auf dem Flaggschiff übrig geblieben. Er segelte daher am Mittwoch, dem 1. August, eine Strecke von 15 Meilen die Küste entlang, *die mit ihren bis zum Meeresufer stehenden Bäumen sehr freundlich war. Diese Länder sind so schön*, berichtete Kolumbus, *so grün und voller Bäume und Palmen, dass sie die Gärten von Valencia im Mai weit übertreffen.* Nach einer Seefahrt von vier Wochen mochte Kolumbus jedes Land schön und herrlich erschienen sein, aber die Südküste von Trinidad ist es wirklich, obgleich sie sich nicht so malerisch ausnimmt wie die anderen karibischen Küsten mit ihren hoch getürmten Bergen. Damals wie heute wachsen hier die westindische Zeder, der rote Fustik- oder Kampeschebaum, das Acurel und die Moussara, und ihre Baumkronen überziehen das Land mit einem dichten grünen Dach.

Der Admiral suchte nach einem Fluss oder nach einer Bucht, in die ein Fluss einmündete. Sein Spürsinn in solchen Dingen ließ ihn den besten Wasserplatz an der Südküste von Trinidad entdecken, den heutigen Erin Point. Dort gingen die Schiffsleute „mit großer Freude" an Land und füllten ihre Wasserfässchen an einem hübschen Fluss, der über den Strand rieselte. Nach den langen Tagen, in denen sie auf knappe Rationen fauligen, lauwarmen Wassers gesetzt waren, labten sie sich am kühlen, süßen Wasser, schrubbten sich die salzige Schweißkruste vom Körper, wälzten sich wohlig in den klaren, kühlen Fluten des Flusses und rieben sich den Rücken an den Kieseln; dann ging es an die große Wäsche der Kleider und des Unterzeugs, was von fröhlichem Lachen, Plantschen und Spritzen begleitet wurde. Aber es gab keine Spur von Menschen.

Bevor er Erin Point umsegelte, bekam Kolumbus zum ersten Mal das amerikanische Festland in Sicht, und es war wohl überhaupt das erste Mal, dass sich dieser Kontinent dem Blick eines Europäers darbot, aber

Kolumbus wusste nicht, dass er Festland vor sich hatte. Ihm schien es eine Insel zu sein, sodass er es *Isla Sancta*, Heilige Insel, nannte.

Venezuela und Trinidad liegen sich wie Fangarme zweier kämpfender Krabben gegenüber, wobei der Zwischenraum vom Golf von Paria gebildet wird, in den sich der Rio Grande und die nördlichen Flussläufe des Orinoco ergießen. Wenn sich diese Wassermassen mit der Flut vermengen, entstehen die gefährlichen Strömungen in den *Bocas*. Der nördliche Ausgang mit seinen vier Kanälen heißt heute noch Bocas del Dragón oder Drachenschlund, während der südlichere und gefahrvollere mit vier durch Riffe voneinander getrennten Kanälen Boca de la Sierpe, der Schlangenschlund, genannt wird. Beide Namen hat ihnen Kolumbus gegeben.

Schon am nächsten Tag, dem 2. August, fuhr die Flotte durch den Schlangenschlund hinein in den Golf von Paria und ging an der Nordseite von Icacos Point, dem südwestlichen Kap von Trinidad, vor Anker.

Kolumbus schickte seine Leute sofort an Land, damit sie sich zerstreuen und vergnügen konnten, da sie, wie er sagte, von der langen und anstrengenden Reise sehr müde und abgekämpft waren. Und die Indianer trugen viel zu ihrer Unterhaltung bei. Als die Flotte vor Anker lag, näherte sich ein großes Kanu mit ungefähr 25 jungen Männern. Kolumbus, der dem Breitengrad von Sierra Leone mit aller Bedachtsamkeit gefolgt war, erwartete jetzt entweder Schwarze oder Orientalen anzutreffen und war ehrlich verstört, als er Menschen von derselben Rasse wie die Kariben sah. Las Casas konnte sich einen kleinen Scherz auf seine Kosten nicht versagen, als er bemerkte: „Ich glaube nicht, dass sie viel Seide und Brokat trugen, was den Spaniern und dem Admiral sicher viel besser gefallen hätte." Man kann sich die bittere Enttäuschung von Kolumbus vorstellen, der alles für die Begrüßung von Potentaten und Vasallen des Großkhans vorbereitet hatte. Es gereichte ihm aber zu einem gewissen Trost, dass diese hübschen jungen Männer nicht nur das übliche Lendentuch trugen, sondern ein farbiges Tuch aus gewebter Baumwolle um den Kopf gewunden hatten. Es ähnelte, meinte er, dem *almaizar*, das die maurischen Frauen in Spanien trugen – was natürlich auf den Orient hinwies –, und sah fast genau so aus wie eins der baumwollenen Tücher der Eingeborenen, die von den Portugiesen aus Guinea und Sierra Leone nach Europa importiert wurden. Lag hier nicht ein erster Beweis für die Lehre des Aristoteles von der Gleichartigkeit der Erzeugnisse auf denselben Breiten vor? Wenn es schon Jungen mit Kopftüchern gab, warum nicht auch Gold und Gewürze?

Die feierlichen Szenen, die sich bei jeder ersten Begegnung von Kolumbus mit den Eingeborenen abspielten, hatten gewöhnlich auch ihre komische Seite. Bei dieser Gelegenheit hörten die Indianer in ihrem Einbaum zu paddeln auf, als sie sich noch in sicherer Entfernung vom Schiff befanden. Dann fingen sie an herüberzurufen. In der Hoffnung, sie dadurch anzulocken, ließ der Admiral „eine Anzahl *vacinetas* (Nachttöpfe) aus Messing und andere glänzende Dinge" verführerisch an der Reling zeigen und diese Ausstellung „von Lockrufen und Gesten und Zeichen begleiten". Darauf kamen die Indianer etwas näher heran, hatten aber augenscheinlich nicht viel Interesse an Nachttöpfen. Der Admiral suchte dann ihrem Geschmack besser zu entsprechen und ließ einen Pfeifen- und Tamburinspieler seine Künste zeigen, wozu die jungen Matrosen tanzten. Leider hielten die Indianer das für einen Kriegstanz und ließen ihre Pfeile schwirren. Dann folgte ein schneller Szenenwechsel. Die Indianer beschränkten sich offenbar auf diese herausfordernde Geste.

Las Casas gab die Erzählung eines Schiffsjungen wieder, wonach der Kazike, der ein goldenes Diadem trug, an Bord des Flaggschiffs kam. Er ging auf Kolumbus zu, der eine scharlachrote Mütze auf dem Kopf hatte, und bald hatten die beiden Männer ihre Kopfbedeckungen getauscht, wovon der Wilde höchst befriedigt schien und der Admiral nicht minder. Möglich ist aber, dass sich dieser Vorfall später auf der anderen Seite des Golfs zutrug, wo freundlichere Beziehungen zu den Indianern geknüpft wurden. Außer diesem einen Kanu mit seinen Insassen, die bald wegruderten und niemals wiederkamen, sahen die Spanier keine weiteren Eingeborenen auf Trinidad, zur großen Enttäuschung der Seeleute, die sich gern mit den Mädchen vergnügt hätten.

Am 2. August war Vollmond. Zwei Tage lang hatten sich die Schiffsleute damit unterhalten, am Icacos Point zu fischen und Austern und „Papageien, so groß wie Hühner", zu fangen. Zwar hatte man nur brackiges Wasser aus den am Strand gegrabenen Sandlöchern gewonnen, aber das machte nichts, da man noch einen ausreichenden Vorrat Süßwasser aus Erin Point besaß. Bei klarem Wetter konnte man im Norden in 35 Meilen Entfernung über dem Golf von Paria die gezackte Bergkette des Cerro Mejillones auf der Venezuela vorgelagerten Halbinsel sehen, die ostwärts vom Festland vorspringt. Kolumbus hielt sie für eine Insel und nannte sie *Ysla de Gracia*. Dort, beschloss er, lag sein nächstes Ziel.

Als er dort am 4. August bei Sonnenuntergang in die Bahía Celeste einfuhr, bot sich dem Admiral ein prachtvoller Anblick. Hinter ihm, Richtung Süden, lag der friedliche Golf von Paria, dessen Ufer jetzt fast verschwunden waren, sodass man sich in einen Archipel versetzt glaubte anstelle eines von Land umschlossenen Golfs. Nach Westen erstreckte sich eine unendliche Kette von Bergen und zerklüfteten Vorländern, an deren Küsten er am folgenden Tag auf der Suche nach einem anderen Ausgang zum Meer entlangfahren wollte. Im Osten lagen die felsigen, malerischen Inseln der Bocas del Dragón: Chacachacare, Huevos und Monos, die bedeckt waren von Manzanillobäumen, der Seidenbaumwolle, dem Butternussbaum und anderen tropischen Bäumen. Hinter den Inseln erhoben sich in Reihen hintereinander die Berge von Trinidad. An jenem Abend oder am nächsten Morgen sah Kolumbus „eine Insel mit sehr hohem Land in NO, die 26 Leguas entfernt sein mochte und die er Belaforma nannte". Diese Insel war wahrscheinlich Tobago, deren höchste Spitze bis auf 580 Meter über dem Meeresspiegel ansteigt.

Am Sonntag, dem 5. August, segelte Kolumbus von der Bahía Celeste nach Süden und Westen und an „einer Anzahl ausgezeichneter Häfen vorbei, die dicht aufeinander folgten", ankerte dann in einem derselben „5 Leguas" entfernt und schickte die Boote an Land.

Dieser Hafen war der erste Platz auf dem amerikanischen Kontinent, von dem sicher gesagt werden kann, dass Europäer hier landeten. Ich glaube, es war die kleine, runde Bucht von Ensenada Yacua, die einen Streifen weißen Sandstrandes zwischen zwei felsigen, mit graugrünem Buschwerk und kleinen Bäumen bewachsenen Landzungen aufweist. Hinter dem Strand führt ein kurzes Tal, von einem kleinen Fluss durchzogen, hinauf zu den Hängen des Cerro Mejillones, einer Gebirgsscheide zwischen dem Golf von Paria und dem Karibischen Meer.

In diesem ersten Festlandhafen „fanden die Spanier Fische und Feuer und Spuren von Menschen und ein großes Haus"; sie entdeckten allerhand Früchte, wie Trauben, Myrobalanen und „einige wie Äpfel und andere wie Orangen, aber innen wie Feigen“, schließlich noch die Guajave und vielleicht auch die Wassermelone. Die Berge waren „von Affen bevölkert“. Wenn die Indianer von damals stehen geblieben wären, anstatt in den Busch zu fliehen, hätten sie das Schauspiel einer feierlichen Besitzergreifung miterleben können; Kolumbus hatte aber die Angewohnheit, solche Feierlichkeiten nicht ohne die entsprechende Anzahl eingeborener Zuschauer zu veranstalten, sodass er diese Zeremonie wahrscheinlich bis zu einem Hafen verschoben haben wird, wo er sicher war, eine größere Menge Indianer um sich zu versammeln.

Da kein Grund vorlag, sich länger aufzuhalten, und da der Wind überdies günstig war, lichtete die Flotte mittags die Anker und segelte westwärts weiter.

Wenn man an dieser Küste entlangsegelt, scheinen die Berge ganz unvermittelt dort aufzuhören, wo die Uferlinie auf Länge 62° 15’ einen stumpfen Winkel bildet, *und hier*, fuhr Kolumbus fort, *ankerte ich in einem Fluss, und viele Menschen kamen hervor und sagten mir, dass sie dieses Land Paria nannten*. Der erste Fluss jenseits der Berge, wo die Flotte hätte ankern können, war der Rio Guiria. Für mich besteht kein Zweifel darüber, dass ihr Ankerplatz und die Stelle der Besitzergreifung die jetzige Reede von Guiria war, wo ein ansehnlicher Fluss, der jetzt an der Mündung versandet ist, aber im Jahr 1498 wahrscheinlich auf einer kurzen Strecke schiffbar war, sich in den Golf ergießt.

Kaum hatte die Flotte am 6. August innerhalb des Rio Guiria geankert, als sich ein kleines Kanu mit drei oder vier indianischen Insassen zeigte. Der draufgängerische Lotse der *Correo* rief es herbei, um sich ans Ufer bringen zu lassen, aber als er hineinsprang, kippte der winzige Einbaum um. Darauf fing er einige der schwimmenden Indianer ein – eine erstaunliche Leistung für einen Spanier – und brachte sie zum Admiral.

Über die Besitzergreifung wurden Einzelheiten in den Akten einer gerichtlichen Untersuchung vorgefunden, die Don Diego Colón 1512 in Santo Domingo und 1513 in Sevilla vornahm. Der zweite Admiral hoffte, hierdurch das Gerücht zu widerlegen, wonach Hojeda oder Vespucci oder ein anderer als sein Vater das Festland entdeckt haben sollte. Einige Zeugen leugneten, dass Kolumbus selbst an Land ging. Andrés del Corral, ein 18-jähriger Page des Admirals auf dieser Reise, sagte aus, dass sein Herr wegen seiner kranken Augen an Bord blieb, was mit Kolumbus' Klage in dem Brief an das Herrscherpaar insofern übereinstimmte, als er dort schrieb, dass seine Augen infolge des Mangels an Schlaf entzündet und fast erblindet waren. Laut Andrés war es Kapitän Pedro de Terreros, der für den Admiral Besitz ergriff.

Die Eingeborenen an diesem Ort beschrieb Kolumbus folgendermaßen: *Sie haben die Farbe der Indianer aller anderen Inseln in Indien, einige tragen ihr Haar lang herunterhängend, andere so wie wir, aber keiner hat es geschnitten, wie es in Spanien und in andern Ländern üblich ist. Sie sind von sehr schöner Gestalt und gut gewachsen. Ihr Geschlechtsteil tragen sie umwickelt und bedeckt, und die Frauen gehen alle nackt.*

Kolumbus berichtete, dass er den ersten an Bord kommenden Eingeborenen Schellenglöckchen, Glasperlen und Zucker schenkte, worauf jeder die Schiffe besuchen wollte, sodass sie bald von „zahllosen Kanus" umlagert waren. Die mit Bogen und vergifteten Pfeilen bewaffneten Indianer boten den Spaniern einheimische Früchte an und brachten Kalebassen, gefüllt mit *chicha*, einem gegorenen Getränk aus Mais, das noch heute das Nationalgetränk in Venezuela ist. Um ihren Hals gehängt trugen sie polierte Scheiben aus Gold, die sie bereitwilligst gegen Messing eintauschten, weil sie den Geruch des Kupfers im Messing sehr gern hatten. Hier sah Kolumbus zum ersten Mal größere Mengen einer einheimischen Legierung von Gold und Kupfer, von den Eingeborenen *guanin* genannt. Guanin war eine Mischung aus Gold, Silber und Kupfer, und der Goldgehalt der verschiedenen Gegenstände schwankte zwischen 9 und 89 Prozent, der Gehalt an Kupfer zwischen 11 und 74 Prozent. Die Nasenringe und Scheiben, die Anhänger, die nachgebildeten Vögel, Frösche und Alligatoren zeigten, und viele andere Dinge wurden von eingeborenen Kunsthandwerkern aus Guanin gemacht und nach der Fertigstellung entweder vergoldet oder bronziert. Die Gegenstände mit hohem Goldgehalt waren von gediegenem Gold nicht zu unterscheiden, sie gefielen den Spaniern natürlich am besten, aber die Eingeborenen hatten über ihren Wert andere Ansichten als sie. Das Kupfer konnten die Eingeborenen nur durch den Handel mit Mittelamerika erhalten, es hatte deshalb größeren Wert für sie als Gold. Ihre Sitte, jedes angebotene Metallstück zu beriechen, was Las Casas so ungewöhnlich fand, war einfach eine Methode, um festzustellen, wie viel von dem begehrten Kupfer in den Metallgegenständen der Christen enthalten war.

Mit der Entdeckung des Guanin eröffnete sich Kolumbus ein neuer indianischer Kulturkreis, in den er auf seiner vierten Reise tiefer eindringen sollte. Diese Kultur erstreckte sich von den Guianas bis nach Honduras, wo die Indianer in der Weberei von Baumwolle und in der Metallbearbeitung eine große Fertigkeit erreicht hatten. Ein weiteres Anzeichen einer höheren Kultur war das Auftauchen von großen Lastkanus, die mittschiffs eine Kabine hatten.

In Guiria blieb die Flotte zwei Nächte. Am 8. August segelte der Admiral zu einem Punkt, den er *del Aguja*, von der Nadel, nannte. Es handelt sich um die heutige Punta Alcatraz.

Wenn man an Punta Alcatraz vorbei ist, verändert sich der Charakter der Küste vollständig. Das Land wird zu einer üppig bewachsenen Niederung, wo schwerer tropischer Laubwald mit Fustik- und Mahagonibäumen steht. Kolumbus war so beeindruckt, dass er diese Landschaft *Los Jardines* nannte, und bestimmt war hier die Gartenähnlichkeit größer als beim Jardín de la Reina vor der Küste von Kuba. Er ankerte in der Nähe eines großen indianischen Dorfes, wo die Menschen sehr freundlich waren.

Große Erregung befiel die Spanier, als Frauen an Bord kamen, die Halsketten aus Samen und feinen Perlen, runden und ovalen, trugen. Durch Zeichen gaben sie zu verstehen, dass die Perlen auf der karibischen Seite der Pariahalbinsel gefunden wurden. Diese berühmten Perlenbänke zwischen Margarita und dem Festland wurden zuerst von Hojeda im Jahr 1499 ausgebeutet. Kolumbus befahl, bis zu seiner Rückkehr Perlen zu sammeln, und erwartete, dann ganze Haufen gegen ein paar billige Tauschwaren einhandeln zu können.

Kolumbus berichtete, dass die Eingeborenen hier von hellerer Hautfarbe waren als in Trinidad, dass das Meerwasser frisch und die Temperaturen am Morgen und Abend so kühl waren, dass man gefütterte Kleidung benötigte. Las Casas, der mehrere Jahre an der Perlenküste verbrachte, bemerkte, dass sogar ein Pelzkragen nicht unwillkommen war. Menschen aus dem Norden werden in den Tropen bekanntlich rasch empfindlich gegen Temperaturwechsel, den sie in der Heimat kaum bemerkt haben würden.

Da der Admiral immer noch glaubte, an der Küste einer Insel entlangzufahren, ließ er am 10. August die Anker lichten und segelte fünf Leguas nach Westen auf der Suche nach einer Durchfahrt zum Meer. Die Küsten waren von Mangroven gesäumt, an deren Wurzeln winzige Austern saßen.

Das Wasser des Golfs wurde jetzt zusehends flacher, es wurde süß und schlammig wie das des Guadalquivir, doch der Admiral, der sich fest einbildete, dass das Pariavorgebirge eine Insel war, wollte nicht einsehen, dass das Wasser von einem Fluss herkam, denn er erwartete jeden Augenblick einen Kanal zum Meer zu finden. Er ankerte mit seinem Flaggschiff und der *Vaqueños* in einem kleinen Hafen. Da er nicht mehr sicher fahren konnte, weil das Wasser seichter als zwei Meter war, schickte er die *El Correo* am 11. August auf Erkundung voraus. Das Schiff kehrte am selben Abend zurück und berichtete, dass es vier Flussrinnen im Westen gefunden habe – die Mündungen des Rio Grande.

Kolumbus war noch nicht bereit zu glauben, dass Paria ein Teil eines Kontinents war, trotzdem meinte er, nicht mehr Zeit auf die Erforschung des Golfs verwenden zu dürfen. Die Flotte musste daher, um aufs Meer hinauszufahren, zu den Bocas del Dragón zurückkehren. Es verdross den Admiral allerdings sehr, den Kurs ändern zu müssen, denn er hätte gern den ganzen Golf von Paria erforscht und gewusst, woher das Süßwasser kam. Er überlegte aber, dass der Adelantado in Hispaniola seine Anwesenheit benötigen und auch die Vorräte dringend gebrauchen könnte.

38. Kapitel

IRDISCHES PARADIES
11. BIS 31. AUGUST 1498

Ein sanfter Nachtwind blies von Westen, sodass Kolumbus am 11. August, beim Aufgehen des Mondes, im nordwestlichen Winkel des Golfs von Paria Anker lichten konnte und mit vollen Segeln ostwärts zu den Bocas steuerte.

In den frühen Morgenstunden des Montags, des 13. August, steuerte die Flotte zur Umgehung des Diamond Rock in die Boca Grande hinein, die westlichste der Bocas del Dragón. Sie trafen auf die üblichen Strudel, die sich durch den Zusammenprall des ausströmenden Süßwassers mit der einströmenden Salzwasserflut bilden und die von einer tosenden Gewalt waren, „dass sie glaubten, verschlungen zu werden".

Als sich der Wind legte, versuchte man zu ankern, aber man konnte keinen Halt finden (was bei 120 Faden Tiefe kein Wunder war). „Es war der Güte Gottes zu danken, dass sie aus dieser Gefahr befreit wurden und sich in Sicherheit bringen konnten, denn das Süßwasser war stärker als das Salzwasser und brachte die Schiffe allmählich hinaus, wo sie dann sicher waren." Wie Las Casas erzählen hörte, war es diese Errettung, die Kolumbus veranlasste, den Kanal Boca del Dragón zu nennen, weil sie buchstäblich aus dem Schlund eines Drachen befreit wurden.

Sobald die Flotte die Bocas del Dragón klar hinter sich gelassen hatte, setzte Kolumbus Kurs nach Westen entlang der Pariahalbinsel. Er hielt sie immer noch für eine Insel. Ihm mochte zwar dämmern, dass er schon vorher an der Küste des Festlands entlanggefahren war, aber noch immer konnte er nicht glauben, dass die von ihm beobachteten großen Massen Süßwasser von Flüssen herstammten (wie die Männer von der *Correo* behaupteten), „weil, soweit er gehört hatte, weder Ganges noch Euphrat oder Nil so viel Süßwasser führen". Las Casas bemerkte hierzu weise, der wirkliche Grund für seine Ungläubigkeit sei darin zu suchen, dass Kolumbus noch nie so ausgedehnte Länder gesehen habe, die solche mächtigen Ströme hervorbringen konnten. Und das stimmte auch. Der Admiral hatte in seinem ganzen Leben noch keine Mündung eines der großen Ströme der Erde erblickt. Er wusste nicht, dass sie stets durch angeschwemmtes Tiefland zum Meer fließen, das, vom Deck eines Schiffs aus gesehen, hinter dem Horizont versinkt.

Kolumbus hatte die Absicht gehabt, sich nahe an der Küste zu halten, aber er hatte während des vergangenen Monats so wenig Schlaf gefunden, dass seine Augen blutunterlaufen waren. An diesem Abend begab er sich deshalb in seiner Kabine zur Ruhe, während die Lotsen vorsichtig von der Küste abhielten. Als der Morgen des 15. August 1498 dämmerte, waren das Festland, Margarita und Los Frailes sämtlich sichtbar, und zwischen den beiden letztgenannten Inseln hindurch fuhr die Flotte hinaus aufs offene Meer, Hispaniola entgegen.

Diese Entscheidung war unglücklich getroffen, denn Kolumbus befand sich dicht bei den Perlenfischergründen, die gleich hinter Margarita anfangen, wo Peralonso Niño im Jahr 1500 eine wertvolle Ladung an Bord nahm und von wo Spanien ein Jahrhundert lang und darüber hinaus große Reichtümer bezog. Es ist seltsam, dass Kolumbus nicht einen oder zwei Tage für die Erkundung der Gegend verwendete, nachdem ihm doch die Eingeborenen von Los Jardines am Innenufer des Golfs angedeutet hatten, dass jene Küste das Fundgebiet der Perlen sei. *Ich unterließ es, dies zu untersuchen*, schrieb er in seinem Brief an die Herrscher, *wegen unserer knappen Vorräte und meiner kranken Augen, aber auch, weil ein großes Schiff wie das meinige nicht dazu geeignet war.* Man mag alle guten Seemannsgründe für eine beschleunigte Weiterfahrt gelten lassen, doch klüger wäre es gewesen, sich nach den Perlen umzusehen. Ein oder zwei Säcke Perlen für das Herrscherpaar hätten eine eindringlichere Sprache gesprochen als die schönsten Schilderungen des Admirals, hätten einen tieferen Eindruck gemacht als seine eingebildete Entdeckung des irdischen Paradieses. Perlen für die Königin würden die Feinde zu Hause und in Hispaniola zum Schweigen gebracht haben. Und als die Perlengründe von Hojeda entdeckt wurden, klagte man Kolumbus fälschlich an, er habe von ihnen gewusst und sie zu seinem eigenen Nutzen geheim gehalten. Auf jeder seiner vier Reisen schien es wie ein Verhängnis über ihm zu liegen, dass er gerade immer das Allerwichtigste verfehlte und dass er nicht nach dem beurteilt wurde, was er vollbrachte, sondern nach dem, was ihm misslungen war oder was er zu tun unterlassen hatte.

Kurz bevor der Admiral die Küste Parias verließ, um nach Hispaniola zurückzusegeln, wurde er, wie Las Casas sagte, sich dessen „bewusst, dass ein so großes Land keine Insel sein konnte, sondern ein Kontinent sein musste".

„Und als ob er zum Herrscherpaar spräche", schrieb Las Casas, machte er für den 14. oder 15. August in sein Tagebuch folgende Eintragung: *Ich glaube, dass dies ein sehr großer Kontinent ist, der bis heute unbekannt war. Und auch die Vernunft spricht sehr dafür wegen eines so großen Flusses und eines solchen Süßwassersees und weil es doch von Esra in seinem 4. Buch Kap. 6 also verheißen ist, dass sechs Teile der Welt trockenes Land sind und ein Teil Wasser.* Karibische Gefangene aus Guadeloupe, St-Croix und

Puerto Rico hatten ihm erzählt, dass *terra firma* im Süden läge. *Und wenn das ein Kontinent sein sollte*, folgerte er, *so ist es eine wunderbare Erscheinung und wird es auch für alle Weisen sein, da hier ein so großer Strom fließt, dass er einen Süßwassersee von 48 Leguas weit hinaus bildet.*

Wie bezeichnend ist doch diese Äußerung für Kolumbus' Denkweise. Er hatte zwei Wochen lang die Küsten desselben Kontinents besegelt, den er suchte und dessen Existenz der König von Portugal vermutete, doch entsprach dieser Teil Südamerikas mit seinen angeschwemmten Tiefländern, die sich unendlich weit ausdehnen, eben nicht seinen Vorstellungen vom Aussehen eines Kontinents. Und das, obwohl er täglich den Beweis sozusagen unter den Füßen hatte: die Süßwasserfluten der mächtigen Ströme Orinoco, Rio Grande und San Juan, die von den Kielen seiner Schiffe durchschnitten wurden. Plötzlich aber entscheidet er, dass die Isla Sancta ein Kontinent sein muss, und sogleich kommen ihm Esras Verse in den Sinn, erinnert er sich an undeutliche Gesten der Kariben und an abgerissene Brocken mittelalterlicher Gelehrsamkeit, die er zusammenfügt, um einen Beweis daraus zu machen. Mit dieser Denkweise war Kolumbus ein echtes Kind seiner Zeit.

Die Überzeugung, dass er einen neuen Kontinent, eine Otro Mundo, eine Neue Welt entdeckt hatte, die den Alten und Marco Polo unbekannt war, erschütterte nicht im Geringsten seinen Glauben, dass er in Ostindien sei. Davon ließ er sich niemals abbringen.

Nachdem Kolumbus also zu der Überzeugung gelangt war, dass er den lang gesuchten Kontinent gefunden hatte, verspürte er große Lust, ihn weiter zu erforschen; hätte er das getan, so wäre für Hojeda und Vespucci im Jahr 1499 nur wenig zu entdecken übrig geblieben. Aber die Pflicht rief den Admiral nach Hispaniola. Die Vorräte, die er den Kolonisten brachte, waren in Gefahr, zu verderben oder aufgebraucht zu werden; sein Bruder, der Adelantado, benötigte wahrscheinlich seine Anwesenheit und Befehlsgewalt, was tatsächlich der Fall war; seine Seeleute waren erschöpft und mürrisch, und nur eine Karavelle seiner Flotte, die *El Correo*, war ihrer geringen Größe wegen für die Küstenerkundung geeignet; seine Augen waren durch den Mangel an Schlaf entzündet, er hatte eine Ruhepause bitter nötig. Alle diese Gründe veranlassten Kolumbus, am 15. August, in Sichtweite von Margarita und der Perlenküste, den Kurs von Westen nach Norden zu ändern, den neu entdeckten Kontinent achteraus zurückzulassen und zwischen Margarita und Los Frailes Kurs auf Hispaniola zu nehmen.

Am 16. August ergab eine Umwandlung der Polarishöhe in Breitengrade, dass er sich in der Nähe von 13° nördlicher Breite befand.

Seit Kolumbus das Festland hinter sich gelassen hatte, grübelte er über seine Beobachtungen der Polaris auf der Ozeanüberquerung nach, er sann über Süßwasserströmungen im Golf von Paria nach, die dort angetroffene Vegetation und die dort vorherrschende verhältnismäßig milde Temperatur, wenn man die Nähe des Äquators in Betracht zog. Er hatte sich seine Gedanken darüber gemacht, wie wohl diese Otro Mundo in das geographische Weltbild hineinpasste. Dabei war er gewiss nicht der Mann, der zwei mal zwei gleich vier rechnete, vielmehr neigte der Admiral eher dazu, aus zwei und zwei zehn zu machen. Seiner Denkweise entsprechend, vertraute er am 17. August seinem Tagebuch eine erstaunliche Schlussfolgerung an: „Die Tatsache, dass er keine Inseln antraf, gibt ihm die Überzeugung, dass das Land, von dem er kam, ein großer Kontinent ist, auf dem das irdische Paradies liegt, ‚weil alle Menschen sagen, dass es am Ende des Orients liegt, wo wir uns jetzt befinden.‘ So meint er.“

Kolumbus war also am Garten Eden entlanggefahren! Je mehr er über diese Hypothese nachdachte, desto besser gefiel sie ihm, sodass er in seinem Brief, den er zwei Monate später in Santo Domingo an das Herrscherpaar schrieb, seine Gründe für die Richtigkeit derselben näher auseinander setzte. Sein Lieblingsbuch, „Imago Mundi“ von Peter d'Ailly, verlegte die Stätte des irdischen Paradieses an die äußerste Spitze des Fernen Ostens, wo die Sonne am Schöpfungstag aufging; Kolumbus aber glaubte, dass Trinidad auf dem Meridian des östlichen Asien lag. Den Kennern zufolge lag der Garten Eden gerade unter dem Äquator, und Kolumbus glaubte, im „Schlangenschlund“ den 5. Grad nördlicher Breite erreicht zu haben. Der Garten Eden hatte ein gemäßigtes Klima, und die Flotte hatte seit Verlassen der Kalmen kein heißes Wetter mehr angetroffen. In Eden wuchsen die schönsten Pflanzen und die herrlichsten Früchte, und hatte er diese fremdartigen, aber köstlichen Früchte nicht an den Gestaden von Paria angetroffen? „Das Gold in diesem Land ist gut“, und hatte er die Eingeborenen nicht mit Goldschmuck angetan gesehen? „Und es ging aus von Eden ein Strom, zu wässern den Garten, und teilte sich von da in vier Hauptwasser" (Genesis 2, 10); hatten seine Männer von der *Correo* nicht berichtet, dass vier Flüsse in den Golf mündeten? Sicher waren es die vier Ströme des Paradieses: Nil, Euphrat, Tigris und Ganges.

Sicher wäre es hochinteressant zu erfahren, wie das Herrscherpaar über diese Hypothese dachte. Es findet sich aber keinerlei Hinweis, dass die fromme Isabella auch nur im Geringsten davon berührt war, ihrem Reich den Garten Eden einverleibt zu wissen. Und Hojedas Aufmerksamkeit war, als er 1499 auszog, um Paria zu erforschen, nur auf Gold und Perlen gerichtet. Las Casas machte sich die Theorie des Admirals nicht zu Eigen, doch hielt er sie „weder für sinnlos noch unvernünftig". Denn der Admiral „erlebte eine solche jungfräuliche Frische des Landes mit so vielen grünen und prächtigen Bäumen, eine solche Milde und Lieblichkeit der Lüfte, eine so großartige und ungestüme Vereinigung von Süßwasserströmen und darüber hinaus eine so große Gutherzigkeit, Freigebigkeit, Einfachheit und Sanftmut der Menschen, dass er nicht anders konnte, als zu dem Urteil zu gelangen, hier oder in nächster Nähe das von der göttlichen Vorsehung geschaffene irdische Paradies gefunden zu haben; und musste er darum nicht glauben, dass dieser Ort voller Liebreiz die fließende Quelle des Paradieses barg, wo die vier Ströme Euphrat, Tigris, Ganges und Nil ihren Ursprung nahmen?" Und selbst der spitzfindige Vespucci schrieb über Südamerika: „Und es ist gewisslich meine Meinung, dass das irdische Paradies, wenn es ein solches gibt, nicht weit sein kann von diesen Regionen des Südens, wo der Himmel so zuträglich ist und das Wetter so milde, dass es weder schneidend kalt im Winter noch drückend heiß im Sommer ist." Aber auch ich kann den Admiral von der heutigen wissenschaftlichen Warte aus nicht verurteilen.

Denn Trinidad, „das Land der Kolibris", und der Golf von Paria sind im Winter eine Freude für die Sinne und die Erfüllung aller Sehnsüchte des nordischen Menschen nach Schönheit, Wärme, Duft und ruhevoller Entspannung. Wenn es ein Paradies auf Erden gibt, sollte es, wie Vespucci sagte, irgendwo an jenen vom Karibischen Meer umspülten Küsten liegen.

Selbst während der Admiral diesen paradiesischen Gedanken nachhing, vergaß er nicht, sich seiner durchaus irdischen Seemannskunst mit Eifer zu widmen. Es ist höchst bezeichnend für seine Doppelnatur, dass er in derselben Woche des August 1498, wo er sich sein fantastisches Weltbild zusammenbaute, ein Meisterstück der Seemannskunst vollbrachte, das wohl die beste Leistung in der Besteckrechnung während seiner ganzen Seefahrerlaufbahn war – die Navigation von Margarita nach Hispaniola.

Bei seiner Abfahrt von Margarita am 15. August setzte Kolumbus NW- zu N-Kurs auf Hispaniola. Auf diesem Kompassstrich wäre er, wenn keine Strömungen oder andere Umstände die Flotte abgelenkt hätten, an der Saonainsel an der Küste von Hispaniola, 25 Leguas windwärts von Santo Domingo, der neuen Inselhauptstadt, angelangt.

Man muss sich einen Augenblick vorstellen, welche unendliche Mühe und sorgfältigste Berechnung es gekostet hatte, diesen NW- zu N-Kurs festzulegen. Näherte sich doch Kolumbus Hispaniola in einem neuen Winkel und von einem neu entdeckten Kontinent aus. Er war im März 1496 von Isabela abgefahren und hatte die Gegend von Santo Domingo noch nie besucht. Auf der dritten Reise war er nun schon von Spanien nach Madeira, den Kanarischen Inseln und den Kapverdischen Inseln gesegelt, war südwestlich ins Windstillengebiet und darauf westlich zur Boca de la Sierpe gekommen, worauf er den Golf von Paria umschifft hatte und das Festland entlang bis nach Margarita gesegelt war. Man darf nicht vergessen, dass er seit den Kapverdischen Inseln keine Gelegenheit hatte, gestützt auf bekanntes Land, seinen Standort nachzuprüfen, da alles neu war; dass seine Kenntnis die Kapverdischen Inseln 5° zu weit nach Süden verlegte. Und doch hatte er sein Besteck die ganze Zeit so genau geführt, dass er den richtigen Kurs nach Hispaniola wusste. Dieser Mann hatte wahrhaftig *le sens marin*. Er besaß jenes geheimnisvolle Wissen, halb intuitiv, halb auf gesammelten Beobachtungen und Erfahrungen beruhend, das so manchen des Schreibens unkundigen Seefahrer aus der Zeit der Segelschifffahrt befähigte, „den Weg“ durch die sieben Meere sicher „zu riechen“.

Am 19. August kam vor Einbruch der Nacht Land in Sicht. Es war die Insel, an der er auf seiner zweiten Reise im Jahr 1494 vorbeigefahren war und die er nach der heiligen Katharina benannt hatte; jetzt nannte er sie Madama Beata nach einer noch berühmteren Jungfrau. Noch heute heißt sie Beata-Insel.

Am Morgen des 20. August schloss die Flotte mit dem Land auf und ankerte zwischen der Beata-Insel und „einer anderen ihr zunächst gelegenen kleineren Insel mit einem kleinen, steilen Berg, der von ferne wie ein Segel aussah, weshalb sie Kolumbus *Alto Velo* nannte."

Sobald die Flotte im Schutz der Beata-Insel vor Anker lag, schickte der Admiral das Boot des Flaggschiffs an Land, um indianische Boten zu besorgen, die dem Adelantado Nachricht nach Santo Domingo bringen sollten. Zurück kam ein Indianer, der eine Armbrust trug, vollständig versehen mit Sehne, Bolzen und Spanner. Das war ein schlechtes Zeichen. Wie war der Mann zu dieser todbringenden Waffe gekommen? Hatte sich die Tragödie von Navidad in größerem Ausmaß wiederholt? Aber schon am nächsten Tag gab es eine freudige Begegnung. In Santo Domingo waren die drei Karavellen, von denen sich Kolumbus in Ferro getrennt hatte, gesichtet worden. Bartolomeo, der glaubte, dass sein Bruder an Bord sei, segelte ihnen nach, doch vergeblich. Dafür fand er den Admiral auf Beata, dem er eine ganze Menge schlechter Nachrichten überbrachte, aber für den Augenblick empfanden die beiden Brüder, die sich sehr zugetan waren, große Freude darüber, dass sie sich nach einer Trennung von zwei Jahren und fünf Monaten lebend vorgefunden hatten.

Kolumbus' Flotte und die Karavelle des Adelantado verließen Beata am 22. August und ankerten am 31. August im Ozamafluss, dem Hafen von Santo Domingo.

Eine weitere Reise war mit glänzendem Erfolg durchgeführt worden. Ein neuer Kontinent, ein neues Volk sowie eine Perlenfischerei waren entdeckt worden. Kein Schiff war verloren gegangen, und keine Kämpfe mit den Indianern hatten sich ereignet. Eine andere Welt war für Kastilien gewonnen worden. Kolumbus hatte das Tor geöffnet zu einer neuen Heimat für das spanische Volk und die Kultur, zu einem riesigen Gebiet, das sich von Kalifornien und Neumexiko im Norden bis hinunter zur Magellanstraße im Süden erstreckte. Er hatte dem katholischen Glauben die Möglichkeit gegeben, sich eine neue Welt zu erobern, und er hatte dem Christentum den Weg gewiesen, zum ersten Mal seit tausend Jahren in ein Zeitalter der Expansion einzutreten. Und dennoch war es dem großen Entdecker beschieden, als Gefangener, in Ketten gelegt und eingesperrt in seine Kabine, in das Land zurückzukehren, dem er unermessliche Schätze eingebracht hatte.

39. Kapitel

Die Hölle auf Erden
1498–1500

Als Kolumbus am letzten Augusttag 1498 in der neuen Hauptstadt Santo Domingo eintraf, hoffte er vielleicht von der Arthritis zu genesen und vor allem seine Augen auszuruhen. Stattdessen fand er das Land in einem schlimmeren Zustand, als er es verlassen hatte.

Nach der Abreise des Admirals im März 1496 hatte es sich sein Bruder Bartolomeo, der Adelantado, zur ersten Aufgabe gemacht, in der Haina-Gegend, in der Nähe des Stadtgebiets von Santo Domingo, eine Festung zu errichten, die er San Cristóbal nannte. Von den Arbeitern wurde sie *La Torre Dorada*, der goldene Turm, genannt, weil sie beim Graben und Steinebrechen für die Fundamente viel Gold fanden. Aber dieser hoffnungsvolle Umstand sollte kein Vorzeichen für eine bessere Zukunft sein.

Anfang Juli 1496 waren unter Peralonso Niños Befehl ein Schiff und zwei Karavellen, die Kolumbus am 11. Juni im Hafen von Cádiz angetroffen hatte, mit Proviant in Isabela eingelaufen. Las Casas erwähnte einmal, dass die Kolonisten sich über nichts mehr freuten als einen glücklichen Goldfund oder Nahrungsmittel aus Spanien. Niño überbrachte eine Botschaft der Herrscher, worin sie klare Anweisungen für die Verlegung der Hauptstadt von Isabela an den Ozamafluss gaben.

Das Gelände für Santo Domingo oder Isabela Nueva, wie es in den ersten Jahren auch häufig genannt wurde, war außergewöhnlich gut gewählt, denn es lag in einem geschützten, zentralen Hafen, in fruchtbarer Umgebung und hatte einen einfachen Zugang zum Meer. Santo Domingo war die erste europäische Niederlassung in der Neuen Welt, die sich als dauerhaft erwies, und bis heute ist sie eine der bedeutendsten Städte am Karibischen Meer geblieben.

Zwischen diesen Arbeiten und den nächsten Sorgen gab es ein idyllisches Zwischenspiel, als der Adelantado dem Kaziken Behechio von Xaragua im südwestlichen Teil von Hispaniola einen Staatsbesuch machte. Bartolomeo durchzog mit einem bewaffneten Trupp die großartigen Wälder dieser Landschaft, in der ihnen die scharlachroten Blüten der *madre de cacao* entgegenleuchteten. An Behechios Häuptlingssitz im grünen Tal am See Enriquillo wurden sie von den versammelten Frauen des Behechio, die nur mit baumwollenen Lendentüchern bekleidet waren, begrüßt. Drei Tage feierte man ohne Unterlass und schmauste geröstete *hutía* und gebratenen Leguan, vergnügte sich an Schaukämpfen und an den Tänzen nackter Mädchen, die Palmwedel schwangen, und das Fest erreichte seinen Höhepunkt, als Anacaona, Behechios Schwester und Witwe Caonabós, die Schönste unter den Schönen, völlig nackt auf einem blumenbekränzten Lager ruhend, hereingetragen wurde.

Als Bartolomeo wieder nach Isabela zurückkam (denn Santo Domingo war für die Übersiedlung noch nicht fertig), hatte sich inzwischen das hässliche Haupt des Aufruhrs erhoben. Sein Anführer war Francisco Roldán, den Kolumbus zum *alcalde mayor* oder Hauptrichter der Insel gemacht hatte. Die unersättliche Gier der spanischen Kolonisten nach immer mehr Gold, ihre Unzufriedenheit mit der mangelhaften Versorgung mit Lebensmitteln aus Spanien, ihre Abneigung gegen die strenge Herrschaft des Adelantado, dieses „Fremden", waren die Ursachen. Wie die meisten Rebellenführer versprach Roldán den Leuten die Erfüllung all ihrer Wünsche; er sicherte den widerspenstigen Kaziken die Abschaffung des Tributs zu und versprach den Spaniern ein bequemes Leben, genug Indianer, um für sie Gold zu graben, freie Heimreise und die Befreiung von allen Steuern.

Bartolomeo hielt Roldán noch in Schach, während die Vorhut der Flotte der dritten Reise unter Pedro Fernández Coronel in der neuen Hauptstadt eintraf. Die Nachrichten von der königlichen Bestätigung der Rechte des Admirals und der Bestallung Bartolomeos als Adelantado entzogen Roldán den Boden unter den Füßen, sodass er sich mit seiner Rebellenarmee von siebzig Mann nach Xaragua zurückzog, um dort die Gastfreundschaft Behechios und seiner Frauen zu genießen. Der Kazike Guarionex von Magua, der sich Roldán angeschlossen hatte, zog sich in die Berge zurück. Dorthin marschierte nun der Adelantado zu Fuß und zu Pferd. Auf dieser Strafexpedition wurden viele Eingeborenendörfer in Asche gelegt, und Guarionex fiel durch Verrat in Bartolomeos Hand. So wurde dieser Teil der Insel unterworfen.

Dieser Lage sah sich Kolumbus bei seiner Landung in Santo Domingo am letzten Augusttag 1498 gegenüber. Die Eingeborenen waren nach außen hin beschwichtigt, litten aber schwer unter der grausamen Ausbeutung. Roldán befand sich in Xaragua in Freiheit. Die Spanier waren ihm feindlich gesinnt, und 160 von ihnen, etwa 20 bis 30 Prozent der Gesamtzahl, waren an Syphilis erkrankt. Diese Lage wurde verschärft durch das Ausbleiben der drei Karavellen unter Carvajal, Pedro de Harana und Giovanni Colombo, die Kolumbus im Juni von den Kanarischen Inseln vorausgeschickt hatte. Dummerweise waren sie über Santo Domingo hinausgefahren und hatten die Küste weit leewärts in Xaragua nahe bei Roldáns Aufenthaltsort erreicht. Da den Kapitänen Roldáns gegenwärtige Stellung unbekannt war, erlaubten sie dem Rebellenführer, an Bord zu kommen, und ihren Mannschaften, an Land zu gehen. Als Folge davon gelang es Roldán, eine große Anzahl von Seeleuten der Karavellen zur Desertion zu verführen. Der auf diese Weise gestärkte Roldán marschierte nun von Xaragua in die Vega Real, wo er sich anschickte, die Festung Concepción anzugreifen. Kolumbus konnte nur siebzig Bewaffnete aufbringen, um gegen die Rebellen vorzurücken.

Während Kolumbus die Karavelle *Vaqueños* in Santo Domingo zurückbehielt, fertigte er am 18. Oktober 1498 sein Flaggschiff und die *Correo* zur Rückreise nach Spanien ab. Mit diesen Schiffen schickte er einen Bericht über seine Fahrt zum irdischen Paradies mit, den wir mehrfach zitiert haben, sowie einen Brief mit einem eher praktischen Inhalt an die Herrscher. Um die Kosten der Kolonisation zu bestreiten und da die Goldeinnahmen wie gewöhnlich während seiner Abwesenheit enttäuschend gering gewesen waren, schlug er vor, „alle nur irgendwie verkäuflichen Sklaven sowie Rotholz zu schicken". Hatte Spanien nicht die Einwohner der Kanarischen Inseln, Portugal die Afrikaner versklavt? Warum sollte man mit den Indianern eine Ausnahme machen? Im Gegensatz zu den gradlinigen, klaren und praktischen Empfehlungen in seinen Denkschriften von der zweiten Reise waren diese Briefe von Kolumbus aus dem Oktober 1498 weitschweifig und unzusammenhängend, unbrauchbar und lückenhaft. Sie müssen auf die Herrscher den Eindruck gemacht haben, dass der Admiral „nicht mehr wie früher" war. Er war es auch nicht. Ob nun seine Gelenkentzündung oder eine seelische Störung daran schuld waren, der überzeugte und vertrauensvolle Ton von 1492 bis 1494 war nicht mehr vorhanden.

Die Kolonie, so berichtete der Admiral, konnte sich jetzt mit ihrem eigenen Kassawabrot, Schweinefleisch, Rind- und Hutíafleisch versorgen, sie brauchte aber Wein und Kleidung. Die Herrscher sollten fünfzig oder sechzig Kolonisten auf jeder Reise aussenden, um die schwachen und aufrührerischen Elemente heimschicken zu können. Mehr Menschen und Schiffe wurden gebraucht, um Roldán zur Ordnung zu rufen.

Vielleicht waren Roldáns Meuterer den loyalen Truppen an Zahl überlegen. Demgegenüber hatte Kolumbus das ganze Ansehen vizeköniglicher Macht auf seiner Seite. Anstatt eine unnachgiebige Haltung einzunehmen, bildete sich Kolumbus ein, Roldán im Guten überreden zu können. Zwei Tage nach der Abfahrt der Schiffe schrieb er ihm einen versöhnlichen Brief, in dem er den Wunsch ausdrückte, seinen *caro amigo*, seinen lieben Freund, heimfahren zu lassen. Im November kam ein Vertrag zustande, nach dem die Anhänger Roldáns die Wahl hatten, sich entweder zu unterwerfen oder freie Überfahrt nach Hause unter Mitnahme ihres Goldes, ihrer Konkubinen und Sklaven anzunehmen, wofür Kolumbus versprach, ihnen innerhalb von fünfzig Tagen Gelegenheit zur Abreise zu verschaffen. Roldán verlangte außerdem seine Wiedereinsetzung in das Amt eines obersten Richters und für jeden, der zu bleiben wünschte, gratis Landzuteilungen in Xaragua. Kolumbus willigte schließlich ein. Dadurch errichtete er zugunsten der keineswegs reumütigen Rebellen ein Ausbeutungssystem, das die Grundlage der sozialen Gesetzgebung in Spanisch-Amerika bilden sollte.

Es handelte sich hier um das System der *repartimientos*, später als *encomiendas* bekannt. Jedem Siedler wurde ein großes Stück bebauten Landes – für das als erste Einheit 10000 Kassawapflanzen galten – mitsamt den darauf lebenden Indianern zugeteilt und das Recht gewährt, hierüber nach Gutdünken zu bestimmen und es auszubeuten. Die Kaziken stimmten dieser Verordnung zu, um sich von der unerträglichen Bürde des Goldtributs zu befreien, und lieferten ihre Untertanen an die Eroberer aus.

Im Oktober 1499 wurden zwei Karavellen nach Spanien zurückgesandt. Sie hatten Briefe von Kolumbus für das Herrscherpaar an

Bord, in denen er diese Vereinbarungen erklärte und sie damit entschuldigte, dass sie in einer Zwangslage zustande gekommen seien. Er bat, ihm einen fähigen Richter und verschwiegenen Ratgeber als Helfer in den Regierungsgeschäften zu schicken. Kolumbus hatte vielleicht beabsichtigt, selbst zurückzukehren, doch wurde er durch das plötzliche Auftreten einer neuen Störung, hervorgerufen durch Alonso de Hojeda, daran gehindert. Als das Flaggschiff nebst der *Correo* mit den Nachrichten von der Reise nach Paria im Herbst 1498 nach Spanien heimkehrte, schaffte es Hojeda, in den Besitz der Karte des Admirals zu gelangen und von Don Juan de Fonseca die Erlaubnis zu einer Reise in jene Gegend zu bekommen. Gemeinsam mit Bartolomé Roldán (dem Laienlotsen auf Kolumbus' erster Reise), Juan de la Cosa (dem Kartenmacher von der zweiten Reise) und einem in Sevilla ansässigen Florentiner namens Amerigo Vespucci (dessen Bericht über diese Reise – übrigens zwei Jahre vordatiert und geschrieben, ohne den Namen seines Kommandanten zu erwähnen – zur Benennung dieses Kontinents nach ihm führte) erreichte Hojeda den Golf von Paria, fuhr entlang der Küste des Festlands weiter bis Margarita und entdeckte die wertvollen Perlenfischereien, die Inseln Aruba, Bonaire, Curaçao und den Golf von Maracaibo (dem er, wegen der Pfahlbauten der Eingeborenen, den Namen Venezuela, Klein-Venedig, gab). Nach dieser Episode segelte der junge Konquistador zu den Bahamas, füllte sein Schiff mit einer Ladung Sklaven und kehrte glücklich nach Spanien zurück.

Im gleichen Jahr, 1499 bis 1500, erhielt Peralonso Niño, der frühere Lotse der *Santa María* und der *Niña*, die Genehmigung zu einer Reise und kehrte mit einer reichen Beute an Perlen aus der Gegend von Margarita nach Spanien heim; schließlich entdeckte Vicente Yáñez Pinzón, der frühere Kapitän der *Niña*, auf einer sehr bemerkenswerten und kühnen Reise die Mündung des Amazonenstroms, umsegelte wahrscheinlich Kap San Roque, an der östlichsten Ausbuchtung Brasiliens gelegen, und kehrte darauf an der Küste entlang und durch den Golf von Paria nach Santo Domingo zurück. Keine dieser Reisen durfte von Rechts wegen ohne die Genehmigung des Admirals unternommen werden; dass es dennoch geschah, zeigt, wie schnell sein Einfluss am Hof im Schwinden war.

 Die Herrscher glaubten nicht ganz zu Unrecht, dass die drei Kolumbusbrüder das Durcheinander in Hispaniola verschuldet hatten. Don Diego war schon 1495 oder 1496 in die Kolonie zurückgekehrt, wo er mit seinen schwachen Kräften das Beste tat, um die Autorität des Admirals und des Adelantado zu stützen. Sieben Jahre waren seit Beginn der zweiten Reise verflossen, in deren Erfolg die Krone und das Volk so große Erwartungen gesetzt hatten, und bis jetzt war durch die Einnahmen nur ein geringer Teil der Unkosten gedeckt. Der König sah mit scheelen Augen auf alle Unternehmungen, die seine Gleichgewichtspolitik in Europa stören mochten; die Königin aber war enttäuscht von dem mageren Erfolg in der Errettung von Heidenseelen, überdies fühlte sie sich durch Kolumbus gekränkt, der ihre wiederholten Wünsche, die Sklavenverschiffungen nach Hause einzustellen, missachtet hatte. Mochte Kolumbus' Politik schwach gewesen sein, sie wurde von den Unzufriedenen und Aufrührern, die sich bei den Herrschern Gehör verschafften, als tyrannisch hingestellt. Diese Leute bezeichneten Kolumbus und seine Brüder als „ungerechte Männer und grausame Feinde, die spanisches Blut vergossen", die bei jeder Gelegenheit „die Menschen folterten, hängten und köpften, woran sie ihr Vergnügen hatten. Und so hatten sie sich von ihnen abgewandt, die sich wie grausame Tyrannen und wilde Tiere aufführten, im Blut wateten und außerdem die Feinde der Könige waren."

Im Frühjahr 1499 wählten Ferdinand und Isabella Francisco de Bobadilla aus, einen Mann von makellosem und redlichem Charakter, einen alten Diener der Krone und Ritter eines spanischen Adelsordens, und entsandten ihn nach Hispaniola. Bobadilla waren große und unbegrenzte Vollmachten übertragen worden, selbst der Admiral war gehalten, seinen Befehlen zu gehorchen. Wenn Bobadilla in jenem Jahr nach Hispaniola abgereist wäre, hätte er die Lage ziemlich friedlich vorgefunden und eine geziemende Untersuchung der Ursachen aller Schwierigkeiten vornehmen können. Zum Pech für Kolumbus verzögerte sich aber seine Abreise bis zum Juli 1500. Er traf am 23. August in Santo Domingo ein, gerade als der Admiral einen seit langem notwendigen Beweis seiner Stärke gegeben und (mit Roldáns Beistand) eine neue Rebellion, angeführt von Adrián de Moxica, einem früheren Offizier Roldáns, niedergeworfen hatte.

Als Bobadilla in den Hafen einfuhr, wurden seine Augen durch den

Anblick von Galgen beleidigt, an denen die entseelten Körper von sieben spanischen Aufrührern hingen, und als er landete, teilte ihm Don Diego, der die Stadt regierte, mit, dass am nächsten Tag weitere fünf Missetäter hingerichtet würden. Bobadilla befahl Don Diego herrisch, die Gefangenen an ihn auszuliefern. Mit ungewohnter Entschiedenheit weigerte sich Diego, dieser Forderung zu entsprechen, ehe der Admiral nicht in die Stadt zurückgekehrt sei. Bobadilla bestand auf seiner Forderung, wies seine Vollmachten vor, rief den Pöbel von Santo Domingo auf, sich seinen Anordnungen im Namen der Majestäten zu fügen, ergriff Besitz vom Haus des Admirals und beschlagnahmte all seine Papiere und Wertgegenstände. Darauf suchte er seine eigene Beliebtheit dadurch zu festigen, dass er das freie Recht für alle, Gold zu suchen, proklamierte und die Abgabe an die Krone herabsetzte, Don Diego aber in Eisen legen ließ. Und als Kolumbus auf seine Aufforderung gehorsam erschien, ließ er den Admiral von Indien ins Gefängnis werfen und ihn in Fesseln und Ketten legen. Der Adelantado war bei seinen bewaffneten Truppen noch in Freiheit und durchaus imstande, starken Widerstand zu leisten, aber auf den Rat seines Bruders, der Vertrauen in die Gerechtigkeit des Herrscherpaares setzte, unterwarf auch er sich kampflos und wurde an Bord eines Schiffs in Eisen gelegt. Bobadilla hatte inzwischen einen Berg von einseitig belastendem Zeugenmaterial und beschworenen Anklagen gegen die Kolumbusbrüder gesammelt, hielt eine Art von Untersuchung ab und verurteilte sie zur Deportation nach Spanien, wo sie sich vor einem Gericht verantworten sollten.

Anfang Oktober 1500 wurde der Admiral in Ketten an Bord der Karavelle *La Gorda* gebracht und nach Spanien geschickt. Sobald das Schiff den Hafen verlassen hatte, erbot sich der Kapitän, ihn von seinen Ketten und Fesseln zu befreien, aber Kolumbus verweigerte dies. Er war im Namen der Herrscher gefesselt worden, sagte er, und so wollte er seine Ketten so lange tragen, bis die Souveräne selbst sie ihm abnehmen ließen. Don Diego, ebenfalls in Eisen, befand sich bei ihm, doch Bartolomeo scheint mit einem anderen Schiff heimgesandt worden zu sein. Die Karavelle des Admirals machte glücklicherweise eine schnelle Überfahrt und lief noch vor Ende Oktober in den Golf von Cádiz ein.

Obgleich es für Bobadillas empörendes Verhalten keine Entschuldigung gibt, muss doch zugegeben werden, dass Kolumbus als Gouverneur einer Kolonie ein Versager war. Er war schwach gewesen, wo er stark sein musste, und er war zur unrechten Zeit hart gewesen. Las Casas, der die meisten der gegen ihn vorgebrachten Anklagen als unbegründet und leichtfertig bezeichnete, kam trotzdem zu dem Schluss, dass die drei Brüder „es an der erforderlichen Bescheidenheit und Zurückhaltung fehlen ließen, mit der sie Spanier hätten regieren sollen“, denn sie waren Fremde. Sicherlich ist der kastilische Gouverneur Ovando, der Nachfolger Bobadillas, mit weit größerer Strenge aufgetreten, als sie Kolumbus jemals gegen Indianer oder Kolonisten angewandt hatte. Dennoch darf man glauben, dass es niemandem besser gelungen wäre als Kolumbus, eine Bande von Abenteurern zu regieren, deren einziges Ziel war, ohne Arbeit reich zu werden.

Die vierte Reise nach Amerika

40. Kapitel

Letzte Chance
Oktober 1500 bis März 1502

Kolumbus wurde Ende Oktober in Cádiz an Land gebracht und von seinem Freund Fray Gaspar Gorricio in das Kartäuserkloster Las Cuevas in Sevilla eingeladen, wo er sich, immer noch in Ketten und von einem Gefängniswärter bewacht, zunächst aufhielt.

Das Schauspiel des Admirals des Weltmeeres in Ketten soll in Cádiz und Sevilla einen jammervollen Eindruck hervorgerufen haben. Nichtsdestoweniger verstrichen fast sechs Wochen, bevor die Herrscher am 12. Dezember seine Freilassung befahlen und sein Erscheinen am Hof anordneten.

Die Souveräne waren von der hohen Diplomatie in Anspruch genommen. Dieses lange Zögern, von dem Bestehen einer solchen Ungerechtigkeit überhaupt Notiz zu nehmen, wurde durch eine Zuwendung von zweitausend Dukaten etwas gemildert, denn Kolumbus war es nicht gestattet worden, auch nur eine Unze Gold mit heimzunehmen, sodass er für seinen Lebensunterhalt auf milde Gaben angewiesen war.

Am 17. Dezember 1500 erschienen der Admiral, der Adelantado und Don Diego in der Alhambra zu Granada am Hof. „Der Admiral", sagte Oviedo, „küsste die Hände des Königs und der Königin und erbat mit Tränen in den Augen ihre Verzeihung, so gut er konnte, und als sie ihn angehört hatten, trösteten sie ihn mit viel Nachsicht und sprachen Worte zu ihm, die ihn etwas aufrichteten. Und da seine Dienste unbestreitbar, wenn auch in einiger Beziehung regelwidrig waren, konnte es die königliche Majestät so dankbarer Fürsten nicht zulassen, dass der Admiral schlecht behandelt wurde, weshalb sie befahlen, ihm unverzüglich alle Einkünfte und Rechte, die er besessen hatte und die ihm bei seiner Verhaftung genommen worden waren, wiederzugeben. Jedoch versprachen sie ihm keineswegs, ihn wieder in die Regierung einzusetzen."

Dies ereignete sich kurz vor Weihnachten des Jahres 1500, und es besteht kein Zweifel, dass die Familie Kolumbus eine glückliche Wiedervereinigung in Granada feierte. Nicht nur die drei Brüder Christoph, Bartolomeo und Diego waren anwesend, sondern auch Christophs Sohn Diego, jetzt ein junger Mann von 21 Jahren, und Ferdinand, ein Knabe von zwölf Jahren, die beide am Hof lebten. Nach dem Tod des Infanten D. Juan, in dessen persönlichem Dienst sie früher standen, waren sie Pagen der Königin geworden.

Was Kolumbus erbat und erhoffte, war Gerechtigkeit, die Bestrafung Bobadillas, die Wiedereinsetzung in alle seine Rechte, Privilegien und Ämter, kurz, die Wiederherstellung des Zustandes, wie er vor 1500 geherrscht hatte.

Aber nichts geschah. Das neue Jahrhundert dämmerte herauf, die Wochen wurden zu Monaten, die Zeit verging in den sonnendurchwärmten Höfen und duftenden Gärten von Granada, was für die Gesundheit des Admirals recht wohltuend war, aber unerträglich für einen Mann der Tat. Das Herrscherpaar zeigte sich gnädig, verhielt sich aber sonst ausweichend.

Die Aufmerksamkeit der Herrscher war aber durch praktischere und dringendere Geschäfte gefesselt. Gonsalvo de Cordova, der nach Venedig entsandt war, um dort Hilfe im Kampf gegen die Türken zu leisten, wurde nach Italien zurückgerufen und mit der Aufgabe betraut, für König Ferdinand eine tüchtige Scheibe aus der neapolitanischen Melone zu schneiden und möglichst auch den Franzosen ein Stück abzujagen. *Über das Geschäft in Indien*, schrieb Kolumbus an Fray Gaspar, *habe ich weder etwas gehört, noch höre ich jetzt etwas, was nicht übel, sondern gut für mich zu deuten ist.* Mit anderen Worten, er meinte, dass keine Nachrichten gute Nachrichten bedeuten.

Am 24. Mai schrieb er wieder an Gaspar: *Hier geht immer etwas vor, was alles andere in den Hintergrund schiebt. Die Frau Prinzessin ist jetzt in Gottes Namen abgereist, und man glaubt nun, dass etwas für Indien getan wird.* Die Prinzessin war die jüngste Tochter des Herrscherpaars, Katharina von Aragonien, die mit einer unermesslich reichen Mitgift nach England reiste, um Arthur, den Fürsten von Wales, zu heiraten; mit 15 Jahren Braut, mit 16 Witwe, wurde sie darauf die erste Gemahlin Heinrichs VIII.

Es folgten andere, undatierte Briefe. Immer war es dieselbe Geschichte, immer gab es neue, dringende Geschäfte, welche die Aufmerksamkeit der Herrscher von diesem abgelegenen, langweiligen Indien ablenkten.

Inzwischen war Rodrigo de Bastidas westlich von Venezuela zum Golf von Darien gesegelt, hatte Gaspar Corte-Real Neufundland für Portugal, Cabral Brasilien entdeckt, und drei oder vier Seefahrer einschließlich Amerigo Vespucci fuhren den südlichen Kontinent entlang bis hinunter zum Rio de la Plata; Juan de Escalante, der auf Kolumbus' dritter Reise als Offizier mitfuhr, erhielt die Erlaubnis zu einer selbständigen Reise, und selbst jener leichtfertige Schurke Alonso Hojeda bekam trotz seiner Beutezüge und Menschenjagden auf der zweiten Reise vier Karavellen zugewiesen, um eine Gewinn bringende neue Fahrt nach Indien zu unternehmen. Während jeder sich ein Stückchen aus der neuen, von Kolumbus entdeckten Welt herausschneiden durfte, musste er bei Hof herumscharwenzeln und warten.

Es stand wirklich hoffnungslos um Kolumbus' vollständige Wiedereinsetzung in seine Rechte und Privilegien. Mit jeder Reise, die in Spanien oder Portugal endete, liefen neue Nachrichten ein, die immer deutlicher von der unermesslichen Ausdehnung des südlichen Kontinents sprachen. Duarte Pacheco Pereira erriet richtig, dass sich dort eine zusammenhängende Landmasse von 70° Breite im Norden bis zu 28° 30' Breite im Süden erstreckt. Juan de la Cosas Weltkarte zeigte dasselbe Bild. Es war unsinnig, sich einzubilden, dass Kolumbus und seine Erben auf ewig Vizekönige und Gouverneure der Neuen Welt sein könnten mit Anspruch auf den zehnten Teil des gesamten Handels, dem Recht, alle Beamten zu ernennen und sich einen Anteil aus den Einkünften zu nehmen. Gewiss war es richtig, dass ihm das von allem, was er entdecken und behaupten würde oder was als Ergebnis seiner Entdeckungen vollbracht werden mochte, versprochen war. Für einen Archipel oder ein paar Handelsniederlassungen auf dem asiatischen Festland war das durchaus denkbar, aber niemand, am wenigsten er selbst, hatte erwartet, einen so riesigen unentwickelten Erdteil aufzufinden. Er mochte sich El Almirante oder El Virrey nennen, wenn er darauf Wert legte, aber ihn, einen administrativen Versager, zurückzuschicken, um Hispaniola schlecht zu regieren, nein, das kam nicht infrage! Kolumbus wäre zu diesem Zeitpunkt gut beraten gewesen, wenn er sich mit einem anständigen Ruhegehalt und einem Schloss im eroberten Königreich Granada begnügt und sich zurückgezogen hätte; ein Verzicht zwar, der aber durch die verliehenen Würden und finanzielle Sicherheit ausgeglichen wäre. Aber er war kein solcher Mensch. Wäre er es gewesen, so hätte er Amerika nicht entdeckt.

Am 3. September fiel die Entscheidung. Don Nicolás de Ovando, Commendador de Lares, wurde von den Herrschern zum Gouverneur und höchsten Richter der Inseln und Festländer von Indien ernannt. Diese Ernennung bedeutete, dass die Ausübung von Kolumbus' Rechten und Privilegien endgültig außer Kraft gesetzt war. Das einzige Zugeständnis, das die Herrscher Kolumbus machten, war eine Anweisung an Bobadilla, eine genaue Aufstellung über die Besitzrechte des Admirals anzufertigen, ferner wurde ihm gestattet, mit Ovandos Flotte einen Vertreter hinüberzuschicken, der befugt war, alle ihm aus dem Handel und der Goldgewinnung zustehenden Anteile in Empfang zu nehmen. Kolumbus zeigte eine glückliche Hand, als seine Wahl für diesen Auftrag auf seinen Veterankapitän Alonso Sánchez de Carvajal, den seefahrenden Bürgermeister von Baeza, fiel, der seine Interessen so gut wahrnahm, dass der Admiral bei seinem Tod ein verhältnismäßig wohlhabender Mann war.

Ovando segelte am 13. Februar 1502 mit einer prächtigen Flotte von dreißig Segeln, bestehend aus fünf Schiffen von 90 bis 150 Tonnen Tragfähigkeit, 24 Karavellen und einem *barco*, die im Ganzen 2500 Seeleute, Kolonisten und Bewaffnete an Bord führten, von Cádiz ab. Das also war endgültig.

Jetzt fasste Kolumbus den Entschluss, Schiffe, Mannschaften und Geld für eine neue Entdeckungsreise anzufordern. Da er sich an Land stets unbehaglich und unglücklich fühlte, wuchs seine Sehnsucht nach dem Meer; und obwohl anzunehmen war, dass sich Ovando schließlich selbst zu Fall bringen würde, mochte es immerhin zwei oder drei Jahre dauern, bevor die Herrscher erkannten, dass allein Kolumbus ihr tüchtigster (weil auch einzig rechtmäßiger) Gouverneur von Indien war. Auf einer neuen Reise hatte er außerdem Aussicht, frische Lorbeeren zu ernten, sodass die Herrscher gar nicht anders konnten, als ihn wieder in seine alten Rechte und Privilegien einzusetzen und seine Familie abzusichern.

Aber wohin und mit welchem vorgeblichen Zweck sollte diese Reise unternommen werden? Bei seiner genauen Kenntnis der Neuen Welt hatte Kolumbus herausgefunden, dass an einem Punkt noch etwas Aufsehen erregendes zu tun übrig geblieben war: im Westen des Karibischen Meeres. Hojeda, Niño und Bastidas waren bei ihren Entdeckungen nicht sehr weit von dem Bereich der spanischen Hauptlinie entfernt vorgedrungen, teils wegen ihrer Gier nach Perlen, teils wegen der mühseligen Heimreise. Seit 1494 war niemand mehr nach Kuba gekommen, und Kolumbus glaubte immer noch, Kuba sei die chinesische Provinz Mangi, deren westliches Ende der Goldene Chersone oder die Malaiische Halbinsel war. Fernab nach Westen, abseits der Wege der Festlandforscher, lag ein großer, unentdeckter Golf. Hier, glaubte Kolumbus, musste die lang gesuchte westliche Durchfahrt nach Indien sein. Marco Polo war diesen Weg gesegelt. Falls der Admiral diese Meerenge oder Durchfahrt entdecken und rund um die Welt zurück nach Spanien segeln könnte, würde Vasco da Gamas Reise nach Indien über das Kap der Guten Hoffnung in den Schatten gestellt sein.

Während sechs langer Monate suchte Kolumbus, der jetzt unter dem gastlichen Dach von Las Cuevas in Sevilla lebte, mit großer Geduld die Aufmerksamkeit auf seine Person zu lenken. Er schrieb an den Papst und bat ihn um eine Anzahl Priester, um den Indianern das Evangelium zu verkünden, in der Hoffnung, Seine Heiligkeit werde die Herrscher ersuchen, Kolumbus Schiffe zu geben und ihn zu ihrem Generalkapitän zu ernennen. Aber Alexander VI. hatte mehr für Mätressen als für Missionare übrig.

In einer Denkschrift vom 26. Februar 1502, die leider nicht erhalten geblieben ist, legte Kolumbus ausführlich seine Ansichten über eine neue Reise dar und empfing einen so günstigen und schnellen Bescheid, dass man vermuten kann, Ferdinand und Isabella wären nur zu froh gewesen, einen so unbequemen Bittsteller auf diese Weise loszuwerden.

Am 14. März 1502 genehmigte das Herrscherpaar Kolumbus die vierte und letzte Reise.

Ihr Bescheid war begleitet von einem huldvollen Schreiben. Sie erklärten, dass ihnen seine Einkerkerung missfallen habe, dass es ihr Wille und besonderer Wunsch sei, ihm immerdar eine ehrenvolle und höfliche Behandlung zuteil werden zu lassen. Seine Privilegien sollten ihm ungeschmälert erhalten bleiben, damit er und seine Erben sie ohne Einschränkung genießen möchten, doch (was nicht gesagt war, sich aber von selbst verstand) könne er seine amtlichen Funktionen zurzeit nicht ausüben.

Die Weisungen der Herrscher waren vom gleichen Tag datiert. D. Cristóbal Colón, ihrem Admiral der Inseln und Festländer im Weltmeer, wurde aufgetragen, eine Reise auf ihre Kosten in Richtung Indien zu unternehmen. Er bekam 10000 Pesos d'Oro zur Deckung der Ausrüstungskosten sowie alle Artillerie und Munition, die er wünschte. Er sollte mit aller erdenklichen Eile nach Westen segeln, *da die gegenwärtige Jahreszeit (März) für die Navigation besonders günstig ist* (zwischen den Zeilen kann man das vulgäre „Hol ihn der Teufel" herauslesen). Er sollte Inseln und Kontinente *in Indien in jenen Teilen entdecken, die uns gehören*, das heißt jenseits der vertraglichen Linie. Besondere Beachtung sollte er dem Vorkommen von Gold, Silber, Perlen, Edelsteinen und Gewürzen schenken, in diesen Gütern keinen Privathandel zulassen, sondern alles, was davon an Bord gebracht würde, sollte durch den amtlichen Kontrolleur aufgeschrieben und in die Obhut von Francisco de Porras (von dem wir bald mehr hören) gegeben werden – ganz als ob Kolumbus nichts von Wert anvertraut werden konnte.

Aus diesem Schreiben geht hervor, dass die Herrscher die lebhafte Hoffnung nährten, dass Kolumbus die Meerenge finden und rund um die Welt nach Spanien zurücksegeln werde. Sollte dieser Fall nicht eintreten, so war er ermächtigt, auf der Heimreise Hispaniola anzulaufen, *wenn es notwendig ist*, aber unter keinen Umständen durfte er diese Insel auf der Hinreise besuchen. Sie sahen richtig voraus, dass seine Anwesenheit in Hispaniola zu dieser Zeit für ihn nur betrüblich und für Ovando störend sein würde.

In dem glücklichen Bewusstsein, dass ihm seine Privilegien nicht dauerhaft entzogen waren, und im Vertrauen darauf, sie letztlich für sich und seine Erben neu bestätigt zu erhalten, verwendete Kolumbus in den letzten Monaten an Land viel Zeit und Mühe auf die Zusammenstellung und Anfertigung von Abschriften seines Privilegienbuches, das er vor Beginn der dritten Reise in Angriff genommen hatte. Zwei Abschriften hinterlegte er bei der St.-Georg-Bank in Genua, eine übergab er seinem Sohn; eine vierte nebst dem Original der

Kapitulationen und anderen wichtigen Dokumenten gab er Fray Gaspar im Kloster Las Cuevas in Verwahrung.

Nun, da er ein neues Testament aufgesetzt, Beatriz Enríquez de Harana darin versorgt hatte und seinen älteren Sohn Diego in einer sicheren Stellung am Hof wusste, während ihn sein geliebter jüngerer Sohn auf seinem Schiff begleiten sollte, war der Admiral wieder glücklich. Er blickte vorwärts, einer neuen, glänzenden Reise entgegen, die er *el alto viaje*, die höchste Reise, nannte, denn sie sollte die ruhmreiche Krönung seiner Seefahrerlaufbahn sein.

41. Kapitel

STURM
3. APRIL BIS 30. JULI 1502

In seinem 51. Lebensjahr, als er nach damaligen Begriffen bereits ein alter Mann war, unternahm Kolumbus seine gefahrvollste und uneinträglichste Reise. El Alto Viaje bietet eine Abenteuergeschichte, wie sie selbst die blühendste Fantasie kaum erfinden könnte; sie war ein Kampf zwischen Menschen und Naturgewalten, ein glänzendes Zeugnis der Hingabe, Treue und des Muts, vermischt mit den abscheulichsten menschlichen Leidenschaften. Für jeden, der das Meer liebt, ist der Bericht über diese vierte und letzte Reise eine Geschichte von höchstem Reiz.

Die von den Herrschern zur Verfügung gestellte Flotte bestand aus vier Karavellen. Ferdinand nannte sie „Fahrzeuge mit Rundtoppen", womit er andeutete, dass sie wie die ursprüngliche *Santa María*, also mit Großmarssegeln getakelt waren. *La caravela capitana*, die Flaggkaravelle oder gewöhnlich kurz *La Capitana* genannt – ihr wirklicher Name ist unbekannt geblieben –, hatte 70 Tonnen und war für 9000 Maravedis monatlich gechartert. Sie hatte den Admiral und seinen Sohn an Bord, aber der Admiral führte das Schiff nicht selbst, wahrscheinlich seines fortgeschrittenen Alters und seiner geschwächten Gesundheit wegen. Diego Tristán, ein früherer Schiffsgefährte und ergebener Diener von Kolumbus, sein Haushofmeister während seines Landaufenthalts zwischen den Reisen, war mit einem monatlichen Gehalt von 4000 Maravedis zum Kapitän ernannt worden.

Die *Santiago de Palos*, von den Seeleuten nach ihrem Eignerführer Francisco Bermúdez *Bermuda* genannt, kostete die Krone 10000 Maravedis monatlich, also mehr als die *Capitana*; dennoch muss sie kleiner gewesen sein, da sie eine kleinere Besatzung hatte. Sie erwies sich als so ungeeignet, dass Kolumbus versuchte, sie loszuwerden, und deshalb sogar seinen Kurs änderte. Bartolomeo Kolumbus, der Adelantado, segelte an Bord der *Santiago* und war in Wahrheit ihr Kapitän ohne Gehalt. Francisco de Porras, ihr Titularkapitän, wurde von seinem Bruder Diego begleitet, der als Rechnungsführer, Hauptschreiber und Vertreter der Krone fungierte. Die Brüder Porras, die sich nicht nur als unfähig, sondern auch als untreu erwiesen, waren Kolumbus von Alonso de Morales, dem Schatzmeister von Kastilien, der die Schwester der Porras als Mätresse hielt, aufgezwungen worden. Kolumbus konnte einem Schatzmeister, der manches Mittel besaß, die Reisepläne zu durchkreuzen, wenn man seinen Wünschen nicht nachkam, diesen Gefallen augenscheinlich nicht verweigern.

Die *El Gallego* oder *La Gallega* (der oder die Galicische), deren richtiger Name mit *Santo* anfing, hatte annähernd 70 Tonnen oder ungefähr die Größe der berühmten *Niña*. Pedro de Terreros, ihr Kapitän, hatte an jeder Kolumbusreise teilgenommen.

Die *Vizcaíno* oder *Vizcaína* (ebenfalls ein Spitzname, der „Biscayer" bedeutet) war die kleinste Karavelle der Flotte. Sie wurde befehligt von Bartolomeo Fieschi, einem jungen, kühnen Mann und Spross einer Genueser Patrizierfamilie, die mit den Colombos schon vor der Geburt Christophs befreundet war. Ihr Eigner und Schiffsführer Juan Pérez verkaufte sie während der Reise an den Admiral.

Insgesamt standen 135 Männer und Jungen auf der Lohnliste, die von Diego de Porras genau bis ins Detail hinterlassen wurde. Davon kehrte ungefähr ein Viertel nicht zurück. Vier entwichen in Hispaniola, dreißig ertranken oder starben an Krankheiten, wurden durch die Indianer von Belén getötet oder fielen im Kampf mit den Meuterern auf Jamaika.

Vergleicht man es mit dem Personal der ersten Reise, von der wir die einzige vollständige Mannschaftsliste besitzen, fällt sofort auf, dass die alten Namen aus Palos und La Niebla wieder erscheinen. Trotz seiner Unbeliebtheit bei den Siedlern von Hispaniola und seinem Prestigeverlust beim Hof bewies die Zusammensetzung seiner Mannschaft auf der vierten Reise, dass Kolumbus also noch in hohem Ansehen bei der seefahrenden Bevölkerung von Andalusien stand.

Von allen Flotten, die Kolumbus auf seinen Reisen je geführt hatte, war diese, wie es schien, die am besten für Erkundungsfahrten ausgerüstete.

Die Flotte versammelte sich im Hafen von Sevilla, nahe bei der Giralda. Unter dem Befehl des Adelantado fuhr sie am 3. April 1502 den Guadalquivir hinunter bis nach Puebla Vieja, wo sich ein guter Strand zum Kielholen befand. Nachdem man die Schiffsböden sauber abgekratzt und sorgfältig kalfatert hatte, wurde der Rumpf verpicht und die Schiffe darauf wieder zu Wasser gelassen. Sie fuhren nun weiter nach Cádiz. Dort begaben sich der Admiral, sein Bruder, der Adelantado, und sein zwölfjähriger Sohn Ferdinand an Bord. Am 11. Mai kam Nordwind auf, und die Karavellen fuhren hinaus aufs Meer und trafen am 20. Mai, in sehr guter Zeit für die 675 Meilen lange Fahrt, in Gran Canaria ein. Am 24. Mai fuhren sie weiter zur Reede von Maspalomas am Südende von Gran Canaria, wo sie Wasser und Holz an Bord nahmen.

Dieser Abstecher wurde wahrscheinlich durch den Umstand veranlasst, dass Wasser und Holz in Las Palmas nicht zu haben waren. In der Nähe des heutigen Leuchtturms von Maspalomas befindet sich ein kleiner Süßwassersee und dahinter ein Gehölz, wo sich Kolumbus' Männer mit dem nötigen Feuerholz versorgten.

Die Ozeanüberquerung begann in der Nacht des 25. Mai 1502 von Maspalomas aus, und am folgenden Tag erfolgte die Ausfahrt von Ferro. *Oueste, quarta del sudoeste*, „West zu Süd", lautete der vom Admiral gesetzte Kurs.

Auf ihm wären die Karavellen mit flämischen Kompassen nach Dominica gekommen, doch in Wirklichkeit erreichten sie die nächst südlich gelegene Insel. Nach einer schnellen und glatten Passatfahrt von 21 Tagen, der schnellsten Ozeanüberquerung, die Kolumbus je gemacht hatte, erreichte die Flotte am 15. Juni Martinique. Es gab eine gute Landsichtung. Der Passat blies frisch, und die See ging hoch, so suchte der Admiral eine gute Leeküste aus, wahrscheinlich die Bucht von Fort-de-France. Dort schickte er zuallererst seine Männer an Land, um die Wasserfässer aufzufüllen, sich im Fluss zu baden und die Kleidung zu waschen. In jenen Tagen der Segelschifffahrt versäumte kein verantwortungsbewusster Schiffsführer, seinen Leuten nach einer Ozeanreise jede Gelegenheit zu großer Wäsche zu geben.

Nach drei Tagen der Erholung und Erfrischung machte sich die Flotte am 18. Juni wieder auf und traf fünf Tage später auf der Höhe des Ozamaflusses ein, an dessen Mündung Santo Domingo, die neue Hauptstadt von Hispaniola, lag.

Obgleich Kolumbus' Privilegien vor seiner Abreise wiederhergestellt worden waren, hatten ihm die Herrscher verboten, sein Vizekönigreich früher als auf der Rückreise zu besuchen. Aus zwingenden Gründen jedoch wünschte der Admiral, Santo Domingo jetzt anzulaufen. Er wollte der zur Abfahrt bereiten Flotte einige Briefe nach Hause mitgeben und außerdem mit irgendeinem Schiffer der Flotte einen Handel um die *Santiago* abschließen. Dieses Schiff hatte sich als schlechter Segler erwiesen.

Weiter suchte Kolumbus Schutz vor einem Zyklon, den er aufziehen sah. Er kannte die drohenden Anzeichen nur zu gut, denn er war ihm im August 1494 hinter Saona Island entkommen, und einen zweiten derartigen Sturm hatte er miterlebt, als er sich im Oktober 1495 in Hispaniola an Land aufhielt. Damals rollte unter ungewöhnlichen Gezeitenerscheinungen eine ölige Dünung von Südwesten heran, die verschleierten Zirruswolken jagten in den oberen Luftschichten dahin, während leicht stürmische Winde über die Wasserfläche bliesen, und, fügte Las Casas hinzu, eine ungewöhnlich große Menge von Robben und Delfinen kam an die Meeresoberfläche – ein untrügliches Zeichen des aufziehenden Unwetters.

Im April war Don Nicolás de Ovando, Ritterordensmeister von Lares und Gouverneur von Hispaniola, mit einer stolzen Armada von dreißig Segeln in Santo Domingo eingetroffen. Seine Schiffe ankerten jetzt auf dem Ozamafluss, gerüstet, die Heimfahrt nach Spanien anzutreten. Kolumbus erschien und hielt sich außerhalb des Hafengebiets, ohne zu ankern; er schickte Kapitän Terreros von der *Gallega* mit einem Schreiben an den Gouverneur an Land und bat um Erlaubnis einzulaufen.

Gleichzeitig warnte er dringend vor der Ausfahrt der Flotte, bis der Sturm vorübergezogen sei. Ovando nahm diese Bitte des Admirals mit beleidigender Geringschätzung entgegen, las dessen Brief laut vor seinen speichelleckenden Günstlingen, die den Admiral in so übler Weise als „einen Propheten und Wahrsager“ verspotteten, dass der ehrliche Terreros sie am liebsten niedergeschlagen und in die Hölle befördert hätte; natürlich verweigerte Ovando dem Admiral die Einfahrt in den Hafen, schlug Kolumbus' Warnung in den Wind und ließ die Flotte zur Heimfahrt auslaufen.

Die Strafe folgte augenblicklich und war fürchterlich. Kaum hatte diese große, stolze Flotte die Monapassage durchfahren und befand sich unter der Lee der keilförmigen östlichen Spitze von Hispaniola, als sie von einem schrecklichen Nordostwind überfallen wurde, der sie im Nu auseinander riss, denn sie war in die Längsbahn des brausenden Orkans geraten. Einige Schiffe sanken auf See; andere, die rechtzeitig beidrehen konnten, wurden ans Ufer geworfen und buchstäblich in Stücke geschlagen. Unter denjenigen, die mit Mann und Maus untergingen, war das Flaggschiff, das Kolumbus' Freund und früherer zweiter Befehlshaber Antonio de Torres kommandierte: Es hatte Bobadilla, den Feind des Admirals, sowie Guarionex, den besiegten Kaziken, an Bord, ferner eine Ladung Gold im Wert von 200000 Castellanos, darunter einen Goldklumpen im Gewicht von 3600 Pesos, den größten, der je in Westindien gefunden wurde. 19 Schiffe sanken mit der ganzen Besatzung in die Tiefe, drei oder vier schlugen sich bis zur Saonainsel durch und erreichten in sinkendem Zustand Santo Domingo. Über fünfhundert Menschen fanden den Tod, und nur ein einziges Schiff aus der ehedem so stolzen Flotte, die *Aguja*, konnte nach Spanien gelangen. Weil sie als das minderwertigste Schiff angesehen wurde, hatte sie Ovando dem Vertreter des Admirals zugewiesen, und dieser führte auf ihr 4000 Pesos Gold mit sich, die er den Klauen Bobadillas entrissen hatte. Diese beträchtliche Summe gelangte dann auch glücklich in die Hände Don Diegos de Colón in Spanien. Kein Wunder, dass die Feinde des Admirals erklärten, er habe den Orkan durch Zauberkünste heraufbeschworen!

Das Geschwader des Admirals entkam unversehrt. Man darf nicht glauben, dass Kolumbus, dreihundert Jahre seiner Zeit voraus, die

Zusammenhänge zyklonischer Stürme kannte, aber er wusste, was in einer solchen Lage zu tun war.

Als Kolumbus die Einfahrt in den Hafen von Santo Domingo verwehrt wurde und er feststellte, dass der Wind fast genau aus N, von der Küste ab, blies, führte er seine Flotte wenige Meilen nach Westen und ankerte dicht unter Land, wahrscheinlich bei der Mündung des Rio Jaina, wo er gegen N und W geschützt war. Natürlich, erzählte Ferdinand, schimpften und murrten die Leute, weil sie um ihren Landurlaub in der Stadt gekommen waren. Die ankernde Flotte schaukelte nur leicht auf den Wellen, als am nächsten Tag die Stärke des Windes zunahm; aber mit dem Einbruch der Nacht am 30. Juni waren alle Sturmgewalten losgelassen und tobten und brüllten, und nur das Ankertau der *Capitana* hielt dem Sturm stand. Alle anderen Schiffe wurden durch die schrecklichen Windstöße, die von den Bergen Hispaniolas niederfuhren, von der Ankerstelle losgerissen und auf die wild schäumende See hinausgetrieben. In schwarzer Nacht, im Toben des Orkans, kämpfte jede Karavelle verbissen um ihr Leben und meinte, dass die Bruderschiffe verloren seien; unterdessen verbrachte der Admiral, nachdem er das Ankertau seiner *Capitana* durch jedes erreichbare Stückchen Eisen gezurrt hatte, die Nacht damit, abwechselnd Ovando zu verfluchen und zu Gott zu beten. *Welcher Menschgeborne*, schrieb er, *Hiob nicht ausgenommen, würde nicht vor Verzweiflung gestorben sein, wenn er gesehen hätte, wie mir in solchem Wetter, Zuflucht suchend für meinen Sohn, Bruder, die Schiffsgefährten und mich selbst, das Land und die Häfen verwehrt wurden, die ich durch Gottes Willen und unter Einsatz meines Bluts für Spanien gewonnen habe?* Doch mit dem Willen Gottes und tüchtiger Seemannskunst kam die Flotte glücklich durch. Die ranke *Santiago*, die er versucht hatte, durch Tausch loszuwerden, wurde vor seinen Augen fast in die Tiefe gerissen, denn Kapitän Porras, jener aus politischen Rücksichten ernannte Schiffsführer, war gänzlich unfähig, wenn kein schönes Wetter war. Zum Glück griff der Adelantado, den sein Neffe als den besten Seemann der Flotte bezeichnete, energisch ein, suchte hinaus aufs Meer zu kommen und konnte sie retten. Die *Gallega* verlor ihr Beiboot, das zu Wasser war, als sie aufs Meer hinausfuhr; es schlug voll, und das Bootstau musste gekappt werden, doch gelang es Kapitän Terreros, sein Schiff durch das Unwetter zu bringen.

Die *Vizcaína* scheint sich unter dem Genueser Kapitän Fieschi gut gehalten zu haben.

Vor dem Sturm hatte man vereinbart, sich, wenn man getrennt werden sollte, in einem ausgezeichneten, ganz von Land umschlossenen kleinen Hafen zu treffen, den Kolumbus kannte. Es war Puerto Escondido in der Tiefe der Ocoa Bay. Sobald der Sturm nach Norden und Westen abzog, kam Wind von Südost auf, der gerade richtig war, um die Schiffe zum Treffpunkt zu führen. Und so krochen die vier Schiffe dieser zerzausten Flotte am Sonntag, dem 3. Juli, eins nach dem anderen in den Hafen von Azua hinein und warfen in Sicherheit Anker. Welch ein Salve regina mag an diesem Sonntagabend zum Himmel emporgestiegen sein! Die Kapitäne konnten nicht besser gehandelt haben, selbst wenn sie einen Meteorologen an Bord gehabt hätten.

Kolumbus hatte es eilig weiterzukommen, aber klugerweise nahm er sich Zeit zur Erholung und um einige Reparaturen durchzuführen. Sein Sohn Ferdinand behielt Escondido wegen des Fischfangs in bester Erinnerung. Eines Tages fingen sie eine Seekuh, die Ferdinand erstaunlicherweise als Säugetier erkannte und nicht als Fisch. Bei einer anderen Gelegenheit begegnete das Beiboot der *Vizcaína* einem riesigen Rochen „von der Größe eines mittleren Betts“, der schlafend an der Oberfläche schwamm. Die Männer harpunierten ihn, worauf der Fisch die Leine mit rascher Bewegung straff zog und das Boot mit großer Schnelligkeit durchs Wasser schleppte, sodass sich einige Leute an Bord wunderten, durch welche Zauberkraft sich das Boot ohne Segel und Ruder so rasch auf dem Wasser fortbewegte. Auf einmal tauchte der Riesenfisch unter und verendete; darauf wurde er längsseits der *Vizcaína* verholt und mit Taljen an Bord gehievt.

Von Azua aus umfuhr die Flotte nun die Beata-Insel und setzte am 14. Juli Segel. Keines dieser Schiffe sollte Hispaniola jemals wiedersehen.

Kolumbus' ursprünglicher und besserer Plan für diese Reise sah vor, bis in die Nähe von Margarita an die Festlandküste vorzustoßen, wo er sie vier Jahre vorher verlassen hatte, und sie, vor dem Wind segelnd, so lange abzusuchen, bis er die Meerenge fand. Sein Entschluss, Santo Domingo anzulaufen, um die *Santiago* loszuschlagen, machte diesen Kurs unmöglich, denn Kolumbus stand jetzt zu weit nördlich und westlich, um gegen den Passatwind und die Strömung anzukommen. Infolgedessen beschloss er, in die noch unbekannte Westhälfte des Karibischen Meers hineinzufahren, in der Hoffnung, auf Land zu treffen und sich die Küste entlang zurückzuarbeiten. Am dritten Tag lief die Flotte in eine totale Windstille und wurde zu den Morant Keys getrieben, einer Gruppe von Sandinselchen, etwa 33 Meilen von Jamaika entfernt. Ohne längeren Aufenthalt nahm der Admiral seinen Kurs wieder auf, aber der SO-Wind und die Äquatorströmung trieben ihn über Jamaika hinaus. Am 27. Juli drehte der Wind nach NO, und die Flotte machte eine schnelle Fahrt von 360 Meilen in drei Tagen in Richtung S zu W. Als der Wind nachließ, kletterte ein Matrose in den Mastkorb, um zu sehen, ob das Meer zum Schwimmen geeignet sei und ob keine Haie in der Nähe wären; da erblickte er gerade voraus eine schöne, hohe Insel. Es war Bonacca, eine der Islas de la Bahía, die der Küste von Honduras vorgelagert sind.

42. Kapitel

Die Suche nach der Meerenge
30. Juli bis 16. Oktober 1502

Bonacca ist eine schöne Insel, etwa 13 Kilometer lang und bis zu 360 Meter hoch, umgeben von einer Kette von Korallenriffen, durch die leicht auffindbare Kanäle in geschützte Gewässer führen. Außer einigen hohen Kiefern entdeckte man hier nichts von Wert. Bartolomeo fuhr mit zwei Booten an Land, traf dort eine Menge Indianer an, denen er Perlen und Goldkörner zeigte; doch hatten die Eingeborenen solche Kostbarkeiten offenbar noch nie gesehen, denn sie erboten sich, sie zu kaufen, anstatt mehr davon herbeizuschaffen.

Auf der Bonacca-Insel sah der Admiral ein interessantes Beispiel indianischer Schiffbaukunst. Ein sehr großes Einbaumkanu von der Länge einer Galeere und einer Breite von zweieinhalb Metern kam in Sicht. Es war mit 25 Personen bemannt und hatte viele Frauen und Kinder als Passagiere an Bord, die mittschiffs unter einem wasserdichten Schutzdach aus Palmblättern saßen. Die Spanier bemächtigten sich des Fahrzeugs ohne Schwierigkeit, da die Paddler beim Anblick der Schiffe vor Staunen wie gelähmt waren, und holten es längsseits der *Capitana*. Kolumbus erlaubte seinen Leuten, sich aus der Ladung zu nehmen, was sie wollten, und die Art der Güter zeigte, dass sie von einem viel höher entwickelten Volk erzeugt waren, als man sie in den bisher besuchten Gegenden der Neuen Welt angetroffen hatte. Da gab es Baumwolldecken und merkwürdig gefärbte, gewebte Hemden ohne Ärmel, farbige Schals, die den Gewändern der maurischen Frauen in Granada ähnelten, lange Holzschwerter, die an der Schneide eingelegte Feuersteine hatten, sodass sie so scharf wie Stahlmesser waren, Äxte aus Kupfer, Glocken und Tiegel zum Kupferschmelzen; an Nahrungsmitteln fand man dieselben Wurzeln und Körner, die man bei den Arowaken gesehen hatte, dazu ein gegorenes Getränk, das wie englisches Bier schmeckte. Was die Indianer aber von ihrer Ladung im Wert am höchsten schätzten, waren gewisse „Nüsse", ohne Zweifel *almendras de cacao* oder Kakaobohnen, die sie als Geld gebrauchten. Auf den Admiral machte die Sittsamkeit der Frauen, die ihre Gesichter verhüllten wie die hübschen Moras von Granada, so starken Eindruck, dass er seinen Leuten befahl, mit ihnen anständig umzugehen, ferner gab er ihnen Handelswaren zum Austausch für das, was sich seine Leute angeeignet hatten.

Aber woher kam das Kanu, und zu welchem Volk gehörten die Insassen?

Diese Begegnung wurde von den Verleumdern des Kolumbus später zu der Behauptung benutzt, er habe „den Omnibus" nach Yucatán „verpasst", wo er die berühmte Mayakultur entdeckt haben würde.

Wie sich später herausstellte, wurde der Teil von Honduras, der Bonacca gegenüberlag, von den Chicaque-Indianern Maia genannt (er war ein Teil des Mayareichs der Cocomen, die im Jahr 1485 gestürzt wurden); es ist auch erwiesen, dass die Bonacca-Insel nicht auf der Kanustrecke von Honduras nach Yucatán liegt.

Durch Zeichen und Gebärden dieser seefahrenden Eingeborenen gewann der Admiral einen solch starken Eindruck von „dem Reichtum, der Kultur und dem Gewerbe" der im Westen lebenden Völker, dass er versucht war, den Kurs zu ändern und ihnen dorthin zu folgen. Er überlegte indessen, dass er dieses Land später auf einer Fahrt von Kuba mit

Leichtigkeit mit dem Wind besuchen könne, und so entschloss er sich, auf der Suche nach seiner Meerenge weiter nach Osten vorzustoßen.

Es war Anfang August geworden, als Kolumbus zu dem von Bonacca aus sichtbaren und etwa 30 Meilen entfernten Festland aufbrach. Die Flotte erreichte bei Kap Honduras *terra firma*. Dort traf Kolumbus Chicaque-Indianer an, die ebenso wie die Eingeborenen des Handelskanus gekleidet waren und zum Teil dick gefütterte Baumwolljacken trugen, die ausreichenden Schutz gegen Pfeile boten.

Die Flotte begann nun eine lange Kreuzfahrt gegen den Wind. Am Sonntag, dem 14. August, ankerte sie vor der Mündung eines Flusses, den Kolumbus Rio de la Posesión, Fluss der Inbesitznahme, nannte, weil er hier am folgenden Mittwoch für die Herrscher feierlich Besitz vom Festland ergriff.

Hunderte von Indianern kamen herbei, um sich das Schauspiel der Besitzergreifung anzusehen, dem sich ein lebhafter Tauschhandel mit Falkenglöckchen, Glasperlen und den üblichen Handelswaren anschloss. Die Indianer brachten „einheimische Hühner, die besser waren als die unsrigen, gebratenen Fisch, rote und weiße Bohnen" sowie andere nützliche Dinge wie jene in Hispaniola. Die Eingeborenen waren von dunklerer Hautfarbe und unbedarfter als die Arowaken, gingen zumeist nackt, und ihre Körper waren tätowiert oder bemalt und zeigten Bilder von Löwen, wilden Tieren, betürmten Burgen, ferner waren „ihre Gesichter rot und schwarz angestrichen, um schön auszusehen, doch in Wirklichkeit sahen sie aus wie die Teufel". Ihre Ohrläppchen waren durchbohrt, und die Löcher waren manchmal so weit, dass man ein Hühnerei hindurchstecken konnte.

An der Miskitoküste von Honduras hatte die Flotte 28 Tage lang gegen den Wind und stürmisches Wetter anzukämpfen; sie kreuzte tagsüber vor der Küste und ankerte nachts dicht unter Land. *Es gab dauernd Regen und Gewitter mit Donner und Blitz*, schrieb Kolumbus,

> *und die Schiffe waren dem Wetter preisgegeben, sodass die Segel zerrissen und Anker, Takelwerk, Taue und viel Ladung verloren gingen; alle Leute an Bord waren so erschöpft und niedergeschlagen, dass sie gelobten, brav zu sein, Pilgerfahrten zu unternehmen und dergleichen mehr, ja, man konnte sogar erleben, dass sie sich gegenseitig beichteten! Was mich am meisten quälte, waren die Leiden meines Sohnes, denn es entsetzte mich, dass er, ein Junge von erst*

13 Jahren, so viel Schweres durchmachen musste. Aber unser Herr stärkte ihn mit Mut, sodass er sogar die übrigen Leute aufrichtete und dabei arbeitete, als ob er ein ganzes Leben auf See zugebracht hätte.

Sie befanden sich in der Tat in einer verzweifelten Lage, viel schlimmer als draußen auf hoher See, wo man bei einem solchen Wetter beidrehen kann. Es gießt in Strömen, die Speigatts sind in Wasserfälle verwandelt, kein Schiff kann das andere sehen, und Meer und Himmel sind eins. Die Wache unter Deck muss dauernd Wasser schöpfen und dreißig Faden triefenden Taus aufschießen und zum Ankern klarmachen.

Und alles trieft, es gibt keine Möglichkeit, auf dem Herd Feuer zu machen, ein Stück madiges Hartbrot und ein Happen Salzfleisch müssen genügen. Irgendwo rollt man sich in seinen nassen Kleidern zusammen, während die Karavelle stampft und spritzt, stöhnt und unter Krachen ächzt, und wenn der Wind dann abflaut, kommen die Moskitos aus den nahen Mangrovensümpfen angeschwirrt und stürzen sich blutgierig auf die erschöpften Spanier, die nicht mehr die Kraft besitzen, sie zu verscheuchen.

In den 28 Tagen, die diese Fahrt dauerte, kam die Flotte nur 165 bis 170 Meilen vorwärts. Es ist ein weiteres Zeichen für Kolumbus' Standhaftigkeit, dass er sich nicht geschlagen gab, seine Pläne nicht änderte und nicht vor dem Wind zum Land segelte, wo ihm Gold und Silber verheißen waren. Welcher Seemann, der gegen Wind und Wasser verzweifelt ankämpft, auf einem ächzenden, von den Elementen geschüttelten Schiff, überschwemmt vom Schwall der Wogen und überschüttet von den Schauern eines wolkenbruchartigen Regens, schon halb verschlungen von den sich über ihm brechenden Seen, hätte nicht, halb tot vor Erschöpfung durch das ständige Einholen der Leinen und das unablässige Pumpen, von jenem verlockenden Vergnügen geträumt, den widrigen Wind mit einem günstigen zu vertauschen? Bedurfte es nicht nur eines einfachen Befehls: „An die Brassen! Hart Ruder! Komm auf! Stütz!" – und Kolumbus' Flotte wäre in zwei Minuten von der Hölle in den Himmel hinübergewechselt, der Sturm wäre zur steifen Brise geworden und die Schiffe wären schnell und fröhlich vor dem Wind gebraust, ohne Schwierigkeit und Anstrengung. Aber der Admiral musste die Meerenge suchen. Deshalb war er hergekommen. Er durfte es nicht wagen, bei Nacht die See zu gewinnen, denn dieser Teil des Karibischen Meers war noch unerforscht und konnte voll von Riffen und Inseln sein.

Keine Meerenge kam, alle Anstrengungen und Ängste blieben unbelohnt. Aber nicht umsonst heißt es bei den Seeleuten, dass jedes schlechte Wetter einmal enden und das Glück wieder winken wird. Kurz, am 14. September bemerkte die Flotte, dass die Küste nach Süden abbog, sie umsegelte ein Kap, worauf das Land sogar etwas nach Westen zurücktrat, und nun schickte der liebe Gott günstige Winde und Strömungen. Daher gab der Admiral diesem Kap den Namen Gracias a Dios.

Nach der Umsegelung des Kaps fuhr die Flotte nach Süden an der Ostküste der heutigen Republik Nicaragua entlang. Es war eine willkommene Abwechslung, in einem Strich segeln zu können und durch die vorgelagerten Koralleninseln geschützt zu sein. Ende September passierte die Flotte die Südküste von Nicaragua und näherte sich jetzt dem gebirgigen, malerischen Land Costa Rica. Aus der Zeit, die man hierfür benötigte, geht hervor, dass die Flotte jede Nacht vor Anker ging, denn überall konnte man in 5 bis 7 Faden Tiefe und in sicherem Abstand vom Ufer gut ankern. Am 25. September erreichte die Flotte eine Gegend, welche die Indianer Cariai nannten; dort verbrachte sie, hinter einer hübschen, bewaldeten Insel vor Anker liegend, zehn Tage. Die Eingeborenen nannten sie Quiriviri, Kolumbus taufte sie *La Huerta*, den Garten. Diese Insel war wahrscheinlich Uva und der Ort das heutige Puerto Limón in Costa Rica.

Der Admiral beschloss, dort eine Weile zu bleiben, um seinen Leuten eine Ruhepause zu gönnen, und es scheint, als ob sie den Aufenthalt ausgiebig genossen. Am Ufer sammelte sich eine vielköpfige Menge Talamanca-Indianer, die teils mit Pfeil und Bogen, teils mit Speeren aus Palmrippen, deren Spitzen aus Fischknochen bestanden, und mit Keulen bewaffnet waren.

Da der Admiral Zusammenstöße befürchtete, hielt er seine Leute an Bord zurück, doch zeigten die Eingeborenen so viel Handelseifer, dass sie zu den Schiffen heranschwammen und Baumwolljacken und Schmuckstücke aus Guanin heranbrachten. Kolumbus erkannte aber bald, dass die

Indianer kein reines Gold besaßen. Infolgedessen lehnte er jeden Handel sowie Geschenke ab.

Am folgenden Tag ging der Adelantado gemeinsam mit einem Schreiber an Land, um Erkundigungen über Cariai einzuziehen. Als er anfing, zwei Häuptlinge auszufragen, die ihm als Abgesandte entgegenkamen, und als der Schreiber Papier, Feder und Tinte hervorholte, um ihre Antworten aufzuschreiben, jagten ihnen diese Zauberdinge einen so großen Schrecken ein, dass sie entflohen, nicht ohne einen bestäubten Büschel Gras in die Luft zu werfen, um den Zauber dieser fremden Götter zu verscheuchen.

Kolumbus schien diesem Volk gegenüber sehr argwöhnisch zu sein, denn erst am 2. Oktober schickte er einen Landungstrupp mit dem Auftrag ans Ufer, die Gegend zu erkunden. Die Leute waren beeindruckt von der Menge und Vielfalt der Tierwelt, nicht zu vergleichen mit derjenigen, die sie auf den Antillen vorgefunden hatten. Sie berichteten, Wild, Pumas und eine Art wilden Truthahn, den Kolumbus „als ein riesiges Huhn mit Federn wie Wolle“ beschrieb, gesehen zu haben. Das Merkwürdigste und Interessanteste aber, was sie erblickten, war „ein großer, aus Holz erbauter und mit Rohr gedeckter Palast, in dessen Innern sich einige Gräber befanden. In einem derselben lag ein ausgetrockneter, einbalsamierter Leichnam … ohne schlechten Geruch zu verbreiten und bekleidet mit einem Baumwolltuch; und über jedem Grab befand sich eine Tafel mit eingeschnitzten Figuren und Tieren, und auf einigen war das Bildnis der verstorbenen Person, geschmückt mit Perlen, Guanin und anderen Sachen, die sie wertschätzen.“ Die Kastilier waren in Wahrheit Zeugen einer Begräbnisfeierlichkeit geworden, denn die Leiche war für den Totentanz zurechtgemacht, den die Freunde und Verwandten vor der Bestattung aufführten. Infolge der Feuchtigkeit des Bodens haben sich keine dieser Begräbnistafeln erhalten, doch sind viele Überreste der von Ferdinand beschriebenen Totenbildnisse später ausgegraben worden.

Am Mittwoch, dem 5. Oktober, verließ die Flotte Cariai und segelte die Küste entlang in südöstlicher Richtung weiter. Gegen Abend, über 50 Meilen vom letzten Ankerplatz entfernt, fand sie einen Kanal, der in eine große Bucht einmündete. Die Meerenge, endlich! Aber es war nur eine neue Enttäuschung; man war an einer zweiten Boca del Dragón, die in eine große, mit vielen Inseln besetzte Bucht führte, jetzt Almirante genannt.

Quiriquetana, wie die Indianer das Festland im Innern der Almirantebucht nannten, schien unserem seefahrenden Sprachforscher wertvollen Aufschluss geben zu können. Genau wie er auf der ersten Reise Cipangu von Cibao abgeleitet hatte, so verballhornte der Admiral hier Quiriquetana zu Ciamba, Marco Polos Name für Cochin-China. Dazu kam, dass er aus dem Kulturkreis des Guanin, der Kupfer- und Goldmischung herausgetreten war. In der Almirantebucht „fand er das erste Zeichen gediegenen Goldes bei einem Indianer, der auf der Brust eine große Scheibe aus Gold trug, die er eintauschen wollte". Ferdinand erzählte uns, dass diese Goldscheibe im Wert von zehn Dukaten (etwa 140 Euro) für drei Schellenglöckchen eingetauscht wurde, die einen Wert von ungefähr 17 Cent hatten, und einige noch schwerere Scheiben wurden zum selben Standardpreis eingehandelt.

Kolumbus winkte die Indianer zu einer neuen, großen Bucht hin, der Quiriquetanabucht (Chiriquilagune), die er für den Ozean hielt. Eine Meerenge war es gewiss, denn die Karavellen segelten, „als ob sie in einer Straße wären, von einer Insel zur anderen, wobei die Zweige und Blätter der Bäume die Takelage der Fahrzeuge streiften".

Die *Capitana*, die *Santiago*, die *Gallega* und die *Vizcaína* schlängelten sich am 6. Oktober 1502 durch diesen Kanal und glaubten, dass er die Durchfahrt nach Indien sei.

Das aber war nur eine neue Täuschung. Denn als die Karavellen aus diesem engen Hohlweg herauskamen, öffnete sich vor ihnen eine etwa 30 Meilen lange und 15 Meilen breite landumschlossene Bucht. Die von Kolumbus so genannte Alburema oder heutige Chiriquilagune ist eine schöne, pfauenfarbene Wasserfläche, ein großer salziger Binnensee, der in den grün bewachsenen, bis zu 3350 Meter über den Meeresspiegel ansteigenden Gebirgszug eingebettet ist. Dort wurde der Admiral für manche Enttäuschung entschädigt. Am 7. Oktober wurde gelandet, und sofort begann ein lebhafter Handel mit Goldscheiben, „Adlern" und Lebensmitteln, „und von jetzt an fing er an, entlang der ganzen Küste Handel zu treiben".

Zehn Tage lang (vom 6. bis 16. Oktober) gab sich die Flotte auf der herrlichen Chiriquilagune dem Müßiggang hin; man vertrieb sich die

Zeit mit Fischen und mit Besuchen der indianischen Dörfer, wo man billigen Tand gegen Gold und Proviant eintauschte.

Genaue Auskünfte erlangte man auch durch die Dolmetscher aus Cariai, die überraschend schnell Kastilisch gelernt zu haben scheinen. Gewissenhaft entledigten sie sich ihrer Pflichten als Eingeborenendolmetscher, indem sie den Weißen genau das erzählten, was diese gern hören wollten, doch zufällig deckten sich ihre Angaben diesmal zum Großteil mit der Wahrheit.

Von ihnen erfuhr Kolumbus zum ersten Mal mit Bestimmtheit, dass er sich auf einer Landenge zwischen zwei Meeren befand, und von einem indianischen Land namens Ciguare, das in einem Neuntagemarsch zu erreichen sei und sich jenseits des Gebirgszugs am jenseitigen Meeresufer ausdehnte, und Kolumbus verglich die Lage von Ciguare und Chiriqui mit der von Venedig und Pisa. Er folgerte, dass Ciguare und nicht Chiriqui das Ciamba (Cochin-China) Marco Polos war. Es wurde ihm erzählt, dass die Ciguareños ungeheure Mengen von Gold besäßen, also war ihr Land der Goldene Chersone des Ptolemäus. Sie trugen auch Korallenschmuck, und Kolumbus hatte irgendwo gelesen, dass in Ciamba Korallenstücke als Zahlungsmittel verwendet wurden. Natürlich hatten sie auch Chilipfeffer, was in den Augen (oder in der Nase) des Admirals schlüssig und unfehlbar auf die Molukken hinwies. Diese Ciguareños oder Ciambanesen waren großartige Händler, und durch Zeichen beschrieben die Dolmetscher, wie sie ihre Geschäfte auf Plätzen und Jahrmärkten betrieben. Die Leute von Ciguare waren keine nackten Wilden, sondern trugen reiche Gewänder, waren mit Schwertern und Panzern bewaffnet, und zum Beweis, dass sie zivilisierte Orientalen waren, erzählte Kolumbus den Herrschern sogar, dass sie im Kampf Reiterei verwendeten, ja selbst Kriegsschiffe mit Kanonen hätten. Also war der Ganges nur zehn Segeltage von ihren Ufern entfernt.

Merkwürdigerweise schien die Erkenntnis, sich auf einer Landenge zu befinden, Kolumbus vollständig davon abzubringen, weiter nach einer Meerenge zu suchen. In seinen Reiseberichten findet sich keine Andeutung mehr, dass er sich nach Chiriqui noch mit dieser Sache beschäftigte. In Veragua blieben der Admiral und sein Sohn drei Monate und standen dort in engem Verkehr mit den Eingeborenen, ohne dass die Frage der Meerenge oder Landenge in ihren Aufzeichnungen auch nur einmal angespielt wurde. Weihnachten und Neujahr verbrachten sie in einem Hafen, wo heute der Panamakanal beginnt, ahnten aber nicht, dass sie den Schlüssel zum Pazifik in ihren Händen hielten. Die einzige Erklärung für ihre jetzige Gleichgültigkeit, die von Kolumbus' früherem Eifer abstach, kann ich darin finden, dass die Auskünfte über Ciguare sie von dem Nichtvorhandensein einer Wasserstraße überzeugt hatten; und in der Tat gab es ja auch keine! Natürlich hatte der Admiral keine Möglichkeit, über die Kordilleren zu steigen.

Egal, was der Grund war, seit seiner Ankunft in Chiriqui konzentrierte er sich auf das zweitrangige Ziel seiner Reise, die Suche nach Gold. Die Suche nach der Meerenge hatte er aufgegeben.

43. Kapitel

VERAGUA
17. OKTOBER BIS 31. DEZEMBER 1502

Zehn Tage brachte die Flotte mit der Erkundung der schönen Chiriquilagune zu, tauschte Gold ein und sammelte Auskünfte über Ciguare. Der letzte Hafen, in dem sie ankerte, war wahrscheinlich das heutige Bluefields Creek.

Am 17. Oktober, als gerade ein Westwind blies, fuhr die Flotte durch den Tigerkanal aufs Meer hinaus und befand sich jetzt in dem hafenlosen Golfo de los Mosquitos.

Nachdem sie sich südwärts dem Festland zugewendet und eine Tagesstrecke von 38 Meilen zurückgelegt hatte, ging sie vor der Mündung eines Flusses namens Guaiga vor Anker. Hier begann die Region, die von den Eingeborenen Veragua genannt wurde und von der sie behaupteten, dass sie sehr reich an Gold sei. Das bewahrheitete sich.

Die Flotte scheint in der Hoffnung, die Verbindung mit Eingeborenen aufnehmen zu können, mehrere Tage in Guaiga geblieben zu sein, denn die indianischen Dörfer lagen einige Kilometer hinter der Küste an Flussläufen. Am 20. Oktober wurde der Wunsch der Spanier erfüllt, doch waren die Indianer hier weit kriegerischer als die auf dieser Reise bisher angetroffenen. Ferdinand (jetzt ein junger Mann von 14 Jahren, der an allem teilnehmen durfte) erzählte, wie die an Land geschickten Boote am Ufer wütend von über hundert Indianern angegriffen wurden, wie die Eingeborenen bis zu den Hüften ins Wasser sprangen, ihre Speere schwangen, in Hörner stießen und die Kriegstrommeln schlugen, wie sie Wasser gegen die Christen spritzten und dabei aus ihrem Mund den Saft eines zerkauten Krautes hervorspuckten. Die Spanier suchten sie zu besänftigen, worin sie auch einigen Erfolg hatten, denn die wilden Krieger kamen nahe genug heran, um 16 „Spiegel" aus gediegenem Gold im Wert von 150 Dukaten gegen zwei oder drei Glöckchen für ein Stück auszutauschen. Am nächsten Tag versuchten sie dasselbe, doch waren die Indianer in schnell aufgeworfenen Schutzgräben in der Nähe des Strandes in Deckung gegangen. Nach einiger Zeit gelang es den Spaniern, drei weitere Goldscheiben einzuhandeln, doch erklärten die Indianer, nicht mehr davon zu haben, da sie an den Strand gekommen seien, um zu kämpfen, und nicht, um zu handeln. „Doch auf dieser Strecke der Reise war der Admiral nur darauf aus", sagte sein Sohn, „Muster zu sammeln."

Die Veraguaküste entlang musste sich die Flotte gegen den Wind vorarbeiten. Diese Küste des Golfo de los Mosquitos ist dem äußeren Aussehen nach reizvoll, aber durchaus ungastlich. Von der Chiriquilagune bis zur Limónbucht, auf einer Strecke von über 125 Meilen, gibt es keine Häfen. Die Küstenebene ist äußerst schmal, an manchen Stellen nur wenige Meter breit, und hinter ihr steigt das hohe, tief zerklüftete Land, von undurchdringlichem Dschungel bedeckt, zu hohen, dicht bewaldeten Bergen auf.

Das einzige Ziel, das Kolumbus an dieser Küste verfolgte, war, die Herkunft des von den Eingeborenen getragenen Goldschmucks herauszufinden. Die Dolmetscher sagten ihm, dass irgendwo in dieser Gegend die Minen lägen.

Der nächste Anlaufplatz der Flotte nach Guaiga (vermutlich der Rio Chiriqui) war ein Ort namens Cateba oder Cativa, wo sie „in der Mündung eines großen Flusses ankerte". Hier schlugen die Eingeborenen wiederum Lärm mit Muschelhörnern und Trommeln, aber sie gaben bald klein bei, wie der Seemann sagt, und tauschten ihre Goldscheiben. Der Kazike, gegen den Regen durch ein riesiges Blatt geschützt, empfing die Christen am Ufer und tauschte seine eigenen Scheiben gegen ein paar Handelswaren aus.

Ferdinand berichtet von einer Beobachtung, die er in Cativa machte und die sein späteres Interesse als Gelehrter und Humanist erkennen lässt. „Dies war der erste Ort in Indien, wo man Anzeichen von Steinbauten erblickte; wir fanden eine große Masse von *stucco*, der aus Stein und Kalk gebildet zu sein schien; der Admiral ließ ein Stück dieses Altertumsrests als Andenken mitnehmen." Von dieser sonderbaren Beobachtung wird in keinem anderen Bericht von dieser Reise etwas erwähnt. Die Mayas dehnten ihr Gebiet niemals so weit nach Osten aus, und die Spanier wussten sehr wohl einen Naturfelsen von einem zerstörten Steingebäude zu unterscheiden. Und wenn Kolumbus diese Beobachtung gemacht hätte, würde er sie in seinem Brief an das Herrscherpaar erwähnt haben, schon weil sie ein weiterer Beweis für ein versunkenes orientalisches Reich gewesen wäre. Ich gestehe, dass ich selbst die Sache völlig rätselhaft finde.

„Von hier", sagte Diego de Porras, „drängte der Admiral vorwärts in eine andere Gegend namens *Cobraba*, und da es dort keinen Hafen gab, nahm er keine Erkundung vor." Nach Cobraba, schrieb Ferdinand, fuhr die Flotte an „fünf Dörfern mit lebhaftem Handelsverkehr" vorbei, von denen eins Veragua war, wo man nach den Angaben der Indianer das Gold aus der Gegend sammelte und die „Spiegel" herstellte. Am nächsten Tag kamen sie zu einem Dorf namens Cubiga, wo nach Aussage der Indianer von Cariai das „Handelsland" zu Ende war.

Kolumbus wollte aus diesem Grund zum goldreichen Zentrum bei Veragua zurückkehren und dort weiterforschen.

Zwei Monate vergingen, ehe er diese Absicht ausführen konnte. Die Regenzeit hatte eingesetzt, und sie war diesmal ungewöhnlich schwer, mit Nordstürmen und starken Winden aus dem Westen. In der gleichen Nacht, in der er von Cubigo abfuhr, *erhob sich ein so heftiger Sturm, dass wir gezwungen waren, dorthin zu fahren, wo er uns hinwarf*, schrieb der Admiral.

Immer weiter jagte die Flotte an der Mündung des künftigen Panamakanals vorbei und lief ein in einen schönen Hafen, der sich ihr, wie von der Vorsehung geschickt, gerade zur rechten Zeit öffnete. Der Admiral nannte diesen Hafen Puerto Bello, *weil er ziemlich geräumig, landschaftlich schön, bewohnt und von gut bestelltem Land umgeben ist.* Die Flotte lief am 2. November ein.

> *Im inneren Hafen konnten die Schiffe dicht am Ufer liegen. Die Umgebung war nicht besonders wild, sondern das Land war bestellt, und es gab viele Häuser, und alles war hübsch wie ein gemaltes Bild, und das schönste, was wir je gesehen hatten. Während der sieben Tage, die wir uns infolge des Regens und ungünstigen Wetters dort aufhielten, kamen fortwährend Kanus aus der Umgebung zu den Schiffen, um alle möglichen essbaren Dinge und Flechten fein gesponnener Baumwolle einzutauschen.*

Der Hafen wurde in den späteren Jahren des Jahrhunderts von den Spaniern zum Endpunkt eines Maultierpfades über den Isthmus von Panama gemacht. Während des alljährlich sechs Wochen dauernden Markts, auf dem die Galeonen aus Spanien ihre Warenladungen gegen die Schätze von Peru und die Erzeugnisse von Darien eintauschten, war Porto Bello die geschäftigste Handelsstadt Amerikas. Thomas Gage, der im Jahr 1637 hier war, berichtete, einen Zug von zweihundert mit Silber bepackten Maultieren gesehen zu haben, die Silberbarren lagen auf dem Marktplatz, aufgeschichtet wie Klafterholz. Im 18. Jahrhundert endeten die Märkte, die Stadt schrumpfte zu einem bedeutungslosen Nichts.

Am 9. November verließ die Flotte diesen angenehmen Ort, umschiffte Manzanillo Point und fuhr weiter nach Osten, „wo heute Nombre de Dios liegt: Und weil alle diese Küsten und Inselchen reich mit Mais bepflanzt waren, nannte man den Ort Puerto de Bastimentos, den Provianthafen."

Am 23. November kehrte die Flotte Nombre de Dios den Rücken und lief am gleichen Tag einen Ort namens Guigua an, der anscheinend an der Mündung des Rio Culebra lag. Der Admiral erwähnte diese Anlaufstelle nicht, sagte aber, dass er nach einer *äußerst mühseligen* Fahrt, *während ich denselben Hafen zu erreichen versuchte, den ich verlassen hatte, unterwegs einen anderen Hafen, den ich Retrete nannte, fand.* Das war am Samstag, dem 26. November.

Auch Porras erwähnte El Puerto del Retrete und beschrieb ihn als sehr klein.

Weil der Hafen von Retrete im Jahr 1502 so klein war, mussten die Karavellen längsseits am Ufer wie an einer Landungsbrücke liegen, was dem Schiffsvolk die erwünschte Gelegenheit zum Handeln gab. Nachts oder wenn die Offiziere nicht aufpassten, schlichen sich die Leute zu zweit oder dritt an Land. Auf Indianerpfaden drangen sie in die Eingeborenendörfer, machten mithilfe der Schusswaffe großartige Geschäfte und, so berichtete Ferdinand, „begingen tausend Ausschreitungen, was die Indianer veranlasste, ihre Haltung zu ändern und den Frieden zu brechen, woraus sich einige Zusammenstöße mit ihnen entwickelten". In großer Zahl rotteten sich die Indianer bei den Schiffen, die am Ufer lagen, zusammen. Kolumbus versuchte, sie mit Geduld und Freundlichkeit zu besänftigen, aber zuletzt, „als ihre Unverschämtheit zu groß wurde, ließ er, um sie in Schrecken zu setzen, ein paar blinde Kanonenschüsse abfeuern, die sie aber mit Johlen beantworteten. Sie schlugen mit Ästen nach den Schiffen, stießen Drohungen aus, zeigten keinerlei Furcht vor diesem Lärm, den sie nur für einen Donner hielten, um ihnen Angst einzujagen. Um sich nun nicht weiter in seinem Stolz kränken zu lassen und damit die Christen von den Indianern nicht verachtet wurden, befahl der Admiral, einen scharfen Schuss auf eine Ansammlung auf einem kleinen Hügel abzufeuern, und die Kugel fiel mitten unter sie und lehrte sie, dass der Donner mit einem Blitzschlag einherging. Von jetzt an wagten die Indianer kaum noch, hinter den Bergen hervor verstohlen nach uns zu blicken. Die Menschen dieses Landes hatten den ebenmäßigsten Körperbau, den man bei den Indianern bisher gesehen hatte, sie waren groß und schlank, hatten keine hervortretenden Bäuche und attraktive Gesichter."

Retrete ist der erste Ort auf dieser Reise, wo Ferdinand Alligatoren erwähnte. „Im Hafen gab es riesige Echsen und Krokodile, die zum Schlafen ans Ufer kamen und einen Geruch verbreiteten, als ob sie den ganzen Moschus der Welt in sich gehabt hätten, aber sie sind so raubgierig, dass sie einen schlafenden Menschen ins Wasser ziehen und auffressen, obwohl sie äußerst feige sind und fliehen, wenn man sie angreift. Diese Echsen kommen auch in anderen Teilen des Festlands vor. Manche Leute meinen, dass sie Krokodile sind wie die vom Nil."

Krokodile – Nil – irdisches Paradies! So würde Kolumbus noch auf seiner dritten Reise gefolgert haben. Aber jetzt war er älter und nüchterner geworden. Diese Otro Mundo war kein Paradies, sondern eine raue, wilde Küste, wo es für christliche Händler schwer sein würde, sich ein Leben aufzubauen. Ach, wenn sich nur in diesen ewigen Gebirgszügen ein einziges Mal eine Öffnung zeigte, durch die er hinüber zum Indischen Ozean schlüpfen könnte! Er hatte es so satt, an dieser zerklüfteten Küste entlangzukreuzen, und fühlte bestimmt, dass es keine Wasserstraße gab. So schien es denn das Beste, immer mehr Gold zu suchen, denn Gold und Perlen waren die einzigen Dinge, die in Kastilien zählten. Lebe wohl denn, Retrete, und zurück nach Veragua, um die Minen auszubeuten.

„Am Montag, dem 5. Dezember, beschloss der Admiral, als er erkannte, dass die Heftigkeit der Ost- und Nordostwinde nicht nachließ und dass keine Geschäfte mit den Eingeborenen zu machen waren, zurückzukehren und näher zu untersuchen, was an den Erzählungen der Indianer über die Minen von Veragua Wahres war. An diesem Tag ging er deshalb in Porto Bello schlafen." Am nächsten Tag, dem 6. Dezember, verfolgte die Flotte ihren Kurs weiter, aber schon nach wenigen Meilen sprang der Wind wieder nach Westen um, und einen ganzen Monat lang wurden die Karavellen zwischen Porto Bello und der Gegend des Rio Chagres hin- und hergeworfen. Stets liefen die Strömungen an dieser Küste vor dem Wind, wie Ferdinand beobachtete, und es war ein Winterwind, alles Kreuzen gegen den Wind brachte keinen Fortschritt.

Über diesen schrecklichen Monat schrieb Kolumbus anschaulich:

> *Nie sahen meine Augen eine höhere See, die schrecklich aufgewühlt und mit Schaum bedeckt war. Der Wind verhinderte nicht nur jedes Vorwärtskommen, sondern gab auch keine Gelegenheit, hinter irgendeinem Vorland Schutz zu suchen. Daher waren wir gezwungen, auf dem grausamen Meer zu bleiben, das kochte wie ein Topf auf glühendem Feuer. Der Himmel hatte noch nie so schrecklich ausgesehen; die Blitze schlugen mit solcher Gewalt ein, dass ich jedes Mal glaubte, sie hätten die Spieren und Segel fortgerissen. Die ganze Zeit über hörte das Wasser nicht auf, vom Himmel zu stürzen, und man konnte es nicht Regen nennen, sondern eine Sintflut. Die Leute waren so zermürbt, dass sie den Tod herbeisehnten, damit ihre Qualen ein Ende fänden.*

Ferdinand beschieb uns das furchtbare Donnern und Blitzen, den wolkenbruchartigen Regen, er erzählte von den Männern, die, tagelang durch und durch nass, pausenlos „mit allen Elementen kämpften und sich vor ihnen fürchteten; denn in solchen schrecklichen Stürmen fürchtet man das Feuer in den Blitzen, die Luft wegen ihres Getöses, das Wasser wegen der hohen Wellen, die Erde wegen der Riffe und Felsklippen an dieser unbekannten Küste".

Zu diesen zahllosen Schrecken kam noch ein weiteres, nicht weniger gefährliches und wunderbares Ereignis hinzu, eine Wasserhose, die am Dienstag, dem 13. Dezember, über die Schiffe hinwegfuhr und sie ohne Zweifel überschwemmt haben würde, wäre sie nicht durch das Aufsagen des Evangeliums des heiligen Johannes abgewendet worden; denn eine solche Wasserhose zieht das Wasser in einer Säule, die sich dreht wie ein Wirbelwind und dicker als ein Regenfass ist, hinauf zu den Wolken. Es war der Admiral, der die Wasserhose bannte. Aus seiner Bibel las er die berühmte Stelle von dem Sturm bei Kapernaum vor, die so endet: „Ich bin's, fürchtet euch nicht!" Dann nahm er die Bibel in die linke Hand, zog das Schwert mit der rechten und beschrieb ein Kreuz gegen den Himmel und einen Kreis um die ganze Flotte.

In derselben Nacht verlor man auf der *Vizcaína* die anderen Schiffe aus den Augen, hatte aber das Glück, sie nach drei sehr dunklen und furchtbaren Tagen wieder zu finden. Es folgten zwei Tage völliger Windstille, die für die Abergläubischen fast ebenso schrecklich war wie der Sturm, denn die Karavellen wurden von großen Schwärmen von Haifischen umkreist. Die Männer erlegten sie mit Haken und Leine, bis sie von der blutigen Zerstreuung genug hatten. Obgleich einige unter ihnen glaubten, Haifischfleisch hafte etwas Böses an, waren sie alle doch so ausgehungert und die Vorräte so knapp, dass der Haifischbraten ein willkommenes Festessen war.

Am Samstag, dem 17. Dezember, lief die Flotte einen Hafen an, den die Indianer Huiva nannten und der drei Leguas östlich von einem Felsen namens Peñón lag. In diesem Hafen, der einem großen *canal* glich, ruhte sie sich drei Tage aus. Am 20. Dezember setzte die Flotte bei schönem, aber noch unbeständigem Wetter Segel, und kaum war sie draußen auf dem Meer, als der Sturm von neuem zu wüten anfing und sie in einen anderen Hafen trieb. *Von dort fuhren wir am dritten Tag bei einem Wetter ab, das Besserung versprach, jedoch wie ein böser Feind auf der Lauer lag, um uns wieder anzugreifen. Wir wurden nach Peñón zurückgetrieben … Und hier blieben wir vom zweiten Weihnachtsfeiertag (26. Dezember) bis zum 3. Januar 1503.*

Wahrscheinlich handelt es sich bei Huiva um Limón Bay, den jetzigen

Hafen der Kanalzone Cristóbal, oder die benachbarte Manzanillo Bay, die den Hafen der Stadt Colón in Panama bildet. Die *Gallega* wurde zum Reinigen des Schiffsbodens auf Land gezogen, und in beiden Buchten findet sich ein für diesen Zweck geeigneter Strand vor.

Danach scheint es sicher zu sein, dass die Kolumbusflotte über Weihnachten und Neujahr vor der heutigen amerikanischen Flottenbasis Coco Solo vor Anker lag, also im Blickfeld der Einfahrt zum Panamakanal bei Cristóbal, während man den Boden der *Gallega* vom Bewuchs säuberte und die Fugen mit Pech abdichtete. Ferdinand war ein unfreiwilliger Prophet, als er diesen Ort einen *canale* nannte, nur schade, dass Kolumbus diese bedeutsame Entdeckung entging. Hätte er sich ebenso eifrig mit der Auffindung einer Meerenge beschäftigt, wie es ihm jetzt um das Gold zu tun war, hätte er die Indianer hier so eingehend befragt wie früher in Chiriqui, so würde er seine Boote wahrscheinlich 5 Meilen um Toro Point und den Chagres flussaufwärts geschickt haben, von da hätte er leicht mit einem Einbaum bis zu einem Punkt fahren können, der nur 10 bis 12 Meilen von den Fluten des Pazifischen Ozeans entfernt war. Man kann aber gut verstehen, warum er das nicht tat. Für einen Seemann gibt es nach einer schrecklichen Sturmnacht Zeiten, wo er nichts anderes vermag, als still im Hafen zu liegen wie ein Hund, der nach einem bissigen Kampf seine Wunden leckt. Kolumbus war so erschöpft und enttäuscht, dass seine Tatkraft für weitere Forschungen nicht mehr ausreichte; seine Offiziere und Mannschaften hatten nur im Sinn, sich auszuruhen. Und so blieb es Vasco Nuñez de Balboa vorbehalten, von einem Hügel in Darien aus „mit kühnen Vorahnungen“ auf den Pazifik zu seinen Füßen hinabzublicken.

44. Kapitel

BELÉN

1. JANUAR BIS 16. APRIL 1503

Die *Capitana*, die *Santiago*, die *Vizcaína* und die ausgebesserte *Gallega* stachen von Puerto Gordo, nahe dem künftigen Eingang zum Panamakanal, am 3. Januar 1503 in See, wo sich der Wind sofort gegen sie wendete. Die Flotte benötigte drei Tage, um 60 Meilen aufzuholen. Am 6. Januar warf sie vor einem Fluss Anker, den Kolumbus Belén (Bethlehem) nach dem Tag Epiphanias oder dem Fest der Heiligen Drei Könige benannte.

Kolumbus beschloss, Belén zu seinem Hauptquartier zu machen, solange er die Gegend nach den Goldminen absuchte. Sogleich ruderten die Boote auf Handelsfahrt flussaufwärts. Man kann mit Booten 10 bis 11 Meilen flussaufwärts fahren, und Kanus können noch weit tiefer ins Hochland vordringen. Es war also ein idealer Standort, um von hier aus Veragua zu erkunden. Kolumbus war entschlossen, wenigstens einen Monat, also bis zum Ende der Regenzeit, zu bleiben, und es regnete mehr als einen Monat lang ohne Unterbrechung.

Zum Glück bot sich ein Mann, der anscheinend mit den Spaniern in Chiriqui gesprochen hatte, als Dolmetscher an und suchte die Guaymi-Indianer zu überzeugen, dass die Spanier gute Menschen wären. Der Adelantado ruderte mit sämtlichen Schiffsbooten hinauf zur Residenz des unter dem Namen El Quibián bekannten Kaziken, der mit seinen Kanus und Kriegern flussabwärts fuhr, um seine vornehmen Besucher zu treffen. „Als die Beratung kaum begonnen hatte, beeilten sich die Diener des Kaziken aus Ehrerbietung für Seine Königliche Majestät“, weil sie fürchteten, dass sie sich etwas vergeben würden, „wenn er dieses Geschäft stehend erledigte, einen Felsbrocken vom benachbarten Ufer herbeizuholen, den sie wuschen, sorgfältig trockneten und unter das königliche Gesäß schoben. Nachdem der Kazike saß, gab er uns durch Kopfnicken zu verstehen, dass er uns erlaube, seine Flüsse zu erforschen.“

„So fühlten wir uns sehr wohl und sicher“, sagte Ferdinand, „als der Rio de Belén am Dienstag, dem 24. Januar, plötzlich anschwoll, sodass die Gewalt des Wassers, bevor wir Zeit hatten, eine Trosse ans Ufer zu werfen, die *Capitana* mit großer Wucht traf. Darauf stießen beide Schiffe zusammen und trieben ab, sodass sie in großer Gefahr waren, mit der ganzen Besatzung zugrunde zu gehen.“ Diese Fluten sind charakteristisch für die Gegend. Durch die Passatwinde sammelt sich in den Bergen so viel Feuchtigkeit an, dass das Erdreich voll gesogen ist und ein schwerer Regen Hochwasser verursacht. Das ist auch der Grund, warum die Goldvorkommen in Veragua, deren Reichtum Kolumbus nicht übertrieb, niemals erfolgreich ausgebeutet wurden.

Peitschender Regen, Überschwemmungen und über die Barre brechende Wogen machten für zwei Wochen jede Erkundungstätigkeit unmöglich. Die Leute wurden mit der Ausbesserung der Takelage und Kalfaterarbeiten beschäftigt, es gab sonst nichts für sie zu tun. Endlich, am 6. Februar, nachdem die See sich so weit beruhigt hatte, dass die Boote über die Barre fahren konnten, ruderte Bartolomeo mit allen drei Booten und 68 Mann eine Meile an der Küste entlang und dann den Rio Veragua flussaufwärts. Sie verbrachten die Nacht im Dorf des Quibián und marschierten, von Indianern geführt, landeinwärts, wobei sie den Fluss an einem Tag 44-mal überschreiten mussten. Am zweiten Tag erreichten sie eine mit dichtem Urwald bedeckte Gegend goldhaltiger Erde, aus der die Guaymis ihr Gold gewannen; an einem Tag, ohne andere Werkzeuge als ihre blanken Messer, sammelten die Spanier hier Gold im Wert von zwei bis drei Castellanos (also 40 bis 60 Euro). Der Trupp kehrte sicher zurück und war mit dem Ergebnis sehr zufrieden. Die Entdeckung dieser „Goldminen" machte auf den Admiral einen solchen Eindruck, dass er beschloss, hier eine Stadt zu errichten und seinen Bruder als Oberhaupt zurückzulassen, während er selbst nach Spanien zurückkehren wollte, um Verstärkung herbeizuholen. Die Wasserstraße hatte er zwar nicht gefunden, aber was machte das schon aus, da er Goldschätze entdeckt hatte, die viel reicher waren als diejenigen von Hispaniola.

Die Erkundungstätigkeit schritt zügig fort. Am 14. Februar ruderte der Adelantado mit 54 Mann einige 22 Meilen nach Westen die Küste entlang bis zu einem Fluss, der von den Eingeborenen Urirá genannt wurde, wahrscheinlich der heutige Rio Culovebora. Sie wurden von dem Kaziken des Ortes freundlich aufgenommen, dessen Männer ununterbrochen ein getrocknetes Kraut kauten (möglicherweise die Kokapflanze); die Nacht verbrachten die Spanier in einem großen Haus, trafen einen zweiten Kaziken und tauschten Goldscheiben ein, die sie zu den Schiffen zurückschickten. Der unermüdliche Adelantado drang mit dreißig Mann zu Fuß bis zu den Dörfern Cobrava und Cativa vor, wo er ausgedehnte Maisfelder vorfand und sich eine große Menge Goldscheiben verschaffte, die „den Tellern der Hostienbecher gleichen und die von den Eingeborenen an einer Schnur um den Hals gehängt getragen werden, so wie wir es mit einem Agnus Dei tun."

Sobald Bartolomeo zurückkehrte, wurde mit dem Bau der neuen Ansiedlung begonnen, die Kolumbus Santa María de Belén nannte. Als zehn bis zwölf Häuser in Santa María de Belén fertig und die Vorbereitungen für die Abfahrt des Admirals beendet waren, hörte es auf zu regnen, und sofort fiel der Fluss so schnell, dass über der Barre nur noch sechzig Zentimeter Wasser standen. Jetzt konnten die Schiffe nicht mehr hinauskommen. „Es blieb uns nichts anderes zu tun übrig", sagte Ferdinand, „als Gott um Regen anzuflehen, so wie wir ihn vorher um trockenes Wetter gebeten hatten." Und nun, da die Flotte wie in einer Falle im inneren Wasserbecken saß, trat eine jener unvermeidlichen Veränderungen in der Haltung der Indianer ein, wie sie allen amerikanischen Stämmen eigen war und die stets aufkam, wenn sie merkten, dass sich die „Männer vom Himmel" fest niederlassen wollten. *Sie waren sehr primitiv (rústicos) und unsere Leute sehr zudringlich*, sagte Kolumbus. Sicher hatten sich die Spanier wie in Retrete in Gruppen von zwei und drei Mann in den Busch geschlichen und mit Waffengewalt Gold von den Eingeborenen erpresst.

Sehr bald wurde die Flotte von kriegerisch herausgeputzten Indianertrupps besucht, die als Vorwand angaben, dass sie dem Quibián auf einem Kriegszug nach Westen zu Hilfe kämen. Diego Méndez, ein adliger Freiwilliger auf der *Santiago*, erbot sich freiwillig, die Küste entlang in Richtung Veragua zu rudern, um die Lager aufzuspüren, in denen sich die Krieger versammelt hatten. Eine oder zwei Meilen hinter dem Landvorsprung fand er ungefähr tausend Indianer, die an der Küste ihr Lager aufgeschlagen hatten und die schwatzend und durcheinander rufend allem Anschein nach sehr begeistert von ihrem Vorhaben waren. Diego, mit dem erstaunlich kühlen Mut, der dem sich allen Heiden überlegen fühlenden Spanier eigen war, betrat allein das Ufer, um mit ihnen zu sprechen. Hierauf kehrte er ins Boot zurück und ließ die Männer vor der Küste hin- und herrudern, sodass die Indianer die ganze Nacht unter Beobachtung waren. Diese konnten sich nicht auf Belén zubewegen, da, wie sie wussten, Diego zu Wasser vor ihnen dort sein und Alarm schlagen würde. Am Morgen ruderte Diego zurück und erstattete dem Admiral Bericht.

Kolumbus hätte es jetzt klar werden müssen, dass die von ihm beabsichtigte Niederlassung ohne den Schutz einer überlegenen Streitmacht ein Unding war; dennoch wollte er den Plan nicht aufgeben, bevor er nicht weitere Erkundigungen eingezogen hatte. Diego Méndez erbot sich freiwillig, weitere Informationen zu beschaffen. Diesmal wanderte er mit nur einem Begleiter den Strand entlang. In der Nähe der Mündung des Veragua fand er zwei Kanus mit Indianern eines fremden Stammes, die ihm offen erklärten, dass die versammelten Krieger, die ihren Lagerplatz inzwischen gewechselt hatten, in zwei Tagen die Karavellen angreifen würden. Diego, der sich in den letzten sechs Wochen offenbar Mühe gegeben hatte, die Sprache der Guaymis zu erlernen, überredete sie, wenn auch sehr gegen ihren Willen, ihn flussaufwärts zum Dorf des Quibián zu paddeln, wo sich jetzt das Lager der Krieger befand. Er kam mit dem Vorwand, eine Pfeilwunde des Kaziken heilen zu wollen, und wurde durch die Einfriedung zum „Palast", wie er die geräumige Hütte des Kaziken nannte, eingelassen. Bei seinem Eintritt brachen die Frauen und Kinder in ein fürchterliches Geschrei aus, und ein Sohn des Kaziken stürzte aus der Hütte, überschüttete Diego in seiner Sprache mit einer Flut von unflätigen Worten und versetzte ihm einen Stoß, der ihn fast zu Boden schleuderte. Diego, der seine Selbstbeherrschung keinen Augenblick verlor und die Fassung bewahrte, unterdrückte seinen Ärger über diesen groben Empfang und spielte nun eine Szene vor, die er sich schon vorher zurechtgelegt hatte. Da Méndez die Neugierde der Indianer für alles Neue kannte, holte er kaltblütig Utensilien zum Haarschneiden aus seiner Tasche hervor, einen Taschenspiegel, Kamm und eine Schere, setzte sich auf den Boden und ließ sich von seinem Gefährten Rodrigo de Escobar in aller Gemütsruhe das Haar kämmen und schneiden. Wie erwartet, interessierte diese Prozedur den Quibián in solchem Maße, dass er sich sofort auch die Haare schneiden ließ (worin Rodrigo sicher ein Meister war, denn er hatte einen festen Kamm und eine Schere aus Toledostahl!). Zuletzt schenkte Diego dem Quibián das ganze Frisiergerät. Er erbat etwas zu essen, worauf der Quibián Essen und Trinken herbeischaffen ließ und mit Diego und Escobar ein freundschaftliches Mahl einnahm. Danach kehrten die beiden mit der sicheren Nachricht zu den Schiffen zurück, dass die Indianer die Vernichtung der fremden Besucher planten.

Kolumbus beriet sich von neuem mit Diego Méndez, der ihm als sicherstes Mittel empfahl, sich des Quibián und seiner Unterführer zu bemächtigen, was Diego durch eine Kriegslist bewerkstelligen wollte. Der Adelantado, Diego Méndez und ungefähr achtzig Mann ruderten nun hinauf zum Dorf des Quibián. Sie verteilten die Hauptmacht im Hinterhalt um den Hügel, auf dem die Hütte des Kaziken stand, und dann marschierten die beiden Anführer mit drei Begleitern geradewegs zur Hütte und verlangten Einlass. Der Quibián kam heraus, um den Adelantado zu empfangen, der ihn unter dem Vorwand, dessen Wunde zu untersuchen, beim Arm ergriff. Einer der Begleiter feuerte jetzt einen Signalschuss ab, worauf die Spanier aus dem Hinterhalt hervorbrachen, die Hütte besetzten, den Kaziken gefangen nahmen und ihn zusammen mit nahezu dreißig Mitgliedern seines Haushalts, einschließlich Frauen und Kinder, wegschleppten.

Der Quibián und einige der angeseheneren Gefangenen wurden geknebelt und dem Hauptlotsen der Flotte, Juan Sánchez, übergeben, der sie nach Belén bringen sollte, während die Mehrzahl der Spanier blieb, um aufzuräumen. Aber der Kazike war zu gerissen für seine Häscher. Er beklagte sich darüber, dass ihm die Fesseln Schmerzen bereiteten, und Sánchez ließ sich herbei, sie ihm bis auf einen Strick zu lösen, den der Spanier selbst hielt. Als die Nacht hereinbrach und sie noch flussabwärts fuhren, sprang der Kazike über Bord, wodurch Sánchez gezwungen wurde, ihn loszulassen, da er sonst ins Wasser nachgezogen worden wäre. Der Quibián entkam glücklich, doch auch der Adelantado und Diego Méndez kehrten unversehrt zurück. Sie brachten eine Beute in Gestalt von goldenen Scheiben, „Adlern“ und „goldenen Schnüren im Wert von dreihundert Dukaten zurück, mit denen sie ihren Kopf wie mit einer Krone schmückten.“ Der ganze Beuteschatz wurde unter den Teilnehmern dieses Zuges verteilt, außer einem Anteil von zwanzig Prozent, der an die Krone fiel.

Es war eine kühne Tat, gut ausgeführt, aber die Flucht des Kaziken vereitelte den Erfolg, denn er wiegelte das Land sofort gegen die Spanier auf. Diesen war es inzwischen durch einen niedergegangenen Regen, der das Wasser an der Barre steigen ließ, gelungen, die drei für die Heimfahrt bestimmten Karavellen hinaus ins offene Wasser zu schleppen. Zurückbleiben sollten Bartolomeo als Befehlshaber und Diego Méndez als zweiter Kommandant der Niederlassung nebst einigen siebzig Mann. Am 6. April, als sich die Hauptmacht zum Abschied an Bord der Karavellen außerhalb der Barre eingefunden hatte und nur zwanzig Mann mit einem irischen Wolfshund als Wache in Santa María de Belén zurückgeblieben waren, erschienen plötzlich auf den die Siedlung überragenden Hügeln vierhundert mit Pfeil und Bogen, Steinschleudern und Speeren bewaffnete Krieger, die ihre Waffen durch das leichte Flechtwerk der Hütten schleuderten. Sie töteten einen Mann und verwundeten mehrere andere, darunter den Adelantado, mussten es aber „durch die Schärfe des Schwerts und den sie verfolgenden wütenden Hund schwer büßen“. Sie flohen.

Doch die Sache nahm einen tragischen Fortgang. Unmittelbar vor dem Angriff war Kapitän Diego Tristán von der *Capitana* mit dem Schiffsboot ans Ufer geschickt worden, um einen letzten Vorrat an Wasser zu holen. Während des Kampfes blieben er und seine Leute gleichgültig im Boot und schauten zu, weil er, wie er sagte, Befehl hatte, Wasser zu holen und sonst nichts weiter.

Als der Kampf zu Ende war, ruderte er ruhig den Belén aufwärts, um nach gutem Süßwasser zu suchen. Man warnte ihn noch vor den Indianern; das ginge ihn nichts an, antwortete Diego Tristán, er habe seine Befehle vom Admiral und könne auf sich selbst aufpassen. Als die Boote ungefähr eine Meile stromaufwärts gefahren waren, wo dichter Busch die Ufer säumte, wurden sie plötzlich von den Indianern überfallen.

Durch einen Speerwurf, der ihm das Auge durchbohrte, wurde Tristán getötet. Die gesamte Bootsmannschaft wurde niedergemacht, nur ein Mann konnte sich dadurch retten, dass er außer Speerwurfweite unter Wasser schwamm, so entkam und die schlimme Nachricht überbringen konnte. Die Indianer aber zerschlugen das Boot.

Nun entstand eine böse Lage. Die drei Karavellen *Capitana*, *Santiago* und *Vizcaína* lagen auf offener Reede und hatten nur ein Boot, das die Verbindung zwischen ihnen aufrechterhielt. Die Indianer erhoben ein wildes Kriegsgeheul um die Ansiedlung, während die den Fluss hinabtreibenden, grausam verstümmelten Leichen Diego Tristáns und seiner Begleiter, um die sich schon die Rabenkrähen sammelten, einen entmutigenden Anblick boten. Die ganze Besatzung hätte sich gut in Sicherheit bringen können, aber sie konnte die *Gallega*, die der Admiral seinem Bruder hinterlassen wollte, nicht über die Barre bringen und hatte außerdem kein Boot, und der Admiral konnte ihr sein letztes nicht senden.

Während der Kampf noch tobte, war Kolumbus allein an Bord der *Capitana*, die in einer Entfernung von mehr als einer Meile von der Küste ankerte. Ihn schüttelte das Malariafieber, das zum Delirium wurde, als er das Kampfgetöse vernahm.

Für die *Capitana* musste nun eine Notmannschaft von den beiden anderen Schiffen zusammengestellt werden, die vor der Küste schaukelten. Acht Tage vergingen in einem Schwebezustand, ohne dass sich etwas änderte. Das Wetter besserte sich, sodass man die Ankerstelle nicht zu verlegen brauchte, aber es erlaubte nicht, ein Boot über die Barre zu bringen.

Glücklicherweise hatten die spanischen Feuerwaffen und der Hund dem Quibián einen so gehörigen Respekt eingejagt, dass sich die Indianer nach drei mit Alarmen und Streifzügen ausgefüllten Tagen zurückzogen.

Kolumbus musste die Lage seines Bruders an Land als ziemlich verzweifelt ansehen; die Flussbarre war immer noch unpassierbar.

Pedro Ledesma erbot sich freiwillig, sich mit dem letzten verbliebenen Boot bis an die Stelle bringen zu lassen, wo die Brecher waren, von dort an Land zu schwimmen und Nachricht von der Niederlassung einzuholen. Er führte diese Tat mutig aus und kam mit dem Bescheid zurück, dass die Landbesatzung nicht nur unter sich in Streit lag, sondern sich auch in schlechtem Verteidigungszustand befand. Sie bat deshalb den Admiral, sie an Bord zurückholen zu lassen. Das bedeutete also die Preisgabe von Santa María de Belén. Aber Kolumbus blieb nichts anderes übrig, da ihm sein Bruder und seine Schiffsgefährten zu teuer waren, um sie einem ähnlichen Schicksal auszusetzen wie die Kameraden von Navidad.

Es gelang Diego Méndez, aus zwei Einbäumen und ein paar Hölzern ein Floß zu bauen und in zwei Tagen die gesamte Landbesatzung nebst allen Vorräten und Ausrüstungsgegenständen überzusetzen. Die wurmzerfressene *Gallega* wurde ihrem Schicksal überlassen. Für diesen Dienst und seine anderen Taten küsste der Admiral Diego auf beide Wangen und ernannte ihn anstelle des unglücklichen Diego Tristán zum Kapitän der *Capitana*.

45. Kapitel

In einem Sieb auf See
16. April 1503 bis 7. März 1504

Als Kolumbus am 16. April in der Osternacht des Jahres 1503 endlich von Belén, das zehn braven Männern das Leben gekostet hatte, absegelte, beabsichtigte er, zur Versorgung mit Frischproviant und wegen notwendiger Ausbesserungsarbeiten Santo Domingo anzulaufen und von dort nach Spanien weiterzufahren. Alle Lotsen der auf drei Schiffe zusammengeschrumpften Flotte glaubten, Hispaniola oder Puerto Rico läge nördlich von ihnen, während sie tatsächlich auf dem Meridian von Cienfuegos, Kuba, waren und der nächste Punkt von Hispaniola nordöstlich in den Klauen des gerade vorherrschenden Winds lag. Da Kolumbus erkannte, dass die Äquatorialströmung es unmöglich machte, in einer langen Kreuzfahrt gegen den Wind anzusegeln, besonders bei dem jetzigen Zustand seiner Schiffe, beschloss er, sich ostwärts an der Küste vorwärts zu arbeiten bis zu einem Punkt, von dem aus er Hispaniola mit einem Schlag erreichen könnte. Diese vernünftige und seemännisch richtige Entscheidung wurde von der Mannschaft unter Murren aufgenommen.

Während die Flotte untätig innerhalb der Belénbarre lag, hatten die *Teredos* (Bohrwürmer) ihr tödliches Unwesen getrieben. Es ist unbegreiflich, dass Kolumbus in Puerto Gordo nicht den Boden der ganzen Flotte überholen, kalfatern und verpichen ließ anstatt nur den der *Gallega*. Selbst heute ist es für Holzschiffe gefährlich, in tropischen Gewässern länger als sechs Monate ohne gründliche Überholung zu fahren; und die Flotte des Admirals war bei der Abfahrt von Belén bereits mehr als ein Jahr auf dem Wasser. Möglicherweise hatte er nur für ein Schiff genügend Pech und verwendete es für dasjenige, das sich im schlechtesten Zustand befand. Aber vielleicht war es in dieser Zeit für die Rettung der Schiffe schon zu spät, denn für den Teredo ist Pech dasselbe wie für einen Schüler die erste Zigarette: Wenn er sie übersteht, lässt er nicht mehr davon ab. Sobald sich der Teredo im Schiffsboden eingebohrt hat, kann ihn nichts hindern, sich durch die Planken zu fressen, bis sie durchlöchert sind.

Am 23. April musste die *Vizcaína* in Porto Bello aufgegeben werden, und die beiden anderen Schiffe waren in einem nicht viel besseren Zustand als sie. Diego Méndez sagte später, dass „alle Mann an den Pumpen, mit Kesseln und Gefäßen verschiedenster Art nicht fähig waren, das Wasser auszuschöpfen, das durch die Wurmlöcher drang". Mit zwei morschen Schiffen, einem einzigen für den Landungsdienst verbliebenen Boot und immer knapper werdendem Proviant war die Lage alles andere als hoffnungsvoll.

Nach Umseglung des felsigen Vorlands hinter Porto Bello fuhren die angeschlagenen Schiffe ostwärts an Retrete vorbei in den Golf von San Blas hinein. Nach unseren Begriffen ist dies das schönste Land, das Kolumbus auf der vierten Reise entdeckte. Uns eröffnete sich hier die herrlichste Segelfläche, die man sich erträumen kann. Bei San Blas Point tritt die östlich verlaufende Küste etwa sieben Meilen nach Süden zurück, und die Halbinsel selbst wird durch eine lange zerklüftete Kette von dicht bewaldeten Sandinseln fortgesetzt.

Kolumbus machte sich wegen seiner Schiffe so große Sorgen, dass er sich um nichts anderes kümmerte. Er erwähnt nicht die zerklüftete Kordillere, deren Kamm schon zehn Meilen vor der Küste in Sicht kommt, nichts von den prächtigen Wäldern mit ihren wertvollen Hölzern wie Mahagoni, Zedern, Seidenbaumwolle, Ebenholz, Satinholz, Rosenholz und schlanke Kiefern für Masten sowie das *brazil* oder Kampescheholz, das in der frühen Kolonialzeit die Hauptausfuhrware dieser Gegend war. Häufig streckt ein solcher Riesenbaum seine grünen Äste und Zweige über die anrollende See, und von Zeit zu Zeit sind sie über und über mit rosa- und orangefarbenen Blüten übersät, die wie Fackeln aus dem Dunkel des Dickichts hervorleuchten.

Am 1. Mai erreichte die Flotte einen Festlandsausläufer, wo sich die Küste endgültig nach Südosten in den Golf von Darien wendet. Die Lotsen der Kapitäne drängten Kolumbus, dem Festland den Rücken zu kehren und auf Hispaniola zuzuhalten, denn sie waren der Meinung, dass man sich schon östlich der Karibischen Inseln befand. In Wirklichkeit befand man sich genau südlich von Jamaika, somit 900 Meilen westlich der Karibischen Inseln! Kolumbus würde richtiger gehandelt haben, wenn er den Golf von Darien überquert und sich der Küste entlang bis zum Cabo de la Vela hingearbeitet hätte, wo er dann das Festland verlassen konnte. Er hätte dann gute Aussichten gehabt, Hispaniola in einem Stück zu erreichen und sich des Ostpassats im rechten Winkel zur Fahrtrichtung zu bedienen.

Indessen war diese Küstenlinie bisher noch unerforscht, und selbst ein Admiral musste manchmal die öffentliche Meinung beachten. Denn es ist schwierig, ein Schiff zu führen, dessen Besatzung glaubt, dass der Kommandierende etwas völlig Falsches unternimmt, sie vielleicht ins sichere Verderben führt. Kolumbus nahm daher wider besseres Wissen Abschied vom amerikanischen Kontinent, und mit dichten Schoten versuchte er, so weit nördlichen Kurs zu steuern, wie es ihm der Wind erlaubte.

Von dieser nächsten Etappe der Fahrt liegen nur spärliche Nachrichten vor. „Obgleich alle Lotsen hartnäckig glaubten", schrieb Ferdinand, „dass wir an den Karibischen Inseln östlich vorbeigefahren seien, fürchtete der Admiral, dass es uns nicht gelingen werde, auf Hispaniola zu stoßen. Und so war es, denn am Mittwoch, dem 10. Mai, sichteten wir zwei sehr kleine, niedrige Inseln, auf denen es von Schildkröten wimmelte; daher nannten wir diese Inseln *Las Tortugas*." Es waren Little Cayman und Cayman Brac, rund 115 Meilen nordwestlich von Jamaika.

Wenn man berücksichtigt, dass die Schiffsbeplankung einer Bienenwabe glich, muss man anerkennen, dass die *Capitana* und die *Santiago* bis hierhin mit 72 Meilen täglicher Durchschnittsfahrt eine vortreffliche Leistung vollbrachten. Sie hatten auch das Glück, zwischen Pedro, Serranilla und anderen Brecherriffen ohne Unfall hindurchzukommen.

Auf den Caymans wurde kein Halt gemacht. „Am Abend des folgenden Freitag (12. Mai), 30 Leguas jenseits, kamen wir zum Jardín de la Reina, der aus einer großen Ansammlung von Inseln an der Südküste von Kuba besteht." So berichtete der nüchtern sachliche Ferdinand, aber sein Vater schrieb bezeichnenderweise an das Herrscherpaar: *Am 13. Mai kam ich in der Provinz Mangi an, die ein Teil von Cathay ist.* Niemals hat er die Behauptung aufgegeben, dass Kuba zum asiatischen Festland gehört.

Die Stelle, an der man Kuba erreichte, war der südwestliche Rand jener Inselgruppe, die Kolumbus auf seiner zweiten Reise El Jardín de la Reina getauft hatte. Dort bilden die Bretón- und Cinco-Balas-Keys einen engen, felsigen Hafen, in dem die Flotte Schutz fand.

„Als sie zehn Leguas von Kuba entfernt dort ankerten“, erzählte Ferdinand, „hungrig und Not leidend, weil sie nichts als Schiffszwieback mit ein wenig Öl und Essig zu essen hatten, erschöpft, weil man bei Tag und Nacht an drei Pumpen arbeiten musste, denn die Schiffe drohten infolge der Menge Würmer, die sich hineingebohrt hatten, jeden Augenblick zu sinken, traf uns des Nachts ein harter Windstoß. Das Schiff *Bermuda* (*Santiago*), unfähig, klar abzuhalten, stieß mit uns zusammen und brach unseren Vordersteven, kam dann nicht frei, sondern schlug mit dem Heck gegen unser Ruder. Bei schwerem Regen und starkem Wind war es uns unter größter Anstrengung schließlich möglich, mit dem Beistand Gottes klar voneinander abzukommen, und obgleich wir alle Anker und Taue, die wir noch hatten, auswarfen, hielt nur der Notanker des Flaggschiffs fest. Als der Morgen graute, fanden wir nur noch ein Seil des Taues heil, das auch gerissen wäre, wenn es eine Stunde später getagt hätte. Und da die Stelle voller Felsen war, hätte das Schiff leicht zerschellen können. Aber Gott gefiel es, uns zu erretten, wie er uns schon so manches Mal aus einer gefährlichen Lage errettet hat.“ Kolumbus fügt hinzu, dass sie auf diesem tückischen Korallenboden drei Anker verloren.

Nach sechs Tagen, um den 20. Mai herum, wurde das Wetter ruhiger, und Kolumbus setzte die Reise nach Osten fort, zunächst bis Puerto Pilón. Anscheinend war für beide Schiffe nur noch ein Anker vorhanden, denn die *Santiago* musste sich, an einem Bootstau befestigt, achtern hinter die *Capitana* legen oder wurde in einem ruhigen Hafen mit Bug und Heck am Flaggschiff vertäut, sodass beide Schiffe nebeneinander lagen.

Diego Porras beendete seine Erzählung mit einem sehr ungerechten Vorwurf gegen Kolumbus. Er erklärte, dass der Admiral von diesem Hafen „sehr leicht“ nach Hispaniola gelangt wäre, das nach seiner Meinung nur etwa 50 Leguas (159 Meilen) entfernt war. In Wirklichkeit sind es von Puerto Pilón bis zum nächsten Ankerplatz Jérémie auf Haiti 200 Meilen OSO gegen Wind und Strömung. Die Schiffe hätten diese Strecke niemals in gerader Linie zurücklegen können, denn mit jedem

Tag leckten sie stärker, da immer mehr Teredos ihre Planken durchbohrten. Kolumbus plante den vernünftigsten Ausweg, um sich aus dieser Lage zu retten; er wollte nach backbord auf Jamaika halten und diese Insel so weit windwärts wie möglich anlaufen. Dann wollte er, wenn die Schiffe überhaupt noch schwimmfähig waren, eine Gelegenheit abwarten, um den letzten Sprung nach Hispaniola zu wagen. Wenn sie nicht weiterfahren konnten, so bedeutete Jamaika einen Gewinn dem Wind entgegen, und im äußersten Fall war es nicht schlimmer, an dieser Insel zu stranden als auf Kuba.

Fast ein Monat war seit dem Tag vergangen, an dem man die Inseln vor Kuba erreicht hatte, als die beiden halb sinkenden Karavellen von Puerto Pilón zu ihrer letzten Fahrt aufbrachen. „Tag und Nacht", schrieb Ferdinand, „arbeiteten die Männer auf beiden Schiffen unaufhörlich an den drei Pumpen, und wenn eine zusammenbrach, schöpften sie mit Kesseln, bis die Pumpe wieder geflickt war." Von allen eintönigen Arbeiten an Bord eines Schiffes ist Pumpen, noch dazu in einem hoffnungslos leckenden Fahrzeug, die schlimmste. Diese Arbeit treibt jeden zur Verzweiflung, es gibt keine Pause, und man weiß, dass man den Zustand nicht bessert.

In der Hoffnung, Hispaniola zu erreichen, steuerte Kolumbus bis zu einem Punkt, wo er nach seiner Besteckrechnung 28 Meilen von Haiti entfernt sein musste. Dann stieg aber das Wasser an Bord der *Santiago* in so beängstigendem Maße, dass beide Schiffe die Rahen vierkant brassten und verzweifelt vor dem Wind in Richtung Jamaika liefen. In der Nacht vom 22. auf den 23. Juni war das Wasser auf der *Capitana* schon fast bis zum Deck gestiegen. Man hielt die Schiffe den Johannistag noch über Wasser und lief am 25. Juni, als eine Landbrise aufkam, 12½ Meilen ostwärts in einen Hafen ein, der „von Riffen eingeschlossen" war und dem Kolumbus im Jahr 1494 den Namen Puerto Santa Gloria gegeben hatte.

Ferdinand fuhr fort: „Als wir eingelaufen waren und die Schiffe nicht mehr länger über Wasser halten konnten, setzten wir sie so hoch wie möglich auf den Strand, und zwar so, dass sie dicht beieinander Bord an Bord zu liegen kamen. An beiden Seiten stützten wir sie ab, damit sie nicht umkippten, und in dieser Lage stieg die Flut fast bis zu den Decks. Vorschiffs und am Heck bauten wir Hütten, in denen die Leute wohnen konnten, und wir machten die Bauten stark, damit uns die Indianer nichts antun konnten, denn zu dieser Zeit war diese Insel von den Christen noch nicht bewohnt oder unterworfen."

Der gerade Strand und die niedrigen Ufer boten den Indianern keine Möglichkeit, unbemerkt heranzukommen, und die weite Aussicht auf das Meer versetzte die Gestrandeten in die Lage, jedes vorbeifahrende Schiff zu bemerken und anzurufen.

Man kann sich leicht vorstellen, auf welche Weise die Karavellen auf den Strand gezogen wurden. Zuerst wurde die *Capitana*, dann die *Santiago* am Strand verankert, die schwere Ladung an Land gebracht und der Steinballast über Bord gekippt. Hierauf wurde die Winde auf dem ersten Schiff durch ein Seil mit einem Baum verbunden, während die Mannschaften beider Schiffe eine Eimerkette bildeten und eifrig schöpften, um den Tiefgang des Fahrzeugs allmählich zu verringern und es bei Hochwasser mittels der Winde so hoch wie möglich auf den Strand zu ziehen. Vor dem Abebben der Flut wurde das Schiff durch schnell geschlagene Holzklötze abgestützt, und in gleicher Weise wurde mit der zweiten Karavelle verfahren. Während sich die wurmzerfressenen Rümpfe im Sand festsetzten, wurden an Deck palmgedeckte Hütten als Obdach errichtet und die Artillerie und die kleineren Waffen so aufgestellt, dass man in der Lage war, jedem Angriff von Land her oder durch eine Kanuflottille vom Wasser aus wirksam zu begegnen.

Die auf diese Weise „Bord an Bord", wie Ferdinand schrieb, liegenden zwei Karavellen boten nicht nur eine trockene Wohnstätte, sondern waren auch eine Festung von nicht zu unterschätzender Stärke. In der Nähe gab es zwei Flüsse mit gutem, klarem Süßwasser, und nicht weitab, nur einen halben Kilometer entfernt, lag das große Taino-Indianerdorf Maima, das Nahrungsmittel liefern konnte. Alles in allem hätte an der ganzen Nordküste von Jamaika kein geeigneterer Platz gefunden werden können.

Die Besatzungen waren damit einigermaßen sicher untergebracht. Das nächste Problem galt der Versorgung mit Lebensmitteln, da die Schiffsvorräte entweder verdorben oder verbraucht waren. Von der ursprünglichen Besatzungsstärke von 140 Männern und Jungen waren 24 gestorben, gefallen oder desertiert, sodass man 116 Mäuler zu stopfen hatte, eine schwierige Sache, denn die Spanier jener Tage waren gute

Esser. Kolumbus wusste von seiner zweiten Reise, dass selbst ein Taino durch das Betragen der Spanier zu Verzweiflungstaten getrieben werden konnte. Wenn, so überlegte der Admiral, er seine Leute, die „von Natur aus" ungehorsam waren, „im Land frei umherstreifen und in die Indianerhütten eindringen ließ, um sich zu nehmen, wonach ihnen gelüstete, wenn sie die Frauen und Kinder belästigten", dann würde er bald die ganze einheimische Bevölkerung auf dem Hals haben – wie es damals in Retrete geschah. Infolgedessen befahl er den Leuten, an Bord zu bleiben, „niemand durfte ohne Erlaubnis das Land betreten". Kapitän Diego Méndez aber wurde mit drei Begleitern ausgesandt, um zu versuchen, ob er auf dem Verhandlungsweg Nahrung beschaffen konnte.

Méndez erzählte, wie er die letzten Rationen Hartbrot und Wein ausgab und hierauf „mit dem Schwert in der Faust und seinen drei Gefährten" ins Innere abmarschierte. „Und Gott gefiel es, mich Menschen finden zu lassen, die mir kein Leid antaten, sondern freundlich waren und mir gutwillig zu essen gaben." In einem Dorf namens Aguacadiba vereinbarte er mit den Indianern, dass sie Kassawabrot, Wild und Fisch zu den Schiffen bringen sollten, was sie taten und als Gegengabe Handelswaren in Empfang nahmen. Méndez schickte einen seiner Begleiter mit den guten Neuigkeiten zurück zum Admiral.

Von dort ging es zu einem großen Kaziken namens Huareo, der in einem Dorf in der Gegend von Mellila wohnte. Dieser Häuptling zeigte so großen Handelseifer, dass Diego einen weiteren Mann zum Admiral zurückschickte. Huareo gab Méndez nun zwei Indianer als Träger mit, „einer von ihnen trug die Hängematte, in der ich schlief, der andere die Nahrungsmittel". Am östlichen Ende der Insel traf Méndez einen Kaziken namens Ameyro, mit dem er enge Freundschaft schloss, sie tauschten sogar ihre Namen. Für einen Messinghelm, einen Mantel und ein Hemd erwarb Méndez von Ameyro ein vorzügliches Einbaumkanu, das mit Lebensmitteln angefüllt und mit sechs indianischen Paddlern bemannt wurde, worauf Méndez im Triumph auf dem Wasserweg nach Santa Gloria zurückkehrte. Kolumbus umarmte ihn, was er wohl verdiente, denn die hungernden Spanier hatten keinen Krümel mehr zu essen.

 Die nächste Frage hieß: Wie kommen wir nach Hause zurück? Spätere Seefahrer, durch die Erfahrungen ihrer Vorgänger gewarnt, führten stets Äxte, Breitbeile und andere Zimmermannsgeräte mit sich, um aus Bäumen Schiffshölzer zu schneiden, aber Kolumbus hatte nichts dergleichen bei sich. Außerdem waren seine beiden Kalfaterer in Belén gefallen. So war es seinen Leuten unmöglich, die *Capitana* und die *Santiago* mit neuen Planken zu versehen, geschweige denn, ein neues Schiff zu bauen. Folglich war Hilfe nur dadurch zu erlangen, dass man einen Boten in einem indianischen Kanu nach Hispaniola entsandte, um dort eine Karavelle zu chartern. Es musste ein Kanu sein, weil das einzige nach dem Kampf in Belén übrig gebliebene Schiffsboot im Sturm bei Cayo Bretón verloren gegangen war.

Kolumbus hielt Eile für geboten und teilte Diego Méndez im Juli seine Gedanken über die Lage mit. Jederzeit konnten ja die unbeständigen Eingeborenen des Provianthandels müde werden und die Schiffe angreifen. Und es war auch möglich, dass man die Herrschaft über die Spanier verlor, wenn sie den erzwungenen Aufenthalt an Bord der Schiffe nicht mehr ertrugen. Méndez zögerte, was nicht wundernimmt, denn vom Ostende von Jamaika bis zum westlichen Kap von Hispaniola waren es 105 Meilen gegen Wind und Strömung, und dann hatte er noch 350 Meilen an der Küste entlangzupaddeln, um Santo Domingo zu erreichen. Er erklärte auch, dass das Vertrauen des Admirals in ihn bei verschiedenen Gelegenheiten die Eifersucht der anderen geweckt hätte. Deshalb schlug er dem Admiral vor, alle Offiziere um sich zu versammeln und ihnen seinen Plan zu eröffnen. Wenn sich niemand freiwillig zur Verfügung stellte, wolle er, Diego Méndez, abermals sein Leben für den Admiral aufs Spiel setzen. Und es geschah, wie er vorausgesehen hatte. Alle weigerten sich, und Méndez ging.

Da Diego sofort abfahren wollte, setzte sich Kolumbus in seiner Kabine eiligst hin und verfasste an die Herrscher den Brief, der bekannt ist unter dem Namen *Lettera Rarissima*. Er war das Werk eines Mannes, der geistig und körperlich litt, unzusammenhängend und voller Übertreibungen, mit eingeflochtenen kosmographischen Betrachtungen und den Visionen von Belén. Er betonte, dass die Nachrichten von den Goldminen in Veragua *die besten seien, die jemals nach Spanien gelangten*, und spielte dann plötzlich auf die ihm geschehene Demütigung an, seine Festnahme und Heimsendung in Ketten.

Unser Gefühl, dass dieser Brief die königliche Gunst nicht wecken konnte, wird durch seine Aufnahme bestätigt. Er übte eine so geringe Wirkung aus, dass Kolumbus nach seiner Rückkehr monatelang nicht an den Hof eingeladen wurde, obgleich sich sein Sohn dort befand. Seine Plünderer und Verfolger wurden niemals bestraft, sein Vizekönigtum wurde ihm zu seinen Lebzeiten nicht zurückgegeben, und seine Geschichten über die Goldminen in Veragua ließen die Herrscher kalt. Er hatte die Meerenge nicht gefunden, hatte die Gewürzinseln nicht erreicht, und so war diese Reise, vom Standpunkt der Souveräne aus gesehen, nur eine Geldverschwendung gewesen und der Admiral ein lästiger Tropf.

Diego zog den großen Einbaum, den er von Ameyro gekauft hatte, aus dem Wasser, brachte einen falschen Kiel an, teerte und fettete den Boden ein, versah Bug und Heck mit ein paar festen Planken, um hereinbrechende Wogen abzuhalten, und richtete einen Mast mit Segel auf. Mit einem Christen und sechs Indianern begab er sich mutig auf die Reise. Er fuhr an einer der schönsten Landschaften im Karibischen Meer vorbei: weißem Korallenstrand mit schlanken Palmen; Wasserfällen, die sich über die Felsen ins Meer ergießen; tief zerklüfteten Tälern, die sich in die Blauen Berge mit ihren wolkenverhangenen Gipfeln hinaufziehen; kleinen Häfen, die sichere Zuflucht in der Nacht bieten, und schließlich erreichte er Port San Antonio, wo er hinter einer bewaldeten Insel vollkommen geschützt liegen konnte. In der Nähe der Nordostspitze, die er für den Hispaniola am nächsten gelegenen Punkt hielt, ging Diego Méndez mit seiner gewohnten Kühnheit an Land und drang in den Wald ein. Plötzlich sah er sich von Indianern umringt, die, wie er leicht erriet, beabsichtigten, ihn zu töten, und sich des Kanus nebst der Ladung bemächtigen wollten. Während sie noch darum knobelten, wer den Vorzug haben solle, ihn zu töten, entwich Diego zu seinem Kanu und paddelte nach Santa Gloria zurück.

Wenn dieser Fehlschlag für Kolumbus auch eine Enttäuschung bedeutete, so verbarg er sie doch taktvollerweise und brachte seine Freude zum Ausdruck, dass er Méndez lebend wiedersah; aber er bat ihn, den Versuch zu wiederholen.

Zu diesem zweiten Versuch wurde Méndez ein zweites großes Kanu beigegeben, das von Bartolomeo Fieschi befehligt wurde. „Flisco“, wie ihn Kolumbus nannte, gehörte einer Genueser Patrizierfamilie an, die sich den Colombos gegenüber mehr als einmal freundschaftlich zugetan gezeigt hatte, als diese noch in Armut und im Dunkel lebten. Bartolomeo war zufällig in Sevilla, als Kolumbus die Mannschaften für die Reise zusammenstellte, und da der Admiral verantwortliche Posten gern seinen Landsleuten anvertraute, hatte er Fieschi zum Kapitän der *Vizcaína* gemacht.

Es wurde vereinbart, dass Méndez und Fieschi je sechs Christen und zehn Indianer mitnehmen sollten, denn Kolumbus hoffte, dass wenigstens eins ihrer Kanus die Fahrt nach Hispaniola überstehen würde; und falls beide glücklich ankamen, sollte Méndez weiter nach Santo Domingo eilen, um ein Schiff zu chartern, während Fieschi nach Jamaika zurücksegeln und melden sollte, dass man Hilfe erwarten könne. Der Adelantado begleitete die beiden mit einer starken Streitmacht bis zur Nordostspitze, wo sie „unter vielen Tränen" auf beiden Seiten Abschied nahmen. Der Adelantado blickte den beiden Booten nach, bis sie auf dem glatten Meer außer Sicht waren. Dann kehrte er für eine lange, lange Wartezeit nach Santa Gloria zurück.

AM ERSTEN Tag plagte die Hitze die Kanufahrer sehr, sogar die Indianer konnten es nicht aushalten und wechselten sich ab, damit sich ein Teil im Wasser erfrischen konnte. Bei Sonnenuntergang, als die Blauen Berge am Horizont verschwunden waren, wurde die Wache abgelöst, und die Kanus paddelten weiter nach Osten. Am anderen Morgen entdeckte man nach dem Frühstück, dass alles von den Indianern für ihren eigenen Bedarf mitgenommene Wasser aufgebraucht war, und mittags waren diese so durstig, dass sie nicht mehr arbeiten konnten. Glücklicherweise hatten die Kapitäne jeder einen kleinen Wasservorrat für sich mitgenommen, und von diesem teilten sie etwas aus, um die Männer aufrecht zu halten. Der Abend brach herein, aber die als Zwischenaufenthalt erhoffte Insel Navassa erschien nicht. In der zweiten Nacht starb ein Indianer an Durst, und andere waren so schwach und mutlos, dass sie nur noch auf dem Boden liegen konnten. Von Zeit zu Zeit benetzten sie den Mund mit Salzwasser, und mithilfe dieses salzigen Trosts gelang es, den dritten Tag zu überstehen. Wieder kam die Nacht, und kein Navassa war zu sehen. Aber als der Mond aufging, bemerkte

Diego Méndez eine kleine Insel. Das gab ihnen neuen Mut, und am Morgen des vierten Tages, 72 Stunden von Jamaika, erreichten die Kanus die Insel. „Sie suchten Süßwasser, das sie in Felsenlöchern fanden. Einige Indianer tranken sich so voll, dass sie daran starben, andere bekamen schreckliche Bauchschmerzen." Diego Méndez schlug Feuer mit Stein und Stahl und bereitete aus Muscheln eine Mahlzeit. Was die Leute aber am meisten aufmunterte, war der Anblick des hohen Kap Tiburon im Osten. In der Kühle des Abends ließ man die Kanus von neuem zu Wasser und bewältigte die letzten dreißig Meilen nach Hispaniola noch vor dem nächsten Morgen.

Nach zwei Ruhetagen an den Ufern des Kap Tiburon war Bartolomeo Fieschi, „ein Mann, der zu seinem Wort steht", bereit, die Rückfahrt anzutreten, aber niemand konnte überredet werden, mit ihm zu gehen. Die Indianer wollten lieber ihr Leben auf Hispaniola aufs Spiel setzen, als diese Fahrt noch einmal mitmachen. Im Vergleich zu den regelmäßigen Kanufahrten der Polynesier war diese Hundertmeilenüberquerung der Windwardpassage nicht wert, „um darüber nach Hause zu berichten". Aber die amerikanischen Indianer waren an solche Reisen nicht gewöhnt. Und Diego Méndez hatte in einem langen, ruhmreichen Leben zwar manche tapfere Tat vollbracht, aber diese Kanufahrt machte er in seinem letzten Willen, in dem er seine Heldentaten aufführt, zum Gegenstand einer besonderen Verfügung bezüglich seinen Grabsteins. „In die Mitte dieses Steins soll ein Kanu eingemeißelt werden, einen Hohlbaum zeigend, wie ihn die Indianer benutzen, denn in einem solchen fuhr ich dreihundert Leguas über See, und darüber soll das Wort CANOA stehen."

„Ich schob mein Kanu auf einen schönen, weichen Strand", fuhr Méndez in seiner Erzählung fort, „wohin sogleich die Eingeborenen gelaufen kamen und mir allerhand zu essen brachten." Er sicherte sich sechs indianische Paddler und setzte, obwohl er am Quartanfieber litt, seine Reise unmittelbar an der Küste entlang nach Santo Domingo fort. Bei seiner Ankunft in Azua erfuhr er, dass der Gouverneur nach Oviedo in der Provinz Xaragua gezogen sei, um diese zu befrieden. Méndez gab sein Kanu auf und machte sich auf den Marsch ins Innere, wo er den Gouverneur in seinem Lager aufsuchte.

Die Nachricht, dass Kolumbus in Jamaika gestrandet war, missfiel

Ovando keineswegs, denn er musste befürchten, dass der Admiral, mit dem frischen Lorbeer neuer Entdeckungen geschmückt, bei seiner Ankunft das Wohlwollen der Souveräne wiedererlangen und die Wiedereinsetzung in seine vizeköniglichen Rechte erreichen würde, was für Ovando gleichzeitig den Verlust seiner einträglichen Stellung bedeutet hätte. Er hielt Méndez sieben Monate in seinem Lager zurück, und in dieser Zeit unterdrückte er einen Indianeraufstand in so blutiger und kompromissloser Weise, dass selbst ein heutiger Eroberer es nicht überbieten könnte. Er hängte oder verbrannte bei lebendigem Leibe über achtzig Kaziken und andere Anführer, darunter auch die schöne Kazikin Anacaona. Méndez traf wahrscheinlich im August 1503 bei Ovando ein, und erst im März 1504 wurde ihm gestattet, zu Fuß weiter nach Santo Domingo zu wandern. Dort musste er zwei Monate oder mehr auf die Ankunft von Schiffen aus Spanien warten. Die Regierung verfügte in Santo Domingo über eine kleine Karavelle, doch weigerte sich Ovando, sie ihm zu überlassen. Über Fieschi erfahren wir nichts mehr, bis er mit Kolumbus nach Spanien zurückkehrte. Anscheinend ist es ihm nicht gelungen, Paddler für die Rückfahrt zu gewinnen. Er unterzeichnete im Jahr 1506 als Zeuge das Testament des Admirals und kehrte später nach Genua zurück, wo wir ihn einige Jahre darauf als Befehlshaber einer Flotte von 15 Galeeren in einem Krieg gegen Frankreich wieder finden.

UNTERDESSEN warteten und hofften Kolumbus und seine Gefährten in Santa Gloria, und je länger sie warteten, desto mehr zweifelten sie daran, dass ihre Boten Hispaniola erreicht hatten. Auf den Sommer folgte der Herbst und dann der Winter, was sich in der Pflanzenwelt wenig bemerkbar machte, aber ihre Lebensweise veränderte. Denn mit dem Winter setzten die Nordwinde mit ihren Regenschauern ein. Die Mannschaften, die die Schiffe immer noch nicht verlassen durften, begannen missgestimmt, unruhig und unzufrieden, ja reif für eine neue Meuterei zu werden, und tatsächlich braute sich um die beiden Brüder Porras schon eine Verschwörung zusammen.

Kapitän Francisco de Porras von der *Santiago* und Diego, der Vertreter der Krone und Kontrolleur, waren aus politischen Gründen ernannt worden. Diego Porras hatte, wenn man von seiner Buchführung über das an Bord abgelieferte Gold absieht, auf der ganzen Reise noch nichts

Ordentliches getan. Völlig unbewandert in der Seemannskunst zeigten sie sich unfähig, die Gründe für das Auflegen der Schiffe auf den Strand zu begreifen, und die Besatzung war in ihrer niedergeschlagenen und unzufriedenen Stimmung natürlich Vorschlägen zu Unredlichkeiten gegenüber besonders offen. Das Geflüster ging schon von Mund zu Mund: Warum hielt sie der Admiral in Jamaika zurück? Er hätte doch sicher mit den Karavellen nach Hispaniola segeln können, wenn er nur gewollt hätte. Der guten, alten *Santiago* hatte ja gar nicht so viel gefehlt, bis sie der Admiral auf den Strand setzte! Der wahre Grund war vielmehr der, dass Colón eine Verbannungszeit abdienen musste – habt ihr nicht bemerkt, dass man ihn in Santo Domingo nicht landen ließ? Er darf nicht dorthin zurückkehren, hat auch gar nicht die Absicht, und die Kanus hat er auch nur wegen seiner eigenen Geschäfte, Gold oder was weiß man, losgeschickt und sich keinen Deut um unser Wohl gekümmert! Und wenn ein Schiff kommt, dann wird es wahrscheinlich so sein, dass er uns hier zurücklässt, damit uns die Indianer massakrieren wie die armen Teufel damals in Navidad. Wir müssen uns Kanus beschaffen, ein paar Indianer zum Paddeln fangen, und dann auf und davon nach Hispaniola ... Schön, nach Hispaniola kämen wir also, aber wird man uns nicht wegen Meuterei vor Gericht zerren? Wie steht's mit Los Reyes, mit Ferdinand und Isabella? Bei denen ist der Admiral doch noch gut angeschrieben, und schließlich gehören ihnen die Schiffe, und sie zahlen uns Lohn. Wer zahlt unseren Lohn? Doch nur Seine Herrlichkeit Don Alonso de Morales, der Großschatzmeister von Kastilien, dessen Liebste die Schwester von mir, Francisco de Porras, ist, meine Herrschaften!

Das gab natürlich den Ausschlag! Es bedeutete nicht mehr und nicht weniger, als dass die Brüder Porras meutern und morden durften, ohne Strafe befürchten zu müssen. Also zögerten sie nicht länger.

Von den annähernd hundert Männern und Jungen, die in Santa Gloria verblieben waren, liefen 48 zu den Verschwörern über, und da der Admiral mit Arthritis im Bett lag, waren die Aussichten auf Erfolg günstig. Nach einem trüben Weihnachten und einem unglücklichen Neujahr, ohne einen Tropfen Wein oder einen Happen christlicher Speise, bestimmten die Porrasbrüder den 2. Januar 1504 für den großen Schlag. Am Morgen kam Francisco an Bord der *Capitana*, trat unangemeldet in die Kabine des Admirals und sagte: „Señor, was hat es zu bedeuten, dass Ihr keinen Versuch macht, nach Kastilien zu fahren? Wollt Ihr uns hier umkommen lassen?" Kolumbus, der aus dem unverschämten Auftreten erriet, was gespielt wurde, antwortete ruhig, dass er so gern wie jeder andere nach Hause fahren wolle, nur sähe er keine Möglichkeit dazu, bevor man ihm nicht ein Schiff schicke. Wenn er, Porras, einen anderen Ausweg wisse, so solle er einem Offiziersrat unterbreitet werden. Worauf Porras antwortete: „Jetzt ist keine Zeit für Worte mehr, schifft Euch schnell ein, oder bleibt hier mit Gott", und indem er sich zu den Leuten wendete, die ihn umringten, schrie er: „Ich bin für Kastilien, wer folgt mir?" Das war das verabredete Zeichen für die Verschwörer, die alle zu rufen begannen: „Wir folgen Euch!" und schnell Back und Achterdeck sowie die Mastkörbe auf den Großmasten besetzten, indem sie immerzu riefen: „*A Castilla! A Castilla!*"

Die Meuterer drängten sich nun zu den zehn Einbaumkanus, die an den Schiffen festgemacht waren, und viele Männer, die nicht an der Verschwörung teilgenommen hatten, schlossen sich ihnen an.

Die Porrasbrüder und ihre fröhliche Gefolgschaft fuhren los, an der Küste entlang Richtung Osten und waren „so vergnügt, als hätten sie sich in irgendeinem Hafen von Kastilien befunden", sie räuberten die Indianer aus, wo sie an Land gingen, und sagten ihnen, sie sollten sich die Bezahlung beim Admiral holen oder ihn umbringen, wenn sie dazu Lust hätten. Nachdem sie an der Nordostspitze einige Tage gewartet hatten, nutzten sie den ersten ruhigen Tag, um abzustoßen und, wie sie meinten, nach Hispaniola zu fahren. Aber im Januar bleibt es in diesen Gewässern niemals lange ruhig. Nach vier Leguas auf dem Meer kam ein frischer Wind von Osten auf, der sie zwang umzukehren. Es wurde so stürmisch, dass sie mit Ausnahme ihrer Waffen alles über Bord werfen mussten. Nach den Gegenständen warfen sie die indianischen Paddler ins Wasser, und als sich diese verzweifelt am Dollbord anklammerten, hieben sie ihnen die Hände ab. Nur wenige wurden verschont, um die Kanus zu steuern. Die Meuterer blieben einen Monat in einem Dorf im östlichsten Teil von Jamaika und ließen sich von den Eingeborenen bewirten. Dann machten sie noch zwei Versuche überzusetzen, die ebenfalls fehlschlugen. Zuletzt ließen sie die Kanus im Stich und machten sich mit hängendem Kopf zu Fuß auf den Rückweg nach Santa Gloria. Unterwegs ernährten sie sich von dem, was das Land hergab, und drangsalierten die Eingeborenen.

In Santa Gloria war die Lage für den Admiral und seine fünfzig treu gebliebenen Männer eine Weile zufrieden stellend. Die Indianer fuhren fort, ihnen Nahrungsmittel zu liefern, und die Kranken erlangten ihre volle Gesundheit wieder. Aber nach einigen Wochen ließ der Handel mit den Indianern merklich nach, denn „es sind Menschen, die nur wenig Mühe auf die Landarbeit verwenden", meinte Ferdinand, „und wir aßen an einem Tag so viel wie sie in zwanzig Tagen, zudem nahm ihre Nachfrage nach unsern Handelswaren ab". Jeder Taino hatte ja nun alle Falkenglöckchen, Glasperlen, Messingringe und Schnurenden, die er brauchte, wozu sollte er da noch weiter handeln? Mit jedem Tag wurden immer weniger Nahrungsmittel gebracht, sodass die Spanier, die sich aus unerklärlichen Gründen weder mit Fisch noch mit Wild versorgten, rasch dem Verhungern nahe kamen. Ließe man sich aber zu Raubzügen auf die Vorräte der Indianer verleiten, so hätte das zweifellos Mord und Totschlag zur Folge gehabt.

In dieser Lage verfiel Kolumbus auf eine Kriegslist. Unter den wenigen Büchern an Bord hatte er die „Ephemeriden" des Regiomontanus, die zwar vor Ende des Jahrhunderts in Nürnberg gedruckt worden waren, aber Vorhersagen über die in den kommenden dreißig Jahren eintretenden Finsternisse enthielten. In drei Tagen, für die Nacht des 29. Februar 1504, sagte Regiomontanus eine totale Mondfinsternis voraus. Durch einen indianischen Boten ließ Kolumbus nun die Kaziken und Oberhäupter der Umgebung zu sich bitten. Am 29. Februar versammelten sie sich an Bord der *Capitana*. Der Admiral hielt eine kleine Ansprache, die der Dolmetscher übersetzen musste. Die Christen, so sagte er, beteten Gott im Himmel an, der die Guten belohne und die Bösen bestrafe. Gott hatte den Porrasaufstand nicht gutgeheißen und den Meuterern die Überfahrt nach Hispaniola verwehrt, sie aber zur Strafe viele Leiden und Gefahren durchmachen lassen, wie es auf der Insel wohl bekannt war. Was die Indianer anbetraf, so hatte Gott mit tiefem Unwillen bemerkt, wie nachlässig sie in der Versorgung der Gläubigen mit Nahrungsmitteln geworden waren, und er hatte deshalb beschlossen, sie mit Hungersnot und Seuchen zu strafen. In wenigen Augenblicken würde er am Himmel ein Zeichen geben, das ihnen die Strafe ankündigte, die er ihnen zugedacht habe. Der Admiral ermahnte sie, in dieser Nacht gut auf den aufgehenden Mond zu achten. Dieser würde blutrot und flammend emporsteigen zum Zeichen des Unheils, das über die Indianer kommen würde als Strafe für ihr Versäumnis, den Christen alles Lebensnotwendige zu bringen.

Nach dieser Ansprache entfernten sich die Indianer, die einen voller Furcht, die anderen spottend. „Doch die Verfinsterung begann mit dem Aufsteigen des Mondes und nahm zu, je höher er stieg, und die Indianer gaben gut Acht und erschraken so sehr, dass sie mit großem Geheul und Jammern herbeiliefen und aus allen Richtungen Nahrung zu den Schiffen heranschleppten und den Admiral anflehten, bei Gott mit allen Mitteln Fürbitte für sie einzulegen, damit er seinen Zorn nicht über sie ausschütte. Und sie versprachen, dass sie den Christen in Zukunft alles bringen würden, was diese brauchten. Darauf antwortete der Admiral, dass er eine Weile mit Gott sprechen wolle, und er zog sich zurück, solange die Mondfinsternis dauerte, während sie immerfort nach ihm riefen und ihn um Hilfe anflehten. Und als Kolumbus beobachtete, dass die totale Finsternis vorüber war und dass der Mond bald wieder voll scheinen würde, trat er aus seiner Kabine heraus und sagte, dass er seinen Gott angefleht und für sie gebetet hätte und ihm in ihrem Namen versprochen habe, dass sie von jetzt an gut sein und die Christen mit Speise und Trank und allem, was sie nötig hätten, gut versorgen würden. Und Gott habe ihnen deshalb verziehen; zum Zeichen dessen würden sie den Zorn und die blutrote Erscheinung des Monds vergehen sehen. Da dies geschah, während er sprach, dankten sie dem Admiral auf den Knien und lobten Gott so lange, bis die Finsternis vorüber war. Von dieser Zeit an sorgten sie dafür, dass die Christen alles bekamen, was sie brauchten."

46. Kapitel

Rettung und Ende
1504 bis 1506

Zwar war das Nahrungsproblem nun gelöst, aber die Frage der Heimkehr stand noch offen, außerdem streiften die Meuterer auf der Insel umher und stifteten Unfrieden. Ende März 1504 waren über acht Monate vergangen, seit Méndez und Fieschi nach Hispaniola gefahren waren.

Ein gewisser Bernal zettelte gerade eine neue Verschwörung an, als plötzlich eine kleine Karavelle vom Meer her einlief und dicht bei den gestrandeten Schiffen ankerte. Ihrem Erscheinen folgte die Enttäuschung auf dem Fuß. Ovando hatte sie nicht geschickt, um Kolumbus abzuholen, sondern um ihn auszuspionieren. Schon am gleichen Abend segelte sie wieder ab. Ihr Kapitän, Diego de Escobar, kam an Bord der gestrandeten *Capitana* und übergab dem Admiral zwei Fässer Wein und eine Seite gesalzenes Schweinefleisch, richtete Grüße vom Gouverneur aus und übermittelte eine Botschaft von Diego Méndez, dass er Hispaniola glücklich erreicht habe und so bald wie möglich ein Schiff zu Hilfe schicken werde. Kolumbus blieb gerade so viel Zeit, um einen in würdige Worte gefassten Dankesbrief an den Gouverneur zu schreiben, worin er *den Beistand Gottes und des Gouverneurs* erhoffte.

Die Wahl von Escobar als Sendbote war an sich schon eine Beleidigung für Kolumbus, denn dieser Mann war einer der Rebellenführer unter Roldán gewesen. Ohne Zweifel hoffte Ovando, durch ihn die Nachricht von Kolumbus' Tod zu erhalten, denn dann wäre der Posten eines Vizekönigs von Indien frei gewesen. Das wenigstens war die Ansicht Las Casas', der sich zu dieser Zeit in Hispaniola aufhielt.

Die Abfahrt der Karavelle nahm Kolumbus mit guter Miene hin und sagte seinen Leuten, dass die Karavelle zu klein gewesen wäre, um alle mitzunehmen, deshalb hätte er vorgezogen, bei ihnen zu bleiben, bis Diego Méndez ein für alle ausreichendes Schiff schicke. Dieser kurze, geheimnisvolle Besuch aber erstickte Bernals Verschwörung im Keim. Nun zeigte der Admiral den Porrasmeuterern mit lobenswerter Großmut Entgegenkommen und bot ihnen Amnestie an. Porras feilschte um Bedingungen – so viel Proviant und Kleidung, so viel Platz auf dem Schiff und dergleichen mehr –, was die Boten dermaßen verstimmte, dass sie die Verhandlungen abbrachen. Am 19. Mai schickte ihnen Kolumbus seinen Bruder mit fünfzig Bewaffneten entgegen und bot ihnen Krieg oder Frieden an. Da Porras alle, die sich seinem Aufstand nicht angeschlossen hatten, als Krüppel oder Schwächlinge betrachtete, wählte er den Kampf. Hierauf entwickelte sich eine regelrechte kleine Schlacht, in der man wegen Pulvermangels meist mit den Schwertern

Die Schlacht zwischen Kolumbus und Francisco Porras, dem aufrührerischen Oberst auf Jamaika

kämpfte. Die Indianer standen dabei und freuten sich, wie sich die Christen gegenseitig abschlachteten.

Die Loyalisten siegten. Am nächsten Tag unterwarfen sich die Rebellen, sie wurden begnadigt und durften unter einem vom Admiral ernannten Befehlshaber am Ufer wohnen, während Francisco de Porras an Bord gebracht und in Ketten gelegt wurde.

Zur selben Zeit rüstete Diego Méndez ein Rettungsschiff aus. Ovando hatte ihm die in Santo Domingo stationierte Karavelle verweigert, sodass er die Ankunft der Schiffe aus Spanien abwarten musste. Endlich lief eine

Flotte von drei Schiffen ein. Eins von ihnen charterte Méndez und schickte es nach Jamaika. Méndez reiste, dem Befehl des Kolumbus getreu, in einem der anderen Schiffe nach Spanien zurück, um die Briefe für die Herrscher und Don Diego zu bestellen.

Dieser *caravelón* (kleine Karavelle) kam gegen Ende Juni 1504 in Santa Gloria an und fuhr am 29. Juni mit allen Überlebenden an Bord, etwa hundert an der Zahl, nach Hispaniola ab. Sie waren ein Jahr und fünf Monate in Jamaika gewesen. Die Reise nach Santo Domingo gegen Wind und Strömung war lang und mühselig, auch war der *caravelón* nicht in bester Verfassung. Nach einer Fahrt von sechseinhalb Wochen erreichte das Schiff Santo Domingo. Ovando, der beim Wiedersehen mit dem Admiral große Freude heuchelte, nahm ihn in seinem Haus auf, zeigte aber seine wahren Gefühle, als er die Porrasbrüder freiließ. Dieses feine Bruderpaar wurde niemals wegen Meuterei bestraft, und als Jamaika besiedelt wurde, bekam Francisco einen Beamtenposten auf der Insel.

In Santo Domingo wurde ein anderes Schiff gechartert, auf dem sich der Admiral nebst Sohn und Bruder und 22 anderen Männern am 12. September nach Spanien einschiffte.

Die meisten Überlebenden der vierten Reise entschieden sich, in Hispaniola zu bleiben und auf weiteres Seefahren zunächst zu verzichten; einige von ihnen waren später die ersten Kolonisten auf Puerto Rico. Einige wenige reisten in dem *caravelón* heim, darunter anscheinend die Porrasbrüder.

Die Heimreise des Admirals auf seinem gecharterten Schiff war langwierig und beschwerlich, wir besitzen keine Angaben über den verfolgten Kurs. Unterwegs brachen der Großmast und später der Fockmast. Endlich, am 7. November 1504, nach einer Fahrt von 56 Tagen ab Santo Domingo, endete die letzte Reise des Admirals glücklich auf der Reede von Sanlúcar de Barrameda.

Ferdinand, der bei Antritt der Reise noch keine 14 Jahre alt gewesen war, hatte nun schon seinen 16. Geburtstag hinter sich. Der Adelantado war noch frisch und gesund und bereit zu neuen Abenteuern; aber der Admiral war, mit 53 Jahren, ein körperlich und geistig gebrochener Mann. Er war sich wohl bewusst, dass ihm nicht gelungen war, was man von ihm erwartete: Er hatte die Meerenge nicht gefunden. Dennoch hatte er den Isthmus und ein viel reicheres Goldgebiet als Hispaniola entdeckt.

Anstatt an den Hof gerufen zu werden, um dort von seinen Erlebnissen zu berichten, eine Gunst, die weniger hervorragenden Männern nach verhältnismäßig bedeutungslosen Reisen gewährt wurde, nahmen die Herrscher keinerlei Notiz von Kolumbus.

Der angebliche Grund hierfür war die Krankheit der Königin. Sie lag schon auf dem Sterbebett, und es betrübte Kolumbus daher umso mehr, dass sie ihn nicht zu sich rufen ließ, hätte sie ihm doch einen kurzen Augenblick schenken können, um sich von ihm die Hand küssen zu lassen. Zweifellos war der wirkliche Grund, warum Kolumbus nicht an den Hof eingeladen wurde, die Befürchtung, dass er bei dieser Gelegenheit die sterbende Königin eher mit seinem Kummer bedrücken als mit einer ergötzlichen Geschichte von Entdeckungen und Abenteuern erfreuen würde.

Zweifellos trieb ihn der Wunsch, sich über seine schäbige Behandlung durch Ovando zu beklagen, die von den Beamten des Schatzamts angezettelte Meuterei zur Sprache zu bringen und die Wiedereinsetzung in seine Rechte zu verlangen. Schon früher hatten die Herrscher diese Geschichten anhören müssen und waren nun entschlossen, sich auf Aussprachen dieser Art nicht mehr einzulassen.

Der Tod Isabellas am 26. November 1504 bedeutete für Kolumbus, dass seine letzten Hoffnungen dahin waren. Die Königin hatte stets an ihn geglaubt, hatte ihn in seinem Leid getröstet und ihm in der Not beigestanden. Die Auffassungen des Königs über politische Dinge waren dagegen frei von Gefühlen.

Für die Krone erzielte Ovando in Hispaniola die besten Erfolge, was durch die wachsenden Goldverschiffungen zur Genüge bewiesen wurde, und es bestand daher keine Veranlassung, ihn durch einen verbrauchten Entdecker ablösen zu lassen, der seine Unfähigkeit schon einmal bewiesen hatte.

Kolumbus war zu krank, um reisen zu können, als ihn die Nachricht von Isabellas Tod erreichte. Aber er hatte in der Person seines ältesten Sohnes einen ergebenen und an seinem Schicksal sehr interessierten Vertreter bei Hofe, der die Listen und Kniffe auf diesem „Schiff“ aus langer Erfahrung bestens kannte. Während der Jahre der vierten Reise war Diego dem Pagenstand entwachsen und als Soldat in die Leibgarde der Königin eingetreten. Bei ihrem Tod wurde diese Truppe aufgelöst, aber der jetzt 24-jährige junge Mann stand beim König in so hohem Ansehen, dass er in dessen eigene Leibgarde übernommen wurde. Niemand war also besser in der Lage als Don Diego, die Angelegenheiten seines Vaters zu fördern, nur war zurzeit wenig zu erreichen.

Während dieser drei Monate lebte Kolumbus in einem gemieteten Haus, das im Kirchspiel Santa María in Sevilla lag. Er war gut mit Geld, Bedienten und Wärtern versorgt. Denn man darf nicht vergessen, dass er nicht nur eine reiche Beute an Goldsachen aus Veragua heimgebracht hatte, sondern dass er auch ein beträchtliches Einkommen aus seinem „Zehnten“ von den Goldgrabungen in Hispaniola bezog. Carvajal hatte auf dem Schiff, das dem Orkan im Jahr 1502 entkommen war, sicher einen namhaften Goldbetrag für ihn in die Heimat überführt. Weiter händigte Ovando eine Kiste mit Bargeld an Kolumbus aus, die dieser auf seiner letzten Reise mit nach Hause nahm, und Kolumbus gab an, 60 000 Pesos d'Oro (rund eine Million Euro) in Hispaniola zurückgelassen zu haben, wogegen ihm seine Genueser Bankiers in Sevilla Geld aufzunehmen erlaubten. Aber das alles reichte nicht an die Beträge heran, auf die Kolumbus einen Anspruch zu haben meinte; immerhin steht wohl fest, dass Kolumbus in den beiden letzten Jahren ein verhältnismäßig vermögender Mann war. Und dennoch drängte er seinen Sohn in dieser Zeit mit eintöniger Hartnäckigkeit, vom König Anweisungen zu erlangen, dass ihm seine „Zehnten, Achtel und Drittel“ prompt und ehrlich gezahlt würden.

Zugegebenermaßen hätte Kolumbus einen weit glücklicheren Lebensabend gehabt, wenn er weniger hartnäckig auf übertriebenen finanziellen „Rechten“ bestanden hätte; auch der König wäre wohl eher geneigt gewesen, Kolumbus' Titel und Würden zu bestätigen, wenn eine solche Tat nicht eine konstante Belastung der kolonialen Einkünfte der Krone zur Folge gehabt hätte. Kolumbus wäre zweifellos glücklich gewesen, wenn man ihn in seinen Ämtern bestätigt hätte, selbst unter der Einschränkung, sie nicht mehr auszuüben. Aber der König wusste sehr gut, dass eine solche Gunst die materiellen Forderungen Kolumbus' stärken würde, und deshalb ging er auf seine Bitte nicht ein.

Kolumbus lebte auch in ständiger Angst, dass die Porrasbrüder dem König vor ihm Bericht über die vierte Reise erstatten könnten, aber seine größte Sorge galt doch den finanziellen Angelegenheiten. Er drängte auf Rückerstattung der Summen, die er aus eigener Tasche vorgestreckt hatte, um das Rettungsschiff zu chartern und zu verproviantieren und seine Mannschaft nach Hause zu befördern. Aber er war nicht ausschließlich um seine eigenen Verluste besorgt. Jeder Mann der Flotte hatte im März 1502 einen Sechsmonatslohn im Voraus bekommen, aber die Reise hatte 32 Monate gedauert, und die meisten Überlebenden kehrten völlig mittellos mit dem Admiral heim. Einige nahmen Gelegenheitsarbeiten in Sevilla an, während sie auf ihren Lohn warteten, andere lagen dem Admiral auf der Tasche. Kolumbus bat Don Diego, alles, was in seiner Macht stand, zu tun, um beim Schatzmeister Morales die Bezahlung der Löhne seiner *armen Leute* durchzusetzen, *obgleich unter ihnen einige sind* (die Meuterer), *die eher Strafe als Gnade verdient haben.*

Von den Exmeuterern war es Gonzalo Camacho, ein adliger Freiwilliger an Bord der Karavelle *Gallega*, der ihm neben den Porrasbrüdern an Land am meisten Verdruss verursachte.

Als Sonderbeamter des in Jamaika verstorbenen Kapitäns Pedro de Terreros zeigte er ein gefälschtes Testament vor, das ihn zum Alleinerben des Kapitäns machte, obgleich Terreros eine Familie und ein echtes Testament zu Hause hinterließ. Außerdem verbreitete Camacho in Sevilla „tausend Verleumdungen" über Kolumbus. Der Admiral ließ wegen beider Fälle Haftbefehle gegen ihn ergehen, die Camacho einen solchen Schrecken einjagten, dass er Zuflucht in einer Kirche von Sevilla suchte.

Kolumbus gab seinem Sohn eine anschauliche Darstellung davon, wie dieser Schurke die Weihnachtsfeiertage in der Kirche verbringen musste, da er nicht wagte, den geheiligten Boden zu verlassen, weil er dann ins Gefängnis geworfen worden wäre.

Während des ganzen Winters 1504/05 wurde Kolumbus in Sevilla von Arthritis geplagt, die sich mit den Jahren und infolge des rauen Lebens auf See ständig verschlimmert hatte. Er wäre sonst Mitte November nach Segovia gereist, hätte an der Beisetzung der Königin teilgenommen und um eine Audienz beim König nachgesucht. Da die

Wochen vergingen, ohne dass Nachrichten von Don Diego über einen Fortschritt in seinen Angelegenheiten eintrafen, überlegte Kolumbus, durch welche Mittel und Wege es ihm möglich wäre, trotz seiner körperlichen Behinderung durch Spanien zu reisen, und suchte um eine königliche Erlaubnis nach, die Reise auf einem Maultier zu machen. Es scheint, dass sich die andalusischen Pferdezüchter durch den ständig wachsenden Gebrauch von Maultieren als Reittiere in ihren Interessen bedroht fühlten, weshalb sie ein Gesetz durchgebracht hatten, das den Gebrauch von Maultieren zum Reiten verbot.

Kolumbus meinte, dass er wohl die sanfte Gangart eines Maultiers, nicht aber den zuckelnden Schritt eines andalusischen Pferdes vertragen könnte, und so ersuchte er den König um die Erlaubnis, die ihm gewährt wurde. Doch erst im Mai 1505 fühlte er sich wohl genug, um von dieser gnädigen Erlaubnis Gebrauch zu machen – der einzigen Gunst übrigens, die König Ferdinand dem Entdecker Amerikas jemals erwies.

Um Neujahr 1505 war es Kolumbus klar geworden, dass weitere Anstrengungen mit dem Ziel seiner Wiedereinsetzung als regierender Verwalter Hispaniolas zwecklos waren. Sein Alter und seine Gebrechen gestatteten ihm nicht mehr, die Strapazen einer Seereise auf sich zu nehmen. Infolgedessen beantragten er und sein Sohn gleichzeitig beim König, die Ämter des Gouverneurs und Vizekönigs auf Don Diego zu übertragen.

Der König antwortete nicht. Er hatte zwar ein wohlwollendes Auge auf Don Diego geworfen, einen schönen, großen, kraftvollen Jüngling von 25 Jahren mit dem länglichen Gesicht des Vaters, aber es kam doch nicht infrage, einen so jungen Mann, der sich noch nicht auf dem Schlachtfeld bewährt hatte, ein Höfling von Erziehung und Veranlagung her, zum Gouverneur einer so unruhigen Kolonie wie Hispaniola zu machen.

Später aber erfüllte der König Kolumbus' Wünsche doch. Er erhob keine Einwände, als die Admiralswürde nach Kolumbus' Tod auf seinen Sohn Don Diego überging, ja, drei Jahre später, im Jahr 1509, ernannte er diesen zum Gouverneur von Hispaniola. Doch diese verspätete Gunstbezeigung war eher Diegos Heirat mit einer Dame des Hofs, Doña María de Toledo, einer Kusine des Königs, zu verdanken. Don

Diego, allgemein bekannt als der zweite Admiral von Indien, blieb lange genug in Hispaniola, um seine Befähigung zu beweisen, an der Spitze der Verwaltung zu stehen, in der Ovando Recht und Ordnung geschaffen hatte. Indessen lebte er zumeist in Spanien, wo er sich bemühte, seine erblichen Rechte als Vizekönig „Indiens" zu sichern, und wo er im Jahr 1526 auch starb. Die Vizekönigin Doña María de Colón y Toledo wurde Regentin für ihren unmündigen Sohn Don Luis, der sich später als völlig unfähig erwies. Die Mutter verzichtete klugerweise in seinem Namen auf die kurzlebigen Titel, Ämter und finanziellen Rechte als Erbe des Christoph Kolumbus und erhielt dafür das Herzogtum Veragua, einen Titel, den die Nachkommen des Admirals bis auf den heutigen Tag führen.

Für Kolumbus waren verschiedene Personen am Hof tätig – seine beiden Söhne, sein Bruder, der Adelantado, der stets getreue und ergebene Diego Méndez und (wie er wenigstens erwartete und glaubte) Amerigo Vespucci. Amerigo Vespucci war 1505 von einer neuen Reise nach Südamerika zurückgekehrt und wurde zur Berichterstattung „über Schifffahrtsangelegenheiten" an den Hof gerufen. „Er ist ein grundehrlicher Mann und stets bereit, mir gefällig zu sein", sagte der Admiral, „und er ist entschlossen, alles für mich zu tun, was in seinen Kräften steht."

Kolumbus ahnte nicht, dass der vordatierte Bericht Vespuccis über seine Reise mit Hojeda, der gerade veröffentlicht worden war, die Ursache sein würde, den Florentiner als den Entdecker der Neuen Welt zu bejubeln, und dass man ihr aufgrund dieses gefälschten Berichtes den Namen Amerika geben würde.

Im Mai 1505 fühlte sich Kolumbus endlich kräftig genug, auf dem Maultierrücken die Reise an den Hof von Segovia in Altkastilien zu unternehmen. Nach gebührender Wartezeit wurde ihm gnädig gestattet, vor dem König zu erscheinen, doch führte diese Zusammenkunft zu nichts. Seine Majestät war wie gewöhnlich gütig und zuvorkommend, legte sich aber hinsichtlich der Forderungen des Admirals in keiner Weise fest.

Kolumbus war durch König und Königin zum Admiral, Vizekönig und Gouverneur erhoben worden, hatte damit für sich und seine Erben ein klares, gesetzliches Recht auf diese Ämter erworben und würde niemandem gestatten, an diese Dinge zu rühren. Der König ließ durchblicken, dass er Kolumbus, wenn er auf diese Titel und die damit verbundenen Einkünfte verzichtete, mit einem stattlichen Herrschaftssitz in Kastilien, der reiche Einkünfte abwarf, belehnen wollte. Die Nachfahren von Kolumbus werden sicher oft gewünscht haben, dass er diesen Tausch angenommen hätte. Aber Kolumbus' verletztes Ehrgefühl sowie die gleiche Veranlagung zur Unnachgiebigkeit und Hartnäckigkeit, die ihn befähigt hatten, alle menschlichen und materiellen Hindernisse zu überwinden und vier der größten Reisen in der Weltgeschichte auszuführen, hinderten ihn, die versprochenen Früchte seiner Eroberungen zu opfern. Er wollte alles oder nichts. Und es war nichts, was er bekam.

Im Laufe des Jahres 1505 siedelte der Hof nach Salamanca und später nach Valladolid über. Von Schmerzen geplagt, folgte ihm Kolumbus. Seine Arthritis verschlimmerte sich, die meiste Zeit brachte er im Bett zu. Waren denn diese quälenden Schmerzen der einzige Lohn für alle großartigen Entdeckungen, für die Leiden, die er auf den Reisen ausgestanden hatte?

Fast bis zum letzten Tag seines Lebens machte er Pläne, wie er seine künftigen Einnahmen verwenden würde: Er wollte Summen hinterlassen, um die alten Schulden seines leichtsinnigen Vaters zu bezahlen, er wollte in Hispaniola eine Kapelle stiften, wo für den Frieden seiner Seele Messen gelesen werden sollten, und schließlich wollte er einen Tilgungsfonds einrichten, der zur Wiedereroberung des Heiligen Grabes benutzt werden sollte. Kolumbus war sich dem Recht auf seine Ansprüche so sicher, dass er sie mit Gottes Beistand für seinen Sohn und Erben, wenn nicht gar für sich bestätigt zu erhalten hoffte. Wenn Gott ihn bestrafen wollte, so möge sein Wille geschehen; aber sicher war doch auch, dass Gott die frommen Verfügungen des Admirals in seinem letzten Willen mit Wohlgefallen aufnehmen und dafür sorgen würde, dass seine Nachkommen in den Stand gesetzt wurden, sie zu erfüllen.

Fast im letzten Augenblick erschien ein Hoffnungsschimmer. Seit dem Tod der Königin Isabella hatte der König die Regentschaft ihres Königreichs Kastilien für ihre Tochter, die Infantin Juana (*la Loca* – Johanna die Wahnsinnige) und deren Gatten, den Erzherzog Philipp von Österreich, geführt. Im späten April 1506 landeten sie aus Flandern kommend in La Coruña, um ihre Rechte in die eigenen Hände zu nehmen.

Kolumbus hoffte jetzt, von Johanna die Gerechtigkeit zu erfahren, die ihm von ihrem Vater verweigert worden war. Schließlich war sie die Tochter Isabellas und hatte als kleine Infantin Doña Juana mit offenem Mund neben ihrer Mutter gesessen, als Kolumbus die ersten Indianer vorführte und die wunderbaren Geschichten aus dem goldenen Indien erzählte.

Wäre er gesund gewesen, so hätte er die neue Königin aufgesucht und sich ihr zu Füßen geworfen, aber er konnte sich nicht mehr fortbewegen. Und so schickte er den Adelantado, um der jungen Herrscherin von Kastilien die Hände zu küssen und ihre Gunst zu erbitten.

Zu dieser Zeit verschlimmerte sich die Krankheit des Admirals zusehends, und seine Umgebung wusste, dass sein Ende nahe war. Am 19. Mai 1506 fertigte er seinen letzten Willen und sein Testament aus, womit er Don Diego zum Erben über alle seine Habe und Privilegien einsetzte und ihm die Sorge für die übrigen überlebenden Mitglieder seiner näheren Verwandtschaft, auch für Beatriz Enríquez de Harana anempfahl.

Am 20. Mai, dem Vortag zum Himmelfahrtsfest, verschlimmerte sich Kolumbus' Zustand plötzlich. Diego, der geliebte jüngere Bruder, Don Diego, der Sohn und Erbe, Ferdinand, der Sohn und Schiffsgefährte, Diego Méndez und Fieschi, die tapferen Kapitäne der *Capitana* und *Vizcaína* und Führer auf der Kanufahrt, sowie einige getreue Diener versammelten sich um das Lager des Sterbenden. Zwar war es armselig genug für einen Admiral des Weltmeeres, einen Vizekönig und Gouverneur der Inseln und umliegenden Festländer, aber kein Pomp und keine Prachtentfaltung konnten ihm jetzt mehr helfen. Die Letzte Ölung wurde dem sterbenden Admiral verabreicht, und nach den Schlussgebeten dieses letzten Amtes hörte man den Admiral, der sich an die letzten Worte seines Herrn und Erlösers erinnern mochte, mit dessen Leiden er manchmal seine eigenen verglichen hatte, flüstern: „*In manus tuas, Domine, commendo spiritum meum.* Vater, in deine Hände lege ich meinen Geist."

Und nachdem er dies gesprochen hatte, gab er seinen Geist auf.

SO STARB der Mann, der für den Lauf der Geschichte mehr getan hatte als irgendein Mensch seit Kaiser Augustus. Und doch endete das Leben des Admirals mit einem enttäuschten Unterton. Er hatte weder die Meerenge entdeckt noch den Großkhan gefunden, noch hatte er eine größere Anzahl Heiden bekehren oder Jerusalem zurückgewinnen können. Er hatte nicht einmal die Zukunft seiner Familie sichergestellt. Und die Bedeutung dessen, was er vollbracht hatte, war ihm kaum klarer bewusst als den Hofleuten, die versäumten, an seinem bescheidenen Begräbnis teilzunehmen. Die riesige Ausdehnung und die ungeheuren Schätze Amerikas konnte man vorerst nur schemenhaft erkennen; der mächtige Ozean, der ihre westlichen Küsten umspülte, war aus seinem geheimnisvollen Dunkel noch nicht herausgetreten.

Amerika wäre über kurz oder lang entdeckt worden, auch wenn man das große Unternehmen des Kolumbus nicht begonnen hätte; wer kann indessen sagen, was die Folge gewesen wäre? Die Reise, die ihn nach „Indien" und wieder zurück nach Hause führte, war kein blinder Zufall, sondern die Schöpfung seines eigenen Geistes und seiner Seele, sie war lange vorbedacht, sorgfältig geplant, verschiedenen gleichgültigen Fürsten wiederholt angetragen, und sie wurde durchgeführt dank seiner Kühnheit, seiner Kenntnis des Meeres und seines unbeugsamen Willens. Keine spätere Reise hätte je solch überwältigende Ergebnisse erbringen können wie diese erste Reise, und Kolumbus' Ruhm wäre fest begründet gewesen, wenn er sich schon 1493 vom Meer zurückgezogen hätte. Doch sein hochfliegender Ehrgeiz weiterzuforschen, die für Kastilien gewonnenen Länder zu organisieren und die Reise um die Welt zu vollenden, trieb Kolumbus zu drei weiteren Fahrten nach Amerika.

Die überlegene Leichtigkeit, mit der er die unbekannten Schrecken des Ozeans zerstreute, die Geschicklichkeit, mit der er seinen Weg wiederholt hinüber und wieder zurück nach Hause fand, veranlasste tausende von Männern aller westeuropäischen Länder zu wagemutigen See- und Forschungsreisen.

Kolumbus hatte einen stolzen, leidenschaftlichen und sensiblen Charakter, der schwer unter der ihm in den ersten Jahren entgegengebrachten Verachtung litt und sich verletzt fühlte durch den ihm, dem Entdecker, entgegengebrachten Neid, die Untreue, Undankbarkeit und Ungerechtigkeit. Doch wie mit allen Seeleuten, so war es auch mit ihm.

Ein Monat auf See heilt die Wunden eines Jahres an Land; und ein guter Wind bläst die Erinnerung an widriges Wetter im Nu hinweg. Die Führung eines großen schönen Schiffs, das vor einem frischen Passatwind über das blaue Wasser fegt, den Kurs gesetzt auf neue, wunderbare Länder, das erträumt sich jeder Seemann als das beste Leben. Kolumbus empfand all das Neue und Fremdartige wie eine Wunderwelt, der Künstler in ihm wurde von der Schönheit der Natur aufs Tiefste berührt, und seine Reisen hatten ihn in der Tat an einige der herrlichsten Gestade auf dem ganzen Erdenrund geführt. Er genoss lange Etappen reinster Freude, wie sie nur der Seemann kennen lernt, und Augenblicke höchsten und stolzesten Jubels, wie sie nur ein Entdecker erlebt.

ADMIRAL DES WELTMEERES.
DAS LEBEN DES CHRISTOPH KOLUMBUS
Die Originalausgabe *Admiral of the Ocean Sea, A Life of Christopher Columbus*
erschien 1942 bei Little, Brown and Company, Boston

Nach der Übersetzung von Ch. v. Cossel und Dr. Hans Koch,
erschienen bei Walter Dorn Verlag, Bremen-Horn 1948

Cover: Christine Meisner, Karel Meisner

170
Printed in Germany
3 89915 231 X